예수 교의 教義 I

예수 교의敎義 I

발행일	2016년 12월 12일

지은이	임 동 훈		
펴낸이	손 형 국		
펴낸곳	(주)북랩		
편집인	선일영	편집	이종무, 권유선, 김윤정, 김송이
디자인	이현수, 이정아, 김민하, 한수희	제작	박기성, 황동현, 구성우
마케팅	김회란, 박진관		
출판등록	2004. 12. 1(제2012-000051호)		
주소	서울시 금천구 가산디지털 1로 168, 우림라이온스밸리 B동 B113, 114호		
홈페이지	www.book.co.kr		
전화번호	(02)2026-5777	팩스	(02)2026-5747

ISBN	979-11-5987-334-8 04230(종이책) 979-11-5987-335-5 05230(전자책)
	979-11-5987-338-6 04230(세트)

이 도서의 국립중앙도서관 출판예정도서목록(CIP)은 서지정보유통지원시스템 홈페이지(http://seoji.
nl.go.kr)와 국가자료공동목록시스템(http://www.nl.go.kr/kolisnet)에서 이용하실 수 있습니다.
(CIP제어번호 : CIP2016029347)

성경 중심의 공동체를 꿈꾸는 자들을 위한 기독교 교리 사전

예수 교의 教義 I

임동훈 지음

북랩 book Lab

머리말

『예수 교의(敎義)』는 신구약 성경 66권의 핵심 교훈을 제12편 431장으로 나눠서, 이야기하듯 재미있게 해설한 책입니다. 사람, 사탄, 예수님, 하나님, 종교, 교회, 신앙, 예배, 성경, 성도, 상담, 지식 등을 세부적으로 구분하여 설명했는바, 필요한 항목만 따로 찾아 읽어도 좋은 신학 이야기입니다. 이 책은 사람이 어떻게 살아야 하는지에 대한 신앙적 해답을 제시하고 있습니다. 예수 그리스도를 바로 알지 못해 믿지 못하고, 제대로 믿지 못해 온전히 누리지 못함은 참으로 안타까운 일이라고 봅니다.

이 세상에 숱한 종교가 있고 나름대로 교훈을 가지고 있지만, 대부분의 종교가 지극히 인간적인 생각에서 비롯되었습니다. 구원자가 스스로 찾아와 속죄하심으로써 세상을 구원하신 적이 없습니다. 예수님이 구원자로 세상에 오셔서 십자가를 지셨습니다. 누구나 예수님을 구세주로 받아들여야 합니다. 전도나 봉사, 수행이나 헌금 등의 종교적 행위는 전혀 필요치 않습니다. 그냥 마음으로 믿고 입으로 시인하면 됩니다.

예수님의 죽음으로 죄가 용서되었고, 예수님의 부활로 죽음이 극복되었으며, 예수님을 믿음으로 영생을 얻게 된다는 사실이 처음에는 믿기지 않을 수 있습니다. 하지만 믿음으로 믿음에 이르고, 의인은 믿음으로 말미암아 삽니다. 믿음은 모든 것을 가능케 합니다.

사람의 교훈은 항상 부족하기 마련이고, 세상에는 완전한 신학도 완벽한 교리도 없습니다. 우주는 한없이 넓고 크지만, 연못가의 개구리는 자기만 잘났다고 울어댑니다. 사람은 하나님 앞에서 겸손하기를 배워야 합니다. 때로는 바보나 천치가 되어야 합니다. 그래야 예수님을 구세주로 받아들일 수 있습니다.

건전한 교훈은 복되신 하나님의 영광을 드러내는 복음에 맞아야 합니다. 나는 이 복음을 전할 임무를 맡았습니다. (디모데전서 1. 11)

2016년 12월
예수나라 청지기

1. 『예수 교의(敎義)』는 신구약 성경 66권에 기록된 하나님의 말씀을 제12편 431장으로 간추려 편집한 책입니다.

2. 이 책은 신앙 지침서나 교의 사전으로 활용할 수 있습니다. 하나님의 말씀은 영원히 변치 않습니다. 사람이 만든 법이나 규정은 항상 변하기 마련이나, 하나님의 말씀은 시대를 초월하고 문화를 뛰어넘습니다.

3. 이 책은 초교파, 탈교단의 입장을 견지합니다. 특정인의 학설이나 주장을 뒷받침하지 않습니다. 해석이 난해한 부분도 가급적 회피하지 않았으며, 통설적이고 객관적인 입장을 취했습니다.

4. 이 책은 교파나 학자에 따라 의견을 달리하는 부분이 있을 수 있습니다. 객관적이고 확실한 자료가 드러나거나 대부분의 교회가 공식적으로 인정한 것은 그에 따라야 합니다.

5. 이 책은 비신자나 새신자의 입장에서 읽기 쉽고 이해하기 쉽게 쓰려고 노력했습니다. 하지만 그 내용은 여전히 깊고 오묘하여 어렵기만 합니다.

6. 교훈은 본받되 교리는 읽고 나서 잊어버려야 합니다. 최선이라 생각한 교리가 최악일 수 있습니다. 모름지기 사람은 하나님의 말씀 앞에서 겸손하기를 배워야 합니다.

7. 하나님께서 선히 여기시고 기뻐하시는 일, 곧 하나님의 뜻에 의한 경우의 수는 우주의 원소(元素)보다 많고 무량대수(無量大數)보다 큰 소수(素數)일 것입니다. 사람이 계량화하거나 공식화할 수 없습니다.

8. 어쩌면 이 책이 세상에서 가장 읽기 어렵고 이해하기 힘들 수 있습니다. 하지만 예수님을 바로 알고 제대로 믿어 풍성히 누리는 지침서로서의 역할은 충분히 하리라고 봅니다. 예수 그리스도 안에서 성령님의 조명하심이 여러분과 함께하기를 빕니다.

풀은 마르고 꽃은 시드나,
우리 하나님의 말씀은 영원히 서 있다.

(이사야 40. 8)

차례

사람

❶ 사람

1 사람(human)은 단순히 직립 보행하는 젖먹이동물이 아니다. 생로병사의 과정에 따라 티끌로 돌아가는 존재가 아니다. 하나님의 생명을 가지고 영원히 사는 생명체다. 언어를 구사하고 도구를 사용하며, 하나님과 함께 즐거워하고 이웃을 기쁘게 하는 인격체다.

2 과학자는 우주의 정체를 밝혀보려고 부단히 노력하고 있으나 한 걸음도 나아가지 못하고, 철학자는 사람의 정체를 캐보려고 한없이 애쓰고 있으나 일보의 진전도 이루지 못하고 있다. 우주를 창조하시고 사람을 만드신 하나님만이 그 해답을 가지고 계신다.

3 우주를 다스리시는 보이지 않는 손길이 있듯이, 사람의 내면을 주관하는 무엇인가가 분명히 있다. 하지만 콕 찍어서 드러낼 수도 없고 속 시원히 들여다볼 수도 없다. 사람의 오감으로 접촉할 수도 없고, 지·정·의보다 더 깊고 은밀하여 무슨 수단과 방법을 동원해도 증명할 길이 없다. 바로 사람의 영이다.

4 사람의 영은 하나님을 모시는 기관이다. 자기 양심을 통해 어렴풋하게나마 짐작할 수 있다. 아무리 악한 사람도 일각의 양심은 있기 마련이다. 하나님을 모실 기능이 있다는 것이다.

5 양심이 화인 맞은 사람도 하나님을 모실 수 있다. 더러운 오물만 깨끗이 치우면 언제든지 모실 수 있다. 그 영이 살아나 양심을 회복할 수 있다.

6 골수가 뼛속에 깊이 감춰져 있듯이, 사람의 영도 깊숙이 숨겨져 있다. 그 자리에 하나님을 모셔야 한다. 그래야 인생의 참 의미를 깨달을 수 있고 풍성히 누릴 수 있다. 사람은 애당초 그렇게 지어졌다.

7 사람의 영에 하나님을 모셔야 한다. 그렇지 않으면 늘 공허함과 혼돈스러움, 까닭 없는 어둠이 자신을 짓누른다. 하나님 외에 다른

것으로 해소되지 않는다. 사람이 사람답게 살려면, 반드시 하나님을 모셔야 한다.

8 영과 혼과 몸이 연합하여 온전한 사람이 되듯이, 사람의 영에 하나님을 모셔야 온전한 인격체가 된다. 하나님은 그의 아버지가 되시고, 그는 하나님의 자녀가 된다. 이때 사람의 근본적인 문제가 해결된다. 공허가 떠나고, 혼돈이 사라지며, 어둠이 물러간다.

> 하나님의 아들을 모신 사람은 생명이 있고, 하나님의 아들을 모시지
> 않은 사람은 생명이 없습니다. (요한1서 5. 12)

❷ 사람 구조

1 사람의 구조(構造)는 영과 혼과 육, 곧 영혼과 육신이다. 하고많은 피조물 가운데 사람만이 가진 아주 특별한 구조다. 사람의 뇌는 후두엽(後頭葉)보다 전두엽이 발달하여 고도의 사고와 판단, 신앙 등의 정신적 활동을 할 수 있다.

2 하나님이 사람을 지으실 때 흙이라는 재료를 사용하셨다. 흙 가운데 가장 쓸모없는 먼지를 쓰셨다. 사람의 몸은 먼지로 지어져 티끌로 돌아가고, 영은 하나님을 섬기다가 하나님의 품으로 돌아간다.

3 사람은 애당초 하찮고 부끄러운 존재로 지어져, 으스대거나 자랑할 게 없다. 하지만 조금만 더 가져도, 약간의 힘만 더 있어도 거들먹거리기 일쑤다. 있는 자나 없는 자, 센 자나 약한 자가 다 먼지로 지어졌으며, 다시 티끌로 돌아가야 한다. 이 사실만 기억하고 있어도, 그리 잘난 체하거나 뽐내지 않을 것이다. 오히려 자기를 낮추고 겸손할 것이다.

4 사람의 육신은 무가치하나, 영혼은 매우 귀하다. 비천한 육신에 신령한 생명이 들어가 피조물 가운데 가장 존귀하게 되었다. 하나님께 예배하고 감사할 이유가 분명히 있다. 하지만 자기를 지으신 하나님을 모르는 사람이 얼마나 많은지? 세상에 하나밖에 없는 생명을 주신 하나님을 알아야 한다.

5 하나님을 모른 체하거나 애써 외면하는 사람은 자기도 모르게 사탄의 하수가 되어 하나님을 대적하기 일쑤다. 무엇이 옳고 그른지 모르고, 사탄의 하수라는 사실조차 모른다.

6 날짐승은 하늘에서, 들짐승은 들판에서, 어패류는 물속에서 살아야 하듯이, 사람은 하나님의 품안에서 살아야 한다. 하나님이 없는 사람은 사람답게 살아갈 수가 없다. 그는 인간의 모습으로 살아가는 포유류일 뿐이다.

7 사람은 영과 혼과 육이라는 특수 구조를 가진 생명체다. 하나님의 모습으로 지어져 자유의지를 가지고 있다. 하나님을 영접하여 하나님의 자녀가 될 수도 있고, 하나님을 외면하여 사탄의 하수가 될 수도 있다.

8 영과 혼과 몸이 온전한 사람은 신령하게 살아갈 수 있다. 그렇지 못한 사람은 부득불 영적 장애를 받을 수밖에 없다. 육신의 장애는 잠시 불편할 뿐이나, 영적 장애는 영원한 멸망을 초래한다. 사람의 영과 하나님의 영이 연합하면 신령한 자가 되고, 사람의 영과 하나님의 영이 분리되면 죽은 자가 되며, 사람의 영에 귀신의 영이 들어가면 귀신들린 자가 된다.

9 영은 양심으로 나타나고, 혼은 감정으로 나타난다. 혼은 사람만이 아니라 일반 동물도 가지고 있으며, 몸은 영과 혼을 보호하는 물질이다.

10 영혼은 육신 속에 감춰진 신비한 기관이다. 죽음만이 서로 갈라

놓을 수 있다. 영은 영원히 죽지 않는 생명이요, 혼은 육신과 함께 소멸하는 목숨이요, 육은 흙이니 흙으로 돌아가야 한다.

11 사람이 영의 구조를 가진 이유가 하나님을 모시는 데 있다. 그런 의미에서 사람의 영은 하나님을 모시는 그릇이다. 그 안에 반드시 하나님을 모셔야 한다. 그래야 사람으로서 기능을 제대로 발휘할 수 있다.

12 하나님이 없는 사람은 제 밥통만 채우기에 급급하여 동분서주하는 호모 사피엔스(homo sapiens)일 뿐이다. 크로마뇽인이나 보스콥인, 네안데르탈인이 그렇게 살다가 사라졌다. 붉은 사슴 동굴인, 북경원인, 자바원인, 데니소바인 등 숱한 인류가 멸종했다. 현생 인류도 예외가 아니다. 머지않아 지구촌 무대에서 사라질지 모른다.

13 사람이 하나님의 모습으로 지어진 목적이 하나님을 모시는 데 있고, 하나님을 모시고 사느냐의 여부는 각자의 믿음에 달려 있다. 피조물 가운데 가장 존귀하게 되느냐의 여부도 자신의 영에 하나님을 모시고 사느냐에 달려 있다.

14 사람의 육신은 죽어서 흙으로 돌아가고, 영은 사후의 세계로 들어간다. 그러나 때가 되면 다시 살아날 것이며, 의인은 영원한 생명을, 악인은 영원한 심판을 받을 것이다.

15 의인과 악인의 구분은 믿음의 여부로 결정된다. 하나님을 믿어야 하나님의 자녀가 되고, 하나님의 자녀가 되어야 의롭게 되고, 의롭게 되어야 구원을 받고, 구원을 받아야 영생을 얻을 수 있다.

> 평화의 하나님께서 여러분을 온전히 거룩하게 하시고, 우리 주 예수 그리스도가 다시 오실 때까지, 여러분의 영과 혼과 몸을 아무 흠 없이 완전하게 지켜주시기를 빕니다. (데살로니가전서 5. 23)

❸ 사람 마음

1 사람의 마음(mind)은 지식과 감정과 의지의 바탕이 되는 부분이다. 열 길 물속은 알아도 한 길 사람 속은 모른다는 말이 있다. 마음은 보이지 않을 뿐더러 너무 자주 변하여 악의 도구가 될 수 있다.

2 성경은 사람의 정신과 육신의 활동을 딱히 구분하여 설명하지 않는다. 하지만 회개하고 용서받기 위해서는 마음의 결심과 입술의 시인이 필요하다. 마음으로 믿어 의에 이르고, 입으로 시인하여 구원에 이른다.

3 하늘나라는 마음이 가난한 사람의 것이다. 마음이 육신의 행위를 지배한다는 뜻이다. 마음은 사람의 생각이나 감정, 의지를 통제하며, 영은 오묘한 양심이나 직감으로 드러난다.

4 마음의 변화가 일어나야 육신의 변화가 따른다. 마음의 변화는 영적 변화가 있어야 하고, 영적 변화는 성령님의 도우심이 필요하다. 성령님의 도움은 예수님을 구주로 영접한 사람의 의지와 협력한다.

5 그러나 이 과정이 거의 동시에 일어날 수도 있고, 순서에 구애 없이 일어날 수도 있다. 사람이 자신의 의지로 예수님을 구주로 시인할 때 이미 마음의 작용과 의지의 동의가 일어난 상태이며, 영을 어루만지신 성령님의 도우심이 있었다는 뜻이다.

6 따라서 마음으로 믿는 것과 입으로 시인하는 것은 별개의 과정이 아니며, 사람의 의지와 성령님의 도우심이 모두 필요하다는 뜻이다.

> 내가 너희에게 새 마음을 주고, 너희 속에 새 영을 넣어주며, 너희 몸
> 에서 돌같이 굳은 마음을 없애고, 살처럼 부드러운 마음을 주겠다.
> (에스겔 36. 26)

❹ 사람 언어

1 사람의 언어(言語)는 의사소통을 위한 사고의 표현이다. 말이나 글, 그림, 기호 등이 있다. 피조물 가운데 하나님의 형상대로 지음받은 사람만이 고도의 의사소통이 가능한 언어를 가지고 있다. 동물도 나름대로 의사를 전달하는 체계를 가지고 있으나, 무슨 신호나 소리에 의한 생존 수단일 뿐이다. 사람처럼 복잡하고 다양한 정보 교환의 수단으로 사용할 수 없다.

2 간혹 사람은 정직한 말로 인해 어려움을 겪기도 한다. 하지만 결국은 진실이 밝혀질 것이므로 크게 낙심할 필요가 없다. 말 한마디에 천금이 오르내린다는 속담이 있다. 사실 말은 상상을 초월할 정도로 큰 힘을 가지고 있다. 자기 생각을 구체적으로 가다듬어 명확하고 간결하게 표현해야 한다.

3 하나님은 의로운 사람에게 지혜로운 말을 주신다. 사람이 바른 말을 하지 못하는 이유는 하나님의 뜻에서 벗어나 있기 때문이다. 거짓말은 자신과 상대방을 동시에 속인다. 말은 진실과 정직이 생명이다.

4 악인은 거짓과 아첨을 좋아하며, 남을 미혹하여 자기 배를 채운다. 이웃을 해치려고 음모를 꾸미며, 하나님의 일을 훼방한다.

5 한번 잘못 내뱉은 말로 패가망신한 사람이 있는가 하면, 지혜로운 말 한마디로 입신양명한 사람도 있다. 사람의 말은 능히 죽이기도 하고 살리기도 한다. 함부로 말하여 어려움을 자초하지 말아야 한다. 유효적절한 화술을 배워서 슬기롭게 사용해야 한다.

6 슬기로운 사람은 상대방에게 스스로 죄를 깨닫고 뉘우치도록 유도한다. 예언자 나단은 다윗이 죄를 지었을 때, 가난한 농부와 염소 새끼 비유를 들어 스스로 죄를 깨닫고 뉘우치게 했다. 이는 자신의 겸손과 상대방의 겸손을 동시에 드러내는 아주 지혜로운 방법이다.

7 권력자에게 직설적으로 간언하다가 무참히 죽거나 귀양 떠난 사람이 있는가 하면, 부당한 권력에 아첨하여 하루아침에 출세한 사람도 있다. 나단과 같이 상대방에게 비유나 우화를 통해 스스로 죄를 깨닫고 뉘우치게 해야 한다.

8 당당한 직언보다 우회적이고 부드러운 예화가 효과적이다. 우회 비유는 객관적 입장에서 사안을 공정하게 판단할 기회를 제공한다. 자기가 하면 로맨스요, 남이 하면 스캔들이라는 말이 있다. 누구나 자신이 관련된 일은 자기중심적으로 본다는 것이다. 무슨 일이나 역지사지로 생각하고, 상대방의 관점에서 살펴보아야 한다.

9 아무리 공정한 재판관도 자신이 직접 당사자가 되면, 변명으로 일관하거나 합리화하기 일쑤다. 재판하는 사람이 자기 문제를 판단할 때는, 다른 사람의 일처럼 우회적 방법을 사용하여 객관적 판단을 이끌어내야 한다. 직설적인 질타나 공격으로 망신을 주어서는 안 된다.

10 무분별한 언어폭력이 난무하고, 무차별적으로 인신공격을 퍼붓는 세상이다. 우리는 나단의 화법을 거울삼아 지혜롭고 겸손한 언어를 사용해야 한다. 무심코 내뱉은 사소한 한마디까지 마지막 날 모두 책임져야 한다는 사실을 명심하고, 항상 머리 숙이며 입술을 가려야 한다.

> 우리는 모두 실수가 많습니다. 누구든지 말에 실수가 없으면, 온몸을 잘 다스리는 완전한 사람입니다. (야고보서 3. 2)

❺ 사람 피

1 사람의 피(blood)는 사람의 몸속을 돌며 영양분과 산소를 공급하

는 붉은 액체로서 생명을 상징한다. 율법은 피를 마시거나 피가 들어 있는 고기를 먹지 말라고 했다. 피를 마시는 행위가 생명을 빼앗는 살생과 같고, 생명을 주관하시는 하나님을 모독하기 때문이다.

2 일찍이 이방인 가운데 사람을 잡아 제사를 드리고 피를 받아 마신 일이 있다. 하나님께서 피를 먹지 못하게 하시자 사탄이 반발하여 사주한 것이다. 그들에게는 피가 죽음이었다.

3 구약 시대는 사람의 죄를 용서하는 수단으로 동물을 잡아 그 피를 제단에 뿌렸다. 예수님이 피를 흘리고 돌아가실 때까지 숱한 동물의 피가 사람의 죄를 대신했다.

4 형제는 지금도 피가 들어 있는 고기를 먹을 만한 믿음이 없다. 육회를 먹어도 되느냐의 여부는 아디아포라(adiaphora, 무관심한)에 속한 사항이다. 먹을 만한 믿음이 있는 사람은 먹을 것이고, 그렇지 못한 사람은 먹지 않을 것이다.

5 비록 아디아포라에 속한 사항이라도, 육회나 선지처럼 피가 섞인 음식을 공동체의 식사로 내놓는 것은 좋지 않다. 공동체 안에서는 그걸 먹을 만한 믿음이 있는 사람도 있고 그렇지 않은 사람도 있다. 그리스도인이 무슬림의 음식 할랄(halal, 허용된)이나 유대인의 음식 코셔(kosher, 합당한)를 먹어도 되느냐의 여부도 마찬가지다.

6 술과 같은 향락성 음료는 아디아포라에 속하더라도 금하는 게 좋다. 하나님께서 술독에 빠진 사람을 회개시켜 술을 끊게 하시는 사례를 보더라도, 그리스도인에게 허용하기에 술은 너무나 위험한 물질이다. 개신교를 제외한 천주교와 정교회, 성공회 등에서는 절제를 조건으로 허용하고 있으나, 문제는 그 절제가 어렵기도 하거니와 중독성이 있다는 점이다.

7 형제는 어릴 때 무턱대고 술을 마셨다. 세상에서 술만큼 절제하기 힘든 것도 없다. 술을 이길 장사가 없다는 말도 있고, 사탄이 오기

전에 술을 먼저 보낸다는 속담도 있다. 술은 사람을 실족시키는 물질로서, 사탄이 가장 즐겨 사용하는 올가미다.

8 술의 폐해는 이만저만이 아니다. 멀쩡한 사람을 하루아침에 죽이기도 하고, 일순간에 패가망신시키기도 한다. 아무리 의지가 강한 사람도 술을 마시면 이성이 마비되고 판단력이 흐려진다. 평생 쌓아온 명예를 일순간 무너뜨리고, 허랑방탕한 생활을 유도하여 인격을 파괴시킨다.

9 일찍이 노아는 술에 취해 벌거벗고 누웠다가 자기 아들에게 수치를 당했으며, 롯은 자기 딸들에게 근친상간을 당하여 불운한 민족의 조상이 되었다. 성경에서 뚜렷이 금하지 않는다고 하여 다 괜찮은 건 아니다.

> **그리스도 안에서, 우리는 하나님의 풍성한 은혜를 따라 그분의 피로 구속, 곧 죄 사함을 얻었습니다.** (에베소서 1. 7)

❻ 사람 이름

1 사람의 이름(name)은 사람을 구분하여 부르는 호칭이다. 성경에서는 단순히 호칭에 그치지 않고, 그의 성품이나 인격을 대변했다. 그 업적이나 명성을 가늠하기도 했다.

2 이름은 단순한 칭호가 아니라, 그 이상의 의미를 가지고 있다. 동서고금을 떠나, 사람의 명성에 의해 그 이름도 존귀하게 되었다. 이름을 도말하거나 먹칠하는 것은 그의 인격을 말살하는 행위였다.

3 야훼라는 하나님의 이름은 '스스로 계시는 분'이라는 뜻이다. 그 안에 하나님의 성품과 인격 등이 고스란히 담겨 있다. 예수라는 이름도 '하나님은 구원이시다'라는 뜻이다. 그 안에 예수님의 생애를 통한

인품과 사역 등이 모두 들어 있다.

4 구약 시대는 자기 아이를 통해 소원이나 희망을 담기도 했으며, 장차 아이가 어떤 인물이 될 것인지를 예언하기도 했다. 예외로, 우연히 생긴 일로 붙여진 이름도 있었고, 특별한 사정이나 목적에 따라 붙여진 이름도 있었다.

5 이름에는 그의 존재와 생애, 인격을 집약한 내용이 들어 있다. 이름이 생애와 걸맞지 않을 경우, 하나님에 의해 강제적으로 개명된 경우도 있다. 아브람이 아브라함으로, 야곱이 이스라엘로, 시몬이 베드로로 바뀌었다.

6 우리의 이름은 태어날 때 부모님이 지어준다. 항렬에 따라 한 대는 가운데 자를, 다음 대는 끝 자를 돌림자로 쓰기도 한다. 그래서 무슨 파의 몇 대 자손인지, 그 이름만 들어도 금방 알 수 있다. 하지만 성과 항렬이 고정되어 있다 보니, 친족 간에 같은 이름이 여럿 나타나기도 한다.

7 어떤 자매는 자기 이름이 부르기에 매끄럽지 않다는 이유로 예명을 쓰고 있다. 이처럼 사정에 따라 한 사람이 2개 이상의 이름을 사용해도 좋다. 베드로도 시몬과 게바라는 이름을 가지고 있었다.

8 사실 무슨 사정에 의해, 또 다른 사람에 의해 2개 내지 3개의 이름을 가진 사람이 있다. 가급적 부모가 지어준 이름을 그대로 사용하는 것이 좋지만, 필요한 경우 필명이나 예명, 가명, 애칭 등을 사용해도 무방하다. 우리 조상은 아호나 택호 등을 사용하여 남녀노소 누구나 스스럼없이 불렀다.

> 네가 어디로 가든지 내가 너를 떠나지 않았고, 네 앞에서 네 원수를 모두 물리쳐주었다. 이제 내가 세상에서 이름난 어느 위인 못지않게 네 이름을 빛나게 해주겠다. (역대상 17. 8)

❼ 사람 본분

1 사람의 본분(本分)은 하나님을 믿음으로 하나님의 영광을 드러내며, 하나님으로 기뻐하고 즐거워하는 것이다. 사람은 하나님의 뜻에 따라 하나님과 함께 살도록 지어졌다. 하지만 자신의 의지로 순종할 수도 있고, 순종하지 않을 수도 있다.

2 사람은 하나님의 형상대로 지어졌으며, 만물을 지배하고 다스릴 권세를 받았다. 아울러 하나님의 뜻에 따라 살아갈 책임도 주어졌다. 하지만 사탄의 유혹으로 하나님의 생명을 잃었던바, 이제 그 생명을 되찾아야 한다.

3 사람은 하나님을 믿고 받아들여야 한다. 하나님을 거절하면 세상을 다스리는 주인공이 되기는커녕, 오히려 하나님의 뜻을 거역하는 훼방꾼이 된다. 오직 하나님의 품안에서 사람답게 살아갈 수 있다.

4 하나님을 믿고 의지해야 한다. 그래야 하나님의 권위에 복종하고 하나님의 뜻대로 살아갈 수 있다. 믿음의 순종은 타락을 방지하는 방편이다. 사람을 굴복시키는 게 아니라, 무분별한 의지를 억제시키는 것이다.

5 하나님의 사람은 하나님의 뜻에 따라 그 책임을 다하고, 믿음의 본분을 지켜 하나님의 영광을 드러내야 한다.

6 모든 생명은 빛을 바라보고 살아간다. 빛에서 나와 빛으로 자라고, 빛에 의해 살다가 빛으로 돌아간다. 하나님이 빛이시다. 우리는 살아 있을 때, 하나님을 믿고 빛의 자녀가 되어야 한다.

> **모든 것의 결론은 이렇다. 하나님을 경외하고 그분의 계명을 지켜라.**
> **이게 사람의 본분이다.** (전도서 12. 13)

❽ 인생

1 인생(人生)은 볕뉘에 아른거리는 티끌이다. 그나마 금세 사라지고 보이지 않을 것이다. 먼지에 집착하지 마라. 먼지에 매달리는 사람은 정말 어리석다. 인생은 어떻게 사느냐가 중요하다. 인생관이 분명해야 가치관이 뚜렷해진다.

2 "인생은 나그네 길, 어디서 왔다가 어디로 가는가? 구름이 흘러가 듯 떠돌다 가는 길에, 정일랑 두지 말자, 미련일랑 두지 말자. 인생은 나그네 길, 구름이 흘러가듯 정처없이 흘러서 간다. 인생은 벌거숭이, 빈손으로 왔다가 빈손으로 가는가? 강물이 흘러가듯 여울져 가는 길에, 정일랑 두지 말자, 미련일랑 두지 말자. 인생은 벌거숭이, 강물이 흘러가듯 소리 없이 흘러서 간다." 이것은 '하숙생'의 가사다. 어쩌면 우리가 하숙생과 같지 않을까?

3 '인생이 무엇인가?' '어디서 와서 어디로 가는가?' '어떻게 살아야 하는가?' 이에 대한 해답이 성경에 있다. 노래나 철학에서 찾을 수 없다. 인생은 구름이나 강물이 흘러가듯, 그렇게 흘러가는 게 아니다. 때가 되면 하나님의 품으로 돌아가는 것이다.

4 사람은 하나님의 생명을 받았다. 하나님의 뜻대로 살아야 한다. 겉사람은 티끌로 돌아가나, 속사람은 하나님께 돌아가야 한다. 인생 은 하숙생도 아니고, 나그네도 아니다. 순례자의 삶을 마치고 하나님 께 다시 돌아가야 한다.

5 얼핏 보면 인간도 한낱 포유류에 지나지 않는다. 혼인과 출산, 육 아와 양육이라는 종족 보존의 절차를 마치고 늙어 죽기 때문이다. 하 지만 인간은 영원히 사시는 하나님의 생명을 가지고 있다.

6 가끔씩 인간은 모태에서 죽기도 하고, 태어나 금방 죽기도 하며, 조금 살다가 요절하기도 하고, 예기치 못한 사건이나 사고, 심지어 자

살이나 타살 등으로 강제로 목숨을 잃기도 한다. 어찌 보면 인생이 정말 대수롭지 않게 보인다. 하지만 사람은 우연히 태어나 별안간 사라지는 존재가 아니다.

7 사람은 나름대로 발자취를 남긴다. 뭇 사람이 우러러보거나 존경받을 만한 족적을 남긴다는 뜻이 아니다. 보이는 것보다 보이지 않는 것이 더욱 소중할 수 있고, 귀한 것보다 천한 것이 더욱 값질 수 있다.

8 우리는 감사함으로 살다가 감사함으로 들림 받기를 소망해야 한다. 어영부영하다가 이런 말을 할 때가 올 것이다. "아, 정말 바보처럼 살았어! 바보처럼 살지 못한 것이 바로 바보였어!" 하지만 후회는 아무리 빨라도 늦다.

> 여러분은 내일 일을 모릅니다. 여러분의 인생이 무엇입니까? 여러분
> 은 잠깐 보이다가 사라지는 안개와 같습니다. (야고보서 4. 14)

❾ 인종

1 인종(人種)은 사람의 부류를 말한다. 피부 색깔에 따라 흑인, 백인, 황인, 갈색 종으로 나뉜다. 신체 조건이나 골격, 유전 인자 등에 따라서도 나눠진다. 지역이나 정치, 문화, 언어, 풍습 등에 따라 나눠진 슬라브족, 게르만족, 유대인, 미국인, 중국인, 한국인 등도 있다. 사람의 혈통에 따라 부족과 민족이 생겼으며, 통치권에 따라 국민이 생겼다.

2 인류의 조상은 아담과 하와다. 홍수 심판 뒤 노아의 세 아들, 셈과 함과 야벳에 의해 인종이 나뉜 것으로 보인다. 노아의 맏아들 셈은 셈족의 조상이 되었고, 셈족 가운데 아브라함은 히브리인의 조상이 되었다. 아브라함에서 이삭과 야곱이 나왔고, 야곱의 12아들에 의

해 이스라엘 12지파가 생겼으며, 12지파 가운데 유다의 후손이 유대인이 되었다.

3 셈족은 노아의 아들 셈의 혈족 이름이고, 히브리인은 아브라함의 후손을 일컫는 민족 이름이다. 이스라엘은 하나님이 야곱의 이름을 이스라엘로 부르신 데서 비롯된 신앙적 이름이고, 유대인은 하나님이 택하여 세우신 백성의 이름이다.

4 히브리인은 가나안 땅으로 이주하여 야훼 하나님을 섬기는 신앙 공동체를 이루었다. 혈족에서 하나님의 백성으로 바뀐 것이다. 그래서 유대인은 피부 색깔이나 골격, 혈통, 출신 지역 등을 떠나서, 유일신 야훼 하나님을 섬기는 백성이 되었다. 인종 차별은 하나님의 뜻이 아니다.

5 유대인은 하나님의 선민이라는 자부심이 지나쳐 이방인을 무시했다. 하나님께서 택하지 않은 백성은 구원이 없다고 여겼다. 유대인은 하나님의 선민으로 많은 복을 받았으나, 다른 민족이나 국가에 비해 특권이 주어진 것은 아니었다. 하나님은 인종이나 부족, 민족, 백성을 초월하여, 하나님의 형상대로 지음받은 모든 사람을 아끼고 사랑하신다.

> **아담 안에서 모든 사람이 죽은 것처럼, 그리스도 안에서 모든 사람이 살아날 것입니다.** (고린도전서 15. 22)

❿ 생령

1 생령(生靈)은 하나님의 존재적 본질로서 살아 있는 영이다. 태초에 하나님이 흙으로 사람을 지으시고, 그 코에 생기를 불어넣어 산 존재가 되게 하셨다.

2 하나님은 스스로 계시며 영원히 사신다. 시작 없는 과거부터 끝 없는 미래까지 영원히 사시며, 변함도 없으시다.

3 사람은 하나님의 생명을 가지고, 하나님의 영광을 드러내며 만물 을 지배하고 다스린다. 이게 사람을 지으시고 생명을 주신 하나님의 뜻이다.

4 하나님은 다른 피조물과 달리 사람을 아주 특별하게 지으셨다. 하나님의 형상대로, 하나님의 성품대로 지으셨다. 그래서 사람은 하 나님의 모습을 지니게 되었으며, 하나님을 모시고 살게 되었다.

5 하나님의 뜻에 따라 사람은 우주 만물을 지배하고 다스리게 되었 으나, 하나님의 뜻을 망각하고 너무 쉽게 타락했던바, 하나님의 생명 을 상실하고 말았다.

6 사람이 하나님의 영광을 드러내려면, 반드시 하나님의 생명을 되찾 아야 한다. 예수님을 믿음으로 하나님의 생명을 받아들여야 한다. 일찍 이 아담의 코에 불어넣어 주신 하나님의 생기가 바로 그 생명이다.

7 사람만이 하나님을 알고 믿어 누릴 수 있으며, 하나님의 영광을 드러낼 수 있다. 다른 피조물은 자기 모습을 통해 하나님의 권능을 보일 뿐이다. 하나님의 생명으로 하나님의 영광을 드러낼 존재는 사 람밖에 없다.

> **하나님께서 흙으로 사람을 빚으시고, 생기를 그 코에 불어넣으시자**
> **사람이 생명체가 되었다.** (창세기 2. 7)

⑪ 생명체

1 생명체(生命體)는 살아 있는 존재로서, 하나님이 2가지 방법으로

창조하셨다. 말씀으로 무에서 유를 창조하신 것과, 재료를 사용하여 재창조하신 것이다. 하나님은 5일간 우주 만물을 지으시고, 6일째 사람을 만드셨다. 그리고 사람의 코에 생기를 불어넣어 생명체가 되게 하셨다.

2 하나님이 흙으로 아담을 만드셨다. 하나님과 함께하며 하나님의 영광을 드러내도록 하나님의 형상대로 지으셨다. 아기가 어머니의 품을 떠나면 불안해하듯이, 하나님의 품을 떠난 사람도 불안하게 된다. 모든 것이 공허하고 혼돈스러우며, 흑암으로 가득하게 된다.

3 사람은 누구나 하나님과 함께 살아야 한다. 하나님을 모르면 기쁨이 떠나가고, 하나님을 불신하면 자유가 사라지며, 하나님을 외면하면 평화가 깨어진다.

4 과학이라는 미명 아래 인간이 범하는 오만은 위험하다. 과학도 하나님이 허락하신 은혜이나, 오남용하고 악용하기 쉽다. 오늘날 인공 수정이니 시험관 아기니 대리모니 하면서, 하나님의 신비로운 손길에 의해 조성되고 태어날 생명체까지 인위적 조절과 수단으로 낳기도 하고 죽이기도 한다. 하나님의 신비로운 손길을 훼방하는 사탄의 수법이 아닌가? 언젠가, 아무도 생각지 못한 데서, 인간의 치명적 실수가 드러날 수도 있다.

5 또 인공 피임이나 중절 수술, 낙태 등으로 생명체를 강제로 죽이기도 한다. 인공 출산이 하나님의 방법이 아니듯, 인공 유산 또한 하나님의 뜻이 아니다. 성폭행이나 강제 추행에 의한 임신까지 무조건 출산하라는 것은 지나치나, 오늘날 사회에서 생명 경시의 풍토가 만연한 것은 문제다.

6 더욱이 머지않아 출현할 인조인간은 어떻게 받아들여야 하는가? 유전자를 조작한 DNA 인간이라든지, 인공 지능 로봇과 같은 기계 인간이라든지, 가상공간에서 활동하는 사이버 인간이라든지, 이런저

런 모조품 인간의 출현을 상상만 해도 끔찍하지 않은가? 얼마 전 '알파고(Alpha Go)'라는 인공 지능과 인간의 바둑에서, 알파고가 인간을 4대 1로 이겼다. 디지털 인간의 출현을 예고한 것이다.

7 하나님의 생명을 가진 인간이 하나님의 생명이 없는 인간의 출현을 막을 대책을 세워야 한다. 이는 지구촌 환경 파괴에 대한 문제만큼이나 시급한 일이다. 하나님의 생명체를 위협하는 인위적 생명체의 출현을 모른 체해서는 안 된다. 신앙의 근간을 뒤흔들 수도 있다.

8 사람이 만든 인조인간이 하나님이 만드신 피조물을 지배하는, 그야말로 공상과학 소설에서나 있음직한 시대가 오고 있다. 우주 만물을 지배하고 다스리는 권한이 인조인간에게 넘어가서는 안 된다. 그런 의미에서 과학은 사탄의 하수로 전락할 여지가 있다.

9 동성 결혼 합법화도 심각하기는 마찬가지다. 시대적 현상으로 불가피한 점도 없지 않지만, 하나님의 창조 질서를 파괴할 권한은 어느 누구에게도 없다. 순리대로 생육하고 번성하라는 하나님의 계명을 깔아뭉개서는 안 된다.

10 하나님은 모든 생명체의 주인이시요, 주권자시다. 하나님이 지으신 사람만이 모든 피조물을 지배하고 다스릴 권한이 있다. 그래서 초대교회의 교부가 말했다. "하나님께 돌아가기 전에는 결코 안식을 얻을 수 없다!"

> 여호와여, 주님은 이스라엘의 희망이십니다. 주님을 버리는 사람은 부끄러움을 당할 것입니다. 여호와를 따르지 않고 떠나간 사람은 흙 위에 쓴 이름과 같습니다. 생명수의 근원이신 여호와를 버렸기 때문입니다. (예레미야 17. 13)

⑫ 존엄성

1 인간의 존엄성(尊嚴性)은 하나님이 허락하신 고유의 권리다. 어떤 피조물도 근접할 수 없는 인간의 본질이요, 본성이다. 인간은 가장 발달된 지능을 가지고 있으며, 우주 만물을 지배하고 다스릴 영장의 권세를 받았다.

2 인간은 하찮은 먼지로 지어졌으나, 하나님의 생명을 받아 천상천하 유아독존의 존재가 되었다. 하나님이 적당한 재료가 없어 먼지로 사람을 만드신 게 아니다. 하나님만 섬기며 겸손하게 살아야 한다는 뜻이다.

3 사람이 영과 혼과 육의 구조로 지어진 것도 하나님 없이 홀로 살 수 없다는 사실을 보여준다. 사람은 하나님을 모시고 살아야 본연의 기능을 발휘할 수 있다. 영은 사람의 가장 깊은 곳에 위치한 양심적 부분으로, 반드시 하나님을 주인으로 모셔야 한다. 혼은 사람의 마음이나 정신으로, 지성과 감성과 의지로 나타난다. 육은 영과 혼을 보호하는 물질이다. 사람이 건강한 인격체가 되려면, 영과 혼과 육의 조화와 연합이 필요하다.

4 아담이 사탄의 유혹에 넘어가 타락함으로써 하나님을 떠났던바, 그 후손은 하나님의 영이 없는 상태로 태어나게 되었다. 사람은 하나님과 소원할 수밖에 없었고, 절망 가운데 고통의 바다를 떠도는 부평초 신세가 되었다.

5 그러나 죄인이 죄인을 용서할 수 없고, 단절된 하나님과 관계를 복원할 방법이 없었다. 그래서 하나님의 아들이 죄인을 대신하여 죗값을 치를 수밖에 없었던바, 예수님이 육신의 몸을 입고 세상에 오시게 되었다.

6 이제 예수님의 십자가로 모든 사람의 죄가 용서되었고, 소원한 하

나님과 관계가 복원되어 화목하게 되었다. 아울러 사람의 영에 하나님이 들어와 영적으로 죽은 사람이 소생하게 되었고, 죄로 인해 단절된 통로가 다시 열리게 되었다.

7 예수님을 믿음으로 죄에서 벗어나 하나님의 자녀가 되었고, 하나님 없는 암흑천지 속에 살다가 광명한 빛의 세계로 옮겨지게 되었다.

8 아무리 좋은 선물이 주어져도 받아들이지 않으면 아무 소용이 없다. 하나님이 우리에게 구원의 빛을 선물로 주셨다. 이제 어두운 동굴 속에 숨어 살지 말고, 광명한 빛 가운데로 나와야 한다.

9 우리는 예수님을 구주로 영접해야 한다. 그래야 하나님이 허락하신 존엄성을 회복하게 된다. 우리의 존엄성은 우리가 지켜야 한다. 우리는 하나님의 자녀요, 천국 백성이다.

> **"하나님께서는 너희 머리털까지도 다 세고 계신다."** (마태복음 10. 30)

⑬ 존재 가치

1 인간의 존재 가치(存在價値)는 만유의 주재이신 창조주에서 찾아야 한다. 하나님이 주신 생명의 가치는 천하를 주고도 바꿀 수 없다. 하나님이 없는 인간은 무가치하다. 그저 먹고살기 위해 동분서주하며 종족 보존을 위해 버둥대다가 사라진 직립 원인(直立猿人)과 다름이 없다.

2 인간은 하나님이 지으신 피조물 가운데 지·정·의를 가진 유일한 인격체로서 반드시 하나님을 모시고 살아야 한다. 그래야 본디 기능을 발휘할 수 있다.

3 사실 인간은 타의 추종을 불허하는 존엄성과 가치를 가지고 있다. 하나님의 영으로 하나님과 교제하며, 하나님의 생명으로 하나님

의 뜻대로 살아간다.

4 인간은 하나님과 공통점을 가지고 있다. 사람을 사랑하는 것이다. 피조물 가운데 인간만이 이웃을 사랑하고 배려할 줄 안다.

5 한 노인이 공원 벤치에 앉아 골똘히 생각하고 있었다. 자정이 넘도록 그대로 있었다. 공원을 순시하던 경비원이 이상히 여겨 물었다. "당신은 도대체 누구요?" 하지만 노인은 아무 대답이 없었다. 경비원이 소리 질렀다. "이보시오, 영감! 내 말이 들리지 않소? 당신은 도대체 누구란 말이요?" 그래도 묵묵부답이었다. 경비원이 성질을 내자 그제야 마지못해 일어나며 말했다. "그게 바로 내가 묻고 싶은 말이오! 나는 도대체 누구란 말이오?"

6 이 노인은 독일의 철학자 쇼펜하우어(Schopenhauer, 1788-1860)였다. 이게 동서고금의 철학자가 고심하고 있는 문제다. 하지만 일보의 진전도 이루지 못하고 있다.

7 하나님께서 우리에게 주신 특별한 선물이 있다. 바로 성경이다. 성경이 우리의 존재 가치와 살아갈 이유에 대한 해답을 준다. 하지만 사람은 너무 신비스럽고, 사람의 역량은 한계가 있다.

8 사람은 영과 혼과 육으로 구성되어 있다. 육신은 이목구비를 비롯하여 사지백체를 가지고 있는바, 당연히 생물학적 연구의 대상이 된다. "사람의 몸은 무엇으로 만들어졌는가?" 이에 대한 대답은 간단하다. "사람은 대부분이 물로 조직되어 있으며, 다른 몇 가지 성분을 더 가지고 있다." 사람을 물질로 볼 때 정확한 대답이다.

9 그러나 사람은 보이는 부분과 보이지 않는 부분, 곧 육신과 정신, 내면과 외면, 겉사람과 속사람이 있다. 천지 창조 이래 숱한 사람이 자신의 정체를 캐보려고 노력했으나 모두 허사였다.

10 과학자는 과학의 힘으로 사람의 수명을 어느 정도 연장시킬 수는 있었으나, 모든 육신이 죽음으로 소멸한다는 사실에 실망할 수밖

에 없었다. 심리학자는 학문적으로 사람에게 무엇인가 보이지 않는 부분이 있다는 사실을 받아들이고 있지만, 더 이상 아무것도 증명할 수 없었다. 하나님은 육신을 위해 인간을 만들지 않았으며, 육신에 궁극적인 목적을 두시지 않았다.

11 사람마다 이런저런 생각이 있고, 희로애락과 오욕칠정이 있으며, 무슨 일을 결심하고 시도하려는 자유의지도 가지고 있다. 이를 지·정·의라 하며, 특히 정신적 영역을 생각이나 마음이라 한다. 육신은 물질적 부분이고, 정신은 지적 부분이며, 마음은 감정적 부분이다. 혼은 일시적 목숨이고, 영은 영원히 사는 생명이다.

12 사람은 목숨이 붙어 있다고 해서 사는 게 아니다. 생각하고 살아가는 인격체로서, 하나님과 함께해야 목적에 부합하는 존재가 된다.

13 따라서 우리는 이 질문에 대한 분명한 해답을 가지고 있어야 한다. "나는 어디서 와서 어디로 가며, 어떻게 살아야 하는가?" 하나님을 도외시하고서는 우리의 존재 가치를 결코 찾을 수 없다.

> **사람을 먼지로 돌아가게 하시며 말씀하셨다. "사람아, 흙으로 돌아가거라."** (시편 90. 3)

⑭ 영적 존재

1 영(靈)은 육(肉)과 대비되는 개념이나, 한마디로 설명되지 않는다. 하지만 바람, 공기, 호흡, 전파 등과 같이 보이지 않지만 분명히 존재한다. 바람은 스치는 느낌으로, 공기는 과학 실험으로, 호흡은 숨을 쉼으로, 전파는 전자 기기로 확인할 수 있듯이, 영은 영감으로 감지할 수 있다. 눈에 보이지 않는다고 해서 없다고 주장하는 사람은 어리

석을 뿐이다.

2 하나님은 영이시다. 누구에 의해 태어나지도, 창조되지도 않았다. 영원부터 영원까지 영원히 스스로 계신다. 천사나 사탄, 귀신도 영적 존재다. 하지만 이들은 피조물이다.

3 사탄이나 귀신 등의 악령이 하나님의 나라에서 쫓겨난 천사라는 전승이 있다. 그렇다면 하나님에 의해 창조된 영적 존재는 사실상 천사와 사람뿐이다. 사람은 물질세계를 지배하고 다스리나, 사탄은 물질세계와 영적 세계를 아울러 어지럽힌다.

4 사람은 역사의 주인공이다. 조연을 맡은 천사와 급이 다르다. 그저 막연히 살다가 소멸되는 존재가 아니다. 하나님의 뜻에 따라 살아갈 분명한 이유가 있다. 하나님의 생명이 분배되어 사람의 생명이 되었으며, 사람의 영은 하나님의 영에서 나왔다.

5 어찌 보면 사람도 일반 동물과 다를 바 없고, 생로병사의 길을 걸으니 하찮게 보인다. 하지만 사람의 영은 하나님의 영을 받아 영원히 죽지 않는다.

6 사람의 영은 하나님의 품으로 돌아가 안식에 들어가고, 몸은 흙이니 흙으로 돌아간다. 하지만 사람은 신령한 몸으로 다시 살아날 것인바, 분토로 돌아가 소멸하는 동물의 몸과 근본적으로 다르다. 동물의 고향은 흙이나, 사람의 본향은 하나님의 품이다.

7 사람은 하나님의 성품을 가지고 있다. 하나님의 뜻에 따라 성령님의 인도를 받으며 예수님의 모습처럼 살아갈 수도 있고, 하나님의 품을 떠나 타락한 천사의 하수로 살아갈 수도 있다.

8 성령님의 인도를 무시하면 하나님의 뜻을 거역하게 되고, 예수님의 손을 놓치면 사탄의 밥이 된다. 사람은 시간과 공간의 물질 속에서 살아가고 있다. 하나님의 나라에 속한 영적 사람이 되느냐, 사탄의 세계에 속한 육적 사람이 되느냐의 기로에 서 있다.

9 하나님과 사탄의 영역은 선과 악, 정의와 불의, 광명과 흑암이라는 극과 극에 있다. 중간 지대는 없다. 사람은 하나님과 사탄 사이에서 양다리를 걸치고 어정쩡하게 살아갈 수 없다. 반드시 어느 한 편에 서야 한다. 구원이냐 멸망이냐, 평화냐 전쟁이냐, 순간의 선택이 영생을 좌우한다.

10 사람이 살다 보면 필연적으로 만나는 적이 있다. 바로 악령이다. 사람이 하나님의 영과 연합하면 능히 물리치고 이길 수 있지만, 하나님의 영이 없으면 악령의 먹이사슬이 되기 십상이다. 자기도 모르게 사탄의 하수가 되어 살아가는 모습을 보고 깜짝 놀랄 것이다.

11 그래서 성경은 차든지 덥든지 분명히 하라고 가르친다. 다른 것은 몰라도, 구원과 생명에 대한 문제만은 아주 단호해야 한다. 양보하거나 머뭇거려서는 안 된다. 지금 바로 분명히 결단해야 한다. 영생이냐, 영벌이냐? 이는 인생에서 가장 크고 중요한 문제다.

> 그러나 실상 그들은 더 나은 곳을 사모하고 있었습니다. 하늘에 있는 고향이었습니다. 그래서 하나님께서는 그들의 하나님이라 불리는 것을 부끄러워하지 않으시고, 그들을 위해 한 도시를 예비하셨습니다.
>
> (히브리서 11. 16)

⑮ 내세

1 내세(來世)는 죽은 사람이 마지막 심판을 기다리며 머무는 세계를 말한다. 예수님의 재림으로 임할 새 하늘과 새 땅을 의미하기도 한다.

2 내세는 깊숙이 감춰진 비밀이다. 우리가 알 수 있는 범위는 지극히 제한적이다. 거의 모른다고 해도 과언이 아니다. 연옥도 사람의 논

리에 의한 추측일 뿐이다. 성경의 근거는 미약하다.

3 의인은 천국에 들어가고, 악인은 지옥에 들어간다. 천국에 들어갈 만큼 완전한 의인이 아니거나, 지옥에 보낼 정도의 심각한 죄인이 아닐 경우, 일단 연옥으로 보내 정화의 과정을 거쳐 천국에 보낸다는 논리가 연옥이다. 다소 부족한 의인의 영혼이 생전에 용서받지 못한 죄를 씻기 위한 과정이다.

4 그리고 연옥에 들어간 영혼을 대신하여, 살아 있는 사람이 기도하거나 속죄의 헌금을 드릴 경우, 연옥의 영혼이 보다 빨리 용서되어 천국에 들어간다고 한다. 어찌 보면 너무나 인간적이고 계산적이다.

5 연옥의 교리는 나름대로 성경을 인용하고 있지만, 지나치게 비약한 부분이 없지 않다. 게다가 교회가 연옥의 교리를 이용하여 건축 헌금을 모금하여 종교개혁의 기폭제가 되기도 했다. 예나 지금이나 교회당을 건축하려면 큰돈이 들어간다. 아직도 예배당을 크게 짓는 것이 하나님에 대한 충성인 양 착각하는 사람이 많다.

6 성도의 휴거와 천년왕국은 어떤 형태로든 있을 것이라고 본다. 최후의 심판과 함께 신천지의 세계가 도래할 것이며, 믿는 자나 믿지 않는 자, 죽은 자나 산 자가 다 예수님의 심판대 앞에 설 것이며, 의인은 영원한 생명으로, 악인은 영원한 형벌로 들어갈 것이다. 각자 살아생전의 행위대로 심판받을 것이다.

7 의인의 부활에 이어 악인도 부활할 것이며, 의인과 악인에게 내려질 심판은 천지 차이일 것이다. 이를 최후의 심판이라 하며, 아주 공평하게 진행될 것이다. 그동안 왕 노릇하던 죄와 사망은 끝없는 구렁텅이에 던져져 사라질 것이며, 새 하늘과 새 땅이 임하여 영원한 나라가 열릴 것이다. 그동안 생로병사를 주관하던 시간과 공간의 역사도 더 이상 보이지 않을 것이다.

육체의 운동은 약간의 유익이 있으나, 경건의 훈련은 모든 일에 유익하니, 현세와 내세의 생명을 약속합니다. (디모데전서 4. 8)

⑯ 죽음

1 죽음(death)은 육체에서 영혼이 분리되어 목숨이 정지된 상태를 말한다. 육신의 세포가 활동을 중단하여 개인적 종말을 가져오며, 생명체로서 존재 가치를 상실하게 된다.

2 죽음은 육체를 가진 사람에게 다가오는 필연적 현상이며, 사후의 세계에 대한 두려움의 대상이 된다. 죽음은 인간만이 아니라, 모든 생물체에 너무나 절망적이다. 의학적으로 잠시 생명을 연장시킬 수는 있으나, 누구나 숙명적으로 받아들일 수밖에 없다.

3 동서고금을 떠나 숱한 사람이 죽음에서 벗어나보려고 수단 방법을 다했으나, 모든 것이 허사라는 사실을 깨닫고 낙담했다. 중국의 진나라 시황제가 죽음을 피해보려고 불로장생약을 구했으나, 그 역시 죽었다.

4 사람의 죽음은 죄에 대한 형벌로 주어졌다. 죄가 없을 때는 죽음도 없었다. 에덴동산의 아담이 그랬고, 예수님이 그러하셨다. 하지만 아담은 죄로 인해 죽었고, 예수님은 죄가 없어 죽음을 이길 수 있었다. 죄에 대한 문제를 해결해야 죽음을 극복할 수 있다. 실제로 죽음은 예수님의 부활 앞에서 무릎을 꿇었다. 사망이 더 이상 힘을 발휘하지 못했다.

5 사망의 권세를 물리치고 죽음에서 부활하신 예수님을 영접한 사람은 죽음을 이길 수 있다. 일시적 육신의 죽음은 피할 수 없겠으나, 그건 절망이 아니라 희망이요, 끝이 아니라 시작이다. 그리스도인은

죽음을 피해 도망치는 게 아니라, 영원한 나라를 위해 당당하게 맞이하는 것이다.

6 성도의 죽음은 영원한 세계로 들어가는 관문이다. 100년 정도 순례자의 삶을 마치고 영원한 나라로 들어가는 의식이다. 죽음은 지상을 떠나 영원한 나라로 들어가는 과정이다.

7 하나님이 사람을 지으실 때는 일시적 죽음도 없었다. 사람이 타락하자, 죄와 함께 은근슬쩍 들어왔다. 하지만 예수님이 다시 오시면, 죽음의 그림자는 사라지고 다시는 보이지 않을 것이다.

8 사탄의 유혹과 사람의 불순종으로 죄가 들어왔으며, 죄에 대한 심판으로 죽음이 찾아왔다. 죽음에는 육적 죽음과 혼적 죽음, 영적 죽음이 있다. 악인에게 주어지는 영원한 죽음, 곧 둘째 사망도 있다.

9 육적 죽음은 육체에서 영혼이 분리된 상태를 말하고, 혼적 죽음은 선악을 분별하지 못할 정도로 타락한 상태를 말하며, 영적 죽음은 예수 그리스도를 외면하여 불신의 늪에 빠진 상태를 말한다.

10 성도는 육체적 죽음을 맛보긴 하겠으나, 때가 되면 부활할 것인바 큰 의미가 없다. 하지만 구원자를 외면한 사람은 영적 죽음에 빠져 둘째 사망을 맞을 것이다. 이것은 영원한 죽음이다. 마지막 심판을 받고 영원히 꺼지지 않는 불 속에 던져지는 것이다.

11 사람의 죽음은 죄로 인해 빚어진 하나님의 징벌이다. 믿음의 여부를 떠나 아무도 피할 수 없다. 아무리 신실한 사람도 죽으면 흙으로 돌아간다. 물론 죽음을 맛보지 않고 들림 받은 사람도 간혹 있다.

12 육신의 죽음으로 맞이할 사후의 세계는 신자와 불신자 간의 차별이 아주 클 것이다. 신자에게는 영생이 주어질 것이나, 불신자에게는 죽고 싶어도 죽을 수 없는 영벌이 내려질 것이다. 영생은 시작도 없고 끝도 없이 영원히 사는 것이다.

13 혼적 죽음은 여러 사람이 더불어 살아가는 세상에서, 죄를 죄로

깨닫지 못할 정도로 타락한 상태를 말한다. 그리스도를 외면하고 제멋대로 살아가는 사람은 누구나 피할 수 없다. 선이 아닌 악을, 참이 아닌 거짓을 지혜로 여기며 살아가기 때문이다.

14 영적 죽음은 구원자를 외면하여 불신의 늪에 빠진 상태를 말한다. 실낱같은 양심의 기능은 살아 있겠지만, 세속적 욕심에 사로잡혀 하나님의 뜻을 모른 채 죄를 벗 삼아 살아가는 사람에게 임할 것이다.

15 영원한 죽음은 악인이 맞이할 둘째 사망이다. 칠흑같이 어두운 음부에서 고독한 나날을 보내다가, 최후의 심판을 받고 영원히 꺼지지 않는 불구덩이 속으로 던져질 것이다. 이는 마지막 날 있을 최후의 심판인바, 육신이 죽을 때 일어나는 현상은 아니다.

16 사람의 육신은 누구나 죽음으로 부패하여 흙으로 돌아가지만, 의인과 악인의 사후 세계는 영생과 영벌로 갈라진다는 사실을 반드시 명심해야 한다.

> 우리는 이미 죽음에서 벗어나 생명으로 옮겨졌습니다. 우리가 형제자매를 사랑하기 때문입니다. 사랑하지 않는 사람은 죽음 안에 그대로 머물러 있습니다. (요한1서 3. 14)

❶❼ 중간 처소

1 중간 처소(中間處所)는 죽은 사람의 영혼이 천국이나 지옥에 들어갈 때까지 일시적으로 머무는 장소를 말한다. 중간기(中間期)는 중간 처소에서 최후의 심판을 받을 때까지 기다리는 시간이다.

2 사람의 사후에 대한 중간 처소나 중간기의 계시는 뚜렷하지 않다. 이런저런 견해가 있지만, 지극히 부분적이거나 하나의 조각일 뿐

이다.

3 내세나 종말에 대한 개인적 견해를 사실인 양 가르치면 이단으로 몰릴 소지가 있고, 계시가 희미하여 모른다고 하면 불가지론자로 몰릴 우려가 있다. 누가 사실인 양 말해도 받아들이지 말고, 내가 아는 것이 전부인 양 떠들어대지 말아야 한다. 하나님 앞에서는 모든 것이 부족하고 미흡하다.

4 하나님은 사람의 생각과 논리의 한계를 알고 계신다. 1/10이라도 받으실 부분은 받으시고, 9/10라도 버리실 부분은 버리신다. 모든 것을 뛰어넘는 하나님 앞에서 사람이 취할 자세는 오로지 겸손이다. 모름을 모르는 것보다 더 큰 모름은 없다.

5 어떤 사람은 사소한 문제를 들어 가톨릭교회를 이단이라고 주장한다. 그는 오만한 사람인바, 자기 자신부터 돌아보아야 한다. 정말 그럴 만한 자격이 있는지, 과연 하나님이 그만한 지혜를 주셨는지, 아니면 하찮은 교리나 사사로운 교권에 사로잡힌 건 아닌지 살펴보아야 한다.

6 여기저기 희미하게 드러난 계시의 조각을 맞춰 어렴풋하게 짐작할 부분은 있다. 마지막 날 최후의 심판을 받고 천국에 들어갈 사람과 지옥에 들어갈 사람이 있으며, 낙원에서 안식하는 의인과 음부에서 고통당하는 악인이 있다. 어찌 보면 낙원과 음부라는 중간 처소도 천국과 지옥의 일부분일 수 있다.

7 마지막 날까지 살아 있는 성도, 곧 예수님을 구주로 믿고 영접한 사람은 어디서 무엇을 하며 지내든지 시간과 장소를 초월하여 신령한 몸으로 변화할 것이다.

8 중간 처소는 육신을 벗은 영혼이 때를 기다리며 쉬는 곳이다. 거기서 잠시 휴식을 취하다가, 예수님이 재림하실 때 부활할 것이다. 사람은 허무한 죽음을 기다리며 살아가는 존재가 아니라, 분명한 목적

을 가지고 영원한 세계에 들어갈 날을 바라보며 사는 존재이다.

9 개신교는 낙원과 음부를 중간 처소로 보지만, 천주교와 정교는 연옥을 가르친다. 신실한 신자는 즉시 천국에 들어가지만, 그렇지 못한 어정잡이 신자는 연옥에 들어가 일정한 정화의 과정을 거친 뒤 천국에 들어간다는 것이다.

10 연옥의 교리는 주로 외경에 근거를 둔다. 지옥으로 보내기는 아쉽고 천국으로 보내기는 미흡한 영혼을 일정 기간 연옥으로 보내 불로 연단한 뒤, 나중에 천국으로 보낸다는 논리다.

11 예수님이 오시기 전에 죽은 영혼은 선조 림보에서, 스스로 죄를 짓지는 않았으나 예수님을 알지 못해 원죄를 씻지 못하고 죽은 어린 아이나 정신박약자는 유아 림보에서 특별한 행복이나 고통 없이 잠자는 상태로 머물러 있다가, 예수님의 지옥 강림으로 구원을 받는다는 것이다. 림보(limbo)는 독일어로 '경계'나 '접촉'을 의미한다.

12 지옥의 형벌은 간신히 면했으나 천국의 기쁨은 누리지 못하는 영혼이 그 죄가 용서될 때까지 일시적으로 머문다는 천국과 지옥 사이의 경계를 의미한다. 하지만 연옥이라는 림보가 과연 있는지, 추측이나 논리는 아닌지, 천국이나 지옥의 일부분인지, 낙원이나 음부의 다른 말인지 등은 알 수가 없다.

13 하나님의 통치 하에서 죽은 사람의 중간기와 그들이 머무는 중간 처소가 있다면, 살아 있는 사람은 다행이라 아니할 수 없다. 아무리 희미한 계시라도 어느 정도 부합할 수 있고 하나님께서 용인하실 수도 있는바, 무턱대고 부인하기는 더욱 어려운 일이다.

14 이런 부분까지 감안한다면, 뚜렷하게 계시되지 않은 교훈이라고 해서 받아들이지 못할 이유도 없지만, 적어도 인간의 생각과 논리의 한계를 인정하고, 하나님이 주관하시는 사후의 세계를 잘 모른다는 자세만은 견지해야 한다.

15 죄와 사망을 주관한 사탄의 권세는 예수님의 부활로 이미 꺾였다. 예수님을 영접한 사람은 다시 죽을 수 없는바, 일시적으로 육신의 죽음은 맛볼지라도 다시 살아날 것이다. 하나님의 생명책에 그 이름이 등재되었기 때문이다.

16 예수님을 영접한 그리스도인은 더 이상 죽음을 두려워하지 않는다. 사망에서 생명으로 옮겨졌기 때문이다. 성도의 삶은 영생을 준비하는 과정인바, 지상의 짧은 삶에 결코 연연하지 않는다.

17 성도는 죽음을 앞두고 공포에 휩싸이거나 두려워하지 않는다. 가족의 죽음도 육신의 정으로 인해 잠시 슬퍼할 뿐이지, 크게 낙심하지 않는다. 예수님이 다시 오실 때까지, 천국에서 다시 만날 때까지, 잠시 떨어져 서로 안식을 취할 뿐이다.

18 우리는 영광스러운 부활의 날을 바라보며 죽음의 초청에 기꺼이 응할 준비를 해야 한다. 예수님도 죽음을 건너뛰어 곧바로 부활하지 않으셨다. 우리도 영화로운 몸으로 갈아입고 부활하기 위해 반드시 죽음의 강을 건너야 한다.

19 육신의 죽음은 예수 그리스도의 영원한 나라로 들어가는 관문이다. 결코 끝이 아니다. 그래서 독일의 사상가 토마스 아 켐피스(Tomas A Kempis, 1380-1471)가 말했다. "날마다 죽음을 예비하는 사람은 행복하다!"

> 그는 낙원으로 이끌려 올라가, 사람의 말로 표현할 수도 없고 사람이 말해서도 안 되는 말씀을 들었습니다. (고린도후서 12. 4)

18 낙원과 음부

1 낙원(樂園)은 의인의 영혼이 일시적으로 머무는 장소요, 음부(陰府)는 악인의 영혼이 잠시 거하는 처소다. 예수님을 믿음으로 의롭게 된 영혼은 낙원으로 들어가고, 그렇지 못한 영혼은 음부로 들어간다.

2 구약 시대는 음부를 무덤이나 사망, 땅 속의 어둡고 그늘진 세상, 어두침침한 지하 세계, 끝없이 이어진 시커먼 구멍, 침묵만 하염없이 흐르는 적막의 장소, 아무것도 알지 못하고 분간할 수 없는 곳, 다시 돌아오지 못할 절망의 장소 등으로 여겼다.

3 그러나 음부에 거하는 영혼도 완전히 멸절되어 사라진다고 생각지는 않았다. 그림자처럼 희미한 존재로 있다가, 때가 되면 구원의 손길이 미친다는 실낱같은 희망을 가지고 있었다.

4 화사한 옷을 차려입고 날마다 잔치를 베풀며 호사스럽게 살아가는 부자가 있었다. 그 부잣집 대문 밖에는 부스럼투성이 거지가 드러누워 있었다. 그는 부자의 상에서 떨어지는 음식 찌꺼기로 허기를 면하려고 했으나, 그마저 주는 사람이 없었다. 그때 들개가 몰려와 그의 헌 데를 핥았다. 그렇게 세월이 흘러 부자도 죽고 거지도 죽었다.

5 거지는 죽어서 아브라함이 있는 낙원으로 올라가고, 부자는 죽어서 음부로 내려갔다. 부자가 불구덩이 속에서 쳐다보니, 자기 집 대문 밖에 있던 거지가 아브라함의 품에 안겨 있었다. 부자가 부르짖었다. "아버지 아브라함이여, 저를 불쌍히 여겨주십시오. 나사로를 보내어 제 입술을 시원하게 해주십시오. 제가 이 불꽃 속에서 죽을 지경입니다."

6 아브라함이 대답했다. "얘야, 네가 살았을 때를 생각해보아라. 너는 하고 싶은 것을 다 하면서도, 네 대문 밖에 버려진 네 형제를 돌보지 않았다. 너는 마음껏 호사를 누리고 살았으나, 네 형제는 고통스

럽게 살았다. 그래서 너는 거기서 고통을 받고, 네 형제는 여기서 위로를 받는다. 이는 당연한 일이다. 더욱이 우리가 있는 이곳과 네가 있는 그곳 사이에 큰 구렁이 끼어 있다. 여기서 그리로 가고 싶어도 갈 수 없고, 거기서 이리로 오고 싶어도 올 수 없다."

7 부자가 말했다. "아버지여, 그렇다면 나사로를 제 아버지 집으로 보내주십시오. 저에게 5형제가 있습니다. 그들만이라도 이 고통스러운 곳에 오지 않도록 알려주십시오."

8 아브라함이 대답했다. "그들에게 여러 전도자가 있으니, 그 말을 들으면 될 것이다." 부자가 말했다. "아버지여, 그렇지 않습니다. 그들은 죽었다가 살아난 사람이 가야만 들을 것입니다." 아브라함이 대답했다. "그렇지 않다. 그들이 전도자의 말을 듣지 않으면, 죽은 사람이 살아나 가도 듣지 않을 것이다."

9 예수님의 비유를 통해 낙원과 음부라는 중간 처소를 엿볼 수 있지만, 어디까지나 비유일 뿐이다. 사후의 세계는 너무 신비하여, 지레 짐작할 사안이 절대 아니다.

> "가버나움아, 네가 하늘까지 치솟을 셈이냐? 지옥까지 떨어질 것이다." (누가복음 10. 15)

⑲ 연옥

1 연옥(煉獄)은, 회개하지 않고 죽은 사람이 살아생전의 죄가 말갛게 씻길 때까지, 정화의 감옥에서 불같은 연단을 받고 천국에 들어간다는 사상이다. 이는 천주교와 정교 등에서 가르치는 교리로서, 개신교는 받아들이지 않는다.

2 사람이 구원받기는 했으나 가벼운 죄를 용서받지 못한 상태로 죽은 경우, 또는 악습을 완전히 버리지 못한 상태로 죽은 경우, 일정 기간 정화를 받는 곳이다. 이런 상태의 영혼은 연옥에서 죄 씻음을 마저 받아야 천국에 들어간다.

3 연옥의 교리는 죽은 사람의 고통이 살아서 지은 죄의 경중에 비례하며, 살아 있는 사람의 선행에 의해서도 죄가 경감된다고 가르친다.

4 살아 있는 후손이나 신자가 죽은 사람을 위해 기도해야 한다는 사상은 1세기 유대교의 관념에서 비롯되었으며, 13세기 기독교의 교리로 정착했다.

5 초대교회도 베드로전서 3장 19절과 외경 마카베오(Maccabeus)하 12장 45절 등을 인용하여 연옥이 존재한다고 가르쳤다. 하지만 연옥의 장소나 정화의 기간 등은 어느 문헌에서도 자세한 언급이 없다.

6 중세 교회는 연옥에서 벌 받는 영혼이 살아 있는 신자의 기도나 구제, 금식, 면죄부 매입 등으로 도움을 받는다고 가르쳤다. 그래서 종교개혁의 빌미를 제공했던바, 그 정신을 이어받은 개신교는 연옥을 받아들이지 않았다.

7 연옥은 개신교에서 가르치는 중간 처소, 곧 낙원과 음부의 개념과 사뭇 다르다. 논란이 많은 게 사실이다. 사람들은 아리송하거나 궁금한 사항은 어떻게든 꿰맞춰 교리로 만들기를 좋아한다. 그대로 두기를 싫어하는 습성을 가지고 있다.

8 그러나 하나님의 신비스러운 영역까지 인간의 논리 잣대를 들이대는 것은 매우 위험하다. 조금만 삐끗해도 본질에서 멀어지기 때문이다. 한번 무리수를 두게 되면 계속 무리수가 나오기 마련이다. 신비는 신비로 두어야 신비롭다. 교리화하지 말아야 한다.

9 인간적 논리와 잣대로 만든 교리를 신자에게 가르치고, 그것을 배운 신자는 또 다른 신자에게 가르치고, 그래서 쓸데없는 사상을 만

들고, 나아가 교파를 만들고, 그러다가 이단이 되기도 한다. 다시 말하지만, 신비로운 하나님의 비밀은 그대로 두어야 한다. 하나님의 비밀을 모른다고 해서 불이익을 받을 리 만무하다.

10 16세기 개혁자 칼뱅의 예정론을 앞세워 장로교가 생겼고, 18세기 개혁자 웨슬리 형제가 사람의 자유의지와 성결을 주창하여 감리교가 생겼다. 무분별한 예정론 추종자의 오만과 독선에 따른 당연한 귀결이었다. 하지만 웨슬리는 자기주장으로 또 하나의 교파가 생긴 것을 크게 후회했다.

11 어떤 논리를 지나치게 강조하여 교리가 생기고, 그걸 추종하는 자들에 의해 교파가 생기고, 교파가 발전하여 교권이 생긴다. 교권을 좋아하는 자들의 욕심이 잉태하여 분열을 낳고, 분열이 장성하여 독선을 낳는다.

12 물질 축복을 지나치게 강조하자 그게 신앙의 본질인 양 착각하는 자들이 나타났고, 달변이나 궤변을 하나님의 능력으로 여기는 자들이 있는가 하면, 특이한 은사가 나타나자 하나님의 아들이라도 되는 양 추앙하는 집단이 생겼다. 산은 보지 못하고 나무만 보는 자는 어리석을 뿐이다.

13 개신교는 죽은 사람의 구원을 위해 산 사람의 영향력이 어디까지 미치는지 의구심을 가지고 있다. 산 사람의 헌금이나 기도, 선행 등이 죽은 사람의 구원에 영향을 미친다고 보기 힘들다는 것이다. 성경은 헌금이나 기도, 구제 등이 구원과 직접적인 관계가 없다고 가르친다.

14 어떤 형태로든 연옥이 있다고 한다면, 죽은 사람의 영혼이 머무는 중간 처소쯤으로 보면 될 것이다. 하지만 연옥도 낙원과 음부처럼 깊이 감춰진 내세의 신비임에 틀림없다. 지나치게 강조하거나 반대하는 건 바람직하지 않다고 본다.

15 우리는 연옥 사상도 불가지론적 실재론(不可知論的實在論)에 해당한

다고 본다. 어떤 형태로든 존재하는 것으로 보이나, 그에 대한 지식이 거의 없다는 말이다.

주님은 영으로 옥에 있는 영들에게 가서 복음을 선포하셨습니다. (베
드로전서 3. 19)

20 지옥

1 지옥(地獄)은 악인이 마지막 심판을 받고 들어가서 벌 받는 장소를 말한다. 극심한 고통의 상태를 의미하기도 한다. 의인이 들어가 누리는 천국과 대비되는 개념이다.

2 멀리서 보면 흡사 사람의 해골처럼 보이는 산이 있었다. 그곳에 실제로 해골이 즐비했다. 온갖 짐승의 뼈다귀와 죽은 사람의 두개골이 뒤엉켜 나뒹굴었다. 얼마 전에 죽은 사람의 시체도 버려져 있었다.

3 얽히고설킨 뼈다귀와 해골 사이에 시커먼 구멍이 입을 떡 벌리고 있었다. 그곳에 사람들은 끊임없이 쓰레기를 집어던졌다. 동물의 주검을 비롯하여 사람의 시체까지 가리지 않았다. 더러는 구멍에 들어가지 않고 언저리에 떨어졌다. 틈새에 걸려 있기도 했다.

4 그때가 언제쯤인지 모르지만, 아주 오래전부터 이어져 내려오는 관습이었다. 길게 갈라진 시커먼 구멍은 끝이 없어 보였고, 그 속에는 영원히 꺼지지 않을 듯이 보이는 유황불이 이글거리며 타고 있었다.

5 언뜻 보면 지진으로 인해 땅이 갈라진 틈새로 보였으나, 일시적으로 생긴 구렁텅이가 아니었다. 오랫동안 던져진 온갖 시체의 기름기가 좋은 연료가 되어, 한번 붙은 불은 수백 년 동안 꺼지지 않았다. 아무리 눈비가 많이 내려도, 강추위가 계속되어도 불은 계속 타올랐다. 끊

임없이 던져지는 양질의 연료로 유황불은 더욱 새파랗게 피어올랐다.

6 그래서 그곳은 늘 시체 타는 역겨운 냄새와 매캐한 유황 연기가 뭉게구름처럼 피어오르고 있었다. 바로 그 해골산의 구렁텅이를 일컬어 지옥, 곧 무저갱(無底坑)이라 불렀다. 무저갱은 히브리어로 아바돈(abaddon)이었고, 사탄이 벌을 받고 갇히는 구렁텅이, 한번 떨어지면 영원히 나오지 못하는 불구덩이를 의미했다.

7 사탄과 귀신들, 그 하수인들이 최후의 심판을 받고 들어갈 곳이 바로 그 무저갱, 지옥이었다.

8 음부는 늘 그늘지고 어두운 곳이요, 사방 천지가 적막강산이요, 사람이 죽어서 간다는 저승이요, 땅 끝이요, 죄인의 무덤이요, 아무 것도 볼 수 없고 아무 말도 할 수 없는 곳이요, 암흑천지로 가득 찬 지하 세계다.

9 낙원은 구원받은 의인이 부활을 기다리며 대기하는 곳이요, 음부는 구원받지 못한 악인이 마지막 심판을 기다리며 지내는 곳이다. 지옥이 천국과 대비되는 곳이라면, 음부는 낙원과 대비되는 곳이다.

10 지옥은 유황불이 펄펄 끓는 끝없는 구렁텅이, 곧 무저갱이요, 영원히 꺼지지 않는 불의 못이요, 고난과 형벌의 장소다. 구더기도 죽지 않고, 불도 꺼지지 않으며, 모든 것을 사르는 풀무의 불이요, 바깥 어두운 세상이다.

11 주전 8세기, 약관의 나이에 왕이 되어 몹쓸 죄를 지은 사람이 있었다. 그는 왕이 되자마자 자기 아들을 불태워 우상에게 바쳤다. 당시 아이를 불태워 우상에게 바치는 인신 제사가 공공연하게 자행되었으나, 왕이라는 자가 그런 짓을 했으니 백성은 오죽했겠는가?

12 결국은 곳곳에 우상의 산당이 세워지게 되었고, 미처 산당에서 제사를 지내지 못한 사람은 산언덕이나 나무 아래서 제사를 지냈다. 그렇게 인신 제사의 대상이 되었던 우상은 인간 몸뚱이에 황소 머리

를 하고 두 팔을 벌린 몰렉이었다.

13 그때 인신 제사의 산당이 있던 곳을 '힌놈의 아들 골짜기'라 불렀다. 그곳은 애당초 예루살렘에서 나오는 쓰레기를 태우는 곳이었다. 그런데 언제부턴가 아이를 태우는 연기가 자욱한 눈물의 골짜기로 변했다. 그 처절한 고통과 죽음의 골짜기가 바로 지옥으로 상징되었다.

14 아이를 태우는 매캐한 연기가 하늘 높이 피어오른 힌놈의 아들 골짜기, 그곳이 바로 생지옥이요, 고통의 장소가 아니고 무엇이겠는가? 그때 자기 아들을 몰렉에게 불태워 바친 사람은 유대 12대 왕 아하스(Ahaz, 주전 735-715)였다. 그래서 그는 죽어서도 선왕의 묘실에 안장되지 못하고, 자기가 만든 지옥으로 들어갔다.

15 어쩌면 오늘날 사람들도 자기가 만든 지옥에 갇혀 살지나 않는지? 비록 아들을 불태워 바치는 끔찍한 제사는 지내지 않더라도, 자신이 쳐놓은 올무에 걸려 고통스럽게 살지나 않는지 모를 일이다.

16 몽매 무지한 사람들은 짧고 짧은 인생을 살면서, 자기가 만든 지옥에 갇혀 살다가 스스로 지옥으로 들어간다. 그런 불상사를 막기 위해서는, 무엇보다도 먼저 사탄이 쳐놓은 올무에서 벗어나야 한다. 그러자면 우선 자기를 포기하고 자아를 깨뜨려야 한다.

17 구약 시대의 지옥이 '해골산의 무저갱'과 인신 제사를 드린 '힌놈의 아들 골짜기'로 상징되었듯, 비록 자세히 알 수는 없으나, 지옥은 상상치 못할 정도로 고통스러운 장소일 것이다. 그들을 지옥에서 해방시킬 백신은 오직 예수 그리스도의 복음밖에 없다.

> 부자가 지옥에서 고통을 당하다가 눈을 들어 보니, 저 멀리 아브라함이 보이고, 나사로가 그 품에 안겨 있었다. 그가 소리를 질렀다. "아버지 아브라함이여, 저를 불쌍히 여겨주십시오. 나사로를 보내어, 그 손가락 끝에 물을 찍어 제 혀를 시원하게 해주십시오. 제가 이 불꽃 속

에서 심한 고통을 받고 있습니다." (누가복음 16. 23-24)

㉑ 천국

1 천국(天國)은 하나님의 통치권이 미치는 영역을 말한다. 하늘나라, 하나님의 나라, 천년왕국, 신천 신지, 아버지의 집, 영원한 안식처, 예수 그리스도의 나라 등으로 나타난다.

2 천국에는 수정같이 맑고 깨끗한 강, 매달 열리는 12그루의 과일나무, 성도의 완전한 섬김과 교제가 있다. 죄나 저주, 사망이나 눈물, 슬픔이나 고통이 없고, 거룩한 영광만 가득하다. 성도는 어린아이처럼 해맑고 순수하며, 사탄이나 귀신과 같은 악마가 없고, 회개하지 않은 죄인도 보이지 않을 것이다.

3 천국에 들어가는 조건은 회개와 믿음이다. 죄 용서와 의로움이 필요하기 때문이다. 다른 조건이 있다면 부차적이며, 회개와 믿음은 필수적이다.

4 천국은 하나님이 통치하시는 나라다. 예수님이 승천하여 계시고, 수많은 천사가 있으며, 죽지 않고 들림 받은 에녹과 엘리야, 지상에서 죽음을 맞이한 노아와 아브라함, 모세, 다윗 등도 있을 것이다.

5 장차 임할 미래의 천국과, 죽은 사람이 거하는 사후의 천국과, 지금 이루어지고 있는 현세의 천국이 있다. 미래의 천국은 예수님의 재림과 아울러 드러나고, 사후의 천국은 성도가 죽어서 들어가며, 현세의 천국은 성도를 통해 지상에서 이루어지고 있다. 따라서 현세의 천국이 사후의 천국으로, 사후의 천국이 미래의 천국으로 이어질 것이다.

6 따라서 천국은 현재와 과거와 미래를 포함하며, 성도에 의해 개별적으로 나타나기도 하고, 교회를 통해 집단적으로 나타나기도 하며,

예수 그리스도에 의해 우주적으로 나타나기도 한다.

7 좁은 의미의 천국은 그리스도인의 내면세계를 말하고, 넓은 의미의 천국은 사후의 세계와 천년왕국, 새 하늘과 새 땅을 의미한다. 지상의 교회는 천국의 모형이다.

> 예수님이 말씀하셨다. "내가 분명히 말한다. 너희가 돌이켜 어린아이처럼 되지 않으면, 결코 하늘나라에 들어가지 못한다." (마태복음 18. 3)

㉒ 천국 시민

1 천국 시민(天國市民)은 하늘나라의 생명책에 이름이 녹명된 사람으로서, 어린아이처럼 순수하고 겸손하다. 아기가 어머니의 품을 사모하듯, 천국 시민은 하나님의 품을 사모한다.

2 천국 시민을 가장 힘들고 어렵게 하는 것이 물질의 유혹이다. 황금만능주의가 팽배한 세상에서 물질은 그야말로 모든 것을 삼키는 우상이다.

3 다다익선의 유혹이 돈이며, 돈으로 안 되는 게 없는 세상이다. 그 위세가 하늘을 찌른다. 시원하고 달콤한 음료수가 점점 더 심한 갈증을 유발하듯이, 한번 돈맛을 본 사람은 점점 더 깊은 수렁으로 빠져든다. 물욕이 어느 정도 채워지면, 권세욕과 명예욕을 추구한다. 다름 아닌 예수님이 광야에서 받은 사탄의 유혹이다.

4 돈과 권세, 명예는 사탄의 삼정승이요, 미혹의 삼총사다. 정말 뿌리치기 힘든 괴물 우상이다. 아무리 신실한 사람도 예외가 없다. 사탄이 쳐놓은 올무의 함수를 풀어 없애야 한다.

5 돈이나 권세, 명예만이 아니다. 학식이나 지위, 신분에 목숨을 거는 사람도 있다. 애정이나 자녀, 가족, 가업, 전통 등에 집착하여 인생을 통

째로 바치기도 한다. 스포츠나 취미, 종교에 빠지기도 한다. 특히 정치 권력은 불신자뿐만 아니라 신자에게도 매혹적인 자태로 다가온다.

6 어떤 사람은 스스로 불교와 축구, 해병대에 미쳤다고 했다. 아무리 종교가 좋고, 운동이 좋고, 출신이 귀하더라도, 하나밖에 없는 생명을 더욱 소중히 여겨야 하지 않겠는가?

7 무엇에 얽매이면 매일수록 점점 더 천국에서 멀어진다는 사실을 알아야 한다. 멀어지면 멀어졌지, 가까워질 수 없다. 모든 것을 포기하고 어린아이처럼 순수해야 한다. 그래야 영원한 예수 그리스도의 나라에서 풍성한 은혜를 누릴 수 있다.

8 우리는 천국 시민권을 얻기 위해 모든 것을 내려놓아야 한다. 그래야 천국 시민이 될 수 있다. 스스로 낮아지신 예수님의 겸비를 본받아 남을 나보다 낫게 여기고, 보다 겸손하기를 몸에 익혀야 한다.

> **그러나 우리는 천국 시민입니다. 하늘에서 오실 구원자, 주 예수 그리스도를 기다립니다.** (빌립보서 3. 20)

㉓ 천국 여정

1 천국 여정(天國旅程)은 예수님을 믿음으로 구원받은 사람이 천국까지 들어가는 일련의 노정이다. 어쩌면 영국의 작가 존 번연(John Bunyan, 1628-1688)의 『천로 역정(天路歷程)』에 나타난 주인공, 크리스천의 노정과 비슷할 것이다.

2 하나님께서 천지만물을 창조하시고 보시기에 참 좋았다고 하셨다. 하지만 불과 얼마 안 가서, 죄로 물든 사람을 보고 후회하셨다.

3 죄가 세상에 들어오면서 인간의 탄식 소리는 끊이지 않았다. 사

람들은 죄악으로 물든 세상을 구원하실 메시아를 간절히 기다렸다. 하나님이 독생자를 구원자로 보내셨다. 사람들은 구세주를 알아보지 못하고 십자가에 못 박아 죽였다. 그러나 예수님은 3일 만에 부활하여 그리스도로 확증되셨다.

4 이제 누구나 예수님을 믿음으로 구원을 받게 되었다. 예수님을 자신의 구주로 영접하면, 예수님이 주님이 되어 영원히 함께하신다.

5 때가 되면 처음 하늘과 땅이 사라지고, 새 하늘과 새 땅이 임할 것이다. 슬픔이나 고통은 더 이상 없을 것이며, 죄와 사망이 없는 나라에서 영원히 살 것이다.

6 아담의 범죄로 잃어버린 동산을 되찾아 자유와 기쁨과 평화를 누릴 것이다. 거기서 하나님의 통치와 아울러, 그리스도인의 영원한 자치 시대가 열릴 것이다.

7 사탄과 그 하수들은 불못으로 들어가 더 이상 방해 공작을 펴지 못할 것이며, 하나님의 질서와 평화가 깨뜨려지는 불상사가 다시는 일어나지 않을 것이다.

> **믿음의 선한 싸움을 싸우라. 영원한 생명을 얻으라. 그대는 이를 위해 부르심을 받았고, 또 숱한 증인 앞에서 훌륭하게 믿음의 고백을 했다.**
>
> (디모데전서 6. 12)

㉔ 최후 상태

1 최후의 상태(最後狀態)는 죽은 사람의 마지막 사정과 형편을 말한다. 사람은 어디서 와서 어디로 가며, 죽은 뒤에는 어떻게 지낼까?

2 사람의 최후는 인류의 가장 큰 의문이자 심각한 고민이다. 속 시

원하게 설명할 수만 있다면 오죽이나 좋겠는가마는, 이날 이때까지 그런 사람은 하나도 없었다.

3 사람이 어디서 와서 어디로 가며, 죽은 뒤에 무엇을 하며 어떻게 지내는지, 그에 대해 아는 사람은 아무도 없다. 신학이나 철학, 물리학이나 심리학, 생물학이나 유전학 등, 세상 모든 학문을 동원해도 여전히 풀리지 않는 수수께끼다.

4 사람은 육신을 제외한 영혼이나 마음, 생각 등의 내면세계도 규명하지 못하고 있다. 그런데 사후의 세계나 최후의 상태를 어찌 알겠는가? 성경에 나타난 계시의 조각을 모아 어렴풋하게 짐작할 뿐이다.

5 성경에 나타난 최후의 상태는 빛과 어둠이 갈라지듯 의인과 악인이 갈라지며, 서로 다른 장소에서 휴식을 취하다가, 천년왕국이 끝난 뒤 부활하여 최후의 심판을 받는다는 것이다. 그때 믿는 자와 믿지 않는 자, 산 자와 죽은 자가 다 그리스도의 심판대 앞에 설 것이다.

6 의인은 영생의 보상을 받고 신천지에 들어가 영원히 살 것이며, 악인은 영벌의 심판을 받고 불못에 던져져 둘째 사망을 맞을 것이다.

7 의인의 천국과 악인의 지옥은 영원히 분리되어 공존하지 않을 것이다. 의인은 예수 그리스도의 나라에서 영원히 기뻐하고 즐거워할 것이나, 악인은 구더기도 죽지 않는 불구덩이 속에서 극심한 고통을 받으며 괴로워할 것이다.

8 사람의 본국은 하나님의 나라요, 성도의 본향은 하나님의 품이다. 하나님의 품에서 나왔으니 하나님의 품으로 돌아가야 한다. 하나님의 숨결로 태어나 하나님과 함께 살다가, 하나님의 품으로 돌아가는 것이 인생이다.

> "내 아버지의 뜻은 아들을 보고 믿는 사람마다 영생을 얻게 하는 것이다. 마지막 날 내가 그들을 다시 살릴 것이다." (요한복음 6. 40)

사탄

㉕ 사탄

1 사탄(satan)은 사악하고 더러운 영이다. 그 기원이나 정체에 대한 지식은 거의 없다고 해도 과언이 아니다. 다만 악령이 세상에 존재하며, 하나님의 자녀를 유혹하여 악의 축에 세우려고 한다는 것이다.

2 유대의 전승에 따르면, 하나님을 가까이서 섬기는 천사장이 타락하여 사탄이 되었으며, 그 수하의 천사들이 함께 쫓겨나 귀신이 되었다고 한다. 그래서 사탄은 단수로 나타나고, 귀신은 복수로 나타난다. 사탄은 하나밖에 없는 귀신의 두목이고, 귀신은 그 수하로 무리를 지어 활동한다.

3 어떤 사람은 삼위일체 하나님과, 일곱 영에 의한 일곱 천사를 가리켜 기독교의 양대 신비라고 한다. 육신 없이 영적 세계에 존재하는 천사나 사탄은 예나 지금이나 여전히 신비에 싸여 있다.

4 사탄은 세상의 권세를 휘두르며 수단과 방법을 가리지 않고 사람들을 어렵게 한다. 그게 사탄의 속성이고 일락이다. 어둠의 영들은 어둠속에서 살아갈 수밖에 없고, 악한 영들은 악하게 살아갈 수밖에 없다.

5 사탄은 천사장이라는 직분을 가지고 무수한 천사를 지휘하며 하나님을 섬겼다고 한다. 그런데 하나님처럼 높아지려는 욕심이 생겨 반역하게 되었던바, 욕심이 잉태하여 죄를 낳은 것이다.

6 하나님께서 악한 영들을 흑암에 가두셨으나, 뜻하신 목적이 있어 그 일부를 지상에 남겨두셨다. 성도의 신앙을 성숙시키고 일꾼을 훈련시키는 방편으로 사탄을 도구로 사용하실 요량이었다.

7 악한 영들은 약간의 허점만 보여도 여지없이 그 틈새를 비집고 들어온다. 할 수만 있으면 교회나 단체까지 넘어뜨려 수하로 삼으려고 한다.

그들을 미혹한 마귀도 불과 유황의 바다로 던져졌습니다. 그 짐승과 거짓 예언자가 있는 곳입니다. 거기서 그들은 밤낮으로 영원히 고통 당할 것입니다. (요한계시록 20. 10)

㉖ 마귀

1 마귀(魔鬼)는 사탄의 다른 이름이다. 성경에 언급된 악령은 마귀라는 사탄과 귀신이다. 그들은 계급과 조직을 가지고 있으며, 위계질서에 따라 일사불란하게 움직인다.

2 성경에 사탄과 마귀는 단수로 나타나고, 귀신은 복수로 나타난다. 사탄과 마귀는 악령을 부리는 두목이나 간부로 보이고, 귀신은 그 수하로서 무리 지어 다니며 악을 일삼는다. 그들은 하나님이 창조하신 게 아니라, 변질된 피조물로 짐작된다.

3 어떤 사람은 악령을 비도덕적 사상이나 나쁜 생각으로 보기도 한다. 하지만 성경이 사탄이나 마귀, 귀신의 존재를 인정하고 있으며, 악령에 시달리는 사람들이 있다는 사실을 감안할 때, 그 실체를 부인하기 어렵다.

4 악령에 사로잡힌 사람들을 보면, 이런저런 죄나 잘못으로 어려움을 겪으면서도, 그 원인이 악령의 사주에서 비롯되었으며 악령의 꼭두각시로 살아가고 있다는 사실을 모른다.

5 사탄이나 마귀, 그 졸개로 보이는 귀신들, 나아가 그 앞잡이 노릇하는 하수인들까지, 그들의 존재를 부인할 사람은 아무도 없다. 그들과 싸움에서 어떻게 이기느냐가 관건이다.

마귀는 태초부터 지금까지 죄를 짓고 있습니다. 죄를 짓는 사람은 누

구나 마귀에게 속해 있습니다. 하나님의 아들은 마귀의 일을 멸하려고 오셨습니다. (요한1서 3. 8)

27 사탄 정체

1 사탄의 전신이 타락한 천사라는 사상은 유대교의 신비주의에서 비롯되었다. 처음에는 하나님의 천사로 선하게 창조되었으나, 나중에 타락하여 악한 사탄이 되었다는 것이다.

2 천사나 사탄의 존재에 대해서는 대부분 인정하나, 그 정체를 아는 사람은 아무도 없다. 다만 성경은 하나님께서 땅의 기초를 놓으실 때, 이미 천사와 사탄이 있었다고 한다.

3 천사는 하나님의 뜻을 전달하고 하나님의 백성을 돕지만, 사탄은 하나님의 뜻을 거역하고 하나님의 백성을 어렵게 한다.

4 천사는 지·정·의를 가진 인격체로서 사람보다 우수하게 창조되었고, 일정한 범위 안에서 권세와 능력을 가지고 있다. 하지만 그도 피조물로서, 경배의 대상은 아니다.

5 천사는 초월적 능력을 가지고 있으며, 필요한 경우 사람이나 동물의 모습으로 나타나기도 한다. 그들만의 고유한 언어를 사용하며, 사람과 대화도 할 수 있다.

6 천사는 영적 존재로 성별의 구분이 없으며, 혼인이나 출산, 양육의 과정이 필요치 않다. 다만 그 수가 헤아릴 수 없을 정도로 많으며, 하나님의 사자, 하나님의 군대, 천군 천사, 스랍, 그룹, 부리는 영 등으로 불린다.

7 유대의 전승에 의한 사탄의 정체는 변질된 천사다. 하나님이 주신 자유의지를 남용하여 하나님을 배신했다. 피조물이 조물주를 반

역한 최초의 사건이었다.

8 성경에 하나님의 메시지를 전달하는 '가브리엘' 천사장과, 사탄과 싸워 승리를 안겨주는 '미가엘' 천사장이 나온다. 외경에 '라파엘' 천사장과 '우리엘' 천사장이 나오고, 다른 유대 문헌에 '라구엘' 천사장과 '사브리엘' 천사장, '레미엘' 천사장이 나온다. 하지만 이들 일곱 천사장 가운데 하나가 반역했다는 기록은 없다.

> 여호와께서 내게 환상을 보여주셨다. 대제사장 여호수아가 주님의 천사 앞에 섰고, 그를 고소하는 사탄이 그 오른편에 서 있었다. (스가랴 3. 1)

㉘ 사탄 속성

1 사탄의 속성(屬性)은 본디부터 가지고 있는 사탄의 성질이다. 성경은 살인자요, 거짓말쟁이요, 상습적 죄인이요, 참소자요, 대적자요, 도적질하고 죽이는 자요, 멸망시키는 자요, 미혹하는 자라고 한다.

2 사탄도 하나님의 피조물로서, 하나님의 지배를 받는다. 영적 세계에서 악역을 맡아 수행하다가, 때가 되면 결박당하여 무저갱에 던져질 것이다.

3 하지만 사탄은 여전히 신비에 싸여 있다. 유대의 전승에 따라 추적하려고 하지만, 어디까지가 사실이고 허구인지 알 수가 없다.

4 인간의 경험과 지식, 희미한 계시의 조각, 예수님의 비유 등을 통해 사탄의 속성을 살펴보아야 하지만, 성령님의 감동과 조명에 의지하여 조심스럽게 접근해야 한다.

5 사탄은 아담을 에덴동산에서 쫓겨나게 만들었으며, 하나님의 구

속 사역을 훼방하려고 예수님을 시험했다. 지금도 나라와 민족, 권세 등을 이용하여 세상을 어지럽히고, 그리스도인을 미혹하여 넘어뜨린다. 불신자를 꼬드겨 하수인으로 만들고, 교만한 자를 앞세워 하나님을 대적한다.

6 사탄의 본향은 유황불이 펄펄 끓는 지옥이다. 하나님께서 공의로 사탄을 심판하심은 너무나 당연하다. 실로 사탄에 대한 심판은 지금도 계속되고 있다. 영원히 꺼지지 않는 불못에 던져질 때까지 그 심판은 계속 이어질 것이다.

7 유대의 전승에서는, 하나님을 배역하고 쫓겨난 사탄이 세상에 들어왔으며, 에덴동산의 최초 인류를 미혹하여 죄를 짓게 만들었다고 한다. 그래서 사탄은 여자의 후손에 의해 심판을 받게 되었고, 여자의 후손은 사탄에 의해 발꿈치를 상하게 되었다.

8 여자의 후손, 곧 마지막 아담으로 오신 예수님이 사탄에 의해 십자가에 달려 돌아가셨으나, 죄와 사망을 주관하는 사탄의 권세를 꺾고 부활하셨다. 예수님의 부활로 사탄은 사망을 무기삼아 자랑하다가 부끄러움을 당했다. 사탄의 무기는 죽이고 멸망시키는 것이었으나, 예수님의 부활로 그 모든 것이 물거품이 되었다.

9 예수님의 부활은 사망을 주관하는 사탄을 패잔병으로 전락시켰다. 하지만 사탄은 자기 때가 얼마 남지 않음을 알고 더욱 기승을 부린다. 실로 사탄은 인류와 마지막 한판 전쟁을 선포하고 하나님의 자녀를 어렵게 하고 있다.

10 예수님이 승천하시고, 보혜사 성령님이 강림하셨다. 그동안 어느 정도의 기력을 회복한 사탄이 다시 전력을 가다듬고 마지막 싸움을 시도하고 있다. 그래서 성경은 사탄이 우는 사자처럼 싸돌아다닌다고 했다. 무저갱에 감금될 때가 가까웠다는 증거다.

11 사탄은 마지막 심판을 받고 가장 먼저 불 속에 던져질 것이다.

그때까지 치열한 영적 전쟁은 불가피할 것이다. 하지만 성도의 승리는 이미 보장되어 있다.

> 그들의 눈을 뜨게 하여 어둠에서 빛으로, 사탄의 세력에서 하나님의 품으로 돌아오게 하겠다. 그리하여 죄를 용서받게 하고, 또 나를 믿어 거룩하게 된 백성과 한자리에 들게 하겠다. (사도행전 26. 18)

❷❾ 사탄 활동

1 사탄의 활동(活動)은 수단과 방법을 가리지 않고 세상을 어지럽히며, 성도를 넘어뜨리고 교회를 파괴하려는 사탄의 시도를 말한다. 최후의 심판이 가까이 다가오고 있음을 알고, 사탄이 마지막으로 발악하는 것이다.

2 일찍이 하나님께서 보이는 세상과 보이지 않는 세계를 창조하셨다. 보이는 세상은 물질이고, 보이지 않는 세계는 영이다. 사람은 영과 물질을 가진 유무형적 존재로 창조되었으며, 천사나 사탄은 영만 가진 무형적 존재로 창조되었다.

3 사탄은 하나님이 땅의 기초를 놓으실 때 이미 존재하고 있었다. 사람보다 먼저 창조되었다는 증거다. 악령은 무리를 지어 집단적으로 활동하며 죽지도 않는다. 사람의 영도 죽지 않으나, 육신은 흙으로 돌아가야 한다.

4 사람에게 가장 친근하게 다가오는 사탄의 시험은 욕심과 교만이다. 유능한 지도자가 하루아침에 지옥의 나락으로 떨어지는 것도 알고 보면 욕심과 교만이 원인이다. 사람은 누구나 사탄이 놓은 함정에 빠져들기 쉽다. 사탄이 가장 즐겨 사용하는 밑밥이 욕심이며, 그 미끼

가 교만이다.

5 하나님이 악한 영을 흑암에 가두시며 그 일부를 지상에 남겨두셨다. 어찌 보면 이해하기 힘든 일이나, 하나님의 깊으신 뜻이 있었다. 사탄의 활동도 성도의 믿음을 성숙시키는 도구가 될 수 있다는 것이다.

6 사탄의 활동이 하나님을 대적하고 성도를 넘어뜨리는 것임에도, 그를 통해 성도의 믿음을 성숙시킨다는 것이다. 사탄은 하나님을 거역하고 하나님의 말씀을 따르는 사람을 싫어한다. 그래서 사탄은 성도의 믿음을 더욱 강하고 굳게 하는 단초를 제공한다.

7 사탄은 믿는 사람까지 미혹하여 하나님의 품을 떠나게 만든다. 달콤한 유혹으로 하나님과 사람을 이간질한다. 수하를 동원하여 온갖 악을 부추기고, 어떤 때는 이름 모를 병을 안겨주기도 한다. 간혹 기적을 베풀기도 하고, 그리스도인 공동체를 핍박하기도 한다.

8 사탄은 악하고 더러운 영이다. 죄악이 만연한 세상을 지배하며 마지막 날까지 그 못된 짓을 일삼을 것이다. 하지만 결국은 무저갱으로 던져질 것이며, 더러운 영과 그 하수인까지 운명을 같이할 것이다. 회개나 구원의 여지가 없을 것이다.

9 그럼에도 사탄의 모든 악행이 성도의 믿음을 성숙시키고 구원의 디딤돌이 된다는 사실이다. 사탄도 인류의 구원사(救援史)에 필요한 역할을 한다는 뜻이다. 사람은 하나님을 모시고 하나님의 뜻대로 신령하게 살아갈 수도 있고, 사탄의 하수가 되어 악하고 추하게 살아갈 수도 있다.

10 사람은 시간과 공간의 제한된 틀 속에서 살아간다. 공중 권세 잡은 더러운 영을 필연적으로 만나게 된다. 하나님의 전신갑주로 무장한 성도는 승리하고, 그렇지 못한 사람은 패하게 된다.

11 우선 사탄이 침입할 만한 환경을 제거해야 한다. 사탄이 좋아하는 술자리를 멀리하고, 사탄의 먹이사슬인 죄악을 청산하고, 사탄이

싫어하는 회개를 즉시 하고, 사탄이 즐기는 음란물을 배척해야 한다. 아무리 신실한 성도라도, 사탄이 파놓은 함정에 한번 빠지면 계속 빠지기 쉬운바, 그 근원을 제거해야 한다.

12 예수님의 권세와 능력으로 사탄의 활동을 제어할 수 있다. 예수님을 믿고 붙잡아야 한다. 예수님을 놓치면 악령의 먹이사슬이 된다. 하나님의 전신갑주로 무장하여 사탄과의 싸움에 대비해야 한다. '

> **그 악한 자가 사탄의 활동을 따라 나타나, 온갖 능력과 거짓 표적과 기적을 행할 것입니다.** (데살로니가후서 2. 9)

㉚ 사탄 시험

1 사탄의 시험(試驗)은 악령의 함정이요, 올가미다. 이 모양 저 모양으로 사람을 유혹하여 실족시킨다. 성경에 나타난 시험은 사탄의 유혹만이 아니다. 하나님이 선의로 사용하시는 연단이나 훈련도 있고, 자질이나 믿음을 가늠하는 성령님의 테스트도 있다.

2 사탄은 믿는 자나 믿지 않는 자를 가리지 않는다. 닥치는 대로 넘어뜨려 악의 축에 세우려고 한다. 하나님의 모습대로 지음 받은 사람을 비참하게 만들어 대리 만족을 얻으려는 속셈이다.

3 사탄은 하나님의 영광을 가리려고 발악한다. 사람의 인격을 파괴시키고, 하나님과 관계를 단절시킨다. 어떻게 하든지 사람을 악의 축에 세워서 하나님의 뜻을 거역하게 하려 한다.

4 사람이 사탄과 무작정 대결하면 밀릴 수밖에 없다. 사탄을 제압할 영적 무기를 갖춰야 한다. 성령님의 검, 곧 하나님의 말씀으로 무장해야 한다. 그리고 예수님의 이름으로 단호히 물리쳐야 한다. 초대

교회의 성도는 그렇게 귀신을 쫓아냈다.

5 사탄은 자기 때가 얼마 남지 않음을 알고 더욱 발악한다. 성도와 한판 전쟁을 선포하고 우는 사자같이 싸돌아다닌다. 누구나 공격의 대상이 된다. 항상 깨어 기도하며 무장하고 있어야 한다.

6 하나님의 전신 갑주로 무장해야 사탄의 궤계를 물리칠 수 있다. 예수님의 초림부터 재림까지 사탄이 가장 발악하는 때다. 누구나 경계해야 한다.

7 사탄의 시험은 사람을 넘어뜨리는 유혹(temptation)이다. 하나님께서 성도를 훈련시키고, 일꾼의 능력과 자질을 점검하는 방편으로 사탄을 이용하기도 하신다. 이른바 테스트(test)나 연단(trial)이다. 하나님은 사람이나 사탄, 자연이나 환경 등을 모두 도구로 사용하신다.

8 하나님의 테스트는 아브라함에게 독자를 바치라는 명령에서 엿볼 수 있다. 하나님이 미리 수양을 예비하시고 아들을 바치라고 하셨다. 아브라함의 믿음을 보시고 믿음의 조상으로 삼기 위한 방편이었다.

9 아브라함은 하나님의 말씀만 믿고 무조건 고향과 친척, 아비 집을 떠나 하나님이 지시하실 땅으로 갔다. 아브라함이 이삭을 바칠 때는 이미 25년간의 훈련 과정을 마친 상태였다. 이렇듯 하나님이 자녀에게 하시는 시험은 이미 피할 길을 예비하고 하신다. 이미 승리가 보장되어 있다는 것이다.

10 하나님의 연단은 성도의 믿음을 성숙시키는 훈련의 과정이다. 아브라함도 믿음의 조상이 되기까지 혹독한 훈련을 거쳤고, 모세도 이스라엘 지도자가 되기까지 왕궁에서 40년, 광야에서 40년간의 훈련을 받았다.

11 우리는 하나님의 연단이나 훈련의 과정이 주어질 때, 하나님의 뜻에 따라 믿음으로 순종해야 한다. 믿음과 순종이 승패를 좌우한다. 더 이상 의심의 여지가 없다. 연단이나 훈련을 많이 받은 사람일수록

더욱 큰 하나님의 일을 수행하기 마련이다.

12 번데기가 자신의 몸을 깨뜨릴 때 아름다운 나비가 나오고, 임신부가 자신의 몸을 찢을 때 새 생명이 태어난다. 하나님의 자녀도 연단의 과정을 거쳐야 귀히 쓸 그릇이 된다.

13 하나님의 연단이 임할 때는 감사함으로 받아들이고, 사탄의 유혹이 다가올 때는 단호하게 물리쳐야 한다. 강하고 담대한 믿음의 사람만이 승리의 개가를 부를 수 있다.

> "가시덤불 속에 떨어진 씨는 이런 사람이다. 그는 말씀을 듣기는 하지만, 세상의 염려와 재물의 유혹이 말씀을 가로막아 결국은 열매를 맺지 못한다." (마태복음 13. 22)

㉛ 사탄 유혹

1 사탄의 유혹(誘惑)은 수단과 방법을 가리지 않고, 사람을 악의 축에 세우려는 사탄의 술수다. 사탄은 세상일을 그럴싸하게 포장하고, 사람의 정신을 혼미하게 만들어 구렁텅이로 몰아간다.

2 사탄은 사악하고 교활하여 성육신하신 하나님의 아들까지 유혹했다. 예수님은 성령으로 잉태하여 동정녀의 몸에서 태어나셨다. 공생애를 앞두고 광야에서 단식으로 기도하셨다. 물 한 모금 입에 대지 않고 40주야를 추위와 허기에 시달리셨다. 그때 마귀가 찾아와 시험했다.

3 마귀가 허기진 예수님의 상태를 이용하여 돌로 떡을 만들어보라고 했다. 식욕은 인간의 첫째 본능으로, 배고픈 사람에게 음식의 유혹은 정말 뿌리치기 힘들다. 하지만 예수님은 일언지하에 물리치고

유혹에서 벗어나셨다.

4 다음으로 마귀가 예수님을 성전 꼭대기로 데려가 뛰어내리라고 했다. 하나님이 천사에게 명하여 예수님의 발을 떠받들어 주실 것이라고 성경까지 인용했다. 하나님을 섬기는 사람치고 말씀에 껌뻑 넘어가지 않을 사람은 없다. 하지만 예수님은 다른 성경으로 보기 좋게 물리치셨다.

5 마지막으로 마귀가 예수님을 높은 산으로 데리고 가서 세상 모든 나라의 권세와 영광을 보여주었다. 그리고 자기에게 절하면 그 모든 것을 주겠다고 했다. 예나 지금이나 권세와 영광의 유혹은 누구나 뿌리치기 힘든 유혹이다. 하지만 예수님은 그것도 단호하게 내치셨다.

6 요즘 방송이나 언론 등에서는, 한번 떴다 하면 일약 스타가 되는 세상이다. 세간의 주목을 받기만 하면, 부귀영화와 공명은 따 놓은 당상이다. 어떤 부흥사가 말했다. "인기가 없을 때는 돈이 없어 쓸 수가 없더니, 이제는 시간이 없어 돈을 쓸 수가 없다."

7 예수님도 수많은 사람이 지켜보는 가운데 성전 꼭대기에서 뛰어내려 사뿐히 땅에 내려앉았다면 어땠을까? 보나마나 일약 스타가 되었을 것이다. 하지만 예수님은 그런 값싼 영화나 인기에 관심을 두지 않으셨다.

8 온 세상을 지배하고 다스리는 권세가 얼마나 좋겠는가? 어떤 사람은 국회의원 선거에 12번 출마하여 낙선하고 13번째 나왔다고 했다. 그러면서 권세를 모르는 사람은 그 짜릿한 맛을 모른다고 했다. 일개 국회의원도 200가지 특권이 주어진다고 하거늘, 하물며 세상 모든 나라를 지배하고 다스리는 권세야 오죽이나 하겠는가?

9 오래전에 선생님이 말했다. "대통령 딱 하루만 하고 죽으라면 여러분은 어떻게 하겠는가?" 무슨 이야기 끝에 나온 말이었으나, 아이들은 어리둥절했다. 그러자 그가 다시 말했다. "대통령 딱 하루만 하

고 죽어도, 나는 그렇게 하겠다.

10 1970년대 한국은 독재자가 무소불위의 권세를 휘두르고 있었다. 하지만 아무리 권세가 좋아도 아이들은 어안이 벙벙했다. 그러자 부연하여 다시 설명했다. "단 하루를 하고 죽어도 대통령은 대통령이 아닌가? 그 권세와 영광을 어찌 말로 다하겠는가?"

11 이렇듯 부귀영화나 명예, 권세 등의 유혹은 아무도 쉽게 뿌리칠 수 없다. 그 기회가 자주 오는 것도 아니고, 일평생 한번 올까 말까 하다면 더욱 그럴 것이다.

12 마귀는 인간보다 높은 지능을 가지고 있으며, 주변의 환경이나 사람의 약점까지 최대한 이용한다. 다양한 속임수까지 동원한다. 사람에 따라서 어느 때는 물질로, 어느 때는 명예로, 어느 때는 권세를 앞세우고 다가온다. 한마디로 거절하기 어렵게 만든다.

13 오늘날 교회도 예외가 아니다. 소위 성공한 목회자가 세상의 법정에서 유죄 선고를 받았다는 보도가 심심찮게 나온다. 그러나 회개는커녕 오히려 이런저런 변명으로 일관하다가 세상의 조롱거리가 된다.

14 물질의 유혹은 자본주의 세상에서 살아가는 사람치고 아무도 자유로울 수 없다. 어떤 목회자가 말했다. "교회도 돈이 필요해! 돈이 있어야 선교도 하고 구제도 하지, 쥐뿔도 없는 주제에 뭘 떠들어!"

15 어쩌면 그리 말할 수밖에 없는 세상이다. 누가 그에게 돌을 던지겠는가? 세상의 눈으로 보면 두말할 나위가 없다. 그래서 모든 사람이 돈을 모으기 위해 동분서주하며 살아간다. 한번 돈맛을 본 사람은 법과 도덕은 고사하고, 하나님의 말씀까지 내팽개치기 일쑤다.

16 교권의 달콤한 맛을 본 사람은 하나님도 못 말릴 정도로 오만해진다. 돈 없고 인기 없을 때는 자기 목숨이라도 내놓을 듯이 하다가, 막상 돈이나 권세가 주어지면 언제 그랬느냐는 식이다. 돈이 쌓이면 권세를 누리고 싶고, 권세를 누리면 명예를 추구하고 싶은 것이 사람

의 욕심이다.

17 사람의 욕심과 교만은 사회 정의나 문화의 탈을 쓰고 찾아온다. 그래서 누구나 곧잘 넘어간다. 사탄의 교묘한 수법이다. 그래서 어떤 목회자가 한술 더 떴다. "가난은 죄도 아니지만, 명예도 아니야!"

> **"너희는 유혹에 빠지지 않도록 깨어 기도하라. 마음은 원하지만 육신이 약하구나!"** (마가복음 14. 38)

32 루시퍼

1 루시퍼(Lucifer)는 라틴어로 '빛나는 물체', 곧 '발광체(發光體)'를 말한다. 나중에 하나님의 나라에서 쫓겨난 타락한 천사를 상징하게 되었다.

2 유대의 전승에 의하면, 루시퍼는 가장 높은 대천사장이라는 직분을 가지고 있었다. 하나님을 지근에서 보좌하는 책임자였으나, 하나님처럼 높아지겠다는 욕심에 사로잡혀 반역하게 되었으며, 결국은 하늘나라에서 쫓겨나 사탄이 되었다.

3 어떤 사람은 하나님의 나라에서 쫓겨난 루시퍼를 '루시엘' 천사로 본다. 하지만 '엘'이 하나님을 의미한다는 점을 들어, 타락한 천사에게 '엘'의 호칭을 붙이기 어렵다는 사람도 있다.

4 성경의 계시는 대부분 짝이 있어서, 해석이 어려울 경우 평행 구절을 인용한다. 하지만 라틴어 '루시퍼'의 히브리어 번역 '헬렐(Helel)'이나 헬라어 번역 '헤오스포로스(Heosphoros)'는 이사야만 사용한 독특한 단어여서, 그 해석이 어렵다.

5 이사야 14장 12절의 라틴어 번역 루시퍼를 영어 성경은 'Morning Star'로, 한문 성경은 '계명성(啓明星)'으로, 한글 성경은 '새벽별'로 번역

했다. 계명성은 새벽녘 동쪽 하늘에서 크게 빛나는 샛별, 곧 금성(金星)을 말한다. 당시 율법학자나 성경 번역자는 이 계명성을 '빛나는 발광체'로 보았다.

6 언제부턴가 계명성이 사탄에 대한 유대교의 사상으로 자리매김했다. 하나님을 섬기는 대천사장 루시퍼가 하나님처럼 높아지려는 욕심이 발동하여 반란을 꾀했고, 결국은 하늘나라에서 쫓겨나 사탄이 되었으며, 그때 루시퍼 수하의 천사들도 함께 쫓겨나 귀신이 되었다고 한다.

7 초대교회의 교부들도 이사야가 언급한 루시퍼가 하나님의 나라에서 쫓겨난 천사, 곧 사탄이 틀림없어 보인다고 했다. 그래서 그게 기독교의 교리처럼 여겨지게 되었다. 카르타고 출신의 교부 터툴리안(Tertulian, 155-230), 알렉산드리아 출신의 교부 오리겐(Origen, 185-254), 『실낙원』을 저술한 영국 시인 존 밀턴(John Milton, 1608-1674) 등이 그렇게 주장했다.

8 그리고 후대로 이어지면서, 루시퍼가 하늘에서 떨어진 사탄이라고 아예 대놓고 가르치게 되었다. 사탄이 하늘에서 번개같이 떨어지는 것을 보았다는 예수님의 말씀을 인용하여 더욱 사실처럼 여겼다. 하지만 루시퍼에 대한 사상은 어디까지나 유대교의 신비주의와 초대교회 교부들의 독자적인 견해가 결합되어 발생한 추측일 뿐이다.

9 주전 750년경 활동한 이사야 예언자가 처음으로 언급한 루시퍼는 한때 광명한 새벽별처럼 빛을 발한 바벨론 왕의 죽음을 비유한 데 그 배경이 있다. 루시퍼가 하늘의 천사이며, 땅으로 쫓겨나 사탄이 되었다는 유대의 전승과 무관하다. 물론 성경 속의 사건은 나름대로 상징성이 있어, 그렇게 해석할 여지는 있다.

10 이사야는 당시 막강한 권세를 이용하여 하나님과 대등하게 여기려는 바벨론 왕을 다른 별보다 더 높이 떠서 크게 빛을 발한 계명성

으로 비유했으며, 그 교만과 허세가 꺾일 날이 곧 오리라고 예언했던 것이다.

11 다만 당시 세계를 지배한 바벨론 왕을 사주하여, 하나님과 견주려는 교만한 생각을 사탄이 부추긴 사실을 드러낼 수는 있다. 그렇다고 해서 바벨론 왕으로 상징된 루시퍼를 타락하여 땅으로 쫓겨난 천사, 곧 사탄이라고 한 인용은 비약한 감이 있다.

12 루시퍼에 대한 유대교의 사상은 구전 전승 『카발라(Kabbalah)』에 기록되어 있다. 카발라에서 루시퍼는 시기와 질투, 미움과 오만으로 가득 찬 존재로 나온다.

> "아침의 아들 계명성아, 네가 하늘에서 떨어지다니 웬일이냐? 세상 모든 민족이 네 앞에 엎드려 절하더니, 이제는 네가 땅바닥에 처박혀 나뒹굴고 있구나!" (이사야14. 12)

㉝ 귀신

1 귀신(鬼神)은 사악하고 더러운 영이다. 악령, 악신, 사신, 사귀 등으로 불린다. 성경에서 사탄과 마귀는 단수로 나타나고, 귀신은 복수로 나타나 무리 지어 활동한다.

2 귀신도 사탄처럼 지능적이고 교활한 존재다. 사람보다 우월한 능력을 가지고 있으며, 사람 안에 들어가 괴력을 발휘하거나 다른 사람을 괴롭힐 수 있다. 사실 귀신은 예수님을 하나님의 아들로 알아보았으며, 하나님의 권위에 도전하고자 경배를 받으려고 했다.

3 고대인은 구원받지 못한 영혼이 귀신이 되어 사람을 괴롭힌다고 보았다. 그 생각은 지금까지 이어지고 있다. 하지만 불신자가 귀신이

되었다는 말은 성경에서 찾아볼 수 없다.

4 당시 사람은 귀신이 주는 재난을 피하려고 재물을 바치거나 인신 제사를 드렸다. 그래서 하나님이 귀신을 숭배하는 행위를 엄히 금하셨다. 귀신이나 천사는 물론, 어떤 피조물도 경배의 대상이 아니다.

5 사람이 귀신의 지배하에 놓인 상태를 귀신이 들렸다고 한다. 귀신은 어느 정도의 초월적 능력을 가지고 있다. 마술을 부리거나, 미치게 하거나, 병에 걸리게 하거나, 고통을 안겨줄 수 있다. 말을 못 하게 하거나 듣지 못하게 하고, 보지 못하게 할 수도 있다.

6 오늘날 청각 장애인이나 시각 장애인의 대부분은 선천적 또는 후천적 원인으로 그렇게 된다. 귀신과 관계가 없다. 지체 장애인이나 지적 장애인에게 귀신을 쫓아낸답시고 섣불리 안수나 안찰을 해서는 안 된다. 더욱이 우울증이나 이중인격 등의 정신 질환은 귀신들린 것이 아니다. 그가 귀신들린 상태인지, 우울증인지, 정신 질환인지, 제대로 분별하여 유효적절하게 치료해야 한다.

7 귀신들린 사람의 증상은 육체의 소욕을 즐기거나, 귀신이 좋아하는 흉내를 내거나, 하나님을 모독하거나, 자기 육신을 괴롭히거나, 몸에 상처를 내거나, 피 흘림을 자랑스럽게 여기거나, 더러움을 당연시 여기거나, 어둠을 빛보다 좋아하거나, 매사에 부정적이고 적대적 자아를 표출하거나, 상대방의 약점만 들추거나, 눈에 살기를 띠거나, 섬뜩할 정도로 째려보기도 한다. 또 수상한 인격이 수시로 들락날락거리며, 기괴하고 괴팍한 행동을 하며, 아무 말도 못 붙일 정도로 지독한 독선이나 고집불통이 된다. 거듭나지 못하여 정신이 쇠약하거나 믿음이 약한 사람에게 주로 나타난다.

8 이중인격 또는 다중인격의 증상은 머리가 자주 아프거나, 건망증이 심하거나, 정신 분열증이 일어나거나, 여러 인격이 수시로 나타나거나, 허황된 망상에 사로잡혀 헛소리를 하거나, 정서에 둔감하거나,

심한 피해의식에 시달리기도 한다. 50대 이상에서 나타나는 치매도 일종의 정신 분열증이다. 집중력 결핍증도 정신이 산만하거나, 가끔씩 충동적 행동을 하거나, 다리나 무릎을 떠는 증상이 나타난다.

9 정신 분열증이나 우울증, 스트레스 등으로 찾아오는 질환은 우선 정신 치료를 받아야 한다. 하지만 귀신들린 사람은 신앙 치료가 필요하다. 예수님의 이름으로 귀신을 쫓아내고, 충분한 휴식을 취해야 한다. 마음 놓고 편히 쉴 공간과 환경을 조성해주어야 한다. 귀신들린 사람이나 정신 질환자는 심리적으로 쇠약하기는 마찬가지인바, 신앙 치료와 의학 치료를 병행해야 한다.

10 귀신은 사람보다 우월한 능력을 가지고 있다. 다른 사람의 목소리를 흉내 내거나, 대인 관계를 어렵게 하려고 육신을 해치거나, 정신력을 약화시키거나, 심리 불안 또는 우울증을 안겨주거나, 폭력을 행사하도록 충동한다.

11 신실한 그리스도인은 원칙적으로 귀신에 사로잡히지 않는다. 그리스도의 영이 내주하시므로, 어둠의 영이 침입할 여지가 없다. 그럼에도 하나님의 뜻을 거역하거나 죄에 빠져 낙심할 경우, 귀신의 올무에 걸릴 수 있다. 그때는 즉시 회개하고 돌아서서 예수님의 이름으로 단호히 물리쳐야 한다. "예수 그리스도의 이름으로 내가 명한다! 더러운 귀신아, 썩 나가라!"

12 귀신은 예수님을 가장 무서워한다. 예수님의 이름으로 호되게 꾸짖으면 쫓겨난다. 하지만 사람보다 우월한 존재로서, 신자든 불신자든 매사에 조심해야 한다. 항상 깨끗하게 살면서 주님과 함께하는 것이 귀신에 사로잡히지 않는 비결이다. 지금도 귀신은 우는 사자처럼 삼킬 자를 찾아 두루 돌아다닌다.

13 우리는 늘 깨어서 기도하며 하나님의 전신갑주로 무장해야 한다. 귀신은 기도로만 쫓아낼 수 있다는 예수님의 말씀을 명심해야 한

다. 하지만 때가 되면, 영원히 꺼지지 않는 불구덩이 속으로 던져질 것이다. 때에 따라 금식을 병행하는 것이 좋다.

> 그것은 예수님이 귀신을 보시기만 하면, "더러운 귀신아, 그에게서 썩 나가라!"고 먼저 명하셨기 때문이다. (마가복음 5. 8)

㉞ 사악한 영

1 사악(邪惡)한 영(靈)은 영계를 어지럽히는 사탄과 귀신의 무리를 말한다. 처음부터 악하여 악을 일삼고 악행을 즐기는 패거리다.

2 하나님을 대적하고 사람을 곤경에 빠뜨리는 악령은 사탄과 그 수하로 보이는 귀신이다. 성경에 참소하는 자, 시험하는 자, 거짓의 아비, 공중 권세 잡은 자, 어둠의 주관자 등으로 나타난다. 그 이름으로 그들의 성질을 엿볼 수 있다.

3 유대인의 전승에 따른 악령은 타락한 천사의 무리다. 간사하고 교활하여 헐뜯고 속이며, 비겁하고 거만하여 광명한 천사로 위장하며, 하나님을 믿지 못하게 훼방하고 성도를 실족시키는 일을 낙으로 삼는다.

4 또 악령은 사람을 무차별적으로 악의 축으로 끌어들여 반목질시하게 만들고, 욕심을 부추겨 함정에 빠뜨리며, 예수님이 이루신 구원을 무력화시키려고 방해 공작을 펼친다.

5 그리고 하나님이 성도에게 주신 기쁨과 자유와 평화를 빼앗으려고 부질없는 근심과 걱정을 부추기며 온갖 번뇌를 안겨준다. 하지만 악령의 종착지는 멸망의 구렁텅이다.

> "이에 그 더러운 영이 나가서, 자기보다 더 악한 영 일곱을 데리고 들

어가 그 안에 살게 된다. 그러면 그 사람의 나중 형편이 처음보다 더 비참하게 된다." (누가복음 11. 26)

35 속이는 영

1 속이는 영(靈)은 하나님의 말씀을 왜곡, 은폐, 축소, 확대시켜 하나님을 믿지 못하게 하는 영이다. 하나님의 뜻을 거짓으로 전달하여 사람을 곤경에 빠뜨리고, 이런저런 방법으로 어려움에 봉착시켜 낙담시킨다.

2 사실을 거짓이라 하거나 거짓을 사실이라 내세우는 사람은 사기꾼이다. 세상에서 가장 큰 사기꾼은 예수님의 성육신을 부인하고, 예수님이 그리스도가 아니라고 우기는 사람이다. 이를 적그리스도라 한다.

3 그들은 하나님의 말씀을 믿지 못하게 만드는 자들로, 초대교회부터 있었다. 거짓 교사가 교회를 지배하고 다스리는 현상은 사탄의 마지막 발악이다.

4 적그리스도는 그리스도를 반대하거나 대적하는 자, 불법을 일삼는 자, 가라지를 뿌리는 자, 가짜 그리스도, 멸망의 가증한 자식, 똥파리의 임금, 무가치한 자, 사악한 자, 불량한 자, 악한 자 등으로 나타난다.

5 사탄의 지배하에 들어간 사람도 속이는 영을 받아 서로 속인다. 속이는 영이 속이는 자들을 부추겨 자기네끼리 서로 속이고 속임에 빠진다.

6 모름지기 사람은 주인을 잘 만나야 한다. 하나님을 만나면 성도가 되고, 사탄을 만나면 하수인이 되며, 속이는 영을 만나면 사기꾼이 되고, 진리의 영을 만나면 파수꾼이 된다.

7 속이는 영이 지배하는 사탄의 하수인은 서로 속이고 속는 가운데 스스로 속임에 빠지고, 속고 속이는 속임의 굴레를 벗어나지 못한다. 속이는 영이 지배하는 세상을 자세히 들여다보면, 속고 속이는 자가 득실거리고, 진리의 영이신 그리스도를 대적하는 사기꾼이 우글거린다.

8 말세에 세 짐승으로 상징된 마귀 삼총사가 나타나 성도를 핍박하고 교회를 어지럽힌다. 하지만 아무리 속이는 영이 속여도, 예수 그리스도의 이름으로 명하면 쫓겨난다. 속이는 영은 진리의 영에 의해 쫓겨나기 마련이다.

9 거짓의 영은 예수님이 재림하실 때 모조리 결박되어 불타는 무저갱으로 던져질 것이다. 영원히 꺼지지 않는 불구덩이 속에서 최후를 맞을 것이다. 끝까지 회개하지 않고 속이는 영의 하수인으로 살아가는 사람도 마찬가지다.

10 우리는 하나님의 말씀에 귀를 기울여야 한다. 속이는 영의 미혹에 넘어가지 않도록 각별히 조심해야 한다. 마지막 때를 살아가는 성도는 하나님의 전신갑주로 무장해야 한다. 속이는 영의 속임에 빠지지 않도록 늘 깨어 있어야 한다.

> 그러나 악한 자들과 사기꾼들은 날로 더 사악해져서, 남을 속이기도 하고 남에게 속기도 할 것입니다. (디모데후서 3. 13)

㊱ 귀신의 왕

1 귀신(鬼神)의 왕(王)은 사탄, 곧 더러운 영의 임금이다. 사탄이나 귀신도 인격을 가지고 있다.

2 천사가 하나님을 배신하고 하늘나라에서 쫓겨나 세상을 지배하는

악신이 되었다는 유대의 전승에 따라서, 초대교회 교부들이 이사야의 말씀을 인용하여, 하늘에서 떨어진 별, 곧 계명성이 사탄이라고 했다.

3 계명성은 샛별, 곧 금성을 말하며, 광명한 아침의 아들이라 불렀다. 샛별은 새벽에 가장 밝게 빛나는 별로, 사탄이 뭇 별 중에서 가장 빛나는 우두머리라는 뜻이다. 아침의 아들이라는 말은 사탄이 아주 오래전부터 존재했음을 의미한다. 따라서 사탄은 우주의 아침부터 천사의 우두머리로 있었고, 샛별처럼 빛나는 높은 지위를 가지고 있었다.

4 타락하기 전의 천사는 오늘날 구원받은 성도의 신분을 가지고 있었다. 그런데 하나님을 반역하고 타락하자, 하나님이 그 신분을 박탈하고 추방했다.

5 그리고 하나님이 성도를 왕 같은 제사장으로 삼았다. 타락한 천사가 옛적에 가졌던 영예를 성도에게 주시고, 사탄을 부끄럽게 하셨던 것이다. 그래서 사탄이 성도를 시기하게 되었으며, 무슨 수를 써서라도 넘어뜨리려 혈안이 되었다. 심지어 하나님의 말씀까지 속여가며 지능적으로 사람의 구원을 훼방하고 있다.

6 사탄은 믿음이 연약한 사람을 꼬드겨 사사건건 하나님을 대적하게 하고 불순종하게 만든다. 이런저런 기적과 기사까지 보이면서, 하나님을 대신하여 경배까지 받으려고 한다.

7 사탄은 사악한 욕망을 채우려고 사람의 마음을 빼앗아 죄악의 구렁텅이로 끌어들이며, 사람의 양심까지 무디게 만들어 죄를 깨닫지 못하게 한다. 때로는 사람에게 질병을 안겨주어 고통스럽게 만든다. 그야말로 수단과 방법을 가리지 않고 사람을 어렵게 하려고 발악한다.

8 사탄은 마귀, 악마, 귀신의 왕, 저승사자, 바알세불(Beelzebul, 똥파리의 임금), 리워야단(Leviathan, 바다의 괴물), 아볼루온(Apollyon, 무저갱의 천사), 벨리알(Belial, 사악한 잡류), 거짓의 아비, 공중 권세 잡은 자, 미혹하는 자, 시험하는 자, 살인하는 자, 죄짓게 하는 자, 참소하는 자, 하나

님을 대적하는 자, 세상의 임금, 세상 신, 속이는 자, 악한 자, 어둠의 주관자, 원수, 적대자, 뱀, 옛 뱀, 큰 용, 광명한 천사 등으로 나타난다. 그 이름이 사악하고 교만함을 드러내고 있다.

9 에덴동산에서 사탄이 하와를 미혹하려고 뱀으로 나타난 것은, 사탄이 사람보다 먼저 창조된 존재임을 드러낸다. 사람보다 먼저 있었을 뿐만 아니라, 사람보다 우월하게 창조되었다. 하나님을 보필하기 위해 지어진 존재라는 증거다.

10 사탄이 역사의 무대에 등장한 것은, 하나님께서 주신 자유의지를 남용한 천사의 변질에서 비롯되었다. 하나님의 뜻이 아니었다. 그때 수하의 천사들이 함께 쫓겨나 악령이 되었으며, 그들이 하나님의 형상대로 지음 받은 사람을 미혹하여 죄를 짓게 만듦으로써, 하나님을 간접적으로 대적하고 있다.

11 악의 사신으로 전락한 천사가 악의 나라를 구축하고, 그 나라로 사람을 끌어들여 하수인으로 삼는다. 지금도 세상을 떠돌며 우는 사자같이 삼킬 자를 찾아다닌다. 이런저런 달콤한 미끼로 사람을 미혹하여 온갖 어려움을 안겨준다. 어떻게 해서라도 하나님의 백성을 실족시켜 하나님을 배신하게 하려고 혈안이 되어 있다. 그렇게 함으로써 하늘나라에서 가진 옛적 영예를 대체하려고 하며, 쫓겨난 분풀이를 대신하려고 한다.

12 우리는 항상 하나님의 전신갑주로 무장해야 한다. 하나님의 말씀을 굳게 잡고, 성령님의 인도를 받으며, 예수님의 이름으로 나아가야 한다. 예수님의 보호막에서 벗어나면, 사탄의 위장막에 걸려들게 된다. 더럽고 사악한 영에게 바늘구멍 틈새도 보이지 말아야 한다.

> 바리새인들이 예수님을 헐뜯었다. "이 사람은 귀신의 두목 바알세불의 힘을 빌려 귀신을 쫓아낼 뿐이오!" (마태복음 12. 24)

㊲ 영적 무기

1 영적 무기(靈的武器)는 하나님의 말씀과 예수님의 이름과 성령님의 능력이다. 여기에 성도의 기도가 더해져야 한다. 세상을 지배하는 악령과의 전투에서 승리하려면 반드시 갖춰야 한다.

2 예수님을 영접한 사람은 새로운 피조물이다. 거듭난 사람은 성령님의 이끄심에 따라 살게 된다. 영적 사람이 필연적으로 만나는 적이 있다. 바로 악령이다. 악령은 사람보다 먼저 있었고, 사람보다 우월한 능력을 지녔다. 사람이 악령을 대적하려면, 반드시 영적 무기를 갖춰야 한다.

3 하나님의 계획은, 영이 죽은 사람을 하나님의 영으로 살려 영적 싸움에서 이길 수 있도록 무기를 주시는 것이다. 그리스도인은 하나님의 군대다. 하나님을 훼방하고 성도를 실족시키는 사탄을 물리쳐야 한다.

4 우주를 다스리는 주체는 창조주 하나님과 피조물 사람이다. 사탄은 하나님과 사람을 이간질하는 훼방자일 뿐이다. 하나님은 사람을 자녀로 삼기 원하나, 사탄은 사람을 하수인으로 삼으려고 한다. 영적 무기로 무장하지 않으면, 악령과의 전투에서 이길 수 없다.

5 사람은 누구나 사탄과 영적 전투를 벌인다. 눈에 보이지 않아도 날마다 일어나는 치열한 싸움이다. 사탄은 사람의 힘으로 이길 수 없는 존재다. 하나님의 말씀으로 무장하고, 그리스도의 이름으로 나아가, 성령님의 능력으로 싸워야 한다. 영적 무기를 갖추지 않고 영적 전투를 치를 수 없다.

6 사탄은 사람의 약점을 노리며, 약간의 틈새만 보여도 파고들 기세다. 어쩌다 기회가 주어지면 수단과 방법을 가리지 않는다. 영적 전쟁은 하나님의 선하시고 공의로운 뜻에 반기를 들고 일어난 사탄의 오판에서 비롯되었다.

7 영적으로 보면, 세상에서 일어나는 크고 작은 전쟁이나 갈등이 사탄의 사주와 사람의 오판에서 비롯된다. 1950년 일어난 한국 전쟁, 1955년부터 20년간 이어진 베트남 전쟁, 1990년 발발한 걸프 전쟁, 2011년 시작된 시리아 내전 등이 모두 그렇다.

8 악령이 없으면 전쟁도 없다. 전쟁은 하나님을 반역한 사탄에 의해 시작되었다. 아주 먼 옛날, 한 천사의 반역이 전쟁의 근원이 되었다. 그 이후 나라가 나라를, 민족이 민족을, 부족이 부족을, 가족이 가족을 대적하는 전쟁이 끊임없이 일어나고 있다.

9 한 사람의 인격체 안에서도 전쟁이 일어난다. 육이 혼을 대적하고, 혼이 영을 대적한다. 지성이 감성을 대적하고, 감성이 영성을 대적한다. 이러한 갈등도 선을 추구하는 하나님의 성령과 악을 조장하는 악령의 전투에서 비롯된다.

10 사람은 영과 혼과 육을 동시에 가지고 있다. 물질이나 권세, 명예나 인기 등에 대한 유혹이 계속 다가온다. 육신의 탐욕과 안목의 정욕, 세상살이의 자랑은 정말 뿌리치기 힘든 싸움이다.

11 이 모든 것이 하나님의 은혜를 망각한 사탄의 생각에서 비롯된다. 지금도 하나님의 뜻에 대항하는 사탄의 의지와, 하나님의 뜻을 따르기 원하는 성도의 의지가 충돌하여 전쟁이 일어난다.

12 3500년 전 이집트를 탈출한 이스라엘 백성도 마찬가지였다. 이집트를 탈출하여 사탄이 사주하는 세상에서 벗어났으나, 그때부터 영적 전쟁이 시작되었다. 육신의 해방이 자유를 주는 게 아니라, 영적인 해방이 자유를 준다.

13 그들이 이집트를 떠날 때, 예수님의 십자가로 상징된 유월절 어린 양의 피를 문설주에 바르고 고기를 먹었다. 그들은 죽음의 그늘에서 구원받아, 새 하늘과 새 땅으로 상징된 가나안 땅을 향해 출발했다. 군대와 같이 대열을 갖추고 착착 진행했다. 하지만 그들이 이집트

를 출발하는 순간부터 싸움이 시작되었다. 사탄의 하수인으로 상징된 이집트 왕이 이스라엘 백성을 뒤쫓았기 때문이다.

14 하나님께서 낮에는 구름기둥, 밤에는 불기둥으로 사탄의 군대를 막아주셨다. 죽음의 강으로 상징된 홍해를 무사히 건너게 하셨다. 사탄의 군대는 모두 수장되었다. 그렇게 사탄은 패배했고, 이스라엘 백성은 승리의 개가를 부르며 하나님을 찬양했다.

15 이스라엘 백성은 40년 동안 광야에서 줄곧 싸우며 앞으로 나아갔다. 그 많은 전쟁 가운데 하나님께서 싸우시지 않은 전쟁은 한 번도 없었다. 사람이 사탄과의 전쟁에서 승리하지 못한다는 사실을 하나님께서 아셨기 때문이다.

16 이처럼 구원받은 사람도 광야와 같은 세상에서 끊임없이 전쟁을 치르며 살아간다. 영적 무기로 무장한 사람만이 악령과의 전투에서 이길 수 있다는 사실을 명심해야 한다.

그러므로 지금 하나님의 무기로 완전 무장을 하십시오. 그래야 악한 날에 원수를 무찌르고, 승리를 거둔 뒤 굳건히 설 수 있습니다. (에베소서 6. 13)

㉚ 영적 전쟁

1 영적 전쟁(靈的戰爭)은 사탄의 공작으로 일어나는 크고 작은 영적 충돌을 말한다. 민족과 민족이, 나라와 나라가, 사람과 사람이 벌이는 온갖 다툼이 영적 충돌에서 비롯된다.

2 하나님은 하나님의 백성을 통해 하나님의 나라를 세우기 원하시고, 사탄은 하수인을 앞세워 사탄의 세상을 만들려고 한다. 그래서

영적 전쟁이 일어나게 된다. 성도의 대적은 사람이 아니라, 사람을 악의 반열에 세우려는 악령이다.

3 악령은 세상을 주관하는 흑암의 권세자로, 선악을 구분하지 않는다. 선한 천사로 가장하여 속이기를 밥 먹듯 하고, 하나님을 거역하는 즐거움으로 살아간다.

4 악령과 전투에서 이기려면, 하나님의 말씀과 성령님의 능력으로 무장하고 예수님의 이름으로 당당히 나아가야 한다. 우리의 무기는 칼과 방패가 아니라, 그리스도 안에 있는 믿음과 능력이다.

5 그리스도인의 영적 전쟁은 예수님을 영접할 때부터 시작하여, 악령이 최후의 심판을 받고 무저갱에 갇힐 때까지 계속된다. 예수님을 믿는 순간부터 악령과 싸움이 시작되는 셈이다.

6 신자는 육신의 쾌락, 술과 담배, 안목을 흐리는 음란물, 돈, 권력, 명예, 인기 등의 외부 유혹과 싸우게 된다. 아울러 성령님을 거역하는 자신의 인격, 곧 지·정·의와 싸우게 된다.

7 사탄은 사람의 영혼이 침체에 빠지거나 육신이 곤고한 때를 이용하여 찾아온다. 하나님의 말씀에 의심을 불어넣거나, 그리스도를 향한 믿음에 불신을 심어주기도 한다. 악령과의 전쟁은 아무도 피할 수 없다. 영적 전쟁에서 승리하려면, 영적으로 무장하고 기도하며 살아가야 한다.

8 사탄은 사람을 하나님과 단절시키기 위해 수단과 방법을 가리지 않는다. 악의 나라 하수인으로 삼아 악한 세상을 확장하기 위함이다.

9 일찍이 이집트를 탈출한 이스라엘 백성이 전쟁에서 이긴 것은 모세의 기도 덕분이었다. 사탄으로 상징된 아말렉과의 전투에서 모세가 팔을 들어 기도하면 승리했고, 팔을 내려 기도하지 않으면 패했다. 이러한 영적 전쟁은 지금도 마찬가지다. 우리가 기도하면 이기고, 기도하지 않으면 패한다.

10 그리스도인의 기도는 사탄을 물리치고 전쟁을 승리로 이끄는 방편이다. 영적 전쟁은 사탄을 이기기 위한 싸움이 아니라, 믿음의 지조를 지키기 위한 싸움이다. 그리스도인과 악령의 싸움은 이미 승자와 패자가 정해져 있다. 그리스도에 대한 믿음의 지조를 얼마나 지키느냐에 달려 있다.

11 그리스도인도 가끔씩 영적 싸움에서 패한다. 하지만 그건 패망이 아니라, 더욱 빛난 승리를 위한 일시적 후퇴요, 재충전을 위한 휴식이다. 그리스도인에게 완전한 패배는 없다. 그리스도인은 영적 전쟁에서 얼마나 피해를 입느냐가 문제이지, 승리와는 관계가 없다.

12 그리스도인에게 일어나는 영적 전쟁도 하나님께서 신앙 훈련과 연단의 과정으로 주시는 경우가 많다. 하나님이 사탄의 일부를 남겨두신 이유가 바로 여기에 있다.

13 우리가 믿음의 선한 싸움을 싸우다 보면, 모든 것이 합력하여 선을 이룬다는 사실을 발견하게 된다. 단순히 승패를 위한 싸움이 아니라, 믿음을 지키기 위한 싸움이기 때문이다. 승리의 깃발은 이미 꽂혔다. 우리는 최선을 다하면 된다.

14 수시로 다가오는 사탄의 유혹을 피하는 게 영적 전쟁을 치르고 이기는 것보다 낫다. 최선의 방어가 최선의 공격이요, 최선의 공격이 최선의 방어다. 아예 싸움을 피하는 게 상책이다. 모든 싸움이 그렇듯, 공격과 방어는 따로 떼놓을 수 없는 하나의 전략이다.

15 우리는 건강한 체력을 유지하기 위해 날마다 운동을 해야 한다. 우리의 영적 건강을 위해서도 운동이 필요하다. 하나님이 믿음의 분량에 따라서, 맡기실 사역에 따라서 다양한 훈련 과정을 준비하시고, 날마다 영적 싸움을 허락하신다.

16 그리고 막상 영적 전쟁에 돌입하면, 평소 하나님의 전신갑주로 무장한 사람과 그렇지 못한 사람이 금방 드러난다. 준비되지 않은 사

람의 피해는 이만저만이 아닐 것이다. 하지만 믿음의 방패와 성령의 검으로 무장한 사람은 사탄의 불화살 같은 유혹이나 시험도 능히 물리칠 수 있다.

17 영적 무기로 무장한 전투병은 어떤 시험도 극복할 수 있다. 하나님의 가장 강력한 무기는 정의와 진리, 믿음과 확신, 말씀과 능력이다. 사람을 하수인으로 만들어 왕 노릇하려는 사탄의 수법은 그 자체가 속임수다. 아무리 우는 사자처럼 싸돌아다녀도 허세일 뿐이다.

18 사탄과 귀신은 하수인으로 전락한 자와 회의주의자 등을 이용하여, 그리스도인은 물론 교회까지 시험에 빠뜨리려고 한다. 약간의 허점만 보여도, 그 틈새를 비집고 들어가 어렵게 하는 것이 그들의 전략이다.

19 우리가 싸울 대상은 사람이 아니라, 공중 권세 잡은 악령이다. 사람은 악한 영에 의해 이용당하는 꼭두각시일 뿐이다. 악령이 아무리 설치고 발악해도, 하나님의 전신갑주로 무장한 그리스도인에게 패하여, 한 길로 왔다가 일곱 길로 물러갈 것이다.

20 영적 무기로 무장하지 않은 사람은 더욱 심한 공격을 받을 수밖에 없다. 교활하기 짝이 없는 사탄이 무장한 성도에게 패한 분풀이를 그들에게 하려고 더욱 기를 쓰기 때문이다.

21 악령은 믿음이 약한 사람을 찾아 무차별적으로 공격한다. 공격을 받으면 받을수록 사람은 더욱 슬럼프에 빠지고 의기소침하게 된다. 한번 공격을 받아 넘어지게 되면, 다시 일어날 때까지 상당한 시간이 필요하다.

22 하나님의 테스트로 사탄의 시험이 주어질 경우, 기준에 미달되면 또 다른 훈련을 받아야 한다. 점점 더 강도 높은 훈련을 받게 된다. 고비를 넘기지 못하면 그에 따른 훈련 기간도 늘어날 수 있고, 그에 비례하여 영적 전쟁은 더 치열할 수 있다.

우리가 싸울 대상은 피와 살을 가진 사람이 아니라, 세상을 주관하는 권세와 권력, 암흑세계의 지배자와 하늘의 악령들입니다. (에베소서 6. 12)

㊴ 영적 승리

1 영적 승리(靈的勝利)는 영적으로 전쟁을 치르는 성도에게 허락하신 하나님의 보증서요, 안전판이다. 하나님의 소명을 받은 사람에게 영적 전쟁이라는 시험을 거쳐 신령한 은사가 주어진다.

2 영적 전쟁을 치르는 사람의 가장 큰 무기는 하나님의 말씀이다. 하나님의 말씀을 앞세우고 담대히 나아가면, 그게 성령의 검이 된다. 성령의 검을 자유자재로 활용하여 사탄의 거짓을 응징해야 한다.

3 그리고 믿음의 방패를 들어야 한다. 성령의 검으로 공격하고 믿음의 방패로 방어할 때, 하나님의 전신갑주로 무장한 난공불락의 요새가 된다. 이처럼 영적 무기로 무장한 사람만이 승리를 거둘 수 있다.

4 사탄의 공격 대상은 사람의 영이다. 우리의 영이 침체하지 않도록 성령으로 충만해야 한다. 충만한 삶은 기도에서 나온다. 기도를 생활화해야 한다. 다락방에 쭈그리고 앉아 기도하라는 게 아니라, 일상생활에서 주님과 교제해야 한다.

5 우리의 영이 독단적으로 활동하지 말고, 주님의 영이 우리의 영을 주도하도록 해야 한다. 우리의 힘으로 사탄의 궤계를 물리칠 수 없다. 주님의 영이 우리의 영을 이끄시게 해야 한다.

6 주님과 함께하지 않는 사람은 세상을 지배하는 사탄을 이길 수 없다. 우리의 영이 주님의 영과 연합해야 한다. 주님은 포도나무요, 우리는 가지다. 가지가 나무를 떠나서 살 수 없듯이, 우리도 주님을 떠나서 살 수 없다.

7 우리는 우리의 영을 그리스도 안에 두고, 항상 주님과 동행해야 한다. 동행함은 연합을 의미하며, 연합은 일치를 의미하며, 일치는 교통을 의미하며, 교통은 진지한 대화로 일상생활에서 이루어져야 한다.

8 우리가 지·정·의를 가진 인격체이듯, 우리 안에 계시는 성령님도 인격체시다. 우리와 주님의 인격적 대화는 항상 가능하다. 사람에 따라 약간씩 방법이 다를 뿐, 어느 정도의 훈련을 거치면 누구나 가능하다. 늘 주님과 동행하는 사람은 사탄의 올무에 걸릴 여지가 없다.

9 우리는 언제 어디서나 주님과 교통해야 한다. 그러자면 우선 육신의 생각부터 버려야 한다. 육신의 생각은 사탄이 지배하기 일쑤다. 유혹이 다가오면 단호하게 물리쳐야 한다. "예수 그리스도 이름으로 명한다! 더러운 생각아, 썩 물러가라!"

10 우리의 경험에 의하면, 담대함도 상당한 믿음과 능력을 필요로 한다. 알고 보면 믿음의 힘도 모든 성도에게 주어진 권세이나, 믿음이 연약하여 담대하지 못하거나, 의심이 일어날 때는 사용하지 못한다.

11 우리가 보는 것과 듣는 것, 먹는 것과 마시는 것, 생각하는 것까지 각별한 주의를 기울여야 한다. 가급적 보지도 말고 듣지도 말며, 생각지도 말고 판단치도 말아야 한다. 특히 우리의 삶을 복잡하게 만들거나 많은 과제를 유발시키는 일에는 귀도 기울이지 말고, 눈으로 보지도 말며, 마음으로 생각지도 말아야 한다. 무심 무언하고 섭리에 순응하는 법을 배워야 한다.

12 장고 끝에 악수 난다는 말이 있다. 우리가 많이 생각하면 할수록 나쁜 생각을 할 수 있다. 우리의 생각도 사탄이 지배할 수 있기 때문이다. 사람은 태어날 때부터 욕심을 가지고 있다. 무슨 생각이 떠오르면, 즉시 주님께 여쭤보아야 한다. 주님과 신령한 교제로 세미한 음성을 듣거나 인도를 받아야 한다.

13 우리의 영은 여러 가지 생각으로 평화를 잃기 쉽다. 복잡한 문제

는 가급적 피해야 한다. 그저 단순하게 생각하고 순수하게 사는 게 좋다. 마음을 불편하게 만들거나, 몸을 힘들게 하거나, 시끄러운 일을 유발시키는 일은 가급적 삼가야 한다. 물론 심사숙고가 필요할 때가 있지만, 주님이 허락하신 일이 아니라면, 우리의 영혼은 안식을 원하지 결코 복잡다단한 일로 시달리기를 원치 않는다.

14 순수하지 않고 복잡한 문제는 상당한 희생을 요구할 수도 있고, 많은 시간을 빼앗아 결국 우리의 인생을 좀먹는다. 우리의 안식을 빼앗는 문젯거리를 거절해야 한다. 축복을 위장해 다가오는 온갖 유혹을 과감히 물리쳐야 한다. 포장된 유혹을 배척하고, 주어진 사명에 매진해야 한다.

15 영적 전쟁에서 승리하기 위해서는 사탄이 조작한 일에 휘말려들지 말아야 한다. 우리의 영은 항상 주님만 따라갈 준비를 해야 한다. 그렇지 않으면 사탄의 속임수와 올무에 쉽사리 걸려들게 된다.

16 우리가 준비되지 않은 상태에서 영적 전쟁에 들어가면, 사탄의 공격에 너무 쉽게 노출되어 많은 상처를 입을 수 있다. 다행히 심한 공격을 받지 않더라도, 우리의 영은 준비되지 않은 관계로 심한 짓눌림을 면치 못할 것이다.

17 우리의 영이 침체되면 될수록 아무 일도 하지 못한다. 늘 무엇엔가 짓눌려 압박을 받으며, 매사에 피동적으로 살아가게 된다. 하지만 우리의 영이 준비되고 잘 관리된 상태라면 걱정 없다. 승리가 보장되어 있기 때문이다.

18 주님의 영과 연합한 그리스도인은 항상 활동적이다. 쾌활한 모습으로 열심히 일하며 살아간다. 사탄의 공격 대상에서 벗어났기 때문이다. 세상을 잊고 주님만 생각하면 누구나 영적 승리자가 될 수 있다.

> **마지막까지 내 뜻대로 행하고 승리하는 사람에게 여러 민족을 다스릴 권세를 주겠다.** (요한계시록 2. 26)

❹⓿ 귀신론

1 귀신론(鬼神論)은 귀신에 대한 이런저런 사상이나 이론을 말한다. 여기저기 흩어진 구전을 모아 학문적으로 접근하려는 시도다.

2 한국 민속종교에 나타나는 귀신은, 혼기가 찬 처녀가 시집을 가지 못하고 죽어서 되었다는 손각시(꼭두각시) 귀신, 노총각이 장가를 못 가고 죽어서 되었다는 몽달귀신, 무당이 거리의 잡신을 청하여 대접한다는 가망거리 귀신, 동해안 별신굿에서 제사를 지낸다는 골매기 귀신, 마을이나 부족을 지켜준다는 서낭당 귀신, 땅을 지켜준다는 토지 귀신, 산을 지킨다는 산신령, 물을 지킨다는 물귀신 등이 있다.

3 한국 귀신은 대체로 억울한 누명을 쓰고 죽은 사람이나 한 많은 생을 마감한 영혼이 저승으로 가지 못하고 이생에 남아 구천을 떠돌다가 되었으며, 죽은 영혼마저 저승으로 갈 수 없을 정도로 억울한 사연을 간직한 원령(怨靈)이 원귀(寃鬼)가 되어, 살아 있는 사람의 세상을 간섭한다는 것이다.

4 죽은 사람의 영혼이 저승으로 가지 못하고 귀신이 되어 구천을 떠도는 원인이 응어리 맺힌 한(恨)이라는 것이다. 그래서 무당이나 박수 등의 영매가 주로 한을 품고 억울하게 죽은 영혼들, 곧 민비나 단종, 사도 세자, 최영 장군 등의 이름을 팔아 귀신을 섬긴다.

5 한국의 귀신 사상에는 무당 등의 영매가 굿이나 점을 통해 억울하게 죽어 한 맺힌 영혼의 원혼을 달래주어야 그 귀신이 한을 풀고 사람에게 해코지하지 않는다는 생각이 깃들어 있다. 이는 죽은 영혼의 응어리진 한을 풀어준다는 인간의 생각에서 비롯되었다.

6 불교의 귀신은, 사람이 죽으면 중유(中有)라는 곳에서 49일 동안 머물며, 살아생전의 행위에 대해 심판을 받는바, 그 결과에 따라서 선한 사람은 다시 사람으로 태어나고, 그렇지 못한 사람은 미천한 동물

로 태어난다는 것이다. 이를 가리켜 윤회로 들어간다고 하며, 이른바 윤회 사상(輪廻思想)이다.

7 그리고 삼악도(三惡道)의 하나로 아귀도(餓鬼道)라는 지옥이 있는데, 생전의 악업으로 아귀가 된 귀신들이 모여 사는 곳이다. 아귀들이 음식을 먹으려 하면 순간적으로 불로 변하여, 늘 굶주리며 심한 매까지 맞는다고 한다. 그래서 아귀들은 오직 먹을 것을 위해 아귀다툼을 벌인다. 이렇듯 아귀는 언제나 배고픔에 시달리는바, 인간이 바치는 제사 음식을 먹으려고 사람을 괴롭힌다고 한다. 삼악도는 지옥도와 축생도, 아귀도를 일컫는 말이다.

8 하지만 불교의 원래 가르침은, 죽은 사람의 영혼이 생전의 기억과 원한을 그대로 간직한 채 이승을 떠돈다고 가르치지 않았다. 죽은 사람이 어떤 윤회를 하든지, 전생의 기억을 모두 잊어버린다는 것이다. 아귀가 제사 음식을 얻어먹으려고 산 사람을 괴롭힌다는 사상 역시 후대에 만들어졌다.

9 검은 몸에 푸른 눈과 붉은 머리털을 하고 지옥에서 죄인들을 괴롭힌다는 나찰(羅刹)이나, 염라대왕의 명을 받아 죄인을 벌한다는 염마졸(閻魔卒)도 불교의 귀신으로 나타난다.

10 중국의 귀신은, 처음에는 단순히 죽은 사람의 영혼을 가리키다가, 세월이 흐르면서 죽은 조상의 영혼, 곧 조령(祖靈) 사상으로 바뀌어 제사를 지내게 되었다. 특히 중국 귀신 중에 얼어 죽은 송장 귀신이 영화나 연극 등에서 자주 나타난다. 이른바 빳빳한 송장이 두 팔을 뻗고 깡충깡충 뛰어다니는 강시(僵屍) 귀신이다.

11 죽은 조상의 영혼이 귀신이 된다는 사상은 중국에서 비롯되었다. 유학의 효 사상이 죽은 조상에게 제사를 드려도 좋다고 가르치자, 죽은 조상을 인간 세상에서 상당한 힘을 행사하는 존재로 여기게 되었다. 그러다 마침내 초인적 능력을 가진 존재로 여기게 되었고, 이

후 초능력을 가진 존재로 여겨져 숭배하기에 이르렀다.

12 따라서 귀신의 개념은 사람에게 좋지 않은 영향을 미친다는 어두운 사상으로 시작되었다가, 억울하게 죽은 한 많은 영혼을 달래준다는 조령 사상으로 바뀌었으며, 이후 인간을 해코지하는 악마나 악령으로 진전되었다가, 결국은 초월적 신의 존재로 여기게 되었다.

> **날이 저물자 무리가 귀신들린 사람을 많이 데려왔다. 예수님이 말씀으로 귀신을 쫓아내시고, 모든 병자를 고쳐주셨다.** (마태복음 8. 16)

㉑ 하수인

1 하수인(下手人)은 아무 주관 없이 남의 밑에서 꼭두각시 노릇하는 사람이다. 귀신의 하수인은 더러운 영의 사주를 받은 사탄의 꼭두각시다. 악령에 사로잡힌 사람, 곧 귀신들린 사람은 악의 축에 서서 하수인으로 살아간다.

2 형제가 교회를 개척하여 한동안 노방 전도를 했으나 가시적 효과가 없었다. 외부로 나가 전도하는 것보다 스스로 찾아오는 사람들을 정착시키려고 노력했다.

3 그 즈음 40대 초반의 남성이 찾아왔다. 사법 시험을 준비하다 포기한 상태였고, 주식(酒食)을 주식(主食)으로 삼아 살아가고 있었다.

4 그는 오랫동안 고시원에서 지내며 제대로 먹지 못해 몸이 극도로 쇠약했다. 술에 찌들어 얼굴은 먹장처럼 새까맣게 변해 있었고, 식사를 거추장스럽게 여겼다. 그에게는 무엇보다도 먼저 먹이는 게 급선무였다. 억지로 데려다가 음식을 먹여야 했다.

5 날마다 그를 불러 타이르며 음식을 먹였다. 그를 살릴 방법은 뱃

속에 곡기를 채우는 일밖에 없었다. 밥을 본 지 열흘이 넘었다고 했다. 멀뚱멀뚱 쳐다보며 입맛을 다시기는 했으나, 한 숟가락도 삼키지 못했다. 흰죽을 쑤어 먹였다. 그대로 두면 얼마 못 가서 죽을 게 뻔했다. 천하보다 귀한 생명을 살린다는 각오로 모든 역량을 집중했다. 그때 "내 양을 먹이라"는 주님의 말씀이 생각났다.

6 그러나 술을 마시고 길가에 쓰러져 있는 그의 모습은 수시로 발견되었고, 여러 루트를 통해 교회로 연락이 왔다. 체력이 약해 술을 이길 힘이 없었던 것이다. 그가 길가에 앉아 술을 마시고 있다는 소식이 거의 날마다 들려왔다.

7 그럼에도 형제는 아랑곳하지 않았다. 책망하지도 않았고, 예수님을 믿으라고 권하지도 않았다. 그저 때가 되면 데려다가 음식을 먹이는 일에만 집중했다. 매일 그의 상태를 체크하면서 회의를 했다. 그렇게 며칠을 지나자 죽 대신 밥을 먹기 시작했다. 얼마 후 스스로 찾아와 밥을 달라고 했으며, 건강한 사람 못지않게 맛있게 비벼서 한 그릇 뚝딱 비웠다. 새까맣던 그의 얼굴이 이마에서부터 차츰 벗겨지기 시작했다. 그렇게 2개월쯤 지나자, 하얀 본 얼굴이 돌아왔다.

8 이후 그는 교회에 출근하다시피 했다. 담배는 화장실에 가서 몰래 피웠으나, 술은 상당히 절제했다. 어쩌다 술을 마시고 예배를 드릴 때면, 먼저 죄송하다고 고백했다. 예배를 드리기 위해 한 병만 마시고, 도망치듯 급히 빠져나왔다고 했다.

9 그러던 어느 날, 그가 교회를 위해 무엇인가 하기를 원했다. 그때 예수님을 영접하라고 권했다. 그러자 눈시울을 붉히며 고개를 끄덕였다. 그래서 영접기도를 드린 뒤, 10주 코스의 새신자반 성경공부를 시켰다. 그는 실로 딴사람이 되었다.

10 이렇듯 사람을 술독에 빠뜨리는 것도 알고 보면 귀신의 농락일 경우가 많다. 하지만 사람들은 그 사실을 모른 채 계속 술을 마신다. 사탄

이 오기 전에 먼저 술을 보낸다는 말이 있다. 술에 장사 없다는 속담도 있다. 술을 마시면 누구나 실족하기 마련이다. 사탄은 술을 이용해 사람을 넘어뜨리고, 술은 사탄의 도구로서 그 역할을 충실히 한다. 사탄이 술잔 속에 숨어서 사람을 넘어뜨릴 기회를 호시탐탐 노리고 있다.

11 사탄은 술을 매개로 하여 믿음을 떠나도록 사람을 충동질한다. 믿는 자나 믿지 않는 자나 예외가 없다. 수단과 방법을 가리지 않는다. 실로 술잔에 빠져 죽은 사람이 물에 빠져 죽은 사람보다 많다는 말이 맞다. 지금도 사탄은 술을 이용하여 숱한 사람을 하수인으로 만들고 있다.

> **술 취하지 마십시오. 방탕한 생활이 거기서 옵니다. 여러분은 성령을 충만히 받으십시오.** (에베소서 5. 18)

42 열등의식

1 열등의식(劣等意識)은 자기를 남보다 못하다고 느끼는 허상이다. 콤플렉스, 열등감, 왜곡된 감정, 자기혐오, 주눅 등이다. 잘 다스리면 겸손이 되나, 지나치면 정신 질환을 낳는다. 특히 열등의식에 사로잡힌 사람이 술의 노예가 되거나 귀신에 사로잡힐 경우, 아주 심각한 문제가 생긴다.

2 40대 후반의 남성이 식당일을 하다가 집에서 놀고 있었다. 경력이 많아 취직은 쉽게 했으나, 얼마 안 가서 그만두곤 했다. 술만 마시면 주인에게 대들었던 것이다. 주사(酒邪)가 있다는 소문이 퍼지자, 사람마다 고개를 설레설레 흔들었다. 그 도시에서 더 이상 일하기 어려웠다.

3 그는 너무 독선적이어서 친구가 없었다. 허구한 날 지하 셋방에

서 인터넷 고스톱만 했다. 그러다가 부부싸움을 했다. 수시로 티격태격했으나, 이번에는 심각했다. 아내가 생명의 위협을 느끼고 기도원으로 피신했다.

4 그때부터 그가 교회에 찾아와 하소연을 했다. 30년 가까이 결혼 생활을 하면서 싸워온 부부 이야기였다. 항상 아내가 잘못해서 싸우게 되었으니 자기 입장을 이해해달라는 것이었다. 서너 시간을 그렇게 이야기하다가, 술이 깨면 미안하다면서 돌아갔다.

5 처음에는 '어디 하소연할 데가 없어서 그렇겠지.' 하고 진지하게 들어주었다. 그러나 횟수가 반복되자 너무 힘들었다. 시도 때도 없이 술만 마시면 찾아와 서너 시간씩 똑같은 말을 되풀이했다. 나중에 알았지만, 그는 심한 열등의식에 사로잡혀 날마다 술을 마셨으며, 30년 넘게 그렇게 살다 보니 알코올 중독자가 되었고, 이제는 술주정에다 의처증까지 앓았다.

6 그런 줄도 모르고 형제는 교과서적으로 선히 대해주었으나, 그럴수록 그의 주사는 더욱 심해졌다. 느닷없이 욕을 하는가 하면, 나중에는 예배까지 방해하기에 이르렀다. 그리고 술기운이 떨어지면 사과하고 돌아갔다가, 술만 마시면 다시 와서 똑같은 일을 되풀이했다. 그는 심한 열등의식으로 아내를 먹이사슬로 삼다가, 이제 교회를 상대로 삼아 분풀이를 했던 것이다.

7 그들 부부는 폭행과 피신, 화해의 과정을 되풀이하며, 살얼음판 걷듯 살아가고 있었다. 어느 때는 택시를 대절하여 경기도 파주에 있는 기도원까지 가서 자기 아내를 끌어온 적이 있다고 했다. 그러나 이번에는 거기 없을 거라면서, 교회에서 자기 아내를 찾아내라고 다그쳤다.

8 그는 한반도 남쪽 어느 바닷가 마을에서 태어나 편모슬하에서 자랐으며, 초등학교를 졸업하고 상경하여 식당일을 배웠다. 한때는 직접 식당을 경영하기도 했으며, 비록 공부는 못 했으나 대학 나온 조리사

못지않다고 자랑했다. 그러다가 갑자기 자기를 공부시키지 않았다고 부모를 심하게 욕하며 저주했다.

9 그리고 주변 사람을 무차별적으로 공격했다. 자기는 늘 바른 말만 하는데, 왜 사람들은 자기 말을 듣지 않고 피하는지 모르겠다고 분노했다. 그는 심한 열등감에 사로잡혀 이웃을 힘들게 했으나, 그 사실조차 몰랐다. 그는 늘 자기 말이나 행동이 옳다고 여겼으며, 그렇게 하는 것이 당연하다고 여겼다.

10 그래서 그는 술만 마시면 누구나 붙잡고 서너 시간씩 이야기하는 버릇이 생겼고, 그것도 똑같은 레퍼토리를 고집스럽게 주장했다. 그러니 누가 고분고분히 받아주었겠는가?

11 그는 자기의 옳음을 인정해달라고 상대방을 다그쳤으나, 사람들은 그렇게 친절하지 않았다. 그래서 더욱 소외감을 느끼고 자기 가족을 괴롭혔던 것이다. 그게 하루 이틀도 아니고 술만 마시면 그랬으니, 오죽했겠는가?

12 때로는 야심한 밤중에 팬티만 입고 교회당으로 찾아오는가 하면, 자기 아내가 언제 돌아올지 모른다면서 밤낮 교회당을 맴돌았다.

13 처음에는 그리 심하지 않았으나, 나중에는 예배까지 방해하기에 이르렀다. 교인들이 경찰을 부르기도 했으나, 술 취한 자의 단순한 주정이라 여기고 주의만 주고 돌아갔다. 형제는 4층 숙소를 폐쇄하고, 3층 예배당 문을 닫아걸고 밤을 지새우며 기도했다.

14 그러나 사태는 진정되지 않고 더욱 악화되었다. 시도 때도 없이 예배당을 찾아와 욕설을 퍼붓고 행패를 부렸다. 전화를 받지 않고 만나주지도 않자, 다시는 찾아가지 않을 테니 딱 한 번만 만나달라고 슬피 울면서 애원했다. 그러나 그마저 속임수였다.

15 급기야 예배 시간에 와서 입에 담지 못할 욕설을 퍼붓는가 하면, 형제의 얼굴에 침을 뱉기도 하고, 교회당 기물을 부수며 협박하기도

했다. 교회가 생기면서 자기가 어려워졌으니, 그 모든 책임을 지라는 것이었다. 그러다가 주저앉아 땅을 치며 통곡하기도 했다. 모든 것을 잊고 새 출발하겠다고 다짐하며 사과하고 돌아가기도 했지만, 하루를 넘기지 못했다.

16 그의 주사는 점점 더 심해져 공갈과 협박을 마다하지 않았다. 30년간의 주방장 경험으로 사람의 껍질을 벗길 수도 있다는 둥, 듣기만 해도 끔찍한 말을 대수롭지 않게 내뱉었다. 자기 아내만 찾아주면 깨끗이 물러나고, 그렇지 않으면 매일 찾아와 행패를 부리겠다고 협박했다.

17 경찰에 고소를 하라느니, 100미터 접근 금지를 신청하라느니 하면서, 법원으로 가자고 다그치기도 했다. 밤낮으로 행패를 부려 편할 날이 하루도 없었다. 형제는 더 이상 어찌할 방법이 없었다. 지칠 대로 지쳐서 모든 것을 포기하고 낙향하게 되었다. 그리고 밤낮으로 글을 쓰기 시작했다. 이 세상을 벗어나고 싶은 마음뿐이었다.

18 어찌 보면 보통 주정뱅이처럼 보였으나, 그는 분명 더러운 악령에 사로잡혀 농락당하고 있었다. 술만 취하면 귀신에 사로잡혀 이중인격이 되었던 것이다. 외모로 나타나는 모습뿐만 아니라, 속사람까지 완전히 딴사람이 되었다. 그의 눈은 고양이 눈처럼 노랗게 변해 있었고, 어쩌다 눈길이 마주치면 섬뜩한 기운이 뻗쳤다.

19 그는 평소에 하지 않던 괴팍한 행동도 서슴지 않았다. 일부러 바지를 찢어 속살이 드러나게 했으며, 낡은 슬리퍼를 질질 끌면서 얼빠진 사람처럼 돌아다녔다. 왜 그러느냐고 물었더니, 그래야 자기 아내가 잘못이라는 사실을 사람들이 알아줄 게 아니냐고 했다. 얼마나 인정받지 못했으면 저렇게까지 되었을까 싶어 안쓰럽기도 했다.

20 그러다가 답답함을 해소하지 못해 괴팍한 소리를 지르기도 했고, 주먹으로 교회당 책상을 내리치며 괴력을 보이기도 했다. 아무 데

나 침을 탁탁 뱉고, 입에 담지 못할 욕을 퍼붓는가 하면, 끝까지 자기가 옳고 다른 사람은 잘못되었다고 고집 부렸다. 상대방의 말은 아예 듣기조차 거부했다.

21 이러한 열등의식은 잘못된 생각에서 나온다. 열등감의 원인은 허상에 대한 집착이다. 모든 것이 마음먹기에 달렸다. 여유가 있으면 베풀고, 그렇지 않으면 안빈낙도해야 한다. 바울은 어떤 처지에서도 자족하는 법을 배웠다고 했다. 생각의 허상에서 벗어나야 열등의식을 극복할 수 있다.

> 여러분이 누구에게 복종하여 자신을 그에게 맡기면, 그의 종이 된다
> 는 것을 모르십니까? 여러분은 죄의 종이 되어 죽음에 이를 수도 있
> 고, 순종의 종이 되어 의에 이를 수도 있습니다. (로마서 6. 16)

43 시기심

1 시기심(猜忌心)은 남의 잘됨을 괜히 샘하고 미워하는 것이다. 비슷한 사람끼리 라이벌 의식을 갖고 선의의 경쟁을 벌이는 것은 어느 정도 도움이 되지만, 시기심은 자기는 물론 상대방까지 힘들게 한다.

2 형제가 개척한 교회에 3명의 부교역자가 있었다. 그들 가운데 60대 초반의 남성이 있었다. 그는 시기심이 유별난 사람이었다. 그가 교인의 가족을 부추겨 교회를 어렵게 했다. 그의 사주를 받은 사람은 실직으로 어려움을 겪는 상태였고, 헛된 생각에 사로잡혀 열등감을 앓았으며, 술만 마시면 속사람이 바뀌는 다중인격자였다. 그를 각별히 조심하라고 누누이 말하던 사람이 오히려 그를 부추겨 교회를 어렵게 했다.

3 언젠가 그의 간증으로 알게 되었지만, 그는 서너 차례 이혼을 했다. 무슨 사업을 하다가 부도를 내고 고시원에서 홀로 살고 있었다. 그는 스스로 눈치가 9단이라면서, 눈치로 산다고 했다. 누구든지 함께 있으면 칭찬을 아끼지 않았으나, 그 자리에 없으면 흉을 보았다. 특히 자기보다 높은 사람을 깎아내렸다. 그리고 자기 예를 들면서 은근슬쩍 자신을 치켜세웠다.

4 어느 날 교역자 회의를 주관하면서 형제가 말했다. "어제까지 지하철역에서 전도했으니, 오늘은 교회당 앞에서 지나가는 사람들을 대상으로 합시다." 그러자 그가 갑자기 도끼눈을 뜨고 반발했다. "목사님이나 교회 앞에서 하세요. 우리는 하나님의 뜻에 따라 지하철역으로 가겠습니다." 느닷없는 반발에 형제가 놀라 말했다. "아니, 무슨 말씀을?" 그가 다시 말했다. "목사님이 뭐라 하시든, 우리는 하나님의 뜻대로 합니다. 설령 목사님이 그만두라고 해도 절대 나가지 않습니다. 하나님께서 하라고 하시면, 우리는 계속 여기서 일합니다."

5 언뜻 보면 대단한 믿음의 사람처럼 보이지만, 계획적이고 조직적인 반항이었다. 나중에 들은 얘기로는, 그들이 의기투합하여 형제를 몰아내려고 했던 것이다. 1년 내 200명을 전도하여 교회당을 채울 테니 교회만 세워달라고 부추긴 것도 알고 보니 그들의 함정이었다. 그들에게 농락당한 것이었다.

6 그러나 하나님께서 그들의 불의를 보시고, 그들 사이에 불화를 일으키셨다. 얼마 후 그들은 서로 반목질시하며 형제에게 고자질하기 시작했다. 그러자 그가 쿠데타에 실패한 분풀이로 교회를 더욱 어렵게 했다. 이후 그는 노회 교권자를 찾아다니며 형제를 모함하는 일로 소일했다. 형제는 어디 하소연할 곳이 없었다.

7 그의 배후에 사탄의 흉계가 숨어 있다는 사실을 형제는 나중에 알았다. 우는 사자같이 먹잇감을 찾아 헤매는 그들과 어떻게 싸워야

할지를 두고 기도했다. 그러자 그들을 대적하지 말라고 성령님이 일러 주셨다. "그래, 내가 지는 것이 하나님의 뜻이라면, 당연히 져야지. 더 한 일도 감수해야지. 원수를 사랑하라고 하신 주님의 말씀을 되새겨야지. 오른 뺨을 치면 왼편도 돌려대라는 주님의 뜻을 따라야지. 내가 이웃을 섬기는 주님의 종이라면 그들도 내 이웃인즉, 섬기지 못할 이유가 없다. 더욱이 그는 나보다 10살이나 더 많지 않은가? 일찍이 하나님께서 '이제는 네가 산 것이 아니다!'라고 선포하셨지. 아사타생(我死他生)! 그래, 내가 죽어야 남이 사는 것, 이 세상 모든 사람에게 패배하는 천하의 쪼다가 되자."

8 그러나 그는 형제의 비하를 이용하여 더욱 기세를 부렸다. 이 모양 저 모양으로 본색을 드러내며 형제를 괴롭혔다. 입에 담지 못할 욕설을 하고 다닌다는 소문이 들렸으나, 형제는 모든 것을 하나님께 맡기고 모른 척했다.

9 어느 날 형제가 말했다. "우리, 직분을 떠나서 4명이 돌아가며 담임을 맡는 게 어떻겠습니까?" 그러자 그의 얼굴이 새빨개지며 당황했다. 싸움이 너무 싱거웠던 모양이다. 그는 기도원에 간다는 말을 남기고 자리를 떴다. 그리고 한 달가량 지난 뒤 찾아와 그만두겠다고 했다. 그래서 형제는 다음 달 사례금까지 드릴 테니 좋은 곳을 알아보라고 했다. 그리고 더 이상 교회에 나오지 않아도 된다고 했다. 그렇게 그는 6개월 만에 교회를 떠났다.

10 그 후에도 그는 교회당 인근의 고시원에 머물며, 같은 고시원에 있는 교인을 충동하여 교회에 나오지 못하게 하는가 하면, 가뜩이나 열등감에 사로잡힌 사람까지 부추겨 교회를 어렵게 했다. 그는 실로 사탄의 하수인이었다. 개척교회를 어렵게 하려고 악역을 맡았던 것이다.

11 무모한 열등감이나 빗나간 라이벌 의식, 사사로운 시기심이 교회를 어렵게 할 수 있고, 회복하기 힘들 정도로 타격을 입힐 수 있다.

하찮은 질투심이나 이기심도 사탄이 이용할 경우, 아주 심각한 사태를 야기할 수 있다는 사실을 명심해야 한다.

12 시기와 질투, 미움 등도 사탄이 배후에서 주는 것이라면, 형제는 지금도 그 가운데 하나를 통해 치열한 영적 전쟁을 치르고 있다. 하지만 이제는 나름대로 사탄을 역이용하는 방법도 알고 있다. 오랜 시험으로 얻게 된 형제의 노하우다.

> **시기심과 당파심이 있는 곳에 분란과 온갖 더러운 행실이 있습니다.**
> (야고보서 3. 16)

㊹ 거짓말쟁이

1 거짓말쟁이(liar)는 남을 속임과 동시에 자기도 속는 사람이다. 거짓말을 밥 먹듯 하면서 얼굴도 붉히지 않는 철면피요, 양심이 화인 맞은 인두겁이다. 거짓의 아비요, 속임수의 대가인 사탄의 계략에 걸려들어 파렴치하게 살아가는 위선자다.

2 형제가 무리하게 상가 건물을 구입했다가 상당한 어려움을 겪었다. 부질없는 욕심이 화근이었다. 오랫동안 비워둔 건물이라 전기도 끊겼고, 수도도 터졌고, 보일러도 망가져 있었다. 지역난방에서 제외되어 도시가스를 설치해야 했고, 바뀐 법에 따라 소방 시설도 다시 해야 했다. 해동이 되자 천정에서 물이 쏟아져 보일러 공사를 다시 했고, 도배장판까지 할 수밖에 없었다.

3 게다가 종교 단체로는 대출금이 승계되지 않아, 교회로 이전했다가 개인으로 다시 이전했다. 교회당을 포기하고 이자라도 내기 위해 세를 놓으려고 했다. 그러자 중개자가 전에 장사하다가 죽은 사람의

외상값을 갚아야 물건을 대준다고 하여 그렇게 할 수밖에 없었다.

4 설상가상으로, 교회로 등기할 때 감면받은 세금까지 납부하라는 고지서가 나왔다. 법에 정해진 대로 2년간 종교용으로 사용하지 않았다는 이유였다. 세상의 모든 어려움이 한꺼번에 밀려온 느낌이었다.

5 어머니 집을 팔아 건물 수리비로 사용했다. 마지막 남은 아버지 논까지 팔아 공사비로 충당했다. 자매의 도움으로 이전 등기를 마쳤다. 대출금 이자라도 충당하려고 사글세를 놓았다.

6 그 과정에서 형제는 거짓말쟁이에게 속아 무려 3차례나 돈을 빌려주었다. 아는 사람에게 좋은 값에 팔아주겠다는 미끼에 걸려든 것이다. 부담스러운 건물을 팔아 빚을 갚고, 남은 돈으로 작은 건물을 새로 구입할 요량이었다.

7 그는 매수인이 건물을 사기로 했으니 걱정하지 말고 돈을 빌려달라고 했다. 그는 양 다리와 한 팔을 쓰지 못하는 장애인이었다. 바로 옆집에서 수십 년간 구멍가게를 하는 사람이어서 철썩같이 믿었다. 나중에 속았다는 사실을 알았으나, 그는 그 돈으로 이미 다른 빚을 갚은 상태였다. 그래서 수차례 약속을 어기며 이 핑계 저 핑계로 일관하다가, 도리어 역정을 내며 마음대로 하라고 배를 내밀었다.

8 처음에는 사기로 고소할 생각도 했으나, 차마 그렇게 할 수가 없었다. 어떻게 하든지 빌려준 돈만 받으면 된다는 생각으로 법원에 지급 명령을 신청했다. 하지만 그가 이의 신청을 하여 소송으로 이어졌다. 변론 기일이 잡혀 하루 전에 상경했다.

9 예전에 다니던 예배당에 가서 기도하다가 성령님의 음성을 들었다. "포기하라. 항복하라. 순종하라. 그리고 전념하라."

10 다음 날 법정에 나가보니, 그가 먼저 와서 자리 잡고 있었다. 그리고 그가 손으로 써서 제출한 답변서를 받았다. 어처구니없다 못해 기가 막혔다. 사실을 거짓이라 쓰고, 거짓을 사실이라고 억지를 늘어

놓았다. 조정위원회에 회부되어 조정을 받게 되었다.

11 그때 그의 주장은 이러했다. "나는 그 돈을 받지 않겠다고 극구 사양했으나, 억지로 내 손에 쥐어주면서 건물을 팔아주거나 세를 놓아달라고 했다. 그래서 부득이 돈을 받았으며, 약속대로 월세를 놓아주었다. 그러니 그 돈을 돌려줄 필요가 없다. 나중에 일부를 빌리기는 했으나, 그것도 연말까지 건물을 팔아주면 되므로 돌려주지 않아도 된다."

12 형제는 속이는 영이 사람을 지배하면, 속이는 영보다 더 속이는 사람이 된다는 사실을 알았다. 그는 능수능란하게 말을 바꾸며 얼굴 표정도 변하지 않았다. 하지만 거짓말이라는 사실이 얼굴에 훤히 드러나 있었다. 양심이라곤 털끝만큼도 찾아볼 수 없는 파렴치한이었다. 거짓의 영에 사로잡혀 악령의 하수인이 되었다는 사실을 여실히 보여주었다.

13 성령님이 형제의 마음을 어루만지며 다시 이르셨다. "안심하라. 포기하라. 가만히 있으라." 성령님의 음성이 계속 들렸다. "다시는 사탄의 덫에 걸리지 않도록 깨어 기도하라."

14 형제는 그의 주장에 일체 대꾸하지 않고 침묵으로 일관했다. 조정 위원이 물을 때만 그냥 고개를 끄덕였다. 거짓말쟁이 말을 다 받아들인다는 제스처였다. 그래서 조정은 너무나 싱겁게 끝났다.

15 "목사님이라 그렇지!" 조정 위원들이 멈칫하며 서로 얼굴을 쳐다보았다. 사전에 입이라도 맞춘 듯 4명의 조정 위원이 동시에 그렇게 말했다. 한참 후 서류를 간추리며 여성 위원이 날카롭게 말을 맺었다. "아니면, 모두 갚아야 했어요!"

16 그때 그 거짓말쟁이가 몸을 파르르 떨며 얼굴을 붉혔다. 아무리 악한 사탄의 하수인도 일각의 양심이 있다는 사실을 알았다. 형제는 하나님께서 함께하신다는 사실을 깨닫고 감사했다.

17 그리고 무슨 일이 있을 때마다 주님이 도우시며, 뭇 사람의 마음까지 주장하신다는 사실을 알았다. 또 목회자의 책임이 사회적으로 결코 가볍지 않다는 사실도 깨달았다. 그래서 더욱 몸을 추스르게 되었다.

> **오만한 자세로, 경멸하는 말투로, 의로운 사람을 거슬러 함부로 지껄이는 거짓말쟁이의 입을 틀어막아 주십시오.** (시편 31. 18)

㊶ 이중인격자

1 이중인격자(二重人格者)는 하나의 인격 안에 둘 이상의 다른 인격이 들어 있는 사람이다. 인격의 통일성에 문제가 생긴 것이다. 한 인격이 나타나면 다른 인격이 속으로 잠재하여 나타나지 않는 특징이 있으며, 서로 다르거나 상반된 성격이 교차적으로 나타나 주변 사람을 어리둥절하게 만든다.

2 이중인격 또는 다중인격은 일종의 정신병이다. 그 원인을 귀신이 제공하기도 한다. 청각이나 시각 장애인도 대부분 선천적 또는 후천적 요인으로 장애가 비롯되지만, 간혹 귀신이 그렇게 할 수도 있다.

3 30대 후반의 남성으로 호리호리한 체격에 불평불만으로 가득 찬 사람이 교회를 찾아왔다. 2006년 초여름 이른 아침이었다. 새벽 예배를 드리고 숙소에 올라가 옷을 벗고 잠시 쉬려고 했다. 그때 창문을 통해 물끄러미 들여다보는 낯선 사람이 있었다. "아니, 어떻게 여기까지 올라오셨습니까?"

4 예배당은 3층에 있었고, 4층은 형제의 숙소밖에 없었다. 그는 아무 대답이 없었다. 술에 취해 연신 담배를 빨아대며 침을 탁탁 뱉었다. 혼자 있는 곳에 아침부터 주정뱅이가 올라와 행패를 부리는 게 아

닌가 싶어 겁이 덜컥 났다. "보시다시피 여기는 교회밖에 없습니다. 혹시 잘못 올라오신 게 아닌지요?" 그가 말했다. "말씀을 보러 왔습니다. 바로 저기!" 하면서 방 한 쪽에 걸린 성구 액자를 가리켰다. 당당하게 말하는 것처럼 보였으나, 그의 입술은 파르르 떨고 있었다.

5 순간 형제는 그가 평범한 주정뱅이가 아니라는 사실을 깨달았다. 무엇인가 갈급한 심령을 가지고 찾아왔음이 분명했다. 그래서 옥상에 테이블을 펼치고 음료수를 가져와 함께 마시며 마음껏 이야기하게 했다. 그는 이제껏 살아온 이야기를 2시간쯤 하고 돌아갔다.

6 다음 주일 11시, 그가 예배를 드리러 왔다. 반듯하게 빗어 넘긴 머리며 정장에 넥타이까지, 그야말로 핸섬한 젊은이의 모습으로 성경책을 옆에 끼고 있었다. 얼굴에는 미처 보지 못한 평온한 기운까지 감돌았다. 완전히 딴사람으로 바뀌어 있었다.

7 그의 말인즉, 불 켜진 창을 찾기 위해 적어도 수십 교회, 많게는 수백 교회를 돌아다녔으나, 여태껏 찾지 못했다고 했다.

8 그런데 그 상태가 오래가지 않았다. 그는 한 달에 몇 번씩 사람이 바뀌었다. 그가 머무는 고시원의 주인도 그를 못 알아볼 정도였다. 그래서 주인이 무서워 나가라고 했다. 하나의 인격 안에 변화무쌍한 다른 인격이 들어 있었던 것이다.

9 비가 추적추적 내리는 어느 날 밤이었다. 바쁜 일정을 마치고 막 잠자리에 들려는 때였다. 요란하게 철문을 두드리는 소리에 나가보니 바로 그 사람이었다. 속옷 차림에 비를 맞으며 얼마나 돌아다녔는지, 물에 빠진 생쥐 꼴이었다. 아니나 다를까, 역시 술에 잔뜩 취해 있었다. 젖은 옷을 벗기고 속옷을 갈아입혀 주었다. 그리고 주방에 가서 라면 2개를 끓여주었더니 맛있게 먹고 돌아갔다.

10 그리고 주일이 되자, 그 사이 무슨 일이 있었느냐는 듯 말끔하게 양복을 차려입고 왔다. 하지만 예배당 밖으로 나가면 또 술을 마셨다. 그리

고 다시 돌아와 몇 시간씩 하소연하거나, 예배당에 드러누워 자곤 했다. 처음에는 사명감을 가지고 돌보았으나, 나중에는 쳐다보기도 싫었다.

11 어느 날 그를 불러 정식으로 충고했다. "형제님, 이제는 정말 결심하실 때가 되었습니다. 야속하다 생각지 마시고 결단하시기 바랍니다. 더럽고 사악한 영이 형제를 지배하고 있습니다. 그 연결 고리를 과감히 끊어야 합니다. 하나님의 아들로 새사람이 될 것이냐, 계속해서 악하고 더러운 영의 하수인으로 살 것이냐를 분명히 선택해야 합니다. 지금 당장 결심하지 않으면, 평생 후회할 수도 있습니다. 아시다시피 예배당은 여러 사람이 오가는 곳입니다. 형제님의 이러한 모습을 더 이상 두고 볼 수 없습니다.

12 그러자 그가 울먹이며 말했다. "알아요, 저도 알아요, 안다고요!" 하면서 밖으로 뛰쳐나가 다시는 돌아오지 않았다. 이후 그를 위해 많은 기도를 했다. 하지만 길 잃은 하나님의 양을 끝까지 돌보지 못한 죄책감에 시달렸다.

> 무리가 떼를 지어 몰려오는 것을 보시고, 예수님이 더러운 귀신을 꾸짖으시며 호령하셨다. "말을 못 하게 하고 듣지 못하게 하는 귀신아, 내가 너에게 명한다. 그 아이에게서 썩 나와 다시는 들어가지 마라!"
>
> (마가복음 9. 25)

46 자유의지

1 자유의지(自由意志)는 외적 제약이나 구애 없이 스스로 판단하고 결정하여 행동할 수 있는 역량이다. 이는 하나님의 특별 은총이요, 일반 동물과 구별되는 표시다.

2 하나님께서 사람에게 자유의지를 허락하셨다. 죄를 지을 수 있는 방종의 자유가 아니라, 스스로 죄를 물리칠 수 있는 절제의 자유를 주신 것이다. 하나님의 위대하심을 사람을 통해 드러내시기 위한 방편이다.

3 하나님의 뜻대로 살아가는 사람은 남에게 무엇을 하라고 강요하지 않는다. 하나님께서 허락하신 자유의지를 사용하여 스스로 하게 한다. 자유의지를 제대로 사용하는 사람은 자신을 꼭두각시나 로봇으로 만들지 않으신 하나님께 감사한다.

4 어떤 사람은 하나님께서 왜 사탄을 용납하셨으며, 사탄을 따르는 하수인을 왜 그대로 두시는지 모르겠다고 불평한다. 또 어떤 사람은 하나님께서 인간이 죄를 범하도록 내버려두신 것이 옳지 않다고 생각한다. 이는 하나님께서 인간에게 주신 자유의지의 참뜻을 몰라서 하는 말이다.

5 아닌 게 아니라, 지금 이 순간도 사탄과 그 하수인으로 인해 숱한 사람이 어려움을 겪고 있다. 하나님께서 왜 그들을 용납하시는지 의문이 생길 때도 있다. 사실 어떤 때는 하나님께서 그들을 심판하여 깡그리 불태워버렸으면 좋겠다는 생각이 들기도 한다.

6 하나님께서 사탄을 지상에 남기지 않았다든지, 아니면 일찌감치 결박하여 활동을 막았다든지, 사탄에게 허락하신 자유의지를 거두어 아예 반역하지 못하게 했다든지, 사탄보다 사람을 더 우월한 존재로 지으셨다면, 적어도 하나님의 사람이 사탄에게 속아 넘어가거나 농락당하는 일은 없을 것이다.

7 가끔씩 혹독한 시험이 다가올 때면, 정말 사탄을 내버려두신 하나님이 원망스럽기도 하다. 마음대로 죄를 범하는 자유의지가 너무 싫다. 하지만 하나님의 생각은 사람의 생각과 다르다. 사람과 천사, 사탄을 똑같이 인격체로 지으신바, 사람을 역사의 주인공으로 삼을 요

량이셨다.

8 자유의지가 사람을 사람답게 하는 하나님의 사랑이요 배려라는 것이다. 사람의 의지가 하나님의 의지와 일치하게 되면 하나님의 뜻이 이루어지고, 사람의 의지가 사탄의 의지와 일치하게 되면 사탄의 뜻이 이루어진다.

9 최초의 사람이 하나님의 의지를 거역하고 사탄의 의지에 따랐던 바, 일시적으로 사탄에게 승리가 돌아가게 되었다. 그래서 사람의 후손은 원죄라는 쓴 뿌리를 가지고 태어난다. 하지만 예수님의 부활로 그 뿌리가 완전히 뽑혔다.

10 이제 누구나 옛사람의 의지를 죽이고, 새사람의 의지로 거듭나야 한다. 회개는 사탄의 의지에서 벗어나 하나님의 의지로 돌이키는 것을 말하며, 세례는 그 표시로 행하는 것이다.

11 우리는 사탄의 편을 택한 조상의 의지를 그대로 가지고 태어난다. 이른바 원죄다. 우리가 물려받은 원죄에서 벗어나기 위해 반드시 그리스도의 속죄를 믿고 받아들여야 한다. 여기에 복음의 의미가 있다.

12 사탄의 편에 있는 사람이 회개하고 돌아서면, 하나님의 편으로 옮겨진다. 사탄의 권세에 굴복한 사람의 의지가 하나님의 통치권에 복종하는 사람으로 바뀌는 것이다. 하지만 사람이 사탄의 손에서 벗어나 하나님의 품으로 돌아온다고 해서, 일시에 모든 문제가 해결되는 게 아니다. 그때부터 사탄과 영적 전쟁이 시작되기 때문이다.

태초에 하나님이 인간을 지으실 때, 그에게 자유의지를 허락하셨다.

(집회서 15. 14)

47 인간 책임

1 인간의 책임(責任)은 하나님에 대한 인간의 도리다. 영국의 작가 조지 맥도날드(George Mcdonald, 1824-1905)가 젊은 시절에 고민에 빠졌다. "나는 참으로 기독교를 알고 있는가?" 여기에 대한 해답을 얻고자 날마다 머리를 싸매고 성경을 연구한 끝에, 하나의 신조를 만들었다. "하나님에 대한 인간의 책임이 있는가 하면, 인간에 대한 하나님의 일도 있다."

2 하나님의 뜻대로 살아가는 사람이 하나님의 돌보심을 받기 마련이다. 사람은 하나님의 뜻에 따라 살아갈 책임이 있고, 하나님은 사람을 지켜주실 의무가 있다.

3 이제까지 하나님의 뜻대로 살아서 손해 본 사람은 없다. 사람이 하나님을 무시하고 자기 뜻대로 살아서, 이런저런 어려움에 빠지고 일들이 뒤틀리고 꼬이는 것이다.

4 성경은 하나님의 절대적 주권에 따른 예정과 섭리를 가르치는 한편, 하나님에 대한 인간의 책임과 의무도 강조하고 있다. 서로가 모순되는 듯이 보이는 이 부분을 어떻게 보아야 하는가? 이것도 맞고 저것도 맞다. 사람의 논리나 이성을 뛰어넘는 말씀도 받아들여야 한다.

5 하나님의 주권에 의한 하나님의 뜻과, 인간의 책임에 따른 인간의 의지는 서로 상반되는 게 아니다. 사람은 믿음으로 구원을 받지만, 그에 따른 행위가 없으면 죽은 믿음이다. 공로가 없으면 상급도 없다. 상급이 없는 믿음, 열매가 없는 믿음은 껍데기 믿음이요, 죽은 믿음이다.

6 사람의 선한 행위가 믿음의 결과로 나타난다. 믿음이 없으면 선한 행위도 없고, 선한 행위가 없으면 믿음도 없다. 믿음과 행위는 손바닥과 손등과 같으며, 동전의 앞면과 뒷면과 같다. 믿음의 결과로 나타나는 행위나, 행위의 근원인 믿음이 모두 하나님의 은혜요, 선물이다.

7 예수님을 믿음으로 선한 행위가 나타나고, 선한 행위가 죽은 믿음을 걷어내고 산 믿음을 드러낸다. 하지만 사람의 의지가 배제된 가운데 선한 행위는 나타나지 않는다. 하나님의 주권적 의지는 사람의 책임에 따른 의지와 협력한다.

8 아담과 하와도 자기 의지로 죄를 범하여 에덴동산에서 추방되었고, 노아 시대의 홍수도 인간의 의지에 따른 범죄에서 비롯되었다. 하나님께서 허락하신 사람의 의지를 하나님의 뜻에 맞추지 않았기 때문이다.

9 하나님이 사람을 자신의 형상대로 지으신 이유는, 사람을 통해 우주 만물을 다스리게 하심으로써 영광을 받으시기 위함이다. 인간은 창조될 때부터 하나님의 뜻에 따라 살아갈 책임이 주어진 것이다.

10 하나님의 섭리 안에 있는 인간의 책임이, 하나님의 주권과 합력하여 선한 행위를 이루도록 하셨다. 인간의 무책임이나 불순종으로 하나님의 뜻을 거역하면, 그에 따른 책임은 당연히 인간이 질 수밖에 없다.

11 사람은 사회적 존재로서, 그에 따른 책임이 따른다. 사회를 벗어나 도피하는 삶은 결코 하나님의 뜻이 아니다. 역사를 이끌어가는 주인공으로서 하나님의 섭리에 부응해야 한다.

12 오늘날 사회는 물질주의와 쾌락주의, 인기주의 등이 만연하여, 세상을 벗어나 따로 조용히 살고 싶은 생각도 있다. 하지만 우리는 세상의 빛과 소금의 역할을 감당할 책임이 있다. 회피하는 게 능사가 아니라, 날마다 자기 십자가를 지고 예수님을 따라야 한다.

13 그리스도 안에 있는 사람은 하나님과 사람 앞에서 자신의 의지에 따른 책임을 다해야 한다. 그러자면 우선 하나님의 뜻을 알아야 하고, 그에 따라 순종해야 한다. 하나님의 뜻을 알고 믿음으로 순종할 때, 그리스도인으로서 책임을 다할 수 있다.

그러므로 너는 백성에게 만군의 여호와가 하시는 말씀을 알려라. '너희는 내게 돌아오라. 나도 너희에게 돌아가겠다.' 만군의 여호와의 말이다. (스가랴 1. 3)

48 이성 한계

1 이성(理性)은 감성(感性)과 대비되는 개념으로서 생각하고 판단하는 사고(思考)의 능력이다. 사람은 이성으로 선과 악, 참과 거짓을 식별하지만, 어디까지나 한계가 있다.

2 형제는 평소 이런 생각을 가지고 있었다. '하나님의 주권 하에 모든 일이 계획되어 있다면, 사람의 책임은 어디까지란 말인가? 하나님이 주권을 가지고 만사를 주관하신다면, 하찮은 인간이 무슨 수로 책임질 일을 하겠는가? 사안에 따라 하나님이 주권을 행사하지 않을 수도 있고, 사람이 책임질 부분이 있다고 해야 맞지 않을까?'

3 어떤 사람은 하나님의 주권을 조금 약화시키고, 사람의 책임을 어느 정도 부여하는 방법으로 이 모순을 풀어보려고 했다. 하지만 유감스럽게도, 그렇게 할수록 더욱 큰 모순덩어리만 양산되었다. 사람의 이성으로 접근하기 어려운 문제였기 때문이다.

4 이제껏 숱한 사람이 이 문제를 풀어보려 노력했으나, 모두 허사였다. 학문이라는 핑계로 인간의 이성에 맞춘 학설이 발표되었고, 그 학설을 배운 사람들에 의해 학파가 세워졌으며, 그 학파에 의해 새로운 종파가 만들어지는 악순환만 거듭했다.

5 사람의 이성으로 이해할 수도 없고 설명할 수도 없는 신앙의 신비를 논리의 잣대로 꿰맞추려고 해서는 안 된다. 노력은 가상하지만, 실체와 거리가 먼 교리만 낳을 뿐이다.

6 율법의 준행이 아니라 예수님을 믿음으로 구원받는다는 로마서의 말씀과, 율법의 행위가 따르지 않으면 죽은 믿음이라는 야고보서의 말씀이, 인간의 이성으로 보면 서로 상반되거나 모순처럼 비친다. 하나를 선택하면 하나를 버려야 할 것처럼 보인다. 하지만 자세히 살펴보면, 상호 보완적인 소중한 가르침이다.

7 믿음과 행함만이 아니라, 칼뱅의 예정론이나 웨슬리의 만인 구원론도 비슷한 논리다. 두 견해가 모두 성경에 기록되어 있는 만큼, 어느 것은 버리고 어느 것은 받아야 한다거나, 어느 것은 정통으로 계승해야 하고 어느 것은 이단으로 정죄해야 하는 게 아니다. 그건 인간의 편협한 생각일 뿐, 하나님의 관점에서 보면 모두 소중한 가르침이다. 사실 감리교와 장로교 가운데 하나를 이단으로 정죄한 사람은 없다.

8 어떤 사람은 자기 종파의 교리와 맞지 않는다고 반목질시하고 이단시한다. 자기가 배운 것과 다르다고 해서 거짓이라면, 성경의 절반이 거짓일지 모른다. 사람의 관점이 아니라, 하나님의 관점에서 폭넓게 보아야 한다. 인간의 이성 밖에 있는 것도 하나님의 말씀이다.

9 우리는 영적 문을 활짝 열고, 하나님의 관점에서 말씀을 통째로 보아야 한다. 그러자면 우선 자기가 배운 편협한 교리나 선입관을 과감히 버려야 한다. 허접한 교리는 하나님의 말씀을 싸구려 기성화로 만들뿐이다.

10 우선 성경을 전체적으로 보아야 한다. 숲은 보고 나무를 보지 못하거나, 나무는 보고 숲을 보지 못하는 우를 범해서는 안 된다. 전체를 보되 부분에 집착하지 말고, 부분을 보되 전체를 놓치지 말아야 한다. 부분만 보면 곁길로 빠지기 쉽고, 전체만 보면 샛길을 놓칠 수 있다. 어느 한 편만 보면 자기모순에 빠지기 십상이다.

11 성경에는 하나님의 말씀만 있는 게 아니다. 이스라엘을 비롯한

인근 나라에 대한 역사도 있고, 시와 수필 같은 문학도 있고, 하나님의 계시와 예언도 있다. 이렇듯 다양한 말씀을 천편일률적으로 꿰맞추어 교리화하기는 불가능하다.

12 사람은 이성의 한계를 인정해야 한다. 하나님의 뜻이 어디에 있는지 겸허한 자세로 접근해야 한다. 영감으로 기록된 말씀은 영감으로 접근해야 그 뜻을 이해할 수 있다.

13 이성에 의한 논리는 오해만 낳고 교리만 양산할 뿐이다. 인간의 해석이 모순이면 모순이지, 하나님의 말씀이 모순일 수는 없다. 모든 것이 인간의 한계이지, 성경의 모순은 아니다.

14 일찍이 행위를 강조하는 야고보서의 말씀이 믿음을 강조한 로마서의 말씀과 다르다고 하여, 지푸라기 같은 책이니 뭐니 하면서 매도한 사람이 있었다. 그것은 이성의 한계를 간과한 편견이었다.

> **그들은 본래 잡혀 죽기 위해 태어난 이성 없는 짐승 같아서, 알지도 못하는 일들을 비방합니다. 그러다가 결국은 그 짐승처럼 멸망을 당할 것입니다.** (베드로후서 2. 12)

제 3 편

예수님

49 예수님

1 예수님(Jesus)은 성육신하신 하나님의 아들, 성자(聖子) 하나님이시다. 하나님의 뜻에 따라 세상에 오신 만유의 구세주시요, 인류의 구주시다.

2 예수님은 창세전부터 하나님과 함께 계셨고, 하나님과 더불어 우주 만물을 창조하셨다. 하늘과 땅의 모든 것, 보이는 세상과 보이지 않는 세계가 다 예수님 안에서 창조되었다.

3 예수님은 4000년 동안 예언된 메시아로서 2000년 전 세상에 오셨다. 동정녀 마리아의 몸에서 태어나 33세까지 일하시고, 십자가에 달려 돌아가셨다가 3일 만에 부활하셨다. 그리고 40일간 지상에 계시다가 승천하셨다.

> 하나님 아버지와 그 아들 예수 그리스도의 은혜와 자비와 평화가, 진리와 사랑 안에서 우리와 함께 있기를 빕니다. (요한2서 1. 3)

50 메시아

1 메시아(Messiah)는 히브리어로 '기름부음 받은 자'라는 뜻이다. 그리스어로 크리스토스(Christos), 영어로 그리스도(Christ), 한문으로 기독(基督), 한국어로 구주(救主) 또는 구세주(救世主)다. 구약 시대에는 왕과 제사장과 예언자에게 기름을 부었다.

2 구약 시대의 왕은 하나님의 백성을 다스리는 목자로서, 하나님의 권한을 위임받은 대리자로 여겨졌다. 하지만 이스라엘 초대 왕 사울은 블레셋과의 전투에서 자결로 생을 마감했고, 그 뒤를 이어 왕이

된 다윗도 죄악으로 얼룩진 생을 마쳤다. 그 아들 솔로몬도 숱한 첩을 두고 우상을 숭배하며 말년을 헛되게 보냈으며, 그 후대의 왕들도 하나같이 부도덕한 생활을 했다. 모두가 역사의 무대에 잠깐 나타났다가 사라진 정도였다. 그래서 이스라엘 백성은 하나님이 약속하신 왕, 메시아를 간절히 기다리게 되었다.

3 메시아는 평범하게 태어나 허무하게 죽을 수 없었다. 죄 없이 태어나서 세상의 모든 죄를 처리해야 했다. 전능하신 하나님의 아들로, 기묘자로, 모사로, 평화의 왕으로, 신적 권위를 가지고 오셔서 예언의 말씀을 모두 이루어야 했다.

4 하나님께서 왕이나 제사장, 예언자를 세워 백성을 다스리신 신정 시대에는, 그들을 구별하여 세우는 의식으로 머리에 기름을 부어 직무를 수행하게 하셨다. 장차 오실 메시아를 상징했다.

5 그러다가 실제로 메시아가 오시자, 그동안 예표로 주어진 상징은 모두 사라지게 되었다. 아울러 메시아에 대한 예언의 말씀은 모두 성취되었다.

6 예수님이 메시아로 오시기 전부터 이스라엘 백성은 주변 강대국의 학대로 어려움을 겪고 있었다. 메시아가 속히 와서 빼앗긴 나라와 도탄에 빠진 백성을 구해주시기를 기다렸다.

7 사실 이스라엘 백성은 아시리아, 바빌로니아, 페르시아, 그리스, 로마로 이어진 강대국의 수탈과 압제로 많은 어려움을 겪고 있었다. 더욱이 주전 586년경, 예루살렘이 함락된 이후 잠시도 편할 날이 없었다.

8 그래서 당시 메시아사상은 최고조에 달해 있었다. 인류를 죄로부터 구원하실 정신적 메시아가 아니라, 풍전등화 같은 이스라엘 나라와 민족을 외부의 압제로부터 구해줄 정치적 메시아를 기다렸다. 한국이 일본에 의해 36년간 식민 통치를 받으며 겪은 아픔도 크지만, 그

들이 받은 600년 동안의 압제와 고통은 얼마나 컸겠는가?

9 일찍이 하나님께서 사람에게 만물을 지배하고 다스리며 살도록 자율 시대를 허락하셨다. 하지만 사람은 사탄의 유혹에 넘어가 죄악의 나락으로 떨어지고 말았다. 그러자 하나님께서 죄와 사망을 안겨준 사탄을 멸할 것이라고 약속하셨다. 또 다윗에게 기름을 부어 왕을 세우실 때도, 영원히 지속될 왕권을 약속하셨다.

10 그러나 다윗의 왕위가 끊어진 지 600년이 지났고, 주변의 강대국은 날로 흉포하여, 이스라엘 백성은 하루하루를 힘들게 살아가고 있었다. 그러다 보니 누구나 강대국의 압제로부터 나라와 민족을 구할 강력한 지도자, 곧 정치적 메시아가 오시기를 기다렸던 것이다.

11 그래서 인자 시대의 백성은, 예수님이 오셔서 귀신을 축출하고 병자를 고치시는 등 숱한 기적을 보이시자, 예수님을 정치적 메시아로 오인하여 억지로 왕을 삼으려고 했다. 하지만 예수님은 정치적 메시아가 아니었다. 죄로 물든 인류를 사망과 고통에서 구원하시기 위해 스스로 죽으려고 오신 정신적 메시아였다. 예수님은 하나님의 뜻에 따라 평화의 왕으로, 전능하신 하나님으로, 영존하신 하나님의 아들로, 고난 받는 종으로 오셨던 것이다.

12 이스라엘 백성의 정치적 메시아에 대한 기대는 예수님과 생사고락을 같이한 제자들도 마찬가지였다. 그래서 예수님이 그들의 생각을 아시고, 병자를 고치거나 귀신을 쫓아낸 뒤 함구령을 내리셨다. 인류를 구원하실 메시아로서 차근차근히 준비하셨던 것이다.

13 그러나 역사의 아이러니는 예외가 없었다. 예수님이 잠잠하라고 하실수록 예수님에 대한 소문은 더욱 꼬리에 꼬리를 물고 퍼져 나갔다. 그래서 예수님은 3년간의 짧은 사역을 마치시고, 인류의 구원을 위해 십자가를 지시게 되었다.

14 예수님이 인류를 구원하시기 위해 세상에 오신 메시아라는 사실

은 예수님이 돌아가신 뒤 3일 만에 부활하심으로 증명되었다. 예수님은 부활하신 뒤 40일간 지상에 계시다가, 500명의 증인이 보는 앞에서 승천하여 하나님 우편에 앉으셨다.

15 그리고 예수님은 미리 약속하신 보혜사 성령님을 보내주셨다. 성령님으로 충만한 제자들이 담대함을 얻어 온 세상을 다니며 복음을 전했다. 그들은 정치적 메시아가 아니라 정신적 메시아, 곧 인류를 구원하신 그리스도의 증인이었다.

16 예수님이 승천하신 뒤 10일 만에 성령님이 강림하셨다. 인자 시대가 마감되고 은혜 시대가 열렸다. 오순절 마가의 다락방에 강림하신 성령님에 의해 제자들은 복음의 전신갑주로 무장했으며, 예수님이 하나님의 아들이시요, 메시아시요, 구세주시라는 사실을 전파했다. 모두가 자기 목숨을 초개와 같이 여기고, 메시아의 복음을 위해 순교자의 반열에 동참했다.

17 예수님은 만왕의 왕이요, 마지막 대제사장이요, 모든 말씀을 이루신 예언자셨다. 십자가의 죽음과 부활을 통해 인류의 구원이라는 사명을 완수하시고, 생명 주는 영으로 강림하여 우리와 함께하신다.

> 여인이 예수님께 말했다. "저도 그리스도라는 메시아가 오실 것을 압니다. 그분이 오시면, 우리에게 모든 것을 알려주실 것입니다." (요한복음 4. 25)

51 그리스도

1 예수(Jesus)는 '하나님이 구원이시다'라는 그리스도의 이름이고, 그리스도(Christ)는 '기름부음 받은 자'라는 예수님의 직분이다. 예수 그

리스도는 만왕의 왕으로, 만주의 주로 세상에 오셨다.

2 그리스도는 만물이 있기 전부터 하나님과 함께 계셨다. 하나님의 아들로서 동정녀 마리아의 몸을 빌려 태어나셨다. 그리스도의 탄생을 기준으로 서력기원이 시작되었다.

3 그리스도는 하나님의 뜻에 따라 십자가에 달려 죽으심으로 인류를 구원하셨고, 돌아가신 뒤 부활하심으로써 구세주로 확증되셨다. 그리고 승천하여 생명 주는 영이 되셨고, 마지막 날 심판주로 재림하실 것이다.

4 그리스도는 하나님과 사람 사이의 중보자로 오셨다. 3년간의 사역을 마치고 돌아가셨으나, 죽음을 이기고 부활하셨다. 이로써 하나님과 사람 사이에 가로막힌 죄과 불신의 담을 허무셨고, 완전한 화해와 온전한 구원을 이루셨다.

5 그래서 하나님이 말씀하셨다. "땅 끝까지 내 구원이 이르게 하려고, 내가 너를 뭇 민족의 빛으로 삼았다." (이사야 49. 6, 사도행전 13. 47)

6 이제 예수 그리스도를 믿는 사람은 누구나 구원을 얻고 영생을 누리게 되었다.

"오늘 다윗의 동네에 너희 구주가 태어나셨다. 그는 그리스도 주님이시다." (누가복음 2. 11)

⑤② 주

1 주(主, Lord)는 만유(萬有)의 주재(主宰)라는 뜻이다. 주인, 임금, 보호자, 후견인 등의 의미가 있다.

2 이스라엘 백성은 하나님이 알려주신 '야훼(여호와)'라는 이름을 부

르기가 두려워서 주(아도나이)라고 불렀다. 사실 하나님의 이름은 사람이 부르기에 너무나 부담스럽다.

3 이후 초대교회 성도들이 예수님을 주라 부르면서, 스스로 종으로 여겼다. 예수님이 하나님의 아들이라는 사실을 인정하는 신앙고백이다. 실로 예수님은 만백성의 주로서 세상에 오셨다.

4 예수님은 만인을 구원하시려고 세상에 오셨으며, 죽으셨다가 부활하심으로써 만유의 주가 되셨다. 하지만 성령님의 도움 없이 예수님을 주라 부를 수 없다. 그만한 믿음이 뒷받침되어야 하며, 하나님의 은혜가 필요하다는 뜻이다.

5 우리는 예수 그리스도의 인격과 성품을 본으로 삼는다. 예수님이 만유의 주로서 모든 것의 모든 것이 되신다. 우리는 예수님을 주라 부르기에 조금도 주저하지 않는다. "주는 그리스도시요, 살아 계신 하나님의 아들이십니다." (마태복음 16. 16, 마가복음 8. 29, 요한복음 11. 27)

> **그러므로 내가 여러분에게 일러둡니다. 하나님의 성령을 받아 말하는 사람은 아무도 '예수님은 저주를 받은 사람이다'라고 욕하지 않으며, 또 성령님의 인도를 받지 않고는 '예수님은 주님이시다'라고 고백할 수 없습니다.** (고린도전서 12. 3)

53 하나님 아들

1 하나님의 아들(Son of God)은 성자 하나님, 곧 예수 그리스도를 말한다. 예수님은 하나님을 아버지라고 불렀으며, 하나님은 예수님을 사랑하는 아들이라고 하셨다.

2 하나님은 속성상 누구를 낳으실 수도 없고, 태어나실 수도 없다.

하나님과 예수님의 관계는 결혼과 출산으로 맺어지는 생물학적 부자(父子)가 아니다.

3 하나님의 아들은 영원부터 영원까지 아버지와 함께 계신다. 우주가 있기 전부터 새 하늘과 새 땅이 드러날 때까지 그러실 것이다. 이는 예수님이 태어나시기 750년 전에 이미 이사야를 통해 선포되었다.

4 이제 예수님을 구세주로 영접하는 사람에게 하나님의 자녀가 되는 특권이 주어졌다. 이게 성경이 전하는 복음이다. 하나님이 우리에게 주신 가장 큰 선물이다.

5 예수님을 영접한 그리스도인은 자연스럽게 하나님을 아버지라 부른다. 하나님을 아버지라 부르기가 자연스럽지 못한 사람은 정말 하나님의 아들을 자신의 주로 영접했는지 되짚어보아야 한다. 예수님을 주로 영접한 사람은 누가 시키지 않아도 스스로 하나님을 아버지라 부르게 된다.

6 하나님의 아들을 주로 영접한 사람은 누구나 하나님의 자녀가 되고, 아버지와 자녀의 관계가 형성된다. 하나님의 자녀는 자연스럽게 하나님을 아버지로 섬기며 공경하게 된다. 하나님도 그들을 자녀로 받아들여 귀히 여기신다.

7 그러므로 무엇보다 먼저 하나님의 아들을 자신의 구주로 영접해야 한다. 하나님의 아들은 만유를 포함하여 모든 사람의 주가 되신다. 주님은 우리의 생명이요, 우리의 생사화복을 주관하신다. 우리의 재산이나 명예, 권력, 가족, 친구 등은 비교할 수 없다. 이는 우리의 짧은 생이 끝나는 순간 사라지지만, 하나님의 아들 안에 있는 생명은 영원하고 영원하다.

8 하나님의 아들을 믿는 사람은 현세의 복과 아울러 내세의 복까지 받는다. 하나님의 아들을 통하지 않고는 하나님의 나라를 볼 수도 없고, 하나님의 자녀가 될 수도 없다. 예수님을 자신의 구주로 받아들

여야 한다. 하나님의 아들이 길이요, 진리요, 생명이다. 이는 영원히 변치 않는 진리의 말씀이다.

> 하나님의 아들이 와서 우리에게 지각을 주셨습니다. 이제 우리는 참 하나님을 알게 되었습니다. 우리는 참 하나님, 곧 하나님의 아들 예수 그리스도 안에 있습니다. 이분은 참 하나님이시며 영원한 생명이십니다. (요한1서 5. 20)

54 하나님 종

1 하나님의 종(slave)은 하나님을 주(Lord)로 섬기는 사람이 자신을 낮춰 부르는 말이다. 구약 시대의 종은 남의 수하에 있는 노예였으나, 신약 시대의 종은 하나님이 세우신 일꾼이었다. 주인은 종의 생사여탈권까지 가지고 있었으며, 종은 충성과 복종만이 요구되었다.

2 예수님도 하나님의 뜻에 따라 죽기 위해 오신 하나님의 종이었다. 종으로서 예수님은 아름다운 모습이나 풍채가 없었고, 어린 양처럼 그저 연약한 모습이었다. 죄가 없음에도 멸시와 천대를 받았으며, 십자가를 지고 고난을 당하셨다. 하나님의 종으로서 끝까지 복종하신 것이다.

3 고난 받는 종으로 오신 예수님은, 하나님의 뜻에 따라 죽으심으로 죄인을 구원하실 목적이었다. 모든 사람에게 하나님의 구원과 심판을 선포하시고, 속죄양으로 죄인의 죗값을 대신 치르셨다.

4 예수님은 하나님의 종으로서 고난과 형벌을 달게 받았으며, 십자가에 달려 돌아가신 뒤 부활하심으로써 만유의 주가 되셨다. 하나님의 종

으로 오신 예수님이 대속의 죽음을 거쳐 만유를 구원하신 것이다.

5 하나님의 종으로 죽기까지 순종하신 예수님을 본받아, 우리도 그리스도의 고난에 기꺼이 동참해야 한다. 우리 역시 하나님의 종으로서 하나님의 영광을 드러내야 한다.

> 여러분은 그리스도를 위해 살아야 할 책임, 곧 그리스도를 믿을 뿐만 아니라, 그리스도를 위해 고난 받을 책임도 아울러 받았습니다. (빌립보서 1. 29)

55 임마누엘

1 히브리어 임마누엘(Immanuel)은 '하나님이 우리와 함께 계시다'라는 메시아의 다른 이름이다. 이는 예수님이 오시기 750년 전, 이사야에 의해 예언되었다.

2 헤롯이 유대를 다스릴 때, 노년의 엘리사벳이 천사의 메시지를 받고 임신했다. 그리고 6개월이 지나서, 갈릴리 나사렛 마을의 숫처녀 마리아에게 천사가 나타나 수태 고지를 했다.

3 그리고 달이 차서 엘리사벳은 세례 요한을 낳았고, 마리아는 예수 그리스도를 낳았다. 요한은 예수님의 선구자로서 회개 운동을 했고, 예수님은 임마누엘로서 우리와 함께하셨다.

4 예수님이 태어나 8일 만에 할례를 받으시자 기원의 첫날(1월 1일)이 되었고, 8일 뒤로 물러가 12월 25일이 성탄절이 되었다.

5 하나님의 아들이 사람의 아들로 태어나셨다. 세상을 구원하는 메시아요, 우리와 함께하시는 임마누엘이었다.

6 예수님은 성령으로 잉태되셨고, 성령님은 하나님의 영이셨다. 고

로 예수님은 하나님의 아들이시다. 이는 어설픈 논리 같으나 맞는 말이다. 예수님과 성령님과 하나님은 같은 분이시다.

7 성경에서, 태어나실 거룩하신 분은 하나님의 아들이라 일컬음을 받을 것이라 했다. 예수님이 태어나신 이유는 세상을 구원하여 우리와 함께하시기 위함이다.

8 예수님은 구원자로서 우리와 함께하시기 위해 임마누엘로 오셨다. 이는 4000년 동안 이어진 예언의 성취였으며, 2000년 전에 일어난 역사적 사건이었다.

> **"보라! 처녀가 잉태하여 아들을 낳을 것이요, 그 이름을 임마누엘이라 하리라." 임마누엘은 '하나님이 우리와 함께 계시다'는 뜻이다.** (마태복음 1. 23)

56 예수님 신성

1 예수님의 신성(神性)은 예수님이 처음부터 가지고 계시는 하나님의 품성이다. 하나님의 아들이 사람의 아들로 태어나신 것이다.

2 예수님의 성육신은 인류를 구원하시기 위해 불가불 취하실 수밖에 없는 관문이었다. 이는 하나님의 뜻이었다.

3 하나님의 아들이 시간의 역사와 물질의 공간 속으로 들어오신 이유는 우리를 구원하여 우리와 함께하시기 위함이다.

4 예수님은 우리와 함께하시기 위해 임마누엘로 오셨다. 포도나무와 가지처럼 예수님이 우리 안에, 우리가 예수님 안에 있기를 원하셨다. 이는 우리를 온전케 하시기 위한 방편이다.

5 예수님이 사람을 구원하여 하나님의 생명을 주셨다. 일찍이 하나

님께서 아담에게 주신 것이었으나, 아담의 범죄로 잃어버린 것을 예수님이 구원하여 다시 주신 것이다.

6 2000년 전 유대의 작은 마을에 태어난 아기가 구원자라는 사실은 인류가 생긴 이래 가장 큰 사건이었다. 예수님은 지상에서 보잘것 없이 태어났으나, 하나님의 신성을 가지신 만왕의 왕이요, 만주의 주였다.

7 예수님의 성육신은 4000년 동안 예언된 일이었다. 하나님의 아들이 사람의 아들로 신성과 인성을 가지고 태어나실 수밖에 없었다. 세상을 구원하실 메시아였기 때문이다.

> 예수님이 큰소리로 말씀하셨다. "나를 믿는 사람은 나를 믿는 게 아니라, 나를 보내신 분을 믿는 것입니다." (요한복음 12. 44)

57 예수님 중보

1 예수님의 중보(中保)는 예수님이 죄인을 대신하여 피를 흘리심으로 죄가 용서되었으며, 하나님과 사람이 화목하게 되었다는 것이다.

2 사람은 조상이 지은 죄의 뿌리를 가지고 태어나서 죄를 지으며 살다가, 죄 가운데 죽을 수밖에 없었다. 하지만 죄인이 스스로 죄를 씻을 수 없었고, 죄가 없는 사람은 하나도 없었다. 죄를 씻어줄 중보자가 필요했다.

3 세상에 허다한 종교가 있고, 나름대로 구원의 길을 제시하고 있지만, 죄를 씻어줄 사람은 예수님밖에 없었다. 중보자는 눈곱만 한 죄도 없어야 하고, 인류를 대표할 수 있어야 했다. 그래서 예수님이 마지막 아담으로 인류를 구원하러 오신 것이다.

4 예수님은 중보자로서 자격을 갖춘 유일한 분이셨다. 하나님의 아들로서 세상에 오셨으며, 죄를 지은 아담을 만드셨다. 그래서 죄와 죄인에 대하여 잘 알고 계셨다.

5 예수님은 성령으로 잉태하여 숫처녀의 몸을 빌려 태어나셨다. 역사상 유일하게 죄 없이 태어나신 분이었다. 거룩하신 하나님의 아들이 죄 없는 사람의 아들로서, 죄인을 대신하여 죽으려고 오신 것이다. 실로 예수님은 대속의 죽음을 죽으시고 부활하여 중보자가 되셨다.

6 예수님은 중보자로서 죄인을 구원하시기 위해 비상수단으로 오셨다. 하나님과 사람을 화해시킬 중보자가 예수님밖에 없었기 때문이다.

7 세상에서 자신의 노력으로 구원받을 사람은 아무도 없다. 누구나 중보자 예수님이 필요하다. 예수님을 영접하여 하나님의 자녀가 되어야 한다. 하나님의 사랑과 예수님의 은혜가 얼마나 놀라운가? 하나님만 섬기다가 하나님께 돌아갈 이유가 분명히 있다.

> 그러므로 그리스도는 새 언약의 중보자십니다. 그분은 옛 언약 아래 있는 사람의 죄를 용서받게 하시려고 죽으셨습니다. 이제 부르심을 받은 사람이 하나님께서 약속하신 영원한 유업을 이어받게 되었습니다. (히브리서 9. 15)

58 예수님 속죄

1 예수님의 속죄(贖罪)는 예수님이 죄인을 대신하여 십자가에 달려 돌아가심으로써 인류의 죄가 깡그리 용서된 것이다. 이는 예수님의 죽음으로 인류의 형벌이 몽땅 면제되었다는 뜻이다.

2 죄와 허물로 죽을 수밖에 없는 사람을 대신하여 예수님이 죽으심

으로써 죄인의 죄가 용서되어 하나님과 화목하게 된바, 예수님의 속죄를 믿고 받아들이는 사람은 누구나 구원을 얻게 되었다.

3 예수님의 속죄는 만유를 포함했으나, 예수님을 자신의 구주로 받아들이지 않으면 구원의 울타리 밖에 머물게 된다. 누구에게나 선포된 구원의 선물을 받아들이지 않기 때문이다. 아무리 좋은 선물이 주어져도, 본인이 받아들이지 않으면 아무 소용이 없다.

4 모래사장에 새겨진 우리의 죄목이 십자가의 너울 파도에 의해 말끔히 지워졌음을 믿어야 한다. 사실을 사실로 받아들이지 않으면, 그에게는 효력이 미칠 수 없다. 믿지 않는 사람은 믿지 못해서가 아니라, 믿지 않아서 믿지 못하는 것이다.

5 구원의 빛을 피해 스스로 동굴 속으로 숨어든다면, 아무리 밝은 빛이 비친다 한들 그에게 무슨 소용이 있겠는가? 그에게는 흑암만 주변을 맴돌 뿐, 광명은 보이지 않을 것이다.

6 예수님을 구세주로 받아들이지 않고 제멋대로 살아가는 사람들을 보라. 그들에게 구원의 빛이 미친다고 보기에는 너무나 거리가 멀다. 그들의 사고방식이나 행동거지를 보고 놀라지 않을 수 없다. 그들은 매사에 이기적이고 자기중심적이며, 이웃을 배려하는 마음이 없다. 그리스도인은 단 하루를 살아도 이웃을 위해 산다.

7 하나님께서 왕이나 제사장, 예언자에게 하나님의 백성을 다스리라고 위임하신 시대에는, 숱한 동물이 사람의 죄를 대신하여 피를 흘리고 죽어야 했다. 사람이 죄를 지을 때마다 제사장이 죄를 대신할 동물을 잡아 제사를 드림으로써 그 죄가 용서되었던 것이다.

8 죄인의 죗값을 애꿎은 짐승이 대신 짊어지고 죽었던 것이다. 그러나 동물의 희생으로 드리는 제사는 사람이 죄를 지을 때마다 계속되었고, 그 속죄는 일시적이고 불완전했던바, 사람의 범죄와 동물의 희생은 끝없이 이어졌다.

9 하나님께서 이런 속죄의 과정을 종식시키기 위해 독생자를 세상에 보내셨고, 예수님은 기꺼이 십자가에 달려 인류의 죗값을 단번에 청산하셨다. 그로써 성전의 휘장이 찢어지고 아울러 동물의 희생도 마감되었던 것이다.

10 이제 하나님께서 예수님의 영원한 속죄를 받으셨다. 더 이상 속죄는 필요치 않다. 예수님의 속죄가 수용됨으로써 하나님의 계획이 모두 이루어진 것이다.

11 이렇듯 예수님의 속죄가 만유를 포함하기는 했으나, 아무에게나 무조건 주어진 것은 아니었다. 예수님의 죽음으로 인한 죄 용서가 죄에 대한 책임까지 완전히 소멸시킨 게 아니라는 뜻이다.

12 예수님의 속죄로 용서와 화해는 하되, 죄에 대한 대가를 치러야 한다는 뜻이다. 과거에 지은 죄나 미래에 지을 죄까지 반드시 책임은 묻되, 용서는 이미 하셨다는 것이다. 사랑의 하나님께서 자신의 공의를 이루시는 방법이 참으로 놀랍지 않은가?

13 죄에 대한 책임을 묻지 않는 용서는 사랑이 아니라 저주일 수 있다. 세상에는 약육강식이라는 정글의 법칙이 난무할 것이며, 사랑이 아니라 미움이, 공의가 아니라 불의가 판치는 무법천지가 될 것이다.

14 하나님만이 가능한 사랑과 공의의 절묘한 조화를 보라! 예수님의 죽음으로 성취된 하나님의 속죄는 부득불 양면성을 가질 수밖에 없다. 남의 물건을 훔친 사람이 잘못을 회개하고 돌아올 경우, 예수님의 대속으로 죄는 용서하되, 훔쳐간 물건은 주인에게 돌려줘야 한다는 것이다. 세상 법에도 형사적 책임과 민사적 책임이 따로 있다.

15 이 얼마나 크신 은혜인가? 사람이 지은 죄에 대해 회개를 조건으로 용서하시되, 그 책임은 물으시니 얼마나 다행한 일인가? 책임을 묻지 않고 용서만 하신다면, 그게 불의가 아니고 무엇이겠는가? 책임 없는 용서는 약자를 더욱 억울하게 만들 뿐이다. 공의로우신 하나님

의 사랑에 감사하지 않을 수 없다.

16 그렇다면 하나님께서 독생자를 죽이지 않고 인류의 죄를 용서하실 방법은 없었을까? 만물을 무에서 유로 창조하신 하나님이 아니신가? 하나님께서 말씀으로 인류의 죄를 용서하실 수가 없었단 말인가? 단도직입적으로 말해서 없었다.

17 어쩌면 하나님께서 죄인을 용서하실 방법은 다양했을 것이다. 하지만 하나님의 속성상 못 하시는 일도 있다. 불의다. 하나님은 공의에 반하는 불의를 하실 수 없다. 하나님은 자신의 공의로 인과응보에 대한 죄의 대가를 물으실 수도 있었다. 죄를 도말하시고 남을 만한 충분한 대가를 요구하실 수도 있었다.

18 그러나 하나님은 그렇게 하시기를 원치 않으셨다. 친히 창조하신 인류가 죄악 가운데 노출되었다는 사실에 스스로 책임지기를 원하셨다. 죄악으로 붉게 물든 인류를 대표할 만한 사람의 책임과, 하나님과 인류 사이의 중보자로서 책임까지 묻기를 원하셨다. 이 얼마나 놀라운 사랑인가? 죄인의 책임을 죄인에게 지우지 않고, 하나님께서 아들을 통해 스스로 지기를 원하셨던 것이다.

19 하나님께서 창조주의 책임과 피조물의 책임, 그리고 중보자의 책임까지 다 묻되, 자신에게 친히 물으셨던 것이다. 이게 하나님의 아들 예수님이, 아무 흠도 없고 티도 없이 십자가에 달려 돌아가신 이유다.

20 이제 예수님의 피로 우리의 죄가 모두 용서되었음을 받아들이자. 아담에서 이어진 원죄의 고리가 끊어졌음을 믿자. 부지중에 지은 죄와 허물까지 모두 용서되었다는 사실을 믿고, 하나님께 감사와 영광을 돌리자.

하나님께서 예수님을 속죄 제물로 내어주셨습니다. 누구든지 예수님의 피를 믿으면 용서함을 받습니다. 하나님께서는 이전에 살았던 사

람이 지은 죄에 대해 오래 참으심으로 심판하지 않으셨습니다. 이로써 하나님께서 그분의 의로우심을 보이셨습니다. (로마서 3. 25)

⑤⑨ 예수님 대속

1 대속(代贖)은 노예의 몸값을 다른 사람이 대신 지급하고 해방시켜 주는 것이다. 예수님의 대속은 예수님이 죄인을 대신하여 죽으심으로써 죄인의 죗값이 청산되었음을 말한다.

2 이스라엘을 비롯하여 대부분의 고대 국가가 노예를 사고파는 일을 합법적으로 인정했다. 노예의 몸값, 곧 속전을 지급하고 노예를 산 주인은 당연히 노예의 소유권을 갖게 되었으며, 노예의 생사여탈권까지 가졌다. 노예는 주인의 소유로서, 재산 증식의 수단이었다.

3 속전을 지급하고 노예를 사서 해방시켜주는 행위를 대속, 구속, 속죄, 속량이라 한다. 성경은 예수님의 죽음이 죄인을 대신한 대속의 죽음이었음을 드러내고 있다.

4 고대 사회의 농경 국가는 노예가 경제 활동의 중요한 수단이었다. 어린 노예와 늙은 노예는 젊은 노예에 비해 값이 떨어질 수밖에 없었고, 여자 노예 또한 남자 노예에 비해 값이 쌀 수밖에 없었다. 노동력에 비례하여 노예의 가격이 매겨졌기 때문이다. 따라서 노예 시장에서 노예를 사게 되면, 그 소유권은 당연히 새 주인에게 이전되었다.

5 하나님께서 죄인을 해방시켜주시려고 독생자를 보내셨다. 죄인의 죗값을 위한 속전은 온전히 지급되었고, 죄인에게 완전한 자유가 선포되었다. 이제 사람은 누구나 하나님의 소유가 되었다.

6 하나님의 계획에 따라 세상에 오신 예수님이 자신의 목숨을 죄인의 죗값으로 내어주셨다. 노예의 몸값을 위한 속전이 되어 스스로 십

자가에 달려 돌아가신 것이다.

7 예수님의 대속이 우리를 죄의 노예에서 해방시키고, 사탄이 쳐놓은 죄악의 올무에서 벗어나게 하셨다. 예수님이 흘리신 피로 우리의 죄가 말갛게 씻어진 것이다. 우리에게 부과된 죄의 범칙금이 단번에 갚아졌으니, 더 이상 죄책감에 시달릴 필요가 없다.

8 이제 우리는 죄의 노예가 아니다. 예수님의 피로 해방되어 자유인이 되었다. 하나님께서 우리를 의롭다고 하신바 의인이 되었으며, 자녀라고 하신바 아들딸이 되었다. 지난 2000년 동안의 숱한 증인에 의해 이 사실은 확증되었다. 더 이상 의심의 여지가 없다.

9 예수님이 흘리신 보혈로 모든 사람이 죄에서 해방되었다. 죄로 인해 단절된 하나님과 자녀 간의 관계가 회복되어 화목하고 화평하게 되었다. 누구나 믿음으로 의인이라 칭함을 받게 되었다. 죄로 인해 잃어버린 하나님의 생명을 도로 찾았다. 죄로 인해 묶인 사슬이 완전히 끊어졌다. 해방에 따른 자유를 한껏 누리게 되었다.

10 예수님의 대속으로 구원받은 사람은 그리스도 안에서 살게 된다. 예수님이 임마누엘이 되어 항상 함께하시기 때문이다. 이제 우리는 우리의 모든 것을 주님께 맡기고 의지할 수 있다.

11 제2차 세계대전 중에 있었던 일이다. 1941년 어느 여름날, 연합군 포로 1명이 탈출했다. 그 보복으로 독일군이 남은 포로 가운데 무작위로 10명을 뽑아 콘크리트 벙커 속에 던졌다. 타들어가는 벙커 속에서 굶겨 죽였다. 따지고 보면 제네바 협정의 위반이지만, 독일군은 아랑곳하지 않았다.

12 어느 날 포로들이 일렬횡대로 연병장에 세워졌다. 작렬하는 태양열 아래서 굶주림에 지친 포로들은 그나마 붙어 있는 생명마저 빼앗길까 싶어 안절부절못하고 두려움에 떨었다. 독일군 사령관이 참모들을 대동하고 나타났다. 죽음의 벙커로 던져질 10명을 추려내기 위

해서였다. 여유만만하게 뒷짐을 지고 포로를 둘러보던 사령관이 지휘봉으로 한 포로를 가리켰다. 그러자 그가 그 자리에 풀썩 주저앉으며 크게 울기 시작했다. "사랑하는 내 아내와 아이들!"

13 그때 푹 들어간 눈에 둥근 안경을 낀 노인이 포로가 넘어서는 안 될 사선을 넘어 모자를 벗었다. "아니, 이 돼지새끼가!" 사령관이 어이없다는 듯 소리를 질렀다. 그가 침착한 목소리로 말했다. "저는 신부입니다. 제가 저 사람을 대신해 죽고 싶습니다. 저는 이미 늙었고, 아내도 없고 자식도 없습니다. 제가 가진 것이라곤 아무것도 없지요. 제가 저 사람을 대신해 벙커에 들어가겠습니다. 그러자 사령관의 지휘봉이 신부를 겨누었다. "오케이!"

14 그래서 신부는 죽음을 선택받은 다른 9명의 포로와 함께 이글거리는 콘크리트 벙커 속에 던져졌다. 일반적으로 죽음의 벙커로 던져진 사람들은 서로 잡아먹거나 조금이라도 더 살기 위해 몸부림쳤으나 이번에는 달랐다. 작렬하는 태양열로 불덩이처럼 달아오른 콘크리트 바닥에 발가벗겨져 나뒹굴던 그들은 기력이 다할 때까지 찬송을 부르며 기도했다.

15 그렇게 2주가 지나자 6명은 죽고 4명이 살아 있었다. 산 사람 가운데 신부도 끼어 있었다. 하지만 그 벙커는 또 다른 포로 10명의 죽음을 위해 비워줘야 했다. 살인적 무더위와 타들어가는 목마름을 견디며 2주간을 용케 버틴 3명의 포로는 인위적 수단에 의해 처형되었고, 신부는 페놀(phenol) 주사를 맞고 47세의 나이로 죽음을 맞았다.

16 그로부터 41년이 지났다. 1982년 선선한 바람이 부는 어느 가을날, 성 베드로 광장에서 격식과 예의를 갖춘 엄숙한 장례식이 거행되었다. 15만 명이 넘는 사람이 운집한 가운데 눈에 띄는 한 가족이 있었다. 정장 차림의 노인 부부와 자녀들, 그 자녀들의 자녀들까지 빠짐없이 참석한 대가족이었다.

17 그들은 41년 전 죽음의 문턱에서 살아난 프란시스 가족이었다. 그 장례식은 프란시스를 대신하여 죽은 맥시밀런 신부를 위한 것이었다. 그때 교황이 말했다. "이는 사람 안에 있는 모든 증오와 경멸에 대한 승리였습니다. 예수님이 이루신 대속의 승리와 같았습니다."

18 맥시밀런 신부의 죽음은 예수님이 이루신 대속의 죽음을 본받은 것이었다. 그는 한 가족을 대신하여 죽었으나, 예수님은 온 인류를 대신하여 죽으셨다. 예수님은 실로 만유를 포함한 만인의 구세주였다.

19 예수님이 이루신 대속의 가치는 천하보다 값지고 귀한 것이다. 어찌 사람의 기준으로 그 가치를 측정하겠는가? 우리에게 생명을 주시려고 그토록 원하셨던 주님, 우리의 생명을 위해 몸소 피 흘려 돌아가신 예수님이 이제 우리의 모든 것의 모든 것이 되셨다.

20 우리는 이미 지은 죄, 지금도 부지중에 짓고 있는 죄, 앞으로 지을 죄까지 모두 용서받았다. 이제 우리는 자유를 얻었다. 우리 주 예수 그리스도를 바로 알고 제대로 믿어 풍성히 누리는 일만 남았다. 이게 진정한 복음이다.

> 예수님은 모든 사람의 죄를 대속하시기 위해 자신을 바치셨고, 하나님께서는 그들을 구원하시기 위해 예수님을 대신 십자가에 못 박아 죽게 하셨습니다. 이는 때가 되어 이루신 하나님의 뜻이었습니다. (디모데전서 2. 6)

🄬 예수님 구속

1 예수님의 구속(救贖)은 예수님이 자신의 피로 죄인의 죗값을 치르

시고, 죄인을 불러 하나님의 자녀로 삼으신 것이다.

2 예수님의 십자가는 인류의 죗값을 대신 치른 속죄의 사건이었다. 인류의 구원을 위한 하나님의 계획에서 비롯되었다. 이제 예수님을 믿고 받아들이는 사람은 누구나 구속함을 얻게 되었다.

3 예수님은 세상 죄를 지고 가신 하나님의 어린 양이셨다. 우리는 예수님의 구속으로 하나님의 진노에서 해방되었다. 우리 스스로 벗어날 수 없는 죄와 허물에서 벗어나게 된바, 하나님의 자녀가 되었다.

4 예수님이 우리를 구속하여 자유를 주셨으니, 우리가 죄에서 벗어나 자유하게 되었다. 예수님에 의한 구속의 은혜가 얼마나 크고 놀라운지? 이 은혜를 어찌 잊을 수 있겠는가?

> **하나님께서 여러분을 그리스도 예수와 하나가 되게 하셨습니다. 그리스도는 하나님께서 우리에게 주신 지혜와 의와 거룩함과 구속함이 되었습니다.** (고린도전서 1. 30)

❻❶ 예수님 재림

1 예수님의 재림(再臨)은 예수님이 세상에 다시 오시는 것이다. 예수님은 2000년 전에 구속 사역을 마치고 승천하셨다. 예수님의 재림에 대한 약속은 신약 성경에 300회 이상 언급되었다.

2 예수님의 재림은 사도들의 서신과 천사들의 증언, 그리고 예수님도 친히 밝히셨다. 예수님의 재림에 대한 약속은 그리스도인에게 고난을 이길 힘을 준다. 신약뿐만 아니라 구약에도 희미하게 묘사되어 있다.

3 예수님은 승천하실 때와 같이 누구나 볼 수 있게 오실 것이다. 구

름을 타고 큰 영광과 능력을 떨치며 오실 것이다. 무수한 천사가 호위하는 가운데 공개적으로 불현듯 오실 것이다.

4 사탄과 하수인이 먼저 무저갱에 감금될 것이며, 그동안 사람을 지배하며 왕 노릇한 사망도 사라질 것이며, 산 자와 죽은 자가 모두 나와 선악 간에 심판을 받을 것이다. 신실한 성도는 영광의 면류관을, 그렇지 못한 사람은 책망과 형벌을 받을 것이다.

5 이어서 새 하늘과 새 땅이 임하여 영원히 이어질 것이다. 성도는 신령한 몸으로 변화를 받아 예수님과 함께 왕 노릇할 것이다. 하지만 그 때와 시간은 아무도 모른다. 부지불식간에 갑자기 임할 것이다.

6 예수님의 재림에 대한 징조는, 천국 복음이 온 세상에 전파되고, 환란과 배교가 일어나고, 거짓 예언자와 가짜 그리스도가 출현하여 성도를 미혹하고, 처처에 기근과 지진, 전쟁이 일어나 온 세상이 떠들썩하고 어수선할 것이다.

7 그 외에도 아무도 생각지 못한 일이 무수히 일어날 것이다. 예수님의 재림을 준비하지 못한 사람은 심각한 두려움과 공포에 휩싸여, 마지막 남은 한 조각의 양심이 있는 힘을 다해 부르짖을 것이다. 하지만 미처 다하지 못한 책임을 면치 못할 것이다. 그들을 위해 준비된 형벌이 도적같이 임하여 가슴을 치며 통곡할 것이다.

8 하늘은 요란한 소리를 내며 사라지고, 천체는 뜨거운 불에 녹아지며, 땅과 그 안에 있는 모든 일이 선악 간에 분명히 드러날 것이다. 그 날이 먼 장래에 있을 것이라고 여기며 이기적으로 살던 사람이 크게 당황하고 낙담할 것이다.

9 하루가 천 년 같고 천 년이 하루 같다는 말씀을 기억하며 금쪽같은 세월을 아껴야 한다. 항상 주님의 재림에 대한 소망을 가지고 깨어 있어야 한다. 성령님과 함께하다가 영광스러운 주님의 재림을 맞아야 한다.

천사가 말했다. "갈릴리 사람들아, 어찌하여 여기 서서 하늘만 쳐다보고 있느냐? 너희 곁을 떠나 승천하신 예수님은 너희가 본 그대로 다시 오실 것이다." (사도행전 1. 11)

62 예수님 심판

1 예수님의 심판(審判)은 예수님이 재림하여 하실 마지막 재판이다. 산 자와 죽은 자, 믿는 자와 믿지 않는 자가 모두 심판을 받을 것이다.

2 하나님께서 노아 시대에 홍수로 심판하셨으며, 이스라엘 백성이 탈출할 때 10가지 재앙으로 이집트를 심판하셨다. 하나님의 심판은 하나님의 공의에 따라 행하시는 통치 행위다.

3 마지막 심판은 예수님이 하실 것이다. 하나님께서 그 모든 권한을 맡기셨다. 예수님의 재림과 아울러 재판이 시작될 것이다.

4 예수님이 심판주로서 성도를 핍박한 원수들, 사탄을 비롯하여 더러운 영들을 먼저 심판하여, 하나도 남김없이 유황불 속으로 던지실 것이다.

5 이어서 모든 사람이 심판대 앞에 설 것이다. 이를 최후의 심판 또는 흰 보좌 심판이라 한다. 이 심판에서 제외될 사람은 아무도 없다.

6 구원의 은총을 외면하고 죄 가운데 산 사람은 불가불 형벌을 받겠지만, 예수님의 피로 구원을 받은 사람은 형벌이 없을 것이다. 예수님의 대속으로 면제되었기 때문이다.

7 성도는 자기에게 주어진 은사나 시간, 물질 등을 통해 얼마나 충성했는가에 따라서 상급을 받을 것이다. 상급 대신 책망을 받을 사람도 있을 것이다.

8 예수님을 믿음으로 구원받은 사람과 믿지 않음으로 구원받지 못

한 사람에게 주어지는 심판의 기회는 같을지라도, 그 차이는 상상을 초월할 정도로 클 것이다. 믿는 사람에게는 상급과 격려의 심판이, 믿지 않는 사람에게는 형벌과 단죄의 심판이 있을 것이다. 살아생전의 행위에 따라 공정하게 판결이 내려질 것이다.

9 예수님이 태어나시기 100년 전, 근동 지방의 한 민족이 역사의 무대에서 사라지는 비극이 있었다. 아브라함의 조카 롯의 후손으로서 유구한 역사와 전통을 가진 모압 족속이었다. 풍부한 물을 가지고 있었고, 농사와 목축으로 부귀영화를 누렸다. 지리적으로 유리한 조건에다 난공불락의 요새까지 갖추고 있었으며, 막강한 군사력도 보유하고 있었다. 언뜻 보면 모든 것이 넉넉하여 조금도 부족함이 없었다.

10 그런데 그들은 치명적 문제를 안고 있었다. 하나님께서 가중하게 여기시는 우상을 숭배했던 것이다. 하나님께서 그들을 심판하시기 전에 예언자들을 보내 피할 길을 주셨으나, 그들은 물질과 군사력을 믿고 하나님의 메시지를 번번이 묵살했다. 넉넉함이 오히려 자만과 오만을 낳았던 것이다. 모든 것이 풍성할 때 더욱 하나님만 붙잡고 넘어질까 조심해야 함에도, 그러지를 못했다.

11 결국 그들은 하나님의 심판을 받고 역사의 무대에서 사라지고 말았다. 바빌로니아에 정복당한 뒤 숱한 어려움을 겪다가, 로마에 의해 아주 멸절되었다. 이렇듯 아무리 강하고 그럴싸하게 보여도, 하나님의 심판은 결코 피할 수 없다.

12 가끔 이런 의문에 휩싸이기도 한다. 이는 믿음이 좋은 사람도 예외가 아니다. "모든 사람이 하나님의 심판 아래 있다면, 왜 의인이 고난을 당하고 악인이 형통할까?"

13 하나님은 모든 사람을 선악 간에 심판하신다. 믿지 않는 사람은 물론, 믿는 사람도 예외가 없다. 어떤 사람은 고난으로, 어떤 사람은 물질로, 어떤 사람은 질병으로 심판을 받는다.

14 하나님의 심판은 다양하게 나타나지만, 절대 공의롭다는 특징이 있다. 하나님의 공의는 세상의 기준과 다르다. 사람의 잣대로 판단할 사안이 아니다.

15 비록 악인이 형통하고 의인이 고난당하는 것처럼 보여도, 그건 인간의 생각일 뿐이다. 결국은 하나님의 공의가 드러날 것이다. 악인은 멸망으로, 의인은 영광으로 심판에 이를 것이다. 악인의 형통이 그들의 구원을 바라시는 하나님의 은혜일 수 있다.

16 그리스도인의 구원은 예수님을 믿음으로 받는 하나님의 선물이며, 구원받은 그리스도인에게 주어지는 상급은 그리스도의 사랑을 실천하여 받는 하나님의 보상이다.

> 우리는 모두 그리스도의 심판대 앞에 나아가야 합니다. 선한 일이든 악한 일이든 각자 행한 대로, 모든 일에 대하여 마땅한 보응을 받아야 합니다. (고린도후서 5. 10)

🟢63 예수님 상급

1 예수님의 상급(賞給)은 예수님이 재림하여 성도에게 베푸실 보상이다. 차등은 있겠으나, 모든 사람이 만족할 것이다. 차등은 세상의 기준일 뿐이다.

2 예수님을 영접한 사람은 누구나 의롭다는 인정을 받고, 어린 양의 생명책에 그 이름이 등재된다. 하나님의 자녀는 살아생전의 행위로 풍성한 상급을 받는다.

3 구원은 구세주를 믿음으로 받고, 상급은 살아생전의 행위로 받는다. 선을 행함으로 구원을 받지 못하고, 믿음으로 상급을 받지 못한

다. 구원은 상급의 씨앗이며, 상급은 구원의 열매다. 구원받은 사람이 상급도 받을 것이며, 구원받지 못한 사람은 상급도 받지 못할 것이다.

4 예수님을 믿음으로 구원받은 사람이, 구원의 선물로 받은 은사를 행함으로써 상급도 받는다. 은사는 믿음으로 받으나, 상급은 충성으로 받는다. 은사는 각자의 믿음에 따라 개별적으로 받는 하나님의 선물이다. 모든 사람이 구원을 받되, 상급도 아울러 받도록 배려하신 것이다.

5 우리가 범하기 쉬운 오류는, 믿음으로 받는 구원이 전부인 양 착각하는 것이다. 구원 외에 아무것도 없다고 생각하는 사람은 하나님의 은총을 누릴 자격이 없다. 구원과 상급을 하나로 여긴 결과, 믿음으로 상급이 자동으로 주어진다고 생각한다. 이런 사람은 믿음의 열매로 주어지는 행위를 아무 짝에도 쓸모없게 만든다.

6 하나님은 구원받은 사람 앞에 풍성한 상급을 두시고 누구나 받기를 원하신다. 하늘의 보좌와 영광과 면류관을 두시고, 모든 사람이 받아 누리기를 원하신다.

7 구원은 누구나 믿음으로 받지만, 상급은 아무나 받을 수 없다. 믿음이 아니라 행위로 받기 때문이다. 하나님이 다양한 은사를 허락하신 이유가 풍성한 상급을 주시기 위한 것이다.

8 하나님은 구원을 받을 자와 구원을 받지 못할 자를 구분하시고, 다시 상급을 받을 자와 책망을 받을 자로 나누신다. 이른바 알곡과 쭉정이, 양과 염소를 따로 세우시는 것이다. 믿음으로 구원과 멸망이 구분되듯이, 충성으로 상급과 책망이 나뉘는 것이다.

9 하나님께서 상을 주시기 전에, 순종한 자와 불순종한 자를 나누신다. 상급도 순종과 불순종의 여부에 따라 가치가 달라진다. 믿음으로 구원을 받는 게 전부가 아니라는 것이다.

10 오늘날 교회는 외적 성장에 치중하여, 믿음으로 구원을 받는 게

전부인 양 착각하고 있다. 어떤 사람은 그저 선한 일만 열심히 하면 구원 받을 것이라 여기고 열심히 봉사만 한다.

11 우리 주변에 예배는 아랑곳하지 않고 봉사에만 열심을 내는 사람이 있다. 그에게 믿음은 별 의미가 없다. 어떤 사람은 이미 오래전에 믿었고 봉사도 할 만큼 했으니, 그만하면 되었다고 생각한다. 이들에게 상급은 요원할지 모른다. 믿음과 행함의 함수 관계를 모르기 때문이다.

12 믿음으로 얻는 구원과 행함으로 받는 상급은 동전의 앞뒤와 같아서 따로 구분되지 않는다. 서로 보충하고 피드백(feedback)하기 때문이다. 하지만 현실적으로, 구원의 확신도 없이 봉사에 열심을 내거나, 구원의 체험이 있어도 봉사하지 않는 사람이 많다.

13 구원이 전부라고 생각하는 사람은 예수님을 믿어도 세상일에 전념한다. 하나님의 일은 관심 밖에 있거나 거들떠보지도 않는다. 돈을 잘 벌어 헌금을 많이 하는 것이 헌신이요, 충성이라 생각한다. 물론 그럴 수도 있다. 하지만 믿음의 행위를 돈 버는 수단으로 여기면, 사탄이 쳐놓은 올무에 걸리게 된다.

14 또 어떤 사람은 어쩌다 하나님께 잘못 보이면 벌을 받을지 모른다고 생각한다. 그래서 부지런히 예배에 참석하고 봉사에 열심을 낸다. 하지만 그에게는 여전히 구원의 확신이 없다. 바로 알지 못해 믿음이 없고, 믿음이 없어 누리지 못하기 때문이다.

15 심지어 어떤 사람은 부귀영화에 사로잡혀, 물질의 축복이 전부인 양 생각한다. 예배나 헌금, 전도, 봉사 등을 모두 복 받는 수단으로 여긴다. 믿음은 축복의 수단일 뿐이다. 어쩌다 돈을 많이 벌면 하나님이 주신 복으로 여기고 기뻐한다. 그러다 보니 그는 늘 돈에 얽매여 노심초사하며 살아간다.

16 예수님을 바로 알지 못해 믿지 못하고, 제대로 믿지 못해 누리지

못하는 사람은, 참 자유와 평화와 기쁨을 주기 원하시는 하나님의 마음을 알기는커녕, 오히려 하나님을 무서운 심판자로 여기며 돈으로 믿음과 헌신을 때우려고 한다.

17 그들에게 상급은 요원할 것이다. 하나님께서 기뻐하시고 선히 여기시는 믿음은 아예 담을 쌓고, 사탄이 좋아하는 세상일에 죽기 아니면 살기로 매달려 있기 때문이다. 그러다 보니 늘 불안하고 초조하며, 공허함 가운데 어찌할 바를 몰라 허둥대며 살아간다. 가끔씩 자수성가한 사람도 없잖아 있지만, 그 속을 들여다보면 인생무상만 가득하다.

18 심지어 이런 사람들도 있다. 겉으로 보면 독실한 그리스도인으로 보이고, 요모조모 따져보아도 의심의 여지가 없다. 성실히 예배에 참석하고 봉사도 열심히 한다. 교회 안에서 존경을 받고 세상에서 존귀를 받는다. 언제 어디서 무엇을 하든지 늘 앞장서 충성하고 헌신한다. 교회만이 아니라, 사회에서도 상당한 리더십을 발휘한다. 교회 안에서는 물론 밖에서도 이런저런 상을 많이 받는다. 하지만 그 속사정은 다르다. 무엇인가 부족한 2%가 늘 마음 한구석에 자리 잡고 있다. "내가 정말 구원 받았을까?"

19 배우자가 훌륭한 목회자라고 해서, 뿌리 깊은 신앙인의 집안에서 태어났다고 해서, 교회에 다닌 연수가 많다고 해서, 소위 직분이 높다고 해서, 돈을 많이 벌어 헌금을 많이 한다고 해서, 전도 여행이나 봉사 활동을 많이 다닌다고 해서, 교회나 사회에서 인기가 좋다고 해서, 종교적이나 사회적으로 유명세를 탔다고 해서, 그것으로 구원을 받는 게 아니다. 구원에 있어서 그런 것은 아무 의미가 없다. 오히려 걸림돌이 될 수 있다.

20 목회자의 아내로 30년 이상 열심히 살면서, 나름대로 일평생 교회에 충성했다고 생각한 어떤 부인은 70세가 넘어서야 비로소 예수님을 구세주로 영접했다. 그리고 구원의 확신을 얻고 기뻐했다.

21 그 부인은 구원의 확신도 없이 그렇게 열심히 교회 생활을 했다. 먹고살기 위해, 자녀 교육을 위해, 어느 정도 돈을 모아 노후를 대비하기 위해, 세상 사람과 조금도 다름없이 열심히 종교 생활을 했다. 교회를 수익의 매개체로 여겨 직업적 열정을 가지고 열심히 일하며, 어리석은 교인의 주머니만 털었다. 교회는 종교 사업을 통한 돈벌이의 수단이었다.

22 지금도 숱한 사람이, 자신의 행위가 종교적으로 선하기 때문에 구원도 얻고 상급도 받을 것이라 착각한다. 믿음으로 얻은 구원의 결실이 봉사로 나타난다고 여긴다. 하지만 믿음이 없이도 무슨 동기만 주어지면 얼마든지 봉사할 수 있다. 믿음의 착각은 상급은 고사하고 구원의 대열에서 이탈하는 심각한 결과를 초래한다.

23 우리는 요동하지 않는 믿음, 구원의 대열에 확실히 서 있다는 믿음이 필요하다. 구원은 예수님이 이미 이루신 일인바, 그대로 믿고 받아들이면 된다. 바로 알고 제대로 믿어 풍성히 누리는 사람이 진짜 그리스도인이다.

24 사실을 바로 알지 못하면 믿을 수 없고, 제대로 믿지 못하면 풍성히 누릴 수 없다. 우리는 주 예수 그리스도의 영원한 나라를 무엇보다도 먼저 사모해야 한다.

25 이제 우리는 예수님을 믿고 구원받은 사람이 충성과 헌신으로 상급을 받는다는 사실을 알았다. 그런데 믿음과 구원, 행위와 상급이 우리의 의지만으로 어렵다는 사실도 알아야 한다. 주님의 은혜와 아울러 성령님의 도우심이 필요하다.

26 믿음은 예수님의 이름으로, 행위는 성령님의 도움으로 가능하다. 우리의 모습에서 그리스도의 모습이, 우리의 마음에서 그리스도의 마음이 나타날 때까지, 우리는 끝없이 경건 훈련을 쌓아야 한다.

27 언제 어디서나, 누가 시키지 않아도, 우리를 통해 그리스도의 이

름을 드러내야 한다. 그렇지 않으면 우리가 행한 일들이 허황할 수 있다. 예로부터 한민족은 종교심이 풍부하여, 종교적 행사는 물론 사회적 봉사에도 몸을 아끼지 않았다. 바로 알지 못해 믿지 못한 상태에서, 봉사를 위한 봉사만 열심히 할 수 있다. 어쩌면 하나님께서 가증하게 여기는 우상 숭배를 위해서도 봉사할 수 있다.

28 우리의 봉사는 반드시 예수님의 이름으로 하되, 그리스도의 빛과 향기를 발해야 한다. 그래야 하나님의 영광이 드러나게 된다. 이게 진정한 봉사요, 충성이요, 헌신이다. 이로써 예수님의 상급은 풍성히 주어질 것이다.

> "그때 모든 민족을 자기 앞에 불러놓고, 목자가 양과 염소를 갈라놓듯이 그들을 갈라서, 양은 오른편에, 염소는 왼편에 둘 것이다." (마태복음 25. 32-33)

64 예수님 인성

1 예수님의 인성(人性)은 예수님이 지니신 사람의 성품을 말한다. 예수님은 하나님의 신성과 사람의 인성을 동시에 가지고 계셨다.

2 예수님이 성육신하실 때까지 하나님을 본 사람은 아무도 없었다. 하나님과 함께하시는 하나님의 아들이 육신을 입고 세상에 오심으로써 하나님을 드러내셨다.

3 흔히 예수님을 가리켜 세계 3대 성인 가운데 하나라고 한다. 예수님의 인성적 측면에서 보면 맞지만, 하나님의 아들이라는 측면에서 보면 그렇지 않다. 세상에서 유일한 성자 하나님이시다.

4 예수님의 양성적 인격은 사람의 이성이나 논리로 설명되지 않는

다. 초창기 시대에 '예수님은 누구신가?'에 대한 논란이 많았다. 하지만 툭하면 이단으로 정죄하는 바람에 의문을 가지고 있어도 제기하기 어려웠다.

5 예수님의 양성 문제는, 381년 콘스탄티노플 회의에서 논의되어 451년 칼케돈 공회에서 교리로 확정되었다. 예수님의 인격 안에 신성과 인성, 하나님의 성품과 사람의 성품이 동시에 있으며, 이는 완전하게 연합되어 나눠지지 않는다는 것이다.

6 성경에 메시아가 하나님의 신성을 가지고 여자의 후손으로 오신다는 말씀과, 다윗의 자손으로 처녀의 몸을 빌려 태어나신다는 예언이 있다. 예수님의 제자들과 신약 성경의 저자들도 예수님의 양성 인격을 증언했다.

7 예수님의 33년간 생애를 살펴보아도, 예수님이 하나님의 아들이시자 사람의 아들이었다는 사실은 명백하다. 예수님은 육신의 피로로 한적한 곳을 찾아 쉬기도 하셨고, 40일간 단식으로 허기질 때 마귀가 찾아와 시험도 했으며, 가끔씩 화를 내거나 눈물도 흘리셨다.

8 예수님은 죄 없는 사람으로 태어나시기 위해 인간의 유전적 혈통에서 벗어나야 했으며, 하나님의 아들로 오시기 위해 숫처녀의 몸을 빌려 성령으로 잉태되실 수밖에 없었다. 이는 죄 없는 사람의 아들로, 거룩하신 하나님의 아들로 태어나시기 위한 방편이었다. 인류의 구세주가 되시기 위해 꼭 필요한 요건이었다.

9 인류의 구세주는 하나님의 아들로서 신성과 인성을 동시에 가지고 계셔야 했다. 사실 예수님은 사람을 지으신 분으로, 죄를 처리하실 실마리를 가지고 계셨다. 또 죄 없는 의로운 사람이어야 했다. 죄인이 죄인의 죗값을 대신 치를 수가 없었기 때문이다.

10 이렇듯 구세주로서 필요 불가결한 요건, 사람을 지으신 하나님의 권세와 의로운 사람의 자격을 동시에 갖추신 분은 천상천하에 하

나님의 아들밖에 없었다. 그래서 예수님이 거룩하신 하나님의 아들로, 아무 흠도 없고 티도 없는 사람의 아들로, 하나님과 사람의 중보자로서 세상에 오셨던 것이다.

11 중보자는 화해를 주선하는 사람이다. 예수님이 죄인을 대신하여 죽으심으로써 하나님과 사람 사이의 화해가 이루어졌다. 예수님의 죽음으로 죄인의 죗값이 치러져 하나님의 심판이 면제된 것이다.

12 예수님밖에 인류를 구원할 중보자가 없었다. 그래서 성경은 하늘 아래 구원받을 만한 다른 이름을 주신 적이 없다고 한다. 예수님이 유일한 중보자로서 자격을 갖추신 분이다.

13 중보자 예수님은 우리와 똑같이 울기도 하셨고, 먹을 것이 없어 굶주리기도 하셨으며, 피곤하여 주무시기도 하셨다. 예수님의 인성을 부인할 사람은 아무도 없다. 예수님은 인간으로 태어나신 하나님의 아들이셨다.

14 예수님은 하늘에서 뚝 떨어져 갑자기 어른이 되지 않았다. 여느 아기처럼 여인의 뱃속에서 10개월을 지냈으며, 정상적인 발육을 거쳐 모태에서 출생했다. 어머니의 육아와 양육 과정을 거쳐 성장했고, 아버지의 가업을 이어받아 목수로서 열심히 일도 했다. 그리고 약한 사람으로 십자가에 못 박혀 돌아가셨다.

15 예수님도 자신을 가리켜 인자(人子)라 불렀다. 사람의 아들로 태어나, 사람의 아들로 살다가, 사람의 아들로 돌아가신 것이다. 이는 역사적 사실로, 의심의 여지가 없다. 하지만 예수님의 제자들은 예수님을 가리켜 하나님의 아들이라 부르기를 주저하지 않았다.

16 예수님의 수태, 탄생, 성장, 사역, 죽음, 부활, 승천, 강림 등의 모든 과정이 하나님의 경륜에 의해 이뤄졌으며, 예수님은 하나님의 뜻에 따라 죽기까지 순종하셨다. 실로 예수님은 하나님의 계획에 따라 태어나, 하나님의 뜻에 따라 살다가, 하나님의 섭리에 의해 돌아

가셨다.

17 예수님은 완전한 하나님의 아들로서, 온전한 사람의 아들로서, 무죄하고 흠 없는 중보자로서, 우리를 속량하시고 생명을 주는 영이 되셨으며, 영원한 그리스도의 나라를 위해 세상에 다시 오실 것이다.

> 아브라함의 후손이요 다윗의 자손인 예수 그리스도의 족보는 이러하
> 다. (마태복음 1. 1)

65 인자

1 인자(人子)는 사람의 아들이다. 예수님의 여러 호칭 가운데 하나다. 예수님은 왕과 제사장과 예언자로서, 하나님의 아들과 사람의 아들로서, 만유의 구세주로서 세상에 태어나셨다.

2 공중의 새도 집이 있고 여우도 굴이 있으나, 인자는 머리 둘 곳이 없다고 예수님이 말씀하셨다. 이렇듯 예수님도 자신을 가리켜 인자라 하셨다. 예수님이 예언된 인자로서 메시아였다는 증거다.

3 또 인자는 종말적 표현으로, 마지막 날 세상에 오실 심판자를 말한다. 인류의 구원을 위해 오신 예수님이 때가 되면 심판주로 다시 오실 것임을 드러내고 있다.

> "이방인이 인자를 조롱하고 침 뱉고 채찍질하고 죽일 것이다. 그러나
> 인자는 3일 만에 다시 살아날 것이다." (마가복음 10. 34)

❻❻ 목자

1 목자(牧者)는 목축업에 종사하는 사람, 특히 양치기를 말한다. 구약 시대는 하나님을, 신약 시대는 예수님을 목자라 불렀다.

2 이스라엘 지방은 비가 적은 광야와 산지가 대부분이다. 이런 지역적 특성으로 농업보다 목축업이 발달했다. 목축업 중에서도 번식력이 강하고 젖과 고기와 털을 제공하는 양을 대량으로 방목했다.

3 아담, 셋, 노아, 셈, 아브라함, 이삭, 야곱, 그리고 이스라엘 12지파의 족장이 모두 양치는 목자였다. 이스라엘 백성을 이집트에서 인도한 모세도 목자였고, 성군이라 일컬음 받은 다윗도 목동이었다.

4 목자는 물이 넉넉한 샘터와 푸른 초장으로 양 떼를 인도했고, 도둑이나 들짐승의 위험에서 보호했다. 목숨을 걸고 사나운 맹수와 싸웠으며, 다른 목자와 자리다툼을 벌이기도 했다.

5 성경에서 하나님을 목자로 비유했다. 예수님도 자신을 선한 목자라 하셨다. 삯꾼은 이리나 도적이 오면 도망치나, 목자는 양을 위해 자기 목숨을 바친다고 하셨다.

6 예수님이 선한 목자와 거짓 목자에 대해 가르치시며, 말세에 삯꾼이 많이 나타날 것이라고 하셨다. 삯꾼은 돈이 목적이다. 양을 위해 목숨을 바치기는커녕, 양을 이용하여 돈을 벌기에 몰두한다.

7 어떤 사람은 돈을 받고 기도해준다. 그것도 액수에 따라 기도의 질과 시간이 다르다고 한다. 기도받기를 원하는 사람은 많고, 시간은 적어 어쩔 수 없다고 한다.

8 돈을 받고 기도해주는 것도 그렇지만, 액수에 따라 기도의 질과 시간이 정해진다는 것은 어느 모로 보아도 목자의 방식이 아니다. 전형적 삯꾼의 모습이다. 수익의 극대화를 꾀하려는 상술이다. 헐벗고 굶주린 소외 계층을 섬긴 예수님의 모습과 거리가 너무 멀다.

9 삯꾼은 양의 옷을 입은 이리다. 겉은 목자처럼 선하게 꾸미나, 속은 자기 배만 채우는 인면수심이다. 명분 없이 교회를 세습한다든지, 뇌물을 받고 직분을 준다든지, 하찮은 권세를 이용하여 금품을 갈취하는 자는 모두 삯꾼이다. 그들은 영적 소경이다. 소경이 소경을 인도하면 둘 다 구덩이에 빠진다고 예수님이 경고하셨다.

10 삯꾼은 자기 편의에 따라 성경을 인용하고, 바리새인처럼 돈에 대한 집착이 남다르다. 새 신자를 지극 정성으로 돌보고 가르치며 친절을 베푼다. 이리저리 돌려대는 말주변이 능수능란하다. 언뜻 보면 믿음이 좋고 사랑이 충만한 것처럼 보인다. 하지만 때가 되면 돈을 갈취하는 철면피의 민낯을 드러낸다.

11 거짓 목자는 진리를 받아들이지 못하게 만든다. 왜곡된 교리를 집중적으로 가르쳐 복음을 변질시킨다. 복음 전도에 가장 큰 훼방꾼이다. 그리스도를 이용한 장사꾼이다. 사탄이 쳐놓은 부귀영화의 올무에 걸려, 호의호식의 함정에 빠진 전형적 하수인이다.

12 삯꾼은 사탄의 하수인답게 광명한 천사로 나타나 여린 사람을 미혹하고, 이권이 보이면 물불 가리지 않고 가차없이 빼앗는다. 카멜레온처럼 위장술에 능하며, 거짓말을 세상의 지혜로 생각한다. 탐욕으로 가득 찬 사기꾼이요, 자기 배만 채우는 수전노다.

13 그들의 속내를 자세히 들여다보면, 수시로 무슨 명분을 내걸어 헌금을 하고, 한번 작정한 헌금은 무슨 일이 있어도 바쳐야 한다고 가르치며, 하나님 앞에서 한 약속을 지키지 못하면 무슨 재앙이나 손해를 보게 된다고 은근히 협박한다.

14 구약 성경을 인용하여 십일조 헌금을 유달리 강조하고, 가정보다 교회를 우선적으로 섬겨야 한다고 주장한다. 예배당을 마치 하나님이 계시는 성전인 양 침소봉대하며, 건축 헌금을 많이 해야 솔로몬처럼 큰 집을 짓는다고 은연중 강요한다.

15 거짓 목자는 무작위로 거둬들인 돈으로 예배당을 크게 짓고, 성공한 목자인 양 거들먹거리며 허세를 부린다. 자기가 하나님의 대리인이라도 되는 양 우쭐대기도 한다. 그리고 그 기반을 이용하여 더욱 자기 배를 채우는 데 골몰한다. 문제는 이런 삯꾼이 우리 주변에 득실거린다는 것이다. 이런 상태로 계속 가면, 한국 교회가 망하지 않을 이유가 없다고 본다.

16 거짓 목자는 속으로 더러움이 가득하나, 겉으로 깨끗한 척, 경건한 척하려고 흰옷을 입거나 흰 구두 신기를 좋아한다. 그리고 보란 듯이 으스댄다. 또 이웃을 위하는 척, 아낌없이 베푸는 척, 지역 사회나 국가에 이바지하는 척하며 위장하기도 한다.

17 삯꾼은 초대교회부터 지금까지 쭉 이어지고 있다. 삯꾼은 그리스도를 이용한 장사치다. 초대교회도 '그리스도 장사꾼'이라 하여 공동체에서 추방했다. 지금은 자유분방하게 활기를 치고 다녀도 누가 뭐라고 하는 사람이 없다. 물질만능주의가 판치는 세상이기 때문이다.

18 문제는 그리스도 장사꾼의 후예가 지금도 우리 주변에서 독버섯처럼 자라고 있다는 것이다. 그들은 그럴싸하게 미사여구를 동원하여 사람을 현혹시킨다. 언뜻 보면 진지하고 패기 넘친다. 자신에 찬 메시지도 전한다. 때로는 귀신을 쫓아내거나 병을 고치기도 한다. 그런 현상 때문에 신실한 사람도 곧잘 넘어간다. 그런 이적은 귀신도 할 수 있다는 사실을 알면서도 속는다.

19 그들은 보란 듯이 평화를 부르짖으며, 반공 방첩에 목숨을 건 애국자인 양 떠들어대며, 유달리 경제를 강조한다. 돈에 대한 집착이 강해 헌금이 축복의 씨앗인 양 가르치며, 탐욕스런 속내를 여지없이 드러낸다.

20 호구지책이 가장 시급한 문제일 때, 기복신앙을 유달리 강조하여 톡톡히 재미를 본 교회도 있다. 자본주의로 성공한 교회의 세속화

가 정말 안쓰럽다. 민속 신앙의 근간을 이루는 기복 종교의 기조 위에, 기독교의 축복 신앙이 교묘히 접목되어 대형교회라는 왜곡된 현상이 생겼다.

21 어려운 시절의 시대적 요청에 의해 등장하여 성공한 기복신앙도 나름대로 교회에 이바지하긴 했으나, 그 말로는 하나같이 비참하다. 먹고사는 문제가 시급한 호구지책의 사람에게는 복음보다 물질이 소중함은 두말할 나위가 없다. 보릿고개를 겪은 세대는 아무도 부인하지 않는다.

22 이제는 알곡과 쭉정이, 참 보리와 가짜 보리가 갈라질 때가 되었다. 풍요로운 물질문명 속에서 메마른 허기를 느끼기보다, 부족하지만 희생과 사랑으로 기쁨을 누릴 때가 되었다. 한국 교회와 신자는 줄어들고 있지만, 교회가 타락할수록 알곡 신자는 더욱 빛날 것이다.

23 교회가 커지면 무조건 나눠야 한다. 덩치를 키워 큰일을 하려고 해서는 안 된다. 자꾸 작게 쪼개야 한다. 서울의 한 대형교회가 담임 목사와 원로 목사의 갈등으로 10년 이상 법정 다툼을 벌이다가, 교회를 나누기로 하고 화해했다는 소식을 들었다. 진작 갈라졌으면 좋았을 게 아닌가? 갈등은 언제 어디서나 있기 마련이다. 미련 없이 갈라서는 것도 난세의 지혜다.

24 얼마 안 가서 구태의연한 교권자는 모두 사라질 것이다. 시대에 따른 하나님의 요구가 매우 강하다. 우리는 이럴 때일수록 거짓 목자의 달콤한 유혹에 넘어가지 말아야 한다. 주님의 이름을 부른다고 해서 모두 그리스도인이 아니며, 십자가를 세운다고 해서 다 교회당이 아니다. 그들 가운데 얼마든지 가짜가 있을 수 있고, 삯꾼도 많다는 사실을 알아야 한다.

25 어떤 사람이 계시록 말씀을 근거로 목회자 1/3이 지옥에 간다고 했다. 거짓 목회자가 얼마나 많은지 스스로 실토하는 게 아닌가? 실

로 부인하기 어렵다고 본다.

26 그동안 수많은 사람이 기복신앙에 젖어 살다 보니, 십자가의 도를 제대로 알지 못했다. 알지 못해 믿지 못하고, 믿지 못해 누리지 못했다. 이제라도 기독교 본연의 진리를 바로 알고, 제대로 믿어 풍성히 누려야 한다. 진리는 예수님의 발자취를 따르는 것이다.

27 아무리 요란하고 시끌벅적해도, 예수님의 발자취를 따라가지 않는 교회는 모두 가짜다. 참 목자는 고난 받는 종의 모습으로 나타난다. 희생과 봉사의 본을 보이지 않는 자는 모두 가짜이니, 미련 없이 내쳐야 한다. 그래야 교회가 살고, 성도가 산다.

28 진정한 목자는 하나님이시다. 주님의 지팡이가 우리를 푸른 초장과 쉴 만한 물가로 인도하시며, 주님의 막대기가 우리를 도적과 짐승의 위험에서 보호하신다. 우리는 우리 주 예수 그리스도만 붙잡고 믿으며 따라간다. 돈이나 권세, 명예 등은 사탄의 사탕발림일 뿐이다.

> "거짓 예언자를 조심하라. 그들은 양의 탈을 쓰고 다가오지만, 속은 굶주린 이리다." (마태복음 7. 15)

67 예수님 족보

1 예수님의 족보(族譜)는 아브라함과 다윗의 후손으로 태어나신 예수님의 혈통과 역사를 기록한 것이다. 족보는 동서고금을 떠나서 어느 시대 어느 민족에서나 찾아볼 수 있다. 처음에는 종족의 혈통 관계를 보존하고 증명하는 목적이었으나, 나중에는 국가나 민족을 위해 공을 세운 조상의 지위나 권위를 나타내는 수단으로 활용되었다.

2 예수님의 족보는 명문대가의 계보가 아니다. 천박하고 비천한 가

문의 족보라 해도 과언이 아니다. 예수님의 조상은 우상을 숭배한 죄인으로 가득하며, 미천하고 부도덕한 여인에 의해 태어난 사람도 많다.

3 고대 사회의 유대인은 여성과 아이를 천하게 여겼다. 여성을 가족 구성원으로 보지 않고, 재산의 일부로 간주했다. 하나님께서 선택하신 민족이라는 자부심이 지나쳐, 다른 민족을 죄인이나 짐승처럼 여겼다. 하지만 이방 민족의 여성도 예수님의 족보에 여럿 들어 있다.

4 예수님의 족보에 든 여성 5명 가운데 이방인이 3명이고, 돌에 맞아 죽을 죄인도 3명이며, 마리아를 제외한 4명이 전혀 준비되지 않은 상태에서 예수님의 족보에 들었다.

5 이것이 예수님의 족보가 평범한 사람의 족보에 비해 별반 다르지 않다는 사실을 뒷받침한다. 그럼에도 예수님의 족보가 주는 귀감은 아주 크다.

6 예수님의 족보가 하나님과 최초의 조상인 아담에서 시작하고 있으며, 하나님이 선택하신 언약 백성의 족보이며, 메시아가 성경의 예언에 따라 다윗의 후손으로 태어났으며, 성육신하신 하나님의 아들, 예수님이 사람의 족보를 가지고 있다는 점이다.

7 하나님의 아들이 사람의 아들로서 역사 속에 오셨다는 사실을 예수님의 족보가 증거하고 있다. 죄인을 구원하러 오신 메시아의 탄생 이야기와, 예수님의 조상만이 아니라 당시의 모든 사람이 죄악으로 얼룩졌음을 역사적으로 뒷받침하고 있다. 더욱 중요한 사실은, 유대인과 이방인의 차별 불식, 남존 여비의 그릇된 관습 철폐, 남녀평등이라는 하나님의 뜻이 포함되어 있다는 것이다.

8 더욱이 성경의 족보 이야기가 예수님의 구속 사역을 위한 방편으로 주어졌으며, 족보에 나타난 인물이 세대적으로 기록되지 않고, 역사적 연대기나 수치적으로 일치하지 않는다는 사실이다.

9 성경을 처음 읽을 때, 마태복음과 누가복음의 족보를 이리저리 꿰

맞춰보느라 밤새도록 애쓰다가 성경의 권위에 회의를 느끼곤 했다. 지나친 관심이 부질없는 실망을 낳을 수 있다.

10 어떤 사람은 성경의 족보에 근거해 연대기를 산출한 결과, 인류의 기원이 주전 4000년경이며, 노아는 주전 3000년경, 아브라함은 주전 2000년경에 살았으며, 모세의 출애굽은 주전 1500년경에 있었다고 한다. 고고학 사료에 따라 모세의 출애굽을 주전 13세기로 보는 견해도 있다.

11 사실 아담부터 모세까지의 연대기는 구전에 따른 수치로서, 그대로 받아들이기 어려운 점이 있다. 당시의 가족 제도나 혼인 제도의 특성에 따라, 일부를 누락시키거나 더한 경우도 있다.

12 오늘날 과학에 의한 우주 창조라든지, 태양과 지구와 달의 창조, 인류의 창조 등이 방사성 탄소 연대 측정법(放射性 炭素 年代測定法) 등에 의해 근사치가 밝혀지고 있는바, 성경의 연대기를 문자적 가감 승재의 방법으로 계산하면 곤란하다. 보다 폭넓게 해석해야 한다. 사실 성경은 과학책도 아니고 역사책도 아니다.

13 성경의 연대기에 의한 인류의 기원을 주전 4000년경으로 못 박을 경우, 주후 2000년을 합해도 6000년에 불과하다. 이는 성경과 과학, 창조와 진화라는 관계를 떠나, 어느 모로 보나 무리한 주장이다. 성경과 과학은 상호 보완하며 가는 것이지, 따로 가는 게 아니다.

14 오래전 족보의 연대기에 얽매여 과학으로 드러난 창조의 연대기를 무시해서는 안 된다. 과학에 의해 성경의 창조나 족보의 비밀이 드러나는 것을 감사해야 한다. 인정할 것은 인정하고 부인할 것은 부인해야지, 자신이 배운 것과 맞지 않는다고 해서 무턱대고 부인해서는 안 된다. 하나님께서 계시하지 않은 사실을 이런저런 핑계로 둘러대는 오만보다 더 큰 교만은 없다.

15 우리는 모르는 것을 모른다고 솔직하게 고백할 필요가 있다. 과

학에 의해 드러난 중생대 쥐라기 공원의 공룡 이야기를 아무리 성경에 맞춰 설명하려 해도 의미가 없다. 수억 년 전의 역사를 수천 년 전의 역사에 꿰맞추려는 자체가 어불성설이다.

16 성경에 계시되지 않은 것은 모르는 게 정답이다. 성경에 기록된 창조의 연대기나 족보 이야기 등에 따른 디테일(detail)에 집착할 필요가 없다.

> 어리석은 논쟁이나 쓸데없는 족보 이야기, 그리고 모세의 율법에 대한 말다툼을 피하십시오. 그런 것은 아무 가치도 없으며, 아무에게도 도움이 되지 않습니다. (디도서 3. 9)

68 예수님 이름

1 예수님(Jesus)의 이름은 '하나님이 구원이시다'라는 뜻이다. 예수님의 수태를 고지한 가브리엘 천사가 일러주었다. 구약의 여호수아 또는 호세아와 같은 이름이다.

2 예수님의 이름과 함께 부르는 그리스도는 '기름부음 받은 자'라는 뜻이다. 히브리어로 메시아, 한문으로 기독(基督), 한국어로 구세주(救世主)다. 예수님의 직분이자 직책이다.

3 예수는 당시 아주 흔한 이름이었다. 지금도 많은 유대인이 즐겨 사용한다. 유대인의 전화번호부에 예수라는 이름이 무수히 많다.

4 예수님을 다른 예수와 구분하려고 나사렛 예수라 불렀다. 사람 이름 앞에 조상의 이름이나 출신 지역을 붙이는 것이 당시의 관례였다. 유대인은 우리와 같은 성이나 항렬이 없었다.

5 예수님은 성령으로 잉태하여 아무 흠도 없고 허물도 없이 태어나셨

다. 하나님과 사람 사이를 화해시키는 중보자의 요건이었다. 거룩하신 하나님의 아들이 죄 없는 사람의 아들로 태어나실 수밖에 없었다.

6 하나님이 모든 이름 위에 예수의 이름을 드높이고, 모든 피조물의 무릎을 예수 앞에 꿇게 하셨다. 실로 예수님은 역사의 주역이요, 성경의 핵심이다.

7 예수님은 적어도 50개 이상의 다양한 이름으로 불리고 있다. 너무나 값지고 소중한 이름임을 성경이 증거하고 있다.

> **그러므로 하나님께서 예수를 지극히 높은 자리에 올리시고, 모든 이름 위에 뛰어난 이름이 되게 하셨습니다.** (빌립보서 2. 9)

🉆 예수님 직분

1 예수님의 직분(職分)은 그리스도다. 만왕의 왕으로, 만민의 제사장으로, 만인의 예언자로 세상에 오셨다. 그리스도는 4000년 동안 예언된 메시아로서, 2000년 전에 태어나셨다.

2 신정 시대는 기름부음 받은 왕이나 제사장, 예언자가 백성을 다스렸다. 인자 시대의 예수님이 그 모든 직분을 수행하시고 마무리하셨다. 사실 구약 시대의 왕이나 제사장, 예언자는 그리스도의 모형이었다.

3 다윗 이후 1000년 동안 왕다운 왕이 없었고, 사독 이후 제사장다운 제사장이 없었으며, 말라기 이후 400년간 예언자다운 예언자가 없었다. 게다가 주변 강대국의 압제는 더욱 극성을 부렸으며, 이스라엘 백성은 도탄에 빠져 날마다 시름하고 있었다.

4 그래서 이스라엘 백성은 하나님께서 보내주시겠다고 약속하신 메

시아를 더욱 애타게 기다렸다. 그러다가 역사의 기원을 바꿔놓은 메시아가 오셨다. 하지만 그들은 메시아를 알아보지 못했다.

5 하나님의 약속대로 예수님이 메시아로 오셨다. 하나님과 사람 사이의 중보자로서, 왕과 제사장과 예언자의 직분을 가지고 오셨다. 하나님의 이름으로 오신 전권 대사였으나, 사람들은 그분을 알아보지 못하고 십자가에 못 박아 죽였다.

6 예수님은 하나님과 더불어 우주 만물을 창조하셨다. 당연히 만유를 다스릴 권한을 가지고 계셨다. 만백성을 다스리기 위한 만왕의 왕으로, 친히 희생 제물이 되어 단번에 인류를 구원할 제사를 드리기 위한 대제사장으로, 구원의 기쁜 소식을 만방에 전하기 위한 예언자로 오셨다.

7 예수님이 십자가에 달려 돌아가시고 부활하셨다. 세상의 구주로서, 인류의 구원자로서 거쳐야 할 불가피한 과정이었다. 그래서 세상이 구속함을 받았으며, 인류가 구원을 얻었다.

8 예수님이 오시기까지 신정 시대의 사람들은 헌신의 다짐으로 번제를, 감사의 표시로 소제를, 교제를 위해 화목제를, 죄를 용서받기 위해 속죄제를, 회개의 표시로 속건제를 드렸다. 그러다가 예수님이 와서 그 모든 제사를 단번에 드림으로써 마무리되었다. 실로 예수님은 대제사장으로서 친히 희생 제물이 되어, 천지가 창조된 이래 가장 큰 제사를 드리셨다. 그래서 구약의 모든 제사가 일시에 마감되었다.

9 예수님은 참 예언자였다. 예언자는 하나님의 말씀을 전하는 메신저다. 예수님은 3년에 걸쳐 하나님의 메시지를 가장 완벽하게 전하시고, 하나님의 나라를 틀림없이 보여주셨다.

10 예수님은 십자가 달려 돌아가셨다가 3일 만에 부활하여 승천하셨다. 이로써 예수님은 중보자의 직분, 곧 왕과 제사장과 예언자의 직무를 성공적으로 수행하셨다.

11 중보자는 온 세상과 인류를 대신하여 죽어야 했으며, 반드시 죄가 없어야 했다. 죄인이 죄인의 죗값을 치를 수 없음은 너무나 당연했다. 예수님은 성령으로 잉태되어 인간의 죄를 물려받지 않은 분이셨다.

12 예수님은 죄 없이 태어나 33년간 세상에 사시면서, 하나님의 율법을 일점일획도 어기지 않으셨다. 죄를 전혀 모르는 분이셨다. 인류 역사상 원죄 없는 분으로 태어나, 죄를 범하지 않은 유일한 분이셨다. 인류를 대속할 중보자의 요건이었다.

13 예수님은 하나님의 아들로서, 인류의 죄에 대해 책임질 만한 위치에 있었다. 인류의 과거와 현재, 미래의 죗값을 청산시킬 속죄 제물은 사람을 창조하신 분이어야 했다. 예수님은 사람을 창조하신 하나님의 아들로서, 죄 없는 유일한 사람으로서, 인류의 구원을 위한 중보자로서, 신성과 인성을 가지고 완전한 구원의 역사를 이루셨다.

14 하나님께서 속죄의 사역을 완수하신 예수님을 죽음에서 부활시켜 만주의 주가 되게 하셨다. 그리고 마지막 날, 세상을 심판할 재판장으로 다시 보내실 것이다.

> **하나님의 뜻을 따라서, 예수님이 단번에 자신의 몸을 드리심으로써 우리가 거룩하게 되었습니다.** (히브리서 10. 10)

🕖 예수님 모습

1 예수님의 모습(image)은 예수님의 얼굴이나 생김새가 아니라, 예수님의 인격과 성품 등을 말한다.

2 예수님을 영접한 사람은 예수님의 모습이 드러나야 한다. 그래야 그리스도인이다. 그리스도인에게 예수님의 모습이 보이지 않으면 곧

란하다.

3 공동체 안에는 다양한 사람이 있다. 진짜 그리스도인이 있는가 하면, 가짜 그리스도인도 있다. 어떤 사람이 2080이라 했다. 80%가 부화뇌동, 표리부동, 감탄고토하는 신자이고, 20%가 일편단심 신자라는 것이다.

4 가족이나 친구의 권유에 못 이겨 억지로 따라다니는 교인, 자기 잇속을 챙기려고 속으로는 아니면서 겉으로만 신자인 척하는 교인, 신앙 체험이 있기는 하지만 거듭나지 못하여 달면 삼키고 쓰면 뱉어 버리는 교인, 이들을 어찌 그리스도인이라 하겠는가? 눈을 씻고 살펴보아도 그리스도의 모습이 보이지 않는다.

5 하지만 아무리 부족한 사람도 진심으로 회개하고 돌아오면 하나님의 자녀가 된다. 예수님의 모습을 회복하게 된다는 것이다.

6 진심으로 회개한 사람은 모든 것이 변한다. 자신의 생각이나 감정, 의지가 예수님의 인격으로 바뀌고, 무슨 일을 하든지 먼저 예수님을 생각한다. 예수님의 교훈을 가장 소중히 여기고, 그리스도의 빛과 향기를 발하게 된다.

7 참 그리스도인은 예수님을 바로 알고 제대로 믿어 온전히 누리는 사람이다. 예수님의 빛과 향기를 발산하기 마련이다. 그래서 예수님의 모습으로 살아가는 사람을 작은 예수라 부른다.

8 우리는 마음을 다하고 뜻을 다하고 힘을 다하여 그리스도의 모습대로 살아가야 한다. 매사에 그리스도의 사랑이 듬뿍듬뿍 묻어나야 한다. 그리스도인의 사랑이 그리스도의 모습이요, 그리스도의 향기가 그리스도인의 모습이다.

9 그리스도인이라 하여 하루아침에 예수님의 모습이 보이지는 않는다. 사람의 영에 주님의 영이 충만할 때, 비로소 예수님의 모습이 엿보이게 된다. 그리스도인은 자신의 인격과 생애가 하나님의 도구로

다듬어질 때까지 필요한 훈련을 받아야 한다. 그리스도인에게 나타나는 예수님의 모습은 영구적이 아니라, 사정에 따라 변할 수 있다. 예수님과 함께하는 훈련은 일평생 지속되어야 한다.

10 그리스도인의 훈련에서는 이제까지 살아온 자신의 경험이 선용되고, 하나님이 주신 은사가 최대한 활용된다. 모든 것이 합력하여 선을 이루시는 하나님의 역사다.

11 우리는 작은 예수다. 우리를 통해 그리스도의 모습이 드러나야 한다. 항상 하나님 앞에서 그리스도의 길을 걸어가고 있다는 사실을 명심해야 한다.

12 우리는 주님의 손에 들린 한 자루의 연필일 뿐이다. 더 이상 못쓸 정도의 몽당연필이 되기까지 쓰임 받아야 한다. 무뎌지면 깎아주시고 다듬어주신다.

> **사랑하는 여러분, 이제 우리는 하나님의 자녀입니다. 우리가 어떻게 될지 아직 분명치 않지만, 그리스도가 나타나시면 우리도 그리스도와 같은 사람이 될 것입니다. 그때 우리가 그리스도의 참모습을 뵙게 될 것입니다.** (요한1서 3. 2)

71 예수님 인생

1 예수님의 인생(人生)은 사람의 아들로 태어나 33년간 지상에서 사신 예수님의 일생을 말한다.

2 예수님의 일생은 인간의 가장 이상적 삶의 모델이다. 예수님에 의해, 예수님을 위해, 예수님의 인생을 따르는 사람에게 최선의 길이다. 예수님을 최고의 모델로 삼는 사람은 예수님과 함께 살아가는 것을

가장 큰 기쁨으로 여긴다.

3 우리가 예수님의 발자취를 따라가려면, 우선 기도하는 생활을 습관화해야 한다. 하나님께서 우리의 기도를 통해 우리의 삶에 개입하신다. 기도는 그리스도인의 영적 호흡이다. 우리의 육신이 기관지로 숨을 쉬듯이, 우리의 영혼은 기도로 숨을 쉰다.

4 그리스도인의 선행은 예수님을 따르는 믿음의 열매로 나타난다. 그리스도인의 선행을 보고 그 믿음을 측량할 수 있다. 그리스도인의 소망은 마지막 날 부활을 바라보는 것이다. 이 또한 예수님을 따르는 믿음이 뒷받침되어야 한다.

5 그리스도인의 제사장직은 겸손과 섬김을 전제로 한다. 그리스도인의 가장 두드러진 특징은 사랑이다. 사랑은 하나님의 본성이다. 그리스도인을 통해 하나님의 사랑이 실현됨은 너무나 당연하다.

6 예수님의 십자가는 하나님의 가장 큰 선물이다. 그리스도인에 대한 이타적 사랑의 본이요, 최고의 덕목이다. 그리스도인이 예수님의 인생을 본받음은, 그리스도와 인격적으로 연합하여, 천연덕스러운 옛사람을 죽이고 새사람으로 사는 것이다.

7 그리스도인은 사나 죽으나 주의 것이다. 살아도 주를 위해 살고, 죽어도 주를 위해 죽어야 한다. 우리가 그리스도와 연합하여 새로운 피조물이 되는 것은, 그리스도인에게 찾아오는 당연한 귀결이다.

8 우리는 그리스도 안에 있는 새로운 피조물이다. 주님과 내밀하고 친밀한 교제를 나눠야 한다. 비록 33년간의 짧은 삶이었으나, 예수님의 인생은 우리에게 최고의 본이요, 최선의 길이다.

> **그러므로 누구든지 그리스도 안에 있으면 새로운 피조물입니다. 옛것은 지나갔으니 보십시오. 새것이 되었습니다.** (고린도후서 5. 17)

72 예수님 일생

1 예수님의 일생(一生)은 지상에서 33년간 사신 예수님의 생애를 말한다. 예수님은 30세까지 아버지의 가업을 이어받아 목수로 일하셨고, 이후 3년간 공생애를 살고 돌아가셨다.

2 예수님은 만유의 구세주요, 인류의 구원자요, 역사의 주역이요, 성경의 핵심이다. 우리가 우리 주 예수 그리스도라 부르는 것이 예수님의 본성을 가장 잘 드러내는 말이다.

3 예수님은 우주가 창조되기 전부터 하나님과 함께 계셨다. 성령님으로 잉태되어 동정녀의 몸을 빌려 태어나셨다. 모든 사람이 그토록 애타게 기다리던 메시아였다.

4 예수님은 태어나서 목자들의 예방을 받았으며, 40일이 되어 하나님께 바쳐졌으며, 예언자의 품에 안겨 메시아의 영광을 받았다. 2살 때 동방 박사들의 예물을 받으셨고, 키가 자라며 지혜도 뛰어나 하나님과 사람들의 총애를 받았다. 해마다 예루살렘으로 올라가 유월절을 지켰으며, 12살이 되던 해에는 성전에서 학자들과 토론했다.

5 30세에 공생애를 시작하며 세례를 받으셨다. 그때 하늘에서 음성이 들려왔다. "이는 내가 사랑하는 그 아들이요, 내가 기뻐하는 그 아들이다." (마태복음 3. 17)

6 그 길로 예수님은 광야로 나가 40일간 금식하고 기도하셨다. 사탄이 다가와 시험했으나, 하나님의 말씀으로 물리치셨다. 이후 33세까지 온 세상을 두루 다니시며 하나님의 말씀을 가르치시고, 천국 복음을 선포하시며, 온갖 병자와 귀신들린 사람들을 고쳐주셨다.

7 그리고 예수님은 때가 되자 스스로 십자가를 지고 돌아가셨으며, 3일 만에 부활하여 구세주가 되셨다. 이후 40일간 지상에 계시다가, 500여 형제가 보는 앞에서 승천했다.

그때 하늘에서 소리가 들려왔다. "너는 내 사랑하는 아들이다. 내가 너를 무척 기뻐한다." (마가복음 1. 11)

㉝ 예수님 탄생

1 예수님의 탄생(誕生)은 하나님의 아들이 사람의 아들로 태어나신 역사적 사건이다. 예수님은 만세전부터 하나님과 함께 계시다가, 동정녀의 몸을 빌려 세상에 태어나셨다.

2 예수님은 남성과 여성의 동침이라는 생물학적 과정으로 태어나지 않았다. 성령으로 잉태하여 숫처녀의 몸에서 태어나셨다. 역사상 유일하게 죄 없는 사람으로 출생하셨다.

3 예수님은 하나님의 아들로서 사람의 아들이 된바, 신성과 인성을 동시에 가지고 계셨다. 우리와 조금도 다름없는 사람으로서 하나님의 아들이셨다. 그래서 예수님이 자신을 본 사람은 하나님을 보았다고 했다.

4 하나님의 아들이 사람의 아들이라는 사실을 선뜻 이해하기 어렵지만, 인류를 구원하시기 위해 꼭 필요한 일이었다. 거룩하신 하나님과 죄로 물든 사람의 중보자는 하나님의 신성과 인간의 인성을 동시에 가져야 했다.

5 죄인의 죗값을 대신 치르고 속죄하기 위해서는, 하나님의 공의로운 심판을 충족할 만큼, 아무 흠도 없고 티도 없는 깨끗한 피를 흘릴 신인일체(神人一體)의 구원자가 반드시 필요했다.

6 만유를 대속하려면 눈곱만 한 죄도 없어야 했다. 전적으로 깨끗해야 대속의 죽음이 가능했으며, 죄의 결과로 초래된 죽음을 이기고 부활할 수 있었다. 이 절차와 과정이 너무나 절실하여, 하나님의 아

들이 신성과 인성을 가지고 세상에 오신 것이다.

7 예수님은 하나님의 아들로서, 불가불 비천한 사람의 아들로 태어나 돌아가실 수밖에 없었다. 하지만 부활과 승천의 과정을 거쳐 다시 하나님의 우편에 앉으셨고, 때가 되면 심판주로 재림하실 것이다.

> 한 아기가 우리를 위해 태어났다. 우리가 한 아들을 얻었다. 그 어깨에 주권이 있고, 그의 이름은 기묘자, 모사, 전능하신 하나님, 영원하신 아버지, 평화의 왕이라 불릴 것이다. (이사야 9. 6)

74 예수님 죽음

1 예수님의 죽음(death)은 예수님의 생물학적 목숨이 끊어지고, 육신의 호흡이 정지된 상태를 말한다. 이는 주님의 비하(卑下)였으나, 승귀(昇貴)를 위한 과정이었다.

2 예수님의 십자가는 아무도 부인하기 어려운 역사적 사건이다. 예수님의 죽음이 평범하지 않았다는 사실도 누구나 인정하고 있다. 인류의 구원을 위한 대속의 죽음이었다.

3 예수님의 대속은 2000년 전에 이미 이루어졌다. 죄인의 죗값이 모두 지급되고 청산되었으니, 이제 더 이상 죄책감에 사로잡혀 살 이유가 없다.

4 예수님의 속죄를 믿고 구주로 영접한 사람은 누구나 의로움을 받고 하나님의 자녀가 된다. 이는 구원을 체험한 숱한 증인들에 의해 충분히 입증되었다.

5 성경은 성령님의 감동으로 기록된 하나님의 말씀이다. 세상에서 가장 믿을 수 있는 책이다. 예수님을 구주로 받아들여야 한다. 부활

하신 주님이 우리를 온전히 지켜주시고, 영원한 그리스도의 나라로 인도하실 것이다.

> "인자는 섬김을 받으러 온 게 아니라 섬기러 왔고, 많은 사람을 위해 자기 목숨을 대속물로 내주러 왔다." (마가복음 10. 45)

75 예수님 피

1 예수님의 피(blood)는 인류를 구원하시기 위해 아낌없이 흘리신 구세주의 보혈이다. 예수님의 생명이었다.

2 고대인은 핏속에 생명이 있다고 믿었다. 그래서 피 뿌리는 제사를 드렸고, 피 흘림이 없으면 죄 사함도 없다고 믿었다. 그래서 죄를 지은 사람이 동물을 잡아 제사를 드렸으며, 그때 흘린 동물의 피가 죄인의 죄를 대속했다.

3 그러나 사람의 범죄는 끝없이 계속되었고, 동물에 의한 대속의 피도 한없이 흘려야 했다. 예수님이 자신의 피로 단번에 완전한 제사를 드리기까지, 인류의 범죄와 동물의 피 흘림은 끊임없이 이어졌다.

4 그러다가 예수님이 속죄의 피를 흘리고 죽으심으로써, 그동안 사람의 죗값을 대신한 동물의 피는 더 이상 필요치 않게 되었다. 예수님의 피가 온 인류의 죄를 영원히 대속했기 때문이다. 과거와 현재와 미래의 죄까지 모두 대속한바, 동물에 의한 속죄의 제사가 영원히 종식되었다.

5 예수님의 피에 의한 속죄의 사건은 2000년 전에 완성되었다. 그럼에도 예수님의 대속을 받아들이지 않는 사람이 있다. 아무리 좋은 소식이 선포되어도, 받아들이지 않으면 적용될 여지가 없다. 내가 직접

받아 누려야 실제로 내 것이 된다.

6 아무리 맛있는 음식을 차려주어도, 받아먹지 않으면 무슨 상관이 있겠는가? 실제로 받아먹어야 내 것이 된다. 그래서 예수님은 자신이 하늘에서 내려온 생명의 떡이라고 하셨다.

7 예수님의 보혈은 너무나 값지고 소중하다. 아무리 크고 무거운 죄도 씻지 못할 것이 없다. 이 우주를 깨끗이 씻고도 남을 것이다. 이제 우리는 예수님의 피에 의한 속죄를 믿고 받아들여야 한다.

> **율법에 따르면 거의 모든 것이 피로 깨끗해지며, 피 흘림이 없으면 죄 사함도 없습니다.** (히브리서 9. 22)

76 예수님 부활

1 예수님의 부활(復活)은 예수님이 십자가에 못 박혀 죽으셨다가, 영원히 썩지 않을 몸으로 다시 사신 사건이다.

2 부활은 죽었다가 살아나서 다시 죽지 않아야 한다. 다시 죽으면 일시적으로 소생한 것이지, 부활한 게 아니다. 예수님의 부활은 인류 역사상 전대미문의 사건이었다.

3 일찍이 엘리야에 의해 살아난 사르밧 과부의 아들이나, 엘리사에 의해 살아난 수넴 여인의 아들이나, 엘리사의 무덤에 던져졌다가 살아난 시체의 주인공은 모두 소생한 것이지, 부활한 게 아니었다. 그들은 죽었다가 살아나 생로병사의 과정을 거쳐 다시 죽었다.

4 또 예수님에 의해 살아난 나인성 과부의 독자나, 회당장 야이로의 딸이나, 마르다와 마리아의 오라비 나사로도 다시 죽기는 마찬가지였다. 베드로와 바울에 의해 살아난 사람들도 있었으나, 그들 역시

소생한 것이었다. 이제까지 실제로 부활한 사람은 예수님밖에 없다.

5 이렇듯 소생한 사람은 죽음을 이기지 못하고 다시 죽었다. 잠시 육신의 목숨을 연장하긴 했으나, 사망의 권세를 극복하고 승리하지는 못했다.

6 예수님은 십자가에 달려 돌아가셨다가 3일 만에 부활하셨다. 예수님의 부활은 지난 2000년 동안 역사적으로 충분히 입증되었다. 이제는 예수님의 부활을 부인할 근거를 찾기가 어렵다.

7 부활하신 예수님은 40일 동안 적어도 10곳 이상에서 520명이 넘는 사람에게 나타나셨다. 예수님을 목격한 사람들은 하나같이 변화를 받았으며, 그들이 전한 복음으로 세계만방에 교회가 세워져 놀라운 속도로 성장했다.

8 예수님의 부활은 영과 혼과 육을 포함한 전인적인 것이었다. 제자들이 직접 보고 만지며 대화도 했다. 함께 걷기도 하시고 음식도 나눠먹었다. 예수님은 생전의 모습 그대로 부활하셨다.

9 부활하신 예수님은 시간과 공간을 초월하셨다. 문이 잠긴 방안에 갑자기 나타나셨고, 바람과 같이 순식간에 사라지기도 하셨다. 하지만 유령이나 허깨비는 아니었다.

10 예수님의 부활에 대한 기록과 증거는 무수히 많다. 예수님의 부활로 무덤은 비어 있었고, 여인들과 제자들이 직접 찾아가 보았다. 무덤에 나타난 천사들이 증언했고, 막달라 마리아를 비롯한 여인들, 베드로와 요한을 포함한 사도들, 엠마오의 제자들, 500여 형제들, 전도자 스데반과 빌립, 주님의 형제 야고보, 사도 바울, 다마스쿠스의 아나니아 등이 부활하신 예수님을 뵈었다.

11 예수님이 십자가에 달려 돌아가신 뒤, 제자들은 두려움과 공포에 사로잡혀 떨고 있었다. 하지만 부활하신 예수님을 목격하고 담대함을 얻었으며, 세계만방에 흩어져 복음을 전하다가 순교도 불사했

다. 이들은 예수님의 부활을 목격한 증인들로서, 부활 앞에 죽음은 아무것도 아니라는 사실을 알았다.

12 또 예수님이 제자들에게 당부하신 말씀, 다마스쿠스 도상에서 일어난 바울의 회심, 제자들에 의해 세워진 교회의 역사와 전례 등도 예수님의 부활을 직간접으로 증거하고 있다. 이제 예수님은 생명을 주는 영으로 강림하여 성도들과 함께하신다. 실로 예수님은 사망의 권세를 깨뜨리고 부활하신 인류의 구세주였다.

13 지난 2000년 동안 부활하신 예수님을 만난 숱한 사람들이 전인적 변화를 받아 온 세상을 변혁시키고 있다. 지금도 그들에 의해 지구촌 구석구석이 변하고 있다. 예수님의 부활로 세계만방에 세워진 교회가 끊임없이 예수님의 부활을 증거하고 있다.

14 예수님이 부활하셨다는 소식이 알려지면서, 유대인들이 가장 먼저 당황하기 시작했다. 예수님의 부활을 은폐하려고 무덤을 지킨 경비병들을 매수하여 헛소문을 퍼뜨렸다. 하지만 예수님의 부활 소식은 더욱 널리 퍼져나갔다.

15 유대인들은 자기네 종교적 기득권을 잃을지 모른다는 위기감에 빠졌다. 로마의 정치권력과 결탁하여 예수님을 따르는 제자들을 무차별적으로 핍박하기 시작했다.

16 가장 심한 박해자는 로마가 아니라 유대인이었다. 예루살렘 성전과 산헤드린 공회를 장악한 사두개인들이 정치적, 종교적 기득권을 모두 잃을 위기에 처했기 때문이다.

17 당시 사두개파는 천사도 없고 영도 없고 부활도 없다고 가르쳤다. 예수님의 부활로 그들의 교권은 무너지고, 지도자의 위상은 추락했다. 그래서 사생결단하고 예수님의 제자들을 핍박했다.

18 다급해진 사두개인은 백성의 지도자라는 체면과 위신까지 내팽개치고, 예수님의 부활에 대한 소식을 차단하려고 애를 썼다. 그래서

초대교회부터 지금까지 예수님의 시신 도적설이 떠돌게 되었다.

19 종교적, 정치적 실세로 산헤드린 공회를 장악한 제사장 그룹은 예루살렘 멸망과 아울러 역사의 무대에서 사라졌다. 주후 70년 예루살렘 성이 함락되면서, 돌 하나도 돌 위에 남지 않은 상태로 성전이 파괴되었고, 성전을 중심으로 형성된 기득권층은 성전과 함께 바람과 같이 사라졌다.

20 이 사건은 예수님의 예언에 따라 이루어졌다. 예수님이 마지막으로 예루살렘을 방문했을 때, 제자들과 함께 감람산 위에 앉아 성전을 바라보시며 말씀하셨다. "예루살렘아, 예루살렘아! 네가 예언자들을 죽이고, 네게 파송된 사람들을 돌로 치는구나! 암탉이 병아리를 날개 아래에 품듯이, 내가 몇 번이나 네 자녀를 모아 품으려 했더냐! 그러나 너희는 원하지 않았다." (마태복음 23. 37) 그리고 한탄하시며 말씀하셨다. "저 돌들이 하나도 제자리에 얹혀 있지 못하고 다 무너질 것이다." (마태복음 24. 2)

21 예수님의 제자들이 한창 핍박받을 때, 범상치 않은 대머리 총각이 역사의 무대에 나타났다. 작달막한 체구에 훌라당 벗겨진 머리, 양쪽으로 달라붙은 눈썹, 매부리코에다 안짱다리를 한 청년이었다.

22 비록 외모는 보잘것없었으나, 종교적 충성심과 열정만은 그를 필적할 사람이 없었다. 당시 최고의 교법사인 가말리엘 문하에서 수학하여 자부심이 대단했다. 하나님의 율법을 위해 목숨이라도 바칠 듯이 사기가 충천했다.

23 그는 부유한 가정에서 태어나 율법에 따라 8일 만에 할례를 받았으며, 어릴 때부터 율법 교육을 철저히 받았다. 12지파 가운데 이스라엘 초대 왕을 배출한 베냐민 지파 출신으로 긍지도 대단했다.

24 장로의 유전에 대해서도 철두철미했다. 분리된 자로 자처하며 백성의 지도자로 군림한 바리새인이요, 바리새파의 아들이었다. 율법에

대해 조금도 흠이 없다고 자처했다. 그가 그리스도인을 핍박하는 선봉장으로 나섰던 것이다.

25 어느 날, 예수님의 제자 가운데 믿음이 신실한 스데반을 돌로 쳐 죽이는 일에 그가 나타났다. 그의 핍박을 피해 멀리 도망친 제자들을 체포하여 예루살렘으로 끌어오려고, 대제사장의 공문을 받아 살기등등하게 길을 나섰다.

26 그가 다마스쿠스 가까이 이르렀을 때, 갑자기 하늘에서 강력한 빛이 내려와 그를 덮쳤다. 그가 땅바닥에 엎드러지며 코방아를 찧었다. 그때 하늘에서 소리가 들려왔다. "사울아, 사울아! 네가 왜 나를 핍박하느냐?" 사울이 물었다. "주여, 당신은 누구십니까?" 예수님이 대답하셨다. "나는 네가 핍박하는 예수다!"

27 사울이 일어나기는 했으나, 눈이 멀어 앞을 볼 수 없었다. 동료에 이끌려 다마스쿠스 시내로 들어가 어떤 그리스도인의 집으로 인도되었다.

28 거기서 3일 동안 먹지도 않고 마시지도 않은 채 금식하며 기도했다. 그러다가 예수님의 지시를 받고 찾아온 제자가 기도함으로써, 그의 눈에 가려진 비늘이 벗겨져 다시 보게 되었다. 이렇게 부활하신 예수님을 만난 사울은 완전히 딴사람이 되었다.

29 사울은 예수님을 핍박하는 적대자에서 예수님의 부활을 선포하는 전도자가 되었다. 극적으로 일순간에 일어난 역사적 사건이었다. 세계 선교의 토대를 마련한 대사건이었다. 그가 바로 신약 성경을 절반이나 기록한 위대한 신학자요, 탁월한 목회자요, 우수한 설교자요, 숱한 교회를 개척한 사도요, 이방인의 선교사요, 저술가인 사도 바울이다.

30 바울은 예수님의 부활을 전하기 위해 누구 못지않은 고난을 받았다. 그가 다마스쿠스 도상에서 예수님을 만난 뒤 증언했다. "부활

한 몸은 신령하여 다시 썩지 않습니다!" (사도행전 13. 34)

31 또 사도 요한은 이렇게 기록했다. "예수님이 행하신 일이 무수히 많습니다. 그것을 낱낱이 다 기록한다면, 이 세상을 가득히 채우고도 남을 것입니다." (요한복음 21. 25)

32 예수님은 4000년 동안 예언되어 2000년 전에 오신 메시아였다. 이 사실은 예수님의 부활과 승천으로 증명되었다. 실로 예수님은 만왕의 왕이요, 마지막 대제사장이요, 영원한 예언자였다.

33 이제 예수님의 부활이 모든 그리스도인의 소망이 되었다. 예수님을 영접한 사람이 영생을 누리지 못할 이유가 있겠는가?

> 거룩한 영으로는 죽은 사람 가운데서 부활하심으로써 권능으로 하나님의 아들로 확정되셨으니, 바로 우리 주 예수 그리스도십니다. (로마서 1. 4)

🔢 예수님 현현

1 예수님의 현현(顯現)은 부활하신 예수님이 40일 동안 여러 사람에게 나타나신 것을 말한다.

2 예수님은 생전의 모습을 그대로 가지고 부활하셨으며, 썩지 않을 몸으로 신령하게 변화되어 있었다. 시간과 장소에 구애받지 않고 나타나 제자들에게 위로와 격려를 아끼지 않았으며, 필요에 따라 사명을 주시기도 하셨다.

3 예수님은 자신의 부활을 수차례 예고하셨고, 그에 따라 실제로 부활하셨으며, 그 과정이 하나님의 계획에 따라 추호의 차질도 없이 진행되었다. 우리에게 부활의 소망을 주시려고 첫 열매가 되셨으니,

때가 되면 우리도 예수님처럼 신령한 몸을 입고 부활할 것이다.

4 예수님이 부활하신 첫날에 막달라 마리아를 비롯하여 여러 여인들과 제자들에게 나타나셨고, 나중에 500명이 넘는 형제와 자매에게 나타나셨다. 다마스쿠스 길목에서 사울에게 나타나셨고, 40일 동안 여러 사람에게 나타나, 그들과 함께 먹기도 하시고 대화도 나누셨다.

5 그리고 때가 되자, 감람산에서 제자들을 축복하시며 하늘로 올라가셨다.

> 8일 뒤 제자들이 다시 그 집에 모여 있었다. 이번에는 도마도 그 자리에 있었다. 문이 다 잠겨 있었으나, 예수님이 들어와 그들 가운데 서서 말씀하셨다. "너희에게 평화가 있기를!" (요한복음 20. 26)

78 예수님 승천

1 예수님의 승천(昇天)은 예수님이 부활하여 40일간 지상에 계시다가, 제자들이 보는 앞에서 하늘로 올라가신 사건이다.

2 교회는 예수님의 부활을 기념하여 부활절로 지키고, 승천일을 기념하여 승천일로 지킨다. 이는 예수님의 부활이 역사적 사실이듯, 예수님의 승천 또한 역사적 사건임을 드러내고 있다.

3 주전 850년경, 이스라엘 왕이 우상을 숭배하는 나라의 공주를 왕비로 맞아들여 나라가 온통 우상 천국이 되었다. 그러자 한 예언자가 이스라엘 땅에 큰 가뭄이 들 것이라고 예언했다. 이후 실제로 심각한 한해(旱害)가 닥쳤다. 하나님의 뜻에 의한 징계였다.

4 왕비가 모든 예언자를 죽이라고 명령했다. 그래서 그 예언자는 한 시냇가에 숨어 까마귀가 물어다 주는 떡과 고기를 먹으며 지냈다.

그는 한 과부의 정성 어린 대접을 받고 허기를 면한 뒤, 밀가루와 기름이 통에 떨어지지 않는 기적을 베풀기도 했고, 또 다른 과부의 죽은 아들을 살려 주기도 했다. 우상을 섬기는 거짓 예언자 450명과 대결하여 승리를 거둔 뒤, 그들을 모두 죽이기도 했다. 그 외에도 그는 하나님과 동행하며 숱한 기적을 베풀고, 하나님이 가증하게 여기시는 우상 숭배에 끝까지 대항하며 싸웠다. 바로 엘리야였다. 그는 지상에서 죽음을 맛보지 않고 살아서 하늘로 들림 받았다.

5 또 300년간 하나님과 동행한 에녹도 지상에서 죽음을 맛보지 않고 승천했다. 그는 자신의 경건한 삶을 위해 세상을 등지고 은둔 생활을 하지 않았으며, 수양을 쌓지도 않았다. 오늘 우리가 사는 것처럼 지극히 평범한 생활을 하면서, 하나님과 동행하며 하나님을 섬겼다. 그는 잠시도 하나님을 떠나지 않았다. 하나님의 뜻을 거역하거나 외면하지 않았다. 그래서 성경은, 에녹이 예수님의 재림 시 휴거할 성도의 예표가 되었다고 한다. 휴거란 성도가 공중으로 들림 받는 것이다.

6 엘리야는 엘리사와 석별의 정을 나누다가, 하늘에서 내려온 불 말과 불 수레의 호위를 받으며 회리바람을 타고 승천했다. 에녹은 일평생 하나님과 동행하다가, 하나님이 홀연히 데려가시자 다시 보이지 않았다. 이처럼 살아 있는 상태로 들림 받은 에녹과 엘리야는 예수님이 재림하실 때 공중으로 들림 받을 성도의 예표가 되었다.

7 예수님은 부활하여 승천하셨다. 비밀리에 조용히 올라가신 게 아니라, 적어도 500명 이상의 형제와 자매가 지켜보는 가운데 공개적으로 승천하셨다.

8 혹시 예수님이 죽음을 극복하지 못하고 무덤에 머물러 있거나, 부활하신 뒤 승천하지 못하고 다시 죽었다면 어떻게 되었을까? 구세주가 되지 못했을 것이다. 아울러 재림의 여지도 없을 것이다. 그야말로 한 사람의 예언자로 남았을 것이다. 하지만 예수님의 부활과 승천

은 역사적으로 일어났으며, 때가 되면 심판주로 다시 오실 것이다.

9 더욱 놀라운 사실은, 승천하신 예수님이 하나님 우편에 앉아 계시면서, 동시에 보혜사 성령님과 함께 생명 주는 영으로 강림하셨다는 것이다. 실로 예수님은 시공을 초월하는 몸으로 변화되셨다. 이는 사람의 이성으로 이해하기 어려운 부분이나, 예수님의 영은 성도 안에 분배되어 주님이 되셨다.

10 이는 오늘도 예외가 아니다. 예수님을 영접한 숱한 그리스도인이 변화를 받아 지구촌 구석구석에서 새로운 역사를 쓰고 있다. 우리 또한 주님과 교제하며 한없는 은혜를 누리고 있다. 주님과 더불어 살아가는 그리스도인은 결코 의심치 않는다.

11 에녹과 엘리야의 승천은 주님과 함께하는 우리에게 희망을 준다. 누구나 사망의 권세에서 벗어날 수 있으며, 사망의 권세에 굴복하지 않고, 하나님의 나라로 직행할 수 있다는 사실이다. 육체적 죽음을 맞더라도, 사망의 권세를 물리치고 부활할 것이므로 걱정할 게 없다.

12 그리스도인은 부활하신 주님과 함께 살고 있으며, 육신의 장막을 벗더라도 신령한 몸으로 부활할 것인바, 항상 주님과 함께하고 있다.

> **우리에게 하늘로 올라가신 위대한 대제사장이 계십니다. 그분은 하나님의 아들 예수님이십니다. 그러니 우리는 우리의 믿음을 굳게 지켜야 합니다.** (히브리서 4. 14)

79 예수님 비하

1 예수님의 비하(卑下)는 하나님의 아들이 신적 권위를 내려놓고, 비천한 사람의 아들로 태어나 당하신 온갖 수난을 말한다.

2 예수님은 사람의 몸을 빌려 외양간에서 태어나 여물통에 눕혀졌다. 8일 만에 할례를 받은 뒤 성전에 올라가 하나님께 바쳐졌다.

3 어릴 때 생명의 위협을 받고 이집트로 피난을 떠났으며, 일찍 아버지를 여의고 가업을 이어받아 목수가 되었고, 어려운 생활로 어머니와 동생들을 부양했다.

4 아무도 지킬 수 없는 율법에 스스로 복종하셨고, 창조주로서 피조물에게 모욕 받았고, 수많은 군중 앞에서 조롱과 수치를 당했고, 자신의 제자에게 배신을 당했다.

5 동족의 시기로 십자가형을 받았으며, 치가 떨릴 만큼 채찍으로 맞았으며, 가시관을 쓰고 십자가에 못 박혀 죽었으며, 죽은 뒤에도 창으로 옆구리를 찔렸으며, 인간의 무덤에 매장되어 죽음의 권세에 굴복했다.

6 이렇듯 예수님은 낮아질 대로 낮아져 인류가 받을 저주를 대신 받았다.

7 그러나 예수님은 죽음을 물리치고 살아나셨으며, 승천하여 하나님 우편에 앉으셨고, 때가 되면 세상을 심판하러 오실 것이다.

> **오히려 높은 자리를 버리시고, 낮은 곳으로 임하셨습니다. 인간의 모습으로 이 땅에 오시고, 종과 같이 겸손한 모습을 취하셨습니다.** (빌립보서 2. 7)

⑳ 예수님 승귀

1 예수님의 승귀(昇貴)는 사람의 아들로 낮아지신 예수님이 하나님의 아들로 다시 높아지심을 말한다. 이는 부활과 승천, 하나님 우편에 앉

으심, 마지막 날 심판주로 다시 오심 등이다.

2 예수님은 부활하신 뒤 40일 동안 500명이 넘는 형제와 자매에게 나타나시고, 사도들이 지켜보는 가운데 승천하셨다.

3 이제 예수님은 하나님의 우편에 앉아, 모든 성도와 교회를 돌보신다. 그리고 때가 되면 심판주로 다시 오실 것이다.

> 우리가 여러분에게 우리 주 예수 그리스도의 권능과 재림을 알려드린 것은, 교묘하게 꾸민 신화를 따라서 한 것이 아닙니다. 우리는 그분의 위엄을 직접 눈으로 보았습니다. (베드로후서 1. 16)

81 성령님

1 성령(聖靈)님은 하나님의 영이시자, 예수님의 영이시며, 보혜사의 영이시다. 하나님과 예수님과 성령님은 본질상 한 분이시다. 성령님의 일은 예수님의 사역 안에 있고, 예수님의 사역은 하나님의 경륜 안에 있다.

2 이렇듯 세 분이 하나요, 한 분이 셋이라는 논리는 사람의 이성을 초월한다. 우리는 성경을 하나님의 말씀으로, 영원한 진리로 받아들인다. 진리는 종교적 세뇌를 배척한다. 논리적 설명이나 과학적 입증을 요구하지 않는다. 사실임을 드러낼 필요도 없다. 그냥 참일 뿐이다.

3 일찍이 성령님이 하나님의 영이신가, 예수님의 영이신가를 두고 논란이 생겨, 교회가 동서로 분열되었다. 당시 대부분의 논란이 하나님과 예수님, 성령님의 관계를 어떻게 정립하느냐에 달려 있었다. 이는 당시의 시대적 요청이었다.

4 종교는 신비하기 마련이다. 신비하지 않으면 종교가 아니다. 사람

의 이성 밖에 있는 신비는 더욱 신비한 논리로 논쟁을 잠재울 수 있다. 그래서 나온 교리가 삼위일체다. 언뜻 보면 말이 안 되는 논리로 보이나, 자세히 보면 하나님의 놀라운 은혜가 깃들어 있다.

5 아무도 설명하지 못하고 이해할 수 없는 논리를 두고, 누가 누구를 정죄하겠는가? 게다가 유일신 하나님과 삼위 하나님에 대한 논쟁은 너무 혼란스럽기만 했다. 어떤 형태로든 정립할 수밖에 없는 시대적 과제였다.

6 초대교회에서 가장 엎치락덮치락하며 갈피를 못 잡은 논쟁이 2개 있었다. 예수님이 창조주냐 피조물이냐, 즉 하나님이냐, 인간이냐에 대한 문제와, 성령님이 하나님의 영이냐, 예수님의 영이냐에 대한 문제였다. 관점에 따라 이렇기도 하고, 저렇기도 했다. 하지만 하나는 정통이 되고 다른 하나는 이단이 되든지, 아니면 서로 갈라서야 했다.

7 아무도 모르는 하나님의 신비라고 그냥 넘어갈 수도 있었던 것을, 어느 누구도 그렇게 하지를 못했다. 모른다고 하면 불가지론자요, 애매하다고 하면 회의론자가 되었다. 그래서 숱한 사람이 이단으로 정죄되어 추방되었고, 교회는 분열되어 서로 반목질시하게 되었다.

8 성부든 성자든 성령이든, 하나님은 하나님이시고 인간은 인간이다. 인간의 이성적 논리나 합리적 사고로 하나님을 이해하고 설명하려는 것 자체가 무리다. 하나님은 인간의 이성 밖에 계신다. 오직 믿음으로 믿음에 이를 뿐이다.

9 하나님은 사람의 이성이나 논리의 한계를 아시고, 그 부분까지 이해하고 받아들이신다. 인간이 보기에 그렇다고 할 수도 있고 그렇지 않다고 할 수도 있는, 그야말로 애매모호한 부분까지 하나님은 모두 받아주신다.

10 성경의 기자들도 자신의 관점에 따라 하나님을 표현했다. 서로 맞지 않는 것처럼 보이는 부분도 없잖아 있지만, 틀린 것은 하나도 없다.

11 하나님과 예수님, 성령님의 관계는 영원히 풀리지 않는 수수께끼일지 모른다. 하지만 하나님의 은혜를 체험하게 되면, 비록 논리로 설명할 수 없고 상식으로 이해되지 않더라도, 믿음으로 받아들이게 된다. 성부와 성자, 성령 하나님은 독립적으로 사역을 수행하시며, 모든 면에서 통일성을 유지하신다.

12 성령님은 예수님을 믿지 않는 사람을 책망하고, 믿는 사람을 진리 가운데로 인도하며, 그리스도인 공동체를 통해 예수님의 이름을 드높인다. 그래서 성경은 돕는 자, 변호하는 자, 상담자, 수호자, 조력자 등으로 성령님을 소개한다.

13 또한 범사에 성도를 도우시며, 지식과 지혜를 주시며, 시간과 공간을 초월하여 일하신다. 일찍이 마가의 다락방에 임하신 성령님은 바람같이, 불의 혀같이 갈래갈래 갈라진 모습으로 120명의 성도에게 임하셨다. 바람이나 공기, 호흡, 입김, 생명 등으로 나타난다.

14 우리는 예수님을 믿음으로 성령님의 열매를 맺는다. 우리의 연약함과 부족함을 아시고, 눈동자같이 지켜주시며, 하나님의 영광을 드러내시며, 은혜 가운데 살도록 이끌어주신다.

"이제 아버지께서 내 이름으로 보내실 성령, 보혜사가 너희에게 모든 것을 가르치시며, 내가 너희에게 분부한 말을 모두 생각나게 하실 것이다." (요한복음 14. 26)

❽❷ 성령님 강림

1 성령님의 강림(降臨)은 성령님이 성도에게 임하심을 말한다. 일찍이 약속하신 대로 예수님이 승천하여 보내주셨다.

2 이스라엘 백성은 보리를 추수하여 첫 열매로 하나님께 드렸다. 또 시내 산에서 율법을 받고 하나님과 선민 계약을 맺었다. 이 두 날을 기념하기 위해 오순절을 지켰다. 오순절은 유월절 이후 50일째로, 보리를 수확하여 드리는 맥추 감사절과 율법을 받은 날을 동시에 기념하는 절기가 되었다.

3 예수님이 승천하면서, 성령님이 강림하실 때까지 예루살렘을 떠나지 말라고 하셨다. 그래서 제자들은 마가의 다락방에 모여 기도하고 있었다. 10일 만에 성령님이 강림하셨다. 바로 오순절이었다. 구약 시대의 오순절이 신약 시대의 성령 강림절이 되었다.

4 성령님의 강림으로 인자 시대가 마감되고, 은혜 시대가 열렸다. 은혜 시대는 교회를 통해 예수님의 재림까지 이어질 것이다. 성령님의 은혜를 풍성히 누리는 기간이다.

> **혀처럼 생긴 불꽃이 사람들 눈앞에 나타났다. 그 불꽃은 여러 갈래로 갈라져 그곳에 있는 각 사람 위에 머물렀다.** (사도행전 2. 3)

❽❸ 성령님 은사

1 성령님의 은사(恩賜)는 하나님의 특별한 선물이다. 성령님이 성도들의 특성과 재능, 역량에 따라 나눠주신다.

2 은혜가 일반적이고 광범위한 선물이라면, 은사는 개별적이고 구체적인 선물이다. 일찍이 하나님께서 재판관이나 예언자에게 은사를 주시고, 그때마다 필요한 사역을 수행하게 하셨다.

3 성령님에 의한 은혜 시대의 개막을 위해 예수님의 인자 시대는 빨리 끝나야 했다. 인자 시대가 거의 끝날 무렵, 예수님이 십자가의 죽

음을 목전에 두고, 승천하여 성령님을 보내주시겠다고 약속하셨다.

4 예수님이 승천하신 뒤, 제자들은 마가의 다락방에 모여 기도하고 있었다. 10일쯤 되어 불의 혀 같은 성령님이 바람같이 임하셨다. 120명의 제자들은 방언과 예언, 병 고침, 귀신을 쫓아내는 권세, 죽은 자를 소생시키는 일 등의 다양한 은사를 받았다.

5 이렇듯 성령님의 강림과 아울러 풍성한 은사가 부어진 것은, 제자들의 믿음을 견고히 하여 핍박을 견디게 하고, 예수님의 복음을 땅 끝까지 전하게 하여 교회를 세우시려는 목적이었다.

6 사실 성령님의 은사를 받은 제자들은 하나같이 강하고 담대한 믿음을 가지게 되었으며, 주님의 복음을 위해 죽음도 불사하는 일꾼이 되었다. 그들이 전한 복음으로 수많은 사람이 회심하여 곳곳마다 교회가 세워지고, 예수님의 말씀대로 유대와 사마리아와 땅 끝까지 복음이 전파되었다.

7 바울과 바나바 등에 의해 지중해 세계로 전해진 복음은 유럽과 아프리카를 거쳐 아메리카 대륙으로 건너갔고, 미국과 캐나다 등을 통해 한국과 중국, 인도, 이란으로 전해지고 있다. 그래서 어떤 사람은 예수님의 재림이 가까웠다고 한다. 하지만 그 때와 시간은 아무도 모른다.

8 오늘날 세계만방의 성도들에게 각양각색의 은사가 부어져, 하나님의 나라가 확산되고 있다. 이는 아무도 부인하기 힘든 사실이다.

9 성령님의 은사는 지혜, 지식, 치유, 축사, 예언, 방언, 통역, 영분별, 섬김, 가르침, 위로, 구제, 다스림 등이다. 성도의 특성에 따라 교회의 확산이라는 우주적 목적을 위해 주어진다.

10 은사를 받은 사람은 자신을 낮추고 겸손해야 한다. 모든 은사가 그리스도 안에서 하나님의 영광을 드러내기 위해 주어지기 때문이다.

11 우리는 하나님을 사랑하고 이웃을 사랑하는 최고의 은사를 더욱 사모해야 한다. 자신이 받은 은사가 아무리 크고 놀라운 능력을 발휘해도, 사랑이 없으면 울리는 꽹과리가 된다.

12 성령님의 열매는 인내, 자비, 희락, 사랑, 양선, 절제, 충성, 온유, 화평이다. 성도는 그리스도 안에서 자신의 삶을 통해 성령님의 열매를 맺는다.

> 이 모든 일은 같은 성령님이 하시며, 성령님은 자신이 원하시는 대로 각 사람에게 다른 은사를 나눠주십니다. (고린도전서 12. 11)

제4편

하나님

84 하나님

1 하나님(God)은 유일신(唯一神)으로 초월적이고 절대적이다. 하나님이라는 한국어 호칭은 19세기 말, 한국에 온 선교사에 의해 붙여졌다. 이전에는 천주(天主)님이라 불렸다.

2 하나님의 이름은 야훼(Yahweh) 또는 여호와(Jehovah)로 불린다. 유대교와 기독교, 이슬람교가 모두 숭배하는 신이다. 개신교의 '하나님'을 천주교와 성공회, 정교회 등에서는 '하느님' 또는 '천주님'이라 부르고, 이슬람교에서는 '알라(Allah)'라 부른다. 알라는 아랍어로 유일신이다.

3 우리 민속종교에서도 하나님의 이름을 부른 흔적을 엿볼 수 있다. 그래서 어떤 사람은 7세기경 신라 시대에 중국을 통해 이미 복음이 들어왔다고 주장한다.

4 우리 조상은 천지신명 가운데 가장 높으신 신을 '하느님'이라 불렀다. 특별한 일이 있을 때마다 목욕재계하고 단장하여, 울타리 아래 정안수를 떠놓고 하나님께 소원을 빌었다.

> 우리 주 예수 그리스도의 아버지 하나님을 찬양합시다. 그분은 인자하신 아버지시며, 모든 위로의 근원이 되시는 분입니다. (고린도후서 1. 3)

85 유일신

1 유일신(唯一神) 하나님은 알파와 오메가요, 처음과 나중이요, 시작과 끝이다. 영원부터 영원까지 스스로 계시며 만유를 주재하신다.

2 하나님은 성부와 성자, 성령으로 나타나신다. 성부(聖父)와 성자(聖子)라는 표현은 아버지와 아들의 친밀한 관계를 나타내는 말이다. 하

나님은 만세전부터 스스로 계시는바, 속성상 누구를 낳거나 태어나실 수 없다.

3 성부와 성자, 성령 하나님은 독립적으로 일하시나, 모든 면에서 완전히 일치하신다. 하나님은 너무 신비스러워 사람의 이성을 뛰어넘는다. 오직 신앙을 통해서 체험할 뿐이다.

4 이제까지 하나님의 임재를 체험한 숱한 사람이, 비록 자세히 설명할 수는 없었으나, 하나님과 함께 살아왔다. 이들은 하나님과 깊고 내밀한 교제를 통해서 자신의 목숨까지 기꺼이 바치는 믿음을 가지고 있었다.

5 사람이 하나님을 입증하지 못함은 지극히 당연하다. 학문적 지식이나 경험적 느낌이 아니라, 신앙적 체험을 통해서 만날 수 있다. 사람이 하나님을 설명한다면, 그는 이미 하나님이 아니다.

6 사람의 이성으로 이해되지 않고 학문적 논리로 설명되지 않는 하나님에 대해 누구나 비슷한 감정을 가지고 있지만, 먼저 믿은 사람들에 의해 지금도 하나님은 끊임없이 선포되고 있다.

7 천지 창조 이래 신앙적 불가사의는 항상 있었으나, 사람들은 각자의 신비한 체험을 통해 하나님을 전하고 받아들인다.

그룹 사이에 계신 이스라엘의 하나님 만군의 야훼여, 주님만이 세상 모든 나라를 다스리시는 유일한 하나님이시며, 하늘과 땅을 만드신 분이십니다. (이사야 37. 16)

86 삼위일체 교리

1 삼위일체(三位一體)의 교리는 정말 어렵다. 사람의 이성으로 이해되

지 않고, 논리로 설명되지 않는다. 그런데 왜 만들었을까? 예나 지금이나 많은 사람이 이런 의문을 가지고 있다.

2 우리는 삼위일체 하나님을 너무 어렵게 배웠다. 무조건 믿어야 한다, 믿어야 구원받는다고 했다. 과연 그럴까? 아니다. 삼위일체는 어디까지나 교리다. 교리는 구원의 조건이 아니다. 교리는 신학과 관련이 있고, 구원은 오직 믿음으로 받는다.

3 우리가 배운 삼위일체 교리는, 이리 말하면 틀리고 저리 말하면 이단이다. 아예 입 밖에 꺼내지 않는 게 상책이다. 설명할수록 꼬이고, 배울수록 어렵다. 그럼에도 삼위일체 교리는 기독교의 핵심이다. 삼위일체 하나님을 신봉하고, 예수님을 구세주로 믿어야 한다.

4 세상에 이다지 어려운 교리가 어디 또 있을까? 어느 정도 알아야 배우고 가르칠 게 아닌가? 세상천지에 확연히 드러내놓고 설명할 사람이 없으니, 도대체 어쩌란 말인가? 도무지 대책이 없다. 가르치는 사람이 없으니, 배우는 사람도 당연히 없다. 모두가 답답하기만 하다.

5 삼위일체 하나님이 아니더라도, 하나님을 제대로 설명할 사람은 아무도 없다. 그런데 삼위일체 하나님이라니 오죽하겠는가? 하나님은 인간의 이성에 개의치 않는다. 하나님이 사람의 논리로 설명된다면, 그는 이미 하나님이 아니다. 누가 '이게 바로 하나님이다!'라고 한다면, 그는 틀림없이 속이는 자다.

6 삼위일체 교리가 아무리 중요하고 기독교의 정체성을 가늠한다고 해도, 인간의 이성으로 하나님을 정의할 수 없다는 사실을 솔직히 인정해야 한다.

7 삼위일체가 이성으로 설명되었다면 예수님이 먼저 제자들에게 가르쳤을 것이고, 사도 바울도 어떤 형태로든 언급했을 것이다. 하지만 다행스럽게도 어느 성경, 어느 기자도 삼위일체에 대해서 말하지 않았다.

8 신학은 신앙을 전제로 한다. 논리로 설명되지 않는 부분이 있다. 삼위일체는 신학으로 설명되기 어려운 영역이다. 사실 피조물 인간이 창조주 하나님을 논리로 설명하려는 것 자체가 모순이다.

9 우리는 가청 주파수 20~20,000Hz(헤르츠) 내에서 소리를 들을 수 있다. 그 밖의 낮은 소리나 높은 소리는 들을 수 없다. 귀에 안 들린다고 해서 소리가 없는 게 아니다. 우리의 귀로 듣지 못할 뿐이다. 이런 한계를 인정해야 한다.

10 비록 가청 주파수 밖의 소리가 들리지 않아도, 우리의 고막을 자꾸 울리면 골이 띵하거나 머리 아픈 증상이 나타난다. 이렇듯 하나님도 우리의 이성 밖에 계시지만, 끊임없이 우리를 어루만지시며 자극하신다.

11 우리의 눈으로 보는 가시광선도 파장 7,800~3,800Å(옹스트룀)으로, 1억 5,000만km 떨어진 태양에서 나오는 7가지 무지개 색이다. 그 밖의 색은 7개 빛이 혼합되어 다르게 보일 뿐이다. 우리의 눈으로 식별되지 않는 불가시광선이 무수히 많다.

12 이렇듯 우리의 눈으로 볼 수 없는 빛과 귀로 들을 수 없는 소리가 있다. 그런데 하물며 우리의 이성 밖에 계시는 하나님을 어찌 알 수 있겠는가? 사람의 머리로 하나님을 이해할 수 없음은 너무나 당연하다. 그럼에도 하나님을 잘 모른다고 하면 불가지론자요, 조심스럽다고 하면 회의론자인가?

13 우리의 귀로 듣지 못하는 걸 들을 수 없다 하고, 우리의 눈으로 보지 못하는 걸 볼 수 없다 하며, 우리의 이성으로 이해하지 못하는 걸 모른다 하는 것이 무슨 잘못인가? 모르는 것을 아는 것처럼 떠들어대느라 진땀 빼기보다는, 차라리 모른다고 솔직하게 고백하는 편이 현명하고 정확한 믿음의 표현이다.

14 삼위일체에 대한 언급이 성경에 없고, 사람의 이성으로 이해되

지 않는다고 해서, 아예 무시하자는 게 아니다. 논리정연하게 설명하지 못함을 솔직하게 인정하자는 것이다.

15 유일신 하나님이 성부와 성자, 성령이라는 삼위일체의 교리는 인간의 이성적 논리로 결코 설명되지 않는다. 이리 맞춰 보고 저리 끼워 봐도 아무 소용이 없다. 하지만 우리가 가르치고 배우는 신학의 한계와, 알고 믿어 누리는 신앙의 한계까지 다 아시는 하나님께서, 우리가 가르치고 배우는 삼위일체의 교리를 미흡하나마 받아주신다는 믿음을 우리는 가지고 있다.

> **이스라엘아, 들어라! 우리의 하나님은 야훼시다. 야훼는 유일하신 분이시다.** (신명기 6. 4)

87 삼위일체 개념

1 삼위일체의 개념(槪念)은 성부와 성자, 성령 하나님이 본질상 한 분이시나, 세 분의 위치에서 독립적으로 일하신다는 내용이다.

2 삼위일체 하나님에 대한 보편적 오해가 있다. 문자 그대로 상상하여 머리 셋에 한 몸을 가진 괴물을 생각하는 것이다.

3 사실 노(no)는 쉬워도 예스(yes)는 어려운 게 삼위일체 이론이다. 어떤 논리도 부정하기는 쉬우나 긍정하기가 어렵다는 뜻이다.

4 삼위일체는 유일신 하나님이 우리의 구원을 위해 트리오(trio)로 일하시는 것이다. 피아노, 바이올린, 첼로에 의한 삼중주로서, 하나님의 환상적 삼중창이다. 하나님의 본질은 하나이나 모습은 셋이며, 속성은 하나이나 사역은 셋이며, 성품은 하나이나 인격은 셋이다.

5 유일신 하나님이 삼위일체로 일하시는 이유는 오직 우리의 구원

을 위한 것이다.

하나님께서 하시는 일에 무슨 잘못이 있겠는가? 야훼의 말씀에 무슨 티가 있겠는가? 주를 믿고 주께 피신하는 사람에게 방패가 되어주신 다. (시편 18. 30)

⑧⑧ 삼위일체 논쟁

1 아브라함의 하나님은 유일신이요, 창조주시다. 이는 유대교와 기독교, 이슬람교가 모두 인정하고 있다.

2 성부와 성자, 성령은 성경에 있으나, 삼위일체는 신구약 어디에도 없다. 예수님이나 제자들이 한번이라도 사용했다면, 이제까지 그토록 많은 논쟁과 혼란은 없었을 것이다.

3 예수님은 자신이 하나님의 아들이요, 하나님과 하나라고 하셨다. 아울러 하나님은 자기보다 크다고 하셨다. 그리고 마지막 때와 시간 은 자신도 모르고, 천사도 모르며, 아버지만 아신다고 하셨다. 하나 님을 숭배하는 유대교를 두고, 자기를 중심으로 기독교를 만들라고 하시지도 않았다. 유대인을 회개시켜 유대교를 개혁하려고 애썼을 뿐 이다.

4 그러나 예수님의 뜻과 달리 실제의 상황은 크게 빗나갔다. 유대 인의 시기로 예수님이 돌아가시자 유대교의 개혁은 중단되었고, 하나 님께서 계획하신 구속 사역만 이루시게 되었다. 그래서 예수님은 구 원의 복음을 전하라고 제자들에게 당부하셨다.

5 유대인은 자기네 기득권을 지키게 되었다는 생각에 축배를 들었 다. 그러나 예수님이 3일 만에 부활하시자 크게 당황했다. 더욱이 예

수님의 부활을 목격한 제자들이 담대하게 복음을 전하자 상황은 급변했다. 단숨에 수천 명의 사람이 예수님의 제자들을 따랐다. 유대인은 위기의식을 느끼고 제자들까지 죽이려고 했다.

6 하지만 성령님의 강림으로 더욱 담대해진 제자들은 죽음을 무릅쓰고 복음을 전했다. 그러자 유대인과 예수님의 제자들 사이에 감정의 골이 더욱 깊어만 갔다.

7 유대교의 개혁파로 시작한 예수 공동체가 유대인의 핍박을 무릅쓰고 끝까지 복음을 전하다가, 결국 이단으로 정죄되어 쫓겨났다. 주후 90년이었다. 하지만 예수님의 복음은 더욱 널리 전파되었다. 그러자 로마의 정치권력까지 가세하여 더욱 혹독한 핍박이 가해졌다.

8 그런데 놀라운 사실은, 적대자의 핍박이 가해질수록 복음은 더욱 널리 전파되었으며, 로마의 황제가 정식 종교로 인정하게 되었다. 주후 313년이었다. 그렇게 세워진 기독교가 안정을 취하게 되자, 이번에는 교리 논쟁이 벌어졌다. 유대교에서 독립하기는 했으나, 경전은 물론 체계화된 교리까지 없었던바, 모든 것이 혼란스럽기만 했다. 신흥 종교로서 필연적 결과였다.

9 무엇보다 가장 큰 쟁점은 '예수님이 누구신가?'라는 기독론의 문제였다. 예수님에 의해 새로운 종교가 생겼으니 당연한 결과였다. 그래서 우선 예수님의 정체성부터 확립할 필요가 있었다.

10 하지만 예수님의 정체성은 그리 쉽게 결정될 문제가 아니었다. 인간으로 태어나신 예수님 안에 하나님의 신성이 깃들어 있었기 때문이다. 게다가 예수님이 하나님의 아들이라면, 예수님을 낳은 마리아는 누구신가? 하나님의 어머니신가, 사람의 어머니인가? 이런 문제까지 대두되어 교회는 갈피를 잡지 못했다.

11 그때 모든 논쟁을 잠재울 만한 획기적 용어가 등장했다. 바로 삼위일체다. 하나님과 예수님, 성령님이 세 인격(3 Persons)이나 한 본질(1

Essence)이라는 내용이었다. 이는 325년 제1차 니케아 공회와 381년 콘스탄티노플 공회에서 결정되어 기독교의 정식 교리로 자리매김했다.

12 이로써 하나님이 예수님보다 크다는 말씀을 근거로, 예수님이 최고의 피조물이라는 아리우스(Arius, 250-336)의 주장과, 하나님과 예수님이 하나라는 말씀을 근거로, 예수님이 성육신하신 하나님이라는 아타나시우스(Athanasius, 293-373)의 논쟁은 종식되었다. 아리우스는 예수님의 신성을 부인했다는 이유로 이단으로 정죄되었으며, 비로소 삼위일체의 근간이 된 니케아 신경이 탄생했다.

13 여기서 유념할 점은, 삼위일체 교리도 사람이 만든 것인 만큼 지나치게 집착하지 말아야 한다는 것이다. 어떤 사람은 삼위일체 교리를 믿어야 구원을 얻는다고 하고, 어떤 사람은 삼위일체 교리가 이해되지 않는 이유가 기도하지 않은 탓이라고 하지만, 실상은 그게 아니다. 자기도 모르면서 남은 알아야 한다고 주장한다면, 삼위일체 교리로 잠재운 기독론 논쟁을 다시 불러일으킬 수 있다.

14 삼위일체 교리가 아무리 중요해도 여유롭게 수용해야 한다. 교리는 어디까지나 교리일 뿐이다. 우리는 여전히 삼위일체 교리에 대해 잘 모른다고 해야 한다. 그렇다고 해서 나도 모르고 너도 모르니, 아예 무시하자는 건 아니다. 성령님이 각자의 사정과 형편에 따라 적절하게 이해시켜주시리라 믿기 때문이다.

15 삼위일체 교리는 우리가 꼭 알아야 할 사항도, 반드시 믿어야 할 사항도 아니다. 그런 교리가 있다는 정도만 알면 된다. 삼위일체를 이해하지 못한다고 해서 구원 받지 못하는 것도 아니고, 신앙생활을 하는 데 무슨 지장이 있는 것도 아니다. 이단으로 빠질 염려는 더욱 없다.

16 하나님은 성부와 성자와 성령의 이름으로 존재하시나, 모든 면에서 똑같은 분이시다. 그래서 우리는 삼위일체 하나님이라 부르기를

주저하지 않는다. 이 정도면 충분하다고 본다.

> 주 예수 그리스도의 은혜와, 하나님의 사랑과, 성령님의 교통하심이,
> 여러분과 함께하시기를 빕니다. (고린도후서 13. 13)

🅨 삼위일체 비유

1 삼위일체의 비유(比喩)는 성부와 성자와 성령 하나님을 인간의 눈높이에 맞춰 비교하려는 시도를 말한다. 의도는 가상하나, 쉬운 일이 아니다. 하나님의 세계와 인간의 세상이 다르기 때문이다.

2 하나님께서 인류의 구원을 위해 예수님을 보내셨고, 예수님이 대속의 죽음을 죽으시고 부활하여 그리스도가 되셨고, 그리스도가 승천하여 보혜사 성령님을 보내셨고, 성령님의 강림으로 교회가 시작되었다. 이 과정에서 하나님이 세 인격으로 나타나셨다.

3 그래서 하나님을 보다 쉽게 이해하려고 여러 사람이 비유를 들었다. 하지만 아무리 그럴싸해도 완전한 비유는 없다. "성부가 성자를 낳았다"는 말은 성부 아래 성자가 종속되므로 바르지 못하며, "하나님이 사역에 따라 셋으로 나타났다"는 말은 한 인격이 사역에 따라 셋으로 바뀌었다는 뜻으로 역시 바르지 못하며, "한 본질이 역할에 따라 셋으로 갈라졌다"는 말은 하나의 본질이 필요에 따라 1/3씩 나눠졌다는 뜻으로 옳지 않으며, "성부와 성자, 성령의 세 하나님이 하나로 합쳐졌다"는 말도 유일신과 배치되므로 역시 옳지 않다.

4 또 "수증기가 물이 되고 물이 얼음이 됨과 같다"거나, "습기가 구름이 되고 구름이 비가 됨과 같다"거나, "샘이 강이 되고 강이 바다가 됨과 같다"거나, "세 마리 말이 이끄는 한 대의 마차와 같다"거나, "태

양에서 빛이 나오고 빛에서 열이 남과 같다"거나, "세 등분된 피자가 합쳐져 한 판이 됨과 같다"거나, "뿌리에서 나무가 나오고 나무에서 잎이 나옴과 같다"거나, "집에서는 가장이고 회사에선 과장이며 교회에선 집사와 같다"는 말도, 삼위일체의 교리에 맞지 않는 비유다.

5 이들 비유가 더러는 일리가 있다고 하는가 하면, 더러는 아주 엉터리라고 한다. 어찌 보면 맞는 것 같고, 어찌 보면 틀린 것 같다. 하지만 비유 자체가 모순이다. 삼위일체는 신분이나 직위의 구분이 아니라, 인류의 구원이라는 사역에 초점이 맞춰져 있기 때문이다. 교리를 위해 삼위일체가 생긴 게 아니라는 말이다.

6 우리는 설교를 통해 위의 비유를 거의 다 들어보았다. 하지만 아무도 이의를 제기하지 않았다. 몰라서도 그렇지만, 나름대로 일리가 있다고 생각했기 때문이다. 이들 비유가 논리적으로 미흡하다고 보지만, 그렇다고 해서 딱히 반박할 자료도 없다.

7 소위 보수 신학을 공부한 사람이라면, 위의 비유가 다 틀렸다고 주장할 것이다. 일신론(一神論)이니 삼신론(三神論)이니, 양자론(養子論)이니 양태론(樣態論)이니 하면서, 그야말로 이해하기 힘들고 알쏭달쏭한 논리로 반박할 것이다.

8 삼위일체는 기독교에서 가장 어려운 교리임에 틀림없다. 아무도 설명할 수 없고 이해할 수 없다. 그에 따른 적절한 비유도 없다. 인간의 이성 밖에 있으니 어찌하겠는가? 미흡한 비유보다 신비로 두는 게 좋다고 본다.

> 예수님이 말씀하셨다. "너희가 이 비유도 알아듣지 못하면서, 어떻게 다른 비유를 이해하겠느냐?" (마가복음 4. 13)

90 삼위일체 실상

1 유일신 하나님을 숭배하는 유대교의 입장에서 보면, 기독교의 삼위일체 하나님이 어처구니없을 수도 있다. 하지만 기독교의 정체성이 걸린 아주 중요한 문제다. 역사상 기독교 없는 유대교는 있었으나, 유대교 없는 기독교는 없었다. 기독교는 끝까지 유대교에 희망을 둘 수밖에 없다.

2 기독교의 삼위일체가 유대교의 유일신을 변질시키지 않았다. 그 이름을 훼손하지도 않았다. 인류의 구원을 위해 하나님께서 필요에 따라 삼위로 일하셨을 뿐이다. 유대교의 유일신이 기독교의 삼위일체 하나님이요, 이슬람교의 알라신이다. 이는 두말하면 잔소리다.

3 어떤 신학자가 오랫동안 연구한 끝에 논문을 발표했다. "삼위일체 하나님은 셋이 하나가 되었다!" 그리고 머리 셋에 한 몸을 가진 하나님을 그렸다. 하지만 그는 이단으로 정죄되었다.

4 그런데 다른 신학자는 똑같은 논리로 학위를 받았다. 이단으로 정죄된 사람의 논문과 별반 다르지 않았다. 그는 동그라미 3개를 삼각형 모양으로 붙인 뒤, 가운데를 틔워 하나로 붙은 것처럼 그렸다. 그리고 안쪽을 노랗게 칠한 뒤 하나님이라 쓰고, 바깥쪽에 성부, 성자, 성령이라고 썼다. "이게 삼위일체 하나님이다!"

5 그렇다면 왜 먼저 사람은 이단으로 정죄되고, 나중 사람은 박사가 되었을까? 먼저 사람은 그림을 단순하게 그렸고, 나중 사람은 복잡하게 그렸기 때문이다. 아주 하찮은 차이로 보이지만, 그게 이단과 정통의 분기점이었다.

6 이렇듯 시대의 흐름에 따라 이단으로 정죄되기도 하고, 정통으로 인정받기도 한 것이 삼위일체 교리의 현주소다. 사실 지금도 글이나 말로 자세히 설명하면 이단이 되고, 그림이나 표로 대충 얼버무리면

정통이 된다.

7 삼위일체를 주장한 사람이나 신조로 만든 교회가 후대의 신자에게 어려운 과제를 안겨주었다. 사실 삼위일체라는 교리가 있기 전까지, 어느 누구도 삼위일체에 대하여 고민하지 않았다.

8 구약 시대의 예언자나 하나님의 아들 예수님이나, 예수님의 제자들이나 성경을 기록한 기자들이나, 아무도 삼위일체라는 말을 쓰지 않았다. 그러나 하나님은 항상 계셨고, 신자들도 아무 문제가 없었다.

9 하나님은 삼위일체 교리에 얽매이실 분이 아니다. 그보다 더 신비하고 오묘하시다. 인간이 만든 그 어떤 이념의 틀에도 갇히실 필요가 없다. 언제 어디서나 필요에 따라 무제한적으로 일하신다. 사람이 제아무리 치켜세우고 높여도, 하나님을 제대로 표현할 수는 없다.

10 하나님은 계량화되지 않는다. 모든 면을 능가하시고 모든 선을 초월하신다. 사실은 이런 표현조차 하나님의 권위를 떨어뜨릴 수 있다. 삼위일체에 대한 인간의 노력이 잘못된 게 아니라, 인간의 한계를 인정해야 한다는 것이다.

11 그래서 아쉬운 점은, 어차피 인간의 논리로 설명되지 않는 하나님이라면, "하나님은 인간의 논리로 설명되지 않습니다!"라고 솔직하게 말했다면 어땠을까? 굳이 하나님께서 계시하지 않은 교리까지 만들 필요는 없지 않았을까?

12 무엇이든 논리에 꿰맞춰야 직성이 풀리는 인간의 탓도 있지만, 당시의 상황이 너무 급박하고 혼란하여 고육지책이었을 것이다. 인간의 논리를 뛰어넘는 것임을 알면서도, 신조로 만들어 기독교의 정체성을 확립할 수밖에 없었을 것이다.

13 이제 삼위일체는 기독교의 정체성을 가늠할 교리로 자리 잡았다. 예전에는 삼위일체에 대해 조금이라도 이상하게 말하면 즉시 이단으로 정죄되었으나, 지금은 상당히 너그러워졌다. "이단으로 몰기

원하거든 삼위일체 설교를 시켜라!"는 말은 이제 더 이상 찾아볼 수 없게 되었다.

14 삼위일체 교리를 무시하면 기독교의 근간이 흔들린다. 유대교와 이슬람교도 유일신 하나님을 신봉하는바, 예수 그리스도의 복음 위에 세워진 기독교의 명분이 약화될 수 있다.

15 삼위일체의 이해 여부가 신앙생활에 별문제가 없다고 해도, 기독교의 정체성 확립 차원에서 매우 중요하다. 도외시하지 말아야 한다. 오히려 적극적으로 가르치고 배워야 한다.

> **"그러므로 너희는 가서 모든 민족을 제자로 삼아, 아버지와 아들과 성령의 이름으로 세례를 주라."** (마태복음 28. 19)

⑨1 삼위일체 이해

1 삼위일체 하나님을 이론으로 배워서 알려고 해서는 안 된다. 알기보다 믿음으로 받아들이는 게 낫다. 알기는 어려워도 믿음으로 받아들여 누릴 수는 있다.

2 어느 날 삼위일체 하나님에 대해 곰곰이 생각하다가, 예사롭지 않은 환상을 보았다. 이후 삼위일체 하나님의 필연성을 깨닫고 크게 감사했다.

3 삼위일체가 당시의 사정에 의해 만들어진 교리라고 해도, 그건 어디까지나 인간적 생각이며, 하나님의 계시로서 최선이었다는 생각이 들었다.

4 형제의 아들이 밖에서 접시를 던지며 부메랑 놀이를 하고 있었다. 형제는 무엇인가 불안하다는 생각이 들었으나 그대로 두었다. 얼마

후 아들이 다쳤다는 느낌이 들어 방문을 열어보았다. 아니나 다를까, 아들이 손가락을 다쳐 움켜잡고 있었다. 그것도 칠흑같이 어두운 밤에, 뾰족뾰족 솟구친 갯바위 위에서, 접시를 던지며 놀다가 손가락을 다친 것이다.

5 아들은 무협소설에나 나올 만한 높이 솟구친 갯바위 위에 서 있었고, 아래쪽은 수백 길도 넘어 보이는 바닷물이 철썩거리며 소용돌이치고 있었다. 자세히 보이지는 않았으나, 저 멀리 수평선 위에 고기잡이배도 떠 있었다.

6 그런데 더욱 안타까운 것은, 아들이 불과 얼마 전에도 거기서 놀다가 다친 적이 있었다. 그래서 깨지지 않는 항공 접시를 가지고 놀았다. 그런데 그마저 깨지고 손가락을 다쳤던 것이다. 아들은 깨진 접시 조각을 들고 물끄러미 쳐다보며 고개를 갸우뚱거리고 있었다. 깨지지 않는다는 접시가 왜 깨졌는지 이해할 수 없다는 표정이었다.

7 형제는 순간적으로 아들의 손목을 잡고 방안으로 끌어들였다. 그리고 상처를 살펴보았다. 형제가 있는 방은 구름 위에 두둥실 떠 있었고, 방안은 더할 나위 없이 환하게 밝았다. 밖의 어둠에 비해 선명한 대조를 이루었다.

8 아들의 상처는 왼쪽 엄지손가락에 V자 모양으로 푹 패어 있었다. 깨진 접시에 다친 게 틀림없었다. 그런데 지난번 다친 곳이 바로 그 자리였다. 그 상처가 아물기도 전에 또 다쳐 더욱 안쓰러웠다.

9 하지만 형제는 아들을 향한 아버지의 무한한 사랑 때문에, 아들을 나무랄 생각은 추호도 없었다. 한 자리에서 같은 놀이를 하다가 다쳤으니, 그럴 수도 있으려니 생각했다. 오히려 그동안 아들을 돌보지 못한 죄책감에 미안한 마음이 들었다.

10 그래서 형제는 더욱 안쓰럽고 애처로웠다. 우선 아들의 손에 흐르는 피를 멈춰야 했다. 가지고 있는 수건으로 상처를 꾹 눌렀다. 하

지만 더 이상 어찌할 방도가 없었다. 혹시나 하고 주변을 두리번거리며 살펴보았으나, 텅 빈 방 안에는 광명만 가득했다. 그때 어떻게 아셨는지 형제의 어머니가 탈지면에 붕대와 반창고까지 처방된 약을 가지고 오셨다.

11 형제와 형제의 어머니는 사전에 약속이라도 한 듯, 한마음으로 아들의 상처를 감싸주었다. 아들의 손에는 형제의 두 손과 형제의 어머니 두 손이 함께 포개져 살포시 눌러지고 있었다. 형제와 형제의 어머니는 두 사람이었으나 이심전심으로 완전한 하나였다.

12 그때 더욱 놀라운 사실이 드러났다. 저만큼 떨어진 곳에서 형제의 아버지가 우리의 모습을 유심히 지켜보고 계셨다. 그러고 보니 형제의 어머니가 가져온 처방약은, 아들을 사랑하시는 아버지가 손자에게 일이 생긴 것을 보시고, 즉시 조제하여 어머니를 통해 보내주신 것이었다. 조용히 바라보고 계시는 아버지의 인자한 모습에서, 한량없는 사랑에서, 형제는 그 사실을 확연히 알 수 있었다.

13 아버지는 항상 아들과 함께하시며, 미리 처방한 약을 어머니를 통해 보내주셨던 것이다. 하지만 형제는 아버지와 어머니는 아랑곳하지 않고, 자신의 아들만 생각하고 있었다. 그때 형제는 하나님 아버지가 항상 지켜보시며, 성령님을 통해 자신을 돕고 계신다는 사실을 깨달았다. 지난 날 죽음의 문턱에서 살아난 숱한 사건과 사고들이 주마등처럼 뇌리를 스쳐 지나갔다.

14 그리고 형제는 환상에서 깨어나 현실로 돌아왔다. 형제의 아들이 바로 자신이라 여겨지면서 가슴 뭉클한 느낌을 받았다. 삼위일체 하나님에 대한 의아심이 일순간 사라짐을 느꼈다. 사람이 만든 교리라고 해서, 성경에 기록이 없다고 해서, 그동안 떨떠름하게 여긴 생각이 한없이 부끄러웠다. 그 자리에서 벌떡 일어나 회개하고 감사를 드렸다.

15 이후 형제는 삼위일체에 대해 어느 정도 이해하게 되었다. "오, 주여! 그래서 삼위일체 하나님이셨군요."

하나님께서 말씀하셨다. "우리가 우리의 형상을 따라 우리의 모양대로 사람을 만들자. 그리고 바다의 고기와, 공중의 새와, 온갖 가축과, 들짐 승과, 땅 위에 기어 다니는 모든 생물을 다스리게 하자." (창세기 1. 26)

92 삼위일체 수용

1 유대교는 이렇게 말한다. "메시아는 아직 오시지 않았다. 예수는 예언자 가운데 하나일 뿐이다. 예수는 하나님의 아들도, 메시아도 아니다."

2 하지만 기독교는 말한다. "하나님의 아들, 예수님이 메시아로 오셨다. 십자가에 달려 죽으시고 3일 만에 부활하셨다. 이로써 메시아로 확증되셨다."

3 그런데 이슬람교는 말한다. "예수님이 메시아로 오셨으나, 유대인에 의해 그 뜻을 이루지 못하고 돌아가셨다. 그래서 무함마드가 다시 메시아로 오셨다."

4 이처럼 유일신 야훼 하나님을 숭배하는 아브라함의 종교가, 아직 메시아가 오시지 않았다는 유대교와, 예수님이 메시아라는 기독교와, 무함마드가 참 메시아라는 이슬람교로 갈라져 있다.

5 이러한 종교적 갈등 속에서, 예수님에 의해 세워진 기독교가 삼위일체의 교리마저 없었다면, 유대교와 이슬람교 사이에서 차별성을 주장하기 어려웠을 것이다. 하나님은 세상 모든 종교를 뛰어넘어 만백성의 주가 되시며, 언제 어디서나 그들과 함께하시고 남으실 분이시다.

6 하나님은 우리의 머리털까지 낱낱이 다 세고 계신다. 우리가 이를 어찌 상상인들 하겠으며, 짐작인들 하겠는가? 만유를 다스리시며 시공을 초월하시는 하나님께서, 어찌 사람이 만든 교리의 틀 속에 머물러 계시겠는가? 하지만 삼위일체 하나님을 받아들이지 못하는 사람이, 어찌 그보다 더 크신 하나님을 믿고 따를 수 있겠는가?

7 하나님은 아브라함의 종교를 뛰어넘어 세상 모든 종교와 교리를 능가하신다. 우리는 우리의 이성에 의한 논리의 한계를 솔직하게 인정해야 한다. 그리고 종교적 교리로 하나님을 제한해서도 안 되지만, 그것을 무턱대고 폄하해서도 안 된다.

> **우리 주 예수 그리스도의 아버지 하나님을 찬양합니다. 하나님께서 그 풍성한 긍휼로 우리를 거듭나게 하시고, 예수 그리스도를 죽은 사람 가운데서 다시 살리심으로써, 우리에게 산 소망을 안겨주셨습니다.** (베드로전서 1. 3)

⑬ 하나님 존재

1 하나님은 영(靈)이시다. 공간적으로 무한하시고 시간적으로 영원하시다. 어떤 환경에도 지배받지 않는 초월자시요, 모든 것을 능가하는 절대자시다. 필요에 따라 오기도 하시고 가기도 하시며, 갑자기 나타나 말씀도 하시고 돕기도 하신다.

2 하나님의 이름은 스스로 계시는 분(I am I), 또는 존재하는 존재를 존재하게 하시는 존재라는 뜻의 '여호와(야훼)', 전지전능하신 분이라는 의미의 '하나님(하느님)', 만물의 소유자라는 의미의 '주님(천주님)', 창조주라는 의미의 '아버지', 구세주라는 의미의 '그리스도(메시아)', 변호인, 상

담자, 조력자라는 의미의 '보혜사(성령님)' 등이다. 그 이름이 스스로 하나님의 위엄과 권위를 드러내고 있다.

3 하나님은 성부와 성자, 성령이라는 세 인격으로 나타나시나 본질상 한 분이시다. 이른바 삼위일체 하나님이시다.

4 하나님이 세상을 지극히 사랑하여 독생자를 보내주셨다. 예수님이 인류의 구원을 위해 세상에 오셔서 죽기까지 순종하셨다. 하나님의 이름을 드높이고 그 영광을 확연히 드러내셨다. 아울러 죽음을 이기시고 부활하심으로써 만유의 구주가 되셨다.

5 사람도 사람의 영을 가지고 있다. 사람의 영에 하나님의 영을 모셔야 생령이 된다. 하나님의 영을 받은 사람만이 하나님의 존재를 인식할 수 있다. 영은 물질이 아니라 오감으로 느낄 수 없다. 하지만 영의 존재는 아무도 부인하지 않는다. 영은 바람이나 공기, 호흡과 같다. 오직 심령(心靈)으로 접촉할 뿐이다.

6 바람은 눈에 보이지 않고 손에 잡히지 않는다. 하지만 분명히 존재한다. 나뭇가지가 흔들리거나 우리의 몸을 스칠 때 그 존재를 알 수 있다. 우리의 영도 마찬가지다. 영이 없다는 사람은 바람이 없다는 사람과 같다.

7 그럼에도 영이신 하나님이 없다고 주장하는 사람은 정말 어리석고 미련하다. 텔레비전이 나오지 않는다고 해서 전파가 없다고 우기는 사람과 같다. 수신 장치를 고칠 생각은 하지 않고 전파가 없다고 하니 얼마나 어리석은가? 고장 난 텔레비전은 전파를 받아들일 수 없다. 이는 너무나 당연하다. 전파는 언제 어디서나 존재한다. 텔레비전이 나오지 않는 이유는 전원이 꺼져 있거나 수신 장치에 이상이 있을 경우다. 텔레비전의 문제이지, 전파의 문제가 아니다.

8 오늘날 과학에 의해 드러나고 있는 하나님의 신묘불측함을 보라. 하나님의 존재는 더할 나위 없이 자명하다. 물리학자에 의해 드러나

는 우주의 미스터리, 생물학자에 의해 드러나는 생명의 신비, 수학자도 계산하기 힘든 DNA 정보, 인류의 염색체 변이 등을 눈여겨보라.

9 고고학에 의해 드러나고 있는 역사적 사실과, 성경에 기록된 예언의 성취를 보라. 3500년 전 홍해에 가라앉은 이집트의 전차 바퀴, 무너진 여리고 성의 잔재, 세계 인구 71억 가운데 40억의 조상이 된 아브라함, 적어도 100곳 이상의 예언에 따라 성육신하신 예수님의 죽음과 부활, 예수님의 예언에 따라 2000년 만에 회복된 이스라엘, 게르만 민족의 유대인 학살, 세계만방에 전파된 예수 그리스도의 복음을 보라.

10 무엇보다도 예수님을 믿음으로 새로운 사람이 되어, 자신의 인생 역사를 새로 쓰고 있는 숱한 그리스도인을 보라. 이들은 지금도 세계만방에서 빛과 소금의 역할을 감당하며 세상을 변혁시키고 있다.

11 이제 마음 문을 활짝 열고 예수님을 구주로 받아들이자. 믿음으로 텔레비전의 스위치를 켜자. 예수님의 영상이 우리의 모습을 통해 드러날 것이다. 믿음의 스위치를 켠 사람은, 자신의 브라운관을 통해 예수님의 모습이 나타나기 마련이다.

12 이제까지 숱한 사람이 예수님을 믿고, 예수님과 함께 살아가고 있다. 하지만 그 사실을 똑 부러지게 설명하지 못함은 영이신 하나님을 사람의 영으로만 접촉하기 때문이다.

13 예수님을 영접하여 하나님의 존재를 경험한 사람은, 비록 말이나 글로 표현할 수는 없어도, 예수님 안에 있는 참 자유와 평화와 기쁨을 누리고 있다. 하나님의 존재를 증명하지 못함은 존재의 문제가 아니라, 표현의 한계일 뿐이다. 신앙적 믿음과 신비적 체험에 의해 하나님의 존재는 항상 드러나고 있다.

14 이제까지 수많은 사람이 살아 계신 하나님의 존재를 체험했으나, 어느 누구도 논리적으로 증언하지 못했다. 하나님의 세계와 사람

의 세상이 전혀 다르기 때문이다. 하나님은 적어도 5차원 이상의 영적 세계에 계시고, 사람은 3차원이나 4차원 정도의 물질적 세상에 있기 때문이다. 따라서 우리가 하나님의 존재를 설명하지 못함은 지극히 당연하다.

15 하나님이 스스로 어디서 어떻게 계신다고 말씀하셨다면, 지난 수천 년 동안 그토록 많은 혼란과 분열은 없었을 것이다. 하지만 하나님은 자신의 존재에 대해 설명하지 않으신다. 하나님의 계시인 성경과 성령님, 그리고 예수 그리스도를 통해 충분히 드러내셨기 때문이다.

16 친분이 있는 사람과 이야기를 나눈다면, 굳이 서로의 존재에 대해 설명할 필요가 없을 것이다. 사실 하나님은 그동안 숱한 사람을 통해 자신의 존재를 충분히 드러내셨다. 그럼에도 하나님의 존재를 깨닫지 못함은 우리의 영안이 가려져 있기 때문이다.

17 하나님의 존재는 두말할 나위가 없지만, 우리의 영이 무뎌서 깨닫지 못할 뿐이다. 하나님은 영이시다. 우리의 이성이 아니라, 우리의 영으로 하나님을 접촉해야 한다.

18 우리의 영으로 하나님의 영을 영접하여 신령한 사람이 될 때, 우리는 하나님의 존재를 인식할 수 있다. 바람이 우리의 몸을 스칠 때 그 존재를 느낄 수 있듯이, 우리의 영이 하나님의 영을 맞이할 때 비로소 하나님의 존재를 경험할 수 있다.

> 하나님께서 모세에게 말씀하셨다. "나는 스스로 있는 나다. 너는 이스라엘 백성에게 가서, '스스로 계신 분이 나를 너희에게 보내셨다'고 하라." (출애굽기 3. 14)

94 하나님 생명

1 하나님의 생명(生命)은 영원히 사시는 하나님의 존재론적 활동이다. 하나님의 활동이 끝날 때가 있다면, 그는 이미 하나님이 아니다. 하나님은 영원부터 영원까지 만유를 주관하시고 다스리신다.

2 사람은 처음부터 하나님의 생명을 가지고 있었다. 불순종이 죄를 낳아 그 생명을 잃었던 것이다. 이를 영적 사망이라고 한다. 최초의 사람에게 영적 사망이 초래되어, 살아 있는 모습은 있어도 실상은 죽어 있었다.

3 하나님께서 영적으로 죽은 사람을 그대로 내버려두지 않고, 살려주는 길을 예비하셨다. 바로 예수 그리스도에 의한 구원이다. 첫 사람 아담이 지은 죄로 온 인류가 죽게 된바, 마지막 아담으로 오신 예수님이 다시 살린 것이다. 아담에 의해 잃은 생명을 되찾기 위해서는 반드시 예수님을 믿어야 한다. 하나님께서 예수님 외에 다른 구원자를 보내신 일이 없다.

4 아들이 있으면 생명이 있고, 아들이 없으면 생명이 없다. 예수님을 영접해야 하나님의 생명을 되찾을 수 있다. 하나님의 생명이 예수님의 생명이듯, 예수님의 생명이 우리의 생명이다.

5 우리의 영은 하나님의 생명을 모시는 기관이다. 우리의 영에 예수님의 영을 모셔야 한다. 그래야 하나님의 생명을 가진 사람이 된다. 예수님의 영이 우리의 유일한 생명이 되어야 한다.

6 하나님의 뜻은 우리에게 하나님의 생명을 주시는 것이다. 그런데 사탄의 악한 성분이 사람에게 들어가 하나님의 생명을 잃게 된바, 사람은 하나님의 생명이 없는 비참한 생활을 하게 되었다. 그래서 예수님이 구원자로 오셨으며, 예수님의 속죄로 하나님의 생명을 되찾게 되었다.

7 이제 우리는 예수님을 믿음으로 하나님의 생명을 되찾았다. 하지

만 끝까지 예수님에 의한 구원의 은총을 외면하는 사람은 불가불 하나님의 생명이 없는 상태로 죽을 수밖에 없다.

> 우리가 하나님의 은혜로 하나님과 올바른 관계를 맺게 되었고, 하나님께서 성령을 주심으로 우리가 상속자가 되어, 그토록 바라던 영원한 생명을 누리게 되었습니다. (디도서 3. 7)

95 하나님 계시

1 하나님의 계시(啓示)는 사람의 입장이나 사정과 형편 등을 고려하여, 하나님께서 자신을 드러내시는 방법이다.

2 사람은 피조물로서 지극히 제한적이고 유한하나, 하나님은 창조주로서 모든 면에서 절대적이고 무한하시다. 사람이 제아무리 지혜롭고 영리해도, 하나님의 계시가 없으면 하나님을 알 수가 없다. 하나님의 은혜를 누릴 수도 없다.

3 하나님은 사람의 요청에 의해서가 아니라, 스스로 찾아와 자신의 모습이나 뜻을 드러내신다. 이는 하나님의 주권적 통치 방법이다.

4 우리의 신앙적 양심이나 자연 현상 속에서도 하나님의 계시를 엿볼 수 있다. 필요한 경우 꿈이나 환상, 표적과 기사를 통해서 계시하시고, 때로는 사람의 모습으로 직접 나타나 일러주기도 하신다.

5 하나님의 계시는 사람에 따라 다양하게 나타나는바, 계시를 받은 사람에 의해 간접적으로 드러날 수밖에 없다. 가장 뚜렷하고 확실한 계시는 누가 뭐래도 하나님의 말씀인 성경이다.

6 성경에 예수님의 성육신과 사역, 수난과 죽음, 부활과 재림 등이 모두 기록되어 있다. 이 모든 과정이 예언의 성취로서 하나님의 계시

였다. 예수님 자신이 하나님의 계시였고, 우리에게 주어진 복음도 하나님의 계시다. 복음은 우리를 구원의 장으로 인도하는 안내서요, 지침서다.

7 자신이 직접 하나님의 존재를 알아보고 믿겠다는 사람이 있다면, 한시라도 빨리 포기하는 게 좋다. 하나님의 존재와 예수님의 사역이 성경에 계시되어 있지만, 그게 전부가 아니다.

8 성경에 계시된 부분은 신학으로 배우면 되지만, 성경에 계시되지 않은 부분은 신앙으로 믿어야 한다. 하지만 사람의 지식이나 지혜로는 하나님의 실체를 알 수도 없고, 설명할 수도 없다. 우리는 이 사실을 먼저 인정해야 한다.

9 혹시 하나님을 안다는 사람이 있다면, 그는 인간이 아니라 하나님이다. 아들도 모르고, 천사도 모르고, 아버지만 아시는 일이 있다. 그런데 우리가 어찌 하나님을 다 알 수 있겠는가?

10 하나님을 알고 나서 믿겠다는 사람은 실패와 좌절을 맛볼 것이다. 그들 가운데 깊은 고뇌에 빠져 스스로 방황하다가, 비참한 최후를 맞은 사람도 있다.

11 우리는 예수님이 가르쳐주신 진리의 말씀과 성경에 계시된 하나님의 말씀 안에서, 우리가 깨달을 수 있는 부분은 배워서 알아야 하고, 이해할 수 없는 부분은 믿어서 누려야 한다.

12 우리는 예수 그리스도에 의해 계시된 하나님의 말씀을 바로 알고, 제대로 믿어, 풍성히 누려야 한다. 이방 종교에서 말하는 사색이나 명상, 수행이나 고행 따위는 전혀 필요치 않다.

> **만물을 창조하신 하나님 안에 영원 전부터 감춰져 있는 심오한 계획**
> **이 어떻게 실현되는지를 모든 사람에게 분명히 드러나게 하셨습니다.**
>
> (에베소서 3. 9)

96 하나님 속성

1 하나님의 속성(屬性)은 원래부터 가지고 계신 하나님의 품성이다. 하나님은 스스로 계시며, 선하신 뜻에 따라 만물을 보호하시고 다스리신다.

2 하나님은 완전하시다. 영원히 죽지 않고 변치 않으신다. 만사를 아시고 매사에 능하시다. 시공을 초월하시며 스스로 일하신다.

3 하나님은 인격체시다. 꿈이나 환상, 양심 등으로 사람과 교통하시고, 필요에 따라 사람이나 천사 등으로 나타나시며, 영원한 의로 통치하시고 심판하신다.

4 하나님은 영이시다. 모양이나 형체가 없으시고, 지혜와 능력, 공의, 인자, 진실하심이 영원하고 무궁하시다. 무소부재하시며 사람의 눈으로 식별되지 않는다.

5 하나님은 사랑이시다. 선하시고 자비하시며 긍휼히 풍성하시다. 오래 참으시고 신실하시며 거룩하시다. 거룩하시지 않으면 하나님이 아니다.

6 하나님 앞에 서려면 반드시 예수님의 피로 속죄함을 받아야 한다. 성령님의 인침을 받고 성결해야 한다. 성결은 죄악에서 분리된 상태를 말한다. 성결하지 않으면 하나님의 자녀가 아니다.

7 예수님을 믿음으로 영접해야 그리스도인이다. 그리스도인이 성화의 길을 걸어갈 때 성도라 한다. 성도는 전적으로 하나님의 은혜다. 은혜란 하나님께서 값없이 주시는 선물이다. 성도란 예수님이 이루신 대속의 은혜로 성결하게 되었음을 의미한다.

8 성도는 하나님의 천국 백성이다. 천국 백성은 하나님의 자녀다. 하나님이 우리를 자녀로 받으신 이유는 우리를 통해 영광을 받으시기 때문이다.

우리는 하나님께서 우리에게 베푸신 사랑을 알고 믿었습니다. 하나님은 사랑이십니다. 사랑 안에 있는 사람은 하나님 안에 있고, 하나님도 그 사람 안에 계십니다. (요한1서 4. 16)

⑨⑦ 하나님 의

1 하나님의 의(義)는 하나님의 올곧은 성품이다. 절대적이고 영원한 하나님의 속성이다. 인간의 의는 인간의 마음을 하나님의 의에 일치시키는 것이다. 하나님의 의에 인간의 의를 맞춘다는 것은 인간의 노력으로 불가능하다.

2 하나님께서 아브라함의 믿음을 보시고 그것을 의로 여기셨다. 공로가 아니라 믿음으로 의롭게 된다는 말이다. 이를 '믿음으로 전가된 의'라 부른다.

3 예수님은 십자가에 달려 죄인의 죗값을 치르셨고, 하나님은 죄인을 무조건 용서하셨다. 예수님이 죄인을 대신하여 죽으신바, 예수님의 죽음을 하나님이 의로 여기신 것이다.

4 하나님께서 예수님을 죽음에서 부활시켜 하나님의 의를 드러내셨다. 하나님의 의를 예수님의 죽음과 부활을 통해 세상에 드러내신 것이다. 예수님은 하나님의 의를 드러내시기 위해 죽으셨고, 하나님은 예수님의 속죄를 확증하시기 위해 예수님을 부활시켰다.

5 우리는 예수님을 믿음으로 의롭다 함을 받고 하나님의 자녀가 된다. 죄인의 대속을 위해 죽으신 예수님이 죄에 대한 심판이었다. 부활하신 예수님이 하나님의 의를 이루시고 드러내셨다.

6 이렇듯 죽음과 부활을 통과하신 예수님에 의해 하나님의 의가 우리에게 미치게 되었다. 우리가 예수님을 믿음으로 영생을 얻게 되었

고, 예수님 안에 있는 하나님의 의도 갖게 되었다.

7 이제 우리는 더 이상 죄인이 아니다. 하나님의 의로 의롭게 되었다. 우리가 죄인으로 머물러 있다는 것은 예수님을 구주로 영접하지 않았다는 뜻이다.

> 예수 그리스도의 종이며 사도인 시몬 베드로가 우리와 같이 소중한 믿음을 받은 여러분에게 이 편지를 씁니다. 여러분은 우리 하나님과 구주 예수 그리스도의 의를 힘입어 이 믿음을 받았습니다. (베드로후서 1. 1)

98 하나님 공의

1 하나님의 공의(公義)는 사랑과 더불어 절대적이고 영원한 하나님의 성품이다. 하나님은 선악 간의 판단을 항상 공정하게 하신다.

2 다윗 왕은 이스라엘 백성을 공의로 다스렸다. 공(公)이라 함은 공정한 재판을 말하고, 의(義)라 함은 하나님의 법과 일치된 행동을 말한다. 따라서 공의로 백성을 다스렸다는 것은 하나님의 법에 따라 공정한 재판을 했다는 말이다.

3 공의는 사랑에서 나오고, 사랑은 공의에서 나온다. 공의와 사랑은 하나님의 변치 않는 성품이다. 사랑 없는 공의나 공의 없는 사랑은 있을 수 없다. 다윗은 하나님께서 친히 다스리듯, 하나님의 백성을 사랑과 공의로 다스려 신정 정치의 본을 보였다.

4 하나님의 권위는 공의에서 나온다. 공의가 흔들리면 선악의 기준이 무너지고, 선악의 기준이 무너지면 권위가 떨어진다. 하나님의 공의는 하나님의 권위와 직결되는바, 영원히 변할 수 없다.

5 하나님의 공의가 사정에 따라 변한다면, 그 기준에 따라 사랑의 기준도, 권위의 위엄도 흔들릴 것이다. 사랑의 기준이나 위엄이 흔들리면, 하나님의 이미지가 퇴색하게 된다. 사랑의 하나님이 아니라, 무관심이나 방임의 하나님이 된다. 하나님의 속성상 공의는 절대 흔들릴 수 없다.

6 하나님의 공의와 사랑은 하나님의 고유한 성품으로, 영원히 변치 않는다. 하나님께서 우리를 사랑하시되 끝까지 사랑하시고, 공의로 다스리시되 어떤 차별도 없으시다.

7 하나님께서 우리의 죄와 허물을 물으시되, 확실히 묻기 위해 독생자 예수님을 십자가 못 박았으며, 죄인을 용서하시되 반드시 그 대가를 치르게 하셨다. 우리를 구원하시되 십자가로 공의를 세우시며 구원하신 것이다.

8 하나님께서 우리를 향한 사랑을 드러내시고, 만고불변의 공의를 틀림없이 지키신 것이며, 죄악으로 얼룩진 우리를 구원하시기 위해 하나밖에 없는 독생자를 기꺼이 십자가에 내어주신 것이다.

> "그렇습니다. 하나님께서는 불의를 행하실 수 없고, 전능하신 분께서
> 공의를 무너뜨리지 않으십니다." (욥기 34. 12)

99 하나님 사랑

1 하나님의 사랑(love)은 하나님의 거룩하신 본심이요, 신령하신 본성이요, 영원하신 본질이다. 아무 흠도 없고 티도 없는 하나님의 사랑은 마냥 순전하시고 완전하시며 위대하시다.

2 하나님의 사랑은 일방적으로 베푸시는 마음이며, 영원히 변하시

지 않는 마음이며, 불의를 보고 용납하시지 않는 마음이며, 끝까지 돌보고 보살피시는 마음이다. 하나님의 사랑은 어느 누구에 의해 주어진 게 아니라, 영원 전부터 스스로 가지고 계시는 성품이다.

3 하나님께서 죄로 물든 인류를 구하시려고 외아들을 화목 제물로 내어주셨다. 이제 예수님을 믿는 사람에게 하나님의 자녀가 되는 특권이 주어졌다. 믿음으로 양자 된 사람은 영생을 선물로 받는다. 죄에서 해방되어 자유와 평화와 기쁨을 누린다. 하나님께서 예수님을 통해 참 사랑을 세상에 드러내셨다.

4 예수님의 십자가로 사망의 구렁텅이에서 인류를 구원하시고, 그 큰 사랑으로 아들의 생명을 인류에게 나눠주셨다. 하나님의 사랑으로 영원한 생명을 사람에게 분배하신 것이다.

5 사랑의 하나님도 하나님의 사랑을 외면하는 사람에게 거룩한 분노를 아끼지 않으신다. 하나님의 거룩한 분노는 하나님의 백성을 사랑하는 마음에서 비롯된다. 하나님의 분노는 하나님의 사랑을 깨닫도록 하시기 위함이다.

6 하나님의 사랑으로 예수님의 은혜를 입고, 예수님의 은혜로 하나님의 사랑을 깨닫는 것이다. 하나님의 분노는 사람의 구원을 위한 것이다. 때로는 시련과 고난도 아끼지 않으신다.

7 사랑의 하나님은 죄나 불의, 거짓이나 위선을 미워하시며, 엄중한 심판도 마다하지 않으신다. 사랑의 하나님과 심판의 하나님이 물과 불처럼 보이지만, 실상은 그렇지 않다. 불의를 미워하지 않고 공의를 세울 수 없으며, 공의를 실천하지 않고 사랑을 이룰 수 없기 때문이다.

8 하나님은 사랑과 공의를 양손에 잡고 계신다. 하나님은 공의와 사랑을 동시에 만족시키기 위해 독생자를 희생양으로 삼으셨다. 가장 사랑하는 아들을 가장 처절하게 죽임으로써, 인류의 구원을 이루셨던 것이다.

9 독생자를 사랑하셨으나 죄 가운데 살아가는 사람을 버려둘 수 없었던바, 사랑과 공의를 동시에 이루신 것이다. 이는 하나님의 속성 상 불가피한 선택이었다. 하나님이 사랑하는 사람의 죄를 용서하실 방법을 택하신 것이다. 그래서 인류의 죗값을 예수님이 대신 짊어지고 돌아가시게 되었다. 하나님의 사랑과 공의를 더 이상 어찌 설명하겠는가?

10 무슨 일이든 기준이나 판단이 의롭지 않으면 형평과 공의의 원칙이 무너지고, 공의의 원칙이 무너지면 신뢰가 깨진다. 하나님께서 사랑과 공의의 절묘한 조화를 통해 구원의 앙상블(ensemble)을 이루셨던 것이다.

11 하나님의 아들로서, 사람의 아들로서, 하나님과 사람 사이의 중보자로서 자격을 갖추신 예수님이 죄인의 죗값을 대신 치르고 용서하실 수밖에 없었다.

12 하나님의 사랑과 공의로 하나님의 아들이 인류를 대신하여 십자가에 달려 돌아가셨다. 세상 모든 죄를 단번에 청산하시기 위한 불가피한 과정이었다. 하나님께서 예수님의 십자가를 통해 사랑과 공의를 세상에 확연히 드러내신 것이다.

13 예수님이 하나님의 사랑을 극적으로 보여주셨다. 33년 동안의 삶을 통해 보이신 예수님의 사랑이 하나님의 사랑을 가장 잘 드러내셨다. 하나님은 공의를 위해 사랑을 희생시키지 않으셨고, 사랑을 위해 공의를 무너뜨리지 않으셨다.

14 예수님이 하나님의 사랑을 실천하신 게 아니라, 예수님이 하나님의 사랑이라 가능한 일이었다. 하나님이 사랑이신 것처럼, 예수님 또한 사랑이셨다. 예수님은 자신의 삶을 통해 하나님의 사랑을 확연히 드러내 보이셨다.

15 하나님이 예수님을 통해 드러내신 사랑을 본받아, 우리도 서로

사랑함으로써 그리스도의 사랑을 드러내야 한다.

하나님께서 독생자를 이 땅에 보내심으로 우리를 향한 사랑을 보여주셨으며, 그를 통해 우리에게 생명을 주셨습니다. (요한일서 4. 9)

💯 하나님 이름

1 하나님의 이름(name)은 사람의 언어로 드러내기 어려운 하나님의 영화나 영예를 말한다. 하나님께 사람의 이름과 같은 호칭을 붙이거나 부를 수는 없다.

2 일찍이 하나님의 이름을 가르쳐달라는 모세에게, 하나님은 '스스로 있는 자'라고 하셨다. 이는 '나는 나(I am I)'라는 말이며, '존재하는 존재를 존재케 하시는 존재'라는 뜻이다. 한국어로 '야훼' 또는 '여호와'로 번역되었다.

3 이후 하나님의 이름이 야훼로 알려지게 되었으나, 형이상학적 관점에서 풀어 적은 것일 뿐, 호칭으로서 하나님의 이름은 아니다. 하나님의 이름은 사람의 언어로 표현하지 못한다. 이름은 그의 품성과 인격을 드러내기 때문이다.

4 하나님을 누구라고 부르게 되면, 그 순간 하나님을 부정하게 된다. 하나님은 그 어떤 이름에도 어울리지 않는, 인간의 이성을 뛰어넘는 절대적 신(神)이시다.

5 사실 이스라엘 백성은 하나님의 이름을 부를 수 없었다. 하나님의 이름을 사람의 입에 담는 것 자체가 불경스러웠다. 그래서 '야훼' 대신 '하나님', '주님' 등으로 바꿔서 불렀다.

6 하나님은 스스로 계시며, 우주 만물을 주관하시고 다스리신다.

유일무이하시고 완전무결하시며, 전지전능하시고 무소부재하시며, 영원불변하시는 주권자시다. 거룩하시고 선하신 절대자시며, 의로우신 영이시며, 자비와 긍휼이 풍성하시며, 오래 참고 기다리시며, 세상의 빛이요, 향기요, 사랑이요, 예수 그리스도의 아버지시요, 모든 사람의 아버지시다. 공간적으로 무한하시고, 시간적으로 영원하시며, 감각적으로 무색무취하시다. 어떤 환경에도 지배받지 않으시고, 우주 만물에 의해, 사람의 양심에 의해, 독생자 예수님에 의해 자신을 드러내신다.

7 구약의 하나님은 '스스로 있는 자'라는 야훼와, '전능하신 분'이라는 하나님, '만물의 소유자'라는 주(主)님, '창조주'라는 아버지, '신(神)'이라는 데오스, '주인(主人)'이라는 아도나이와 퀴리오스, '지존하신 분'이라는 엘리온, '아버지'라는 아바와 파테르, '전능하신 분'이라는 엘, '만군의 여호와'라는 엘로힘 등으로 다양하게 불렸다. 이는 사람들이 나름대로 붙여 부른 이름으로서, 하나님의 인격과 성품, 위엄과 권위를 드러내고 있다.

8 신약에서는 성부와 성자, 성령이라는 삼위일체 하나님으로 나타나셨다. 성부 하나님께서 성자 하나님을 구세주로 보내셨고, 성자 하나님이 성령 하나님을 보혜사로 보내셨다.

9 성경은 하나님의 존재에 대하여 특별히 설명하거나 증명하지 않는다. 너무나 자명한 일이기 때문이다. 하나님께서 당연히 계신다는 사실을 전제로, 오히려 하나님이 없다는 사람을 어리석다고 한다. 하나님은 인격적이고 초월적인바, 언제 어디서나 우리와 함께하시며, 스스로 자신을 드러내신다.

어리석은 사람은 그 마음속으로 하나님이 없다고 한다. (시편 53. 1)

ⓛⓞⓛ 하나님 영광

1 하나님의 영광(榮光)은 하나님의 빛나고 높은 보좌, 곧 영화로우신 하나님의 현존을 의미한다. 오직 하나님만 받으실 영역이다.

2 하나님의 영광은 하나님의 지극하신 영화로서, 하나님의 자랑과 긍지를 나타낸다. 무슨 일이 있어도 사라지거나 축나지 않고 세세무궁토록 이어진다. 그런데 놀라운 사실은, 하나님께서 그 영화를 믿음의 선물로 자녀에게 나눠주시기를 기뻐하신다는 것이다.

3 성경에서 '영광'이라는 히브리어 단어는 무려 25개나 된다. 이는 얼마나 광범위하게 사용되고 있는가를 보여준다. 광채, 광희, 명성, 명예, 존경, 존귀, 아름다움, 능력, 가치 등이 모두 영광이다.

4 하나님의 영광은 하나님의 자녀가 하나님의 뜻에 따라 살아갈 때 주어진다. 예수님이 하나님의 뜻에 따라 죽기까지 순종함으로써 가장 빛이 났다.

5 예수님을 믿는 사람이 드리는 예배나 찬양, 감사를 통해서도 하나님의 영광이 드러난다. 이는 하나님께서 예수님을 통해 자신을 드러내는바, 우리가 예수님을 믿음으로 하나님의 영광을 드러내는 것이다.

6 하나님은 예수님의 탄생과 생애, 수난, 죽음, 부활, 승천의 모든 과정을 통해 자신의 영광을 드러내셨다. 이렇듯 예수님 안에 드러난 하나님의 영광은 우리가 예수님을 믿을 때 확연히 드러나며, 예수님의 재림 시 최종 완성될 것이다.

7 우리는 사나 죽으나 주님의 것이다. 하나님의 영광을 위해 존재한다. 우리의 믿음을 통해 하나님의 영광을 드러내야 한다. 이게 우리가 존재하는 이유이자 살아가는 목적이다.

8 우리가 하나님의 영광을 드러내려면, 예수 그리스도 안에서 많은 열매를 맺어야 한다. 포도나무의 가지로서 열매를 맺어, 농부이신 하

나님을 기쁘게 해드려야 한다. 그러자면 우리가 반드시 포도나무이신 예수님 안에 붙어 있어야 한다.

9 우리가 예수님 안에서 영화롭게 되는 것은 예수님 안에서 자라나 그리스도의 열매를 맺기 때문이다. 그리스도인은 장차 임할 새로운 나라의 영화에도 동참하게 된다.

10 우리는 예수님 안에서 열매를 맺고, 그리스도 안에서 하나님의 영화를 드러낸다. 우리가 영화롭게 됨은 우리를 구속하신 예수 그리스도의 생명을 풍성히 누리는 것이요, 하나님의 구원을 온전히 이루는 것이다.

11 우리가 거듭남은 하나님이 우리 안에 들어와 우리와 연합하는 것이며, 우리가 영화롭게 됨은 우리가 하나님 안에 들어가 하나님과 일치하는 것이다. 우리가 하나님과 연합하고 일치할 때, 하나님의 영광을 온전히 드러내게 된다.

여러분의 생명이신 그리스도가 나타나실 때, 여러분도 그리스도와 함께 영광 가운데 나타날 것입니다. (골로새서 3. 4)

102 하나님 계획

1 하나님의 계획(計劃)은 하나님께서 예수 그리스도 안에서 정하신 구원의 절차와 방법 등을 말한다.

2 사탄의 유혹에 넘어간 최초의 사람이 하나님과의 관계가 단절되어 절망의 나락으로 떨어졌다. 겉으로 살아 있는 듯이 보였으나, 속으로 죽은 사람이었다. 속사람이 죽어 허울 좋은 인간이 되었던 것이다.

3 껍데기만 남은 사람은 하나님과 함께하기를 원했으나, 그럴 수가

없었다. 하나님을 모실 그릇은 있었으나, 죄로 오염되어 모실 수가 없었다. 더러워진 그릇에 사탄이 들어가 인간은 만신창이가 되었다.

4 하나님의 생명은 본질상 거룩하신바, 죄로 더러워진 사람과 함께 하실 수 없었다. 불이 물에 담길 수 없듯이, 죄로 오염된 인간에게 하나님이 들어가실 수 없었다.

5 죄인은 죄를 죄로 깨닫지 못했다. 죄인으로 살다가 죄인으로 죽을 수밖에 없었다. 언뜻 보면 죽었는지 살았는지 분간이 되지 않았으나, 그 안에 하나님의 생명이 없어 텅 빈 그릇이었다. 일찍이 하나님이 불어넣어 주신 생명이 떠나고 육신의 사람이 되었던 것이다.

6 하나님의 생명이 없는 사람은 더 이상 생령이 아니었다. 껍데기 인간으로 허울에 불과했다. 하나님의 형상은 사라지고, 하나님의 모습은 어디에서도 찾아볼 수 없었다. 죄 가운데 태어나 죄를 지으며 살다가, 죄인으로 죽을 수밖에 없었다.

7 이를 미리 아시고, 하나님께서 죄인을 구원할 계획을 세우셨다. 죄로 죽은 사람을 의로 살리는 계획이었다. 하나님의 선하신 뜻에 따라 미리 정하신 우주적 초대형 프로젝트였다. 하늘과 땅의 모든 것을 예수 그리스도 안에서 회복시킬 방안이었다.

8 하나님의 계획은 죄인을 구원하여 하나님의 자녀로 삼을 간절한 마음에서 비롯되었다. 하나님은 지금도 우리를 향한 하나의 목적을 가지고 계시는바, 다름 아닌 하나님의 생명을 우리에게 나눠주시는 것이다.

9 하나님께서 궁극적으로 원하시는 바는 자신의 생명을 분배하여 많은 자녀를 낳는 것이다. 이게 인류를 향하신 하나님의 사랑이요 구원의 계획이다.

10 하나님과 연합하여 하나가 되는 것이 하나님을 바로 알고 제대로 믿어 풍성히 누리는 길이다. 만세 전에 세우신 하나님의 계획은 오늘

날 우리를 향한 영원한 목적이 되었다. 예수님은 세상에 오신 하나님의 아들로서, 하나님의 계획을 이루시는 모든 것의 모든 것이 되었다.

11 처음부터 하나님과 함께 계시다가 성육신하여 죽음과 부활, 승천과 강림의 과정을 성공리에 마치시고, 이제 나머지 하나님의 계획을 온전히 이루실 것이다. 하나님께서 예수님을 통해 모든 계획을 수립하셨고, 예수님은 하나님의 계획에 따라 모든 과정을 완수하실 것이다.

> 하나님께서 미리 세우신 계획에 따라서, 여러분을 뽑아 성령으로 거룩하게 하셨습니다. 그래서 여러분은 예수 그리스도를 따르게 되었으며, 그 피로 깨끗하게 되었습니다. 여러분에게 은혜와 평강이 더욱 넘치기를 빕니다. (베드로전서 1. 2)

ⓘ03 하나님 경륜

1 하나님의 경륜(經綸)은 하나님의 계획에 따른 통치 체계로서, 하나님의 생명을 자녀에게 분배하시는 것이다.

2 하나님의 목적은 예수님을 믿음으로 구원받은 성도에게 하나님의 생명을 분배하여, 하나님의 자녀로 삼는 것이다. 이는 하나님의 경륜에 따라 하나님의 아들에 의해 드러났다.

3 하나님의 경륜은 하나님이 스스로 정하신 계획이다. 죄로 물든 사람을 불쌍히 여기시고, 죽음에서 해방시켜주시려는 하나님의 마음에서 비롯되었으며, 예수 그리스도 안에서 이루어졌다.

4 예수님을 통한 구원의 계획은, 죄인을 회개시켜 자녀로 삼으시려는 하나님의 사랑에서 비롯되었다. 하나님의 생명을 나눠주시기 위한

지상 최대의 프로젝트, 바로 예수 그리스도 안에서 세우신 하나님의 경륜이다.

5 하나님의 계획에 따라 십자가에 달려 구원 사역을 완수하신 예수님이 바로 그 모든 것이었다. 하나님의 경륜에 의한 수단과 방법, 목적과 성취가 모두 예수 그리스도 안에 있다.

6 하나님은 자신의 생명을 자녀에게 분배하시기 위해 가장 손쉽고 효율적인 방법을 사용하셨다. 예수 그리스도를 영접한 사람에게 성령님을 부어주시는 것이다.

7 하나님의 나라는 하나님의 생명을 받은 그리스도인 공동체로 나타난다. 이는 새 예루살렘의 모형이요, 영원한 천국의 그림자다. 예수님의 신부로서, 하나님의 생명이 가득한 교회로, 거룩한 성으로 나타날 것이다.

8 그리스도의 신부로 단장한 성도는 신랑이신 예수님에서 나와 그리스도의 배필이 될 것이다. 이는 최초의 신부 하와가 최초의 신랑 아담에서 나와 아담의 배필이 된 것과 같다. 이 모든 과정이 하나님의 경륜에서 이루어졌고, 또 이루어질 것이다.

> 그들이 신화와 끝없는 족보 이야기에 정신을 팔지 못하게 하십시오.
> 그런 것은 믿음 안에서 하나님의 경륜을 이루기보다, 오히려 쓸데없는 논쟁을 불러일으킬 뿐입니다. (디모데전서 1. 4)

⑩④ 선택과 유기

1 선택(選擇)은 여럿 가운데 골라서 뽑아내는 것이고, 유기(遺棄)는 버리고 돌보지 않는 것이다.

2 야곱의 쌍둥이 아들이 태어나기 전부터 하나는 선택되었고, 하나는 유기되었다고 한다. 그렇다면 하나는 아무리 못나도 선택받은 자식이고, 하나는 아무리 잘나도 버림받은 자식이란 말인가? 이 논리는 상식적으로 이해가 되지 않는다.

3 사람이 태어나기 전부터 이미 선인과 악인으로, 구원받을 자와 버림받을 자로 정해져 있다면, 사람의 운명은 자신의 의지와 전혀 상관없다는 말이 아닌가? 그렇다면 세상에서 흔히 말하는 팔자소관과 무엇이 다른가? 그게 정말 하나님의 뜻일까? 그렇다면 불공평한 게 아닌가? 하나님의 속성과 다르지 않은가? 이런 의문이 꼬리를 물고 일어난다.

4 이에 대해 대체로 두 가지 견해가 있다. 하나님께서 만세 전부터 타락할 사람을 미리 아시고 선택과 유기를 정하셨다는 것과, 사람이 타락한 뒤에 하나님께서 선택과 유기를 조건부로 정하셨다는 것이다.

5 전자는 하나님의 무조건적 선택으로 예정된 사람만 구원을 받는다는 장 칼뱅의 예정론이고, 후자는 예수님의 대속으로 무제한적 속죄가 이루어졌으나, 믿음이라는 조건부로 사람을 구원한다는 존 웨슬리의 만인 구원론이다.

6 칼뱅주의에 의한 예정론을 취하는 교파는 대체로 장로교이며, 웨슬리주의에 의한 만인 구원론을 취하는 교파는 천주교와 감리교, 성결교 등이다. 그런데 칼뱅주의나 웨슬리주의가 나무만 보고 숲은 보지 못하고 있다는 사실이다.

7 단도직입적으로 말해서, 우리는 칼뱅주의와 웨슬리주의를 모두 받아들인다. 양쪽의 견해를 하나로 합쳐야 한다는 뜻이다. 양쪽 교리가 극과 극을 달리는 것처럼 보이나, 자세히 살펴보면 모두 성경적이고 보완적이다.

8 하나님의 속성을 공부하기 전에, 먼저 인정해야 할 사항이 있다.

인간의 논리로 설명되지 않는 부분이 있다는 사실이다. 이쪽을 취하면 저쪽을 버려야 하는, 어쩌면 이율배반처럼 보이는 부분도 있다는 것이다.

9 누구는 선택되고 누구는 유기되었다는 말씀은 원칙적으로 사람이 판단할 사항이 아니다. 이쪽이냐 저쪽이냐를 선택하거나 유기하는 일은, 흑백 논리처럼 이원론적으로 구분할 문제가 아니라, 과거와 현재, 미래까지 내다보시는 하나님의 통치에 관한 사항이라는 것이다.

10 사실 선택과 유기는 교리가 아니다. 중간 지대나 중용에 해당하는 것도 아니다. 교파에 따라서 하나는 선택하고 하나는 버릴 것도 아니며, 하나는 정통으로 수용하고 하나는 이단으로 정죄할 일도 아니다. 하나님의 선하신 뜻에 따라 행하시는 통치 방법일 뿐이다.

11 하나님의 관점에서 보면, 칼뱅주의나 웨슬리주의는 아무것도 아니다. 16세기 칼뱅이나 18세기 웨슬리가 하나님의 뜻에 따라 유익한 일꾼으로 사용되었을 뿐이다.

12 칼뱅주의 예정론과 웨슬리주의 만인 구원론이 그때 당시는 필요한 교리였다. 언뜻 보면 이들의 견해가 반대를 위한 반대로 달려가는 것처럼 보이지만, 실상은 온전한 하나를 위한 보충이었다. 사실 성경에 나타난 사건을 어느 관점에서 어떻게 보느냐에 따라 다양한 견해가 나올 수 있다.

13 하나님의 선하신 뜻에 따라 무조건적으로 선택하시되 조건적으로 적용하실 수도 있고, 무제한적으로 속죄하시되 제한적으로 구원하실 수도 있다. 하나님은 다 하실 수 있다. 하나님께 불가능은 없다. 하나님의 주권적 통치를 사람이 설명할 수 없을 뿐이다. 하나님의 통치는 사람의 이해를 구하지 않는다.

14 우리의 기준으로 불공평하거나 불평등하게 보이는 사항도, 하나님의 뜻에 따라 하나님이 적용하실 경우, 하나님의 기준과 원칙에 따

라 공평하다는 것이다. 이게 진리요, 믿음이다.

15 비록 궤변처럼 들릴 수 있고 우리의 이성으로 이해하기 힘들지만, 하나님께서 선히 여기시는 일을 누가 감히 아니라고 하겠는가? 하나님의 생각은 우리의 생각과 다르며, 하나님의 방법은 우리의 방법과 다르다.

16 하나님의 선택과 유기는 인간의 이성과 논리의 잣대로 가늠되지 않는다. 인간의 제한성과 하나님의 초월성을 인정해야 한다. 우리는 틀리나 하나님은 맞으며, 우리는 불의하나 하나님은 의로우며, 우리는 실패이나 하나님은 성공이며, 우리가 죽는 것이 하나님이 사는 것이며, 우리의 비천이 하나님의 존귀이며, 우리의 낮아짐이 하나님의 높아짐이며, 우리의 섬김이 하나님의 영광이며, 우리의 꼴찌가 하나님의 으뜸이다. 이게 하나님의 통치 방법이다.

17 우리는 모든 게 뒤죽박죽 같고 틀린 것처럼 보이지만, 하나님이 틀린 것은 하나도 없다는 것이다. 하나님의 기준이 우리의 기준과 다를 뿐이다. 우리의 기준으로 똑같은 사안이라도, 하나님께서 그때그때 사정에 따라, 선하신 뜻에 의해, 얼마든지 달리 적용하실 수 있다는 것이다. 하나님의 통치를 우리의 잣대로 측정하거나 공식에 대입해서는 안 된다.

18 우리는 틀림과 다름을 분명히 구분해야 한다. 틀린 것은 근본이 다르나, 다른 것은 방법이 다를 뿐이다. 틀린 것은 잘못이나, 다른 것은 정당하다. 틀린 것은 배척해야 하나, 다른 것은 존중해야 한다. 틀린 것은 이단이나, 다른 것은 정통이다.

19 하나님께서 쌍둥이 형제가 태어나기 전부터 동생은 사랑하시고 형은 미워하셨다는 말씀을, 우리의 잣대로 성급하게 판단하여 하나님의 공의와 사랑을 의심하면 안 된다. 사람은 그들 형제의 인생 여정이나 장래를 몰랐으나, 하나님은 다 알고 계셨다. 하나님의 천리안을 누

가 알겠는가?

20 전지전능하신 하나님께서 에서가 가지고 있는 자유의지까지 다 아셨으며, 장래에 장자의 권리를 야곱에게 팔 것과, 하나님의 권세까지 만홀히 여길 것을 미리 아시지는 않았을까?

21 어찌 보면 하나님의 무조건적 선택에 의해 형이 버림받은 것처럼 보이지만, 사실은 그의 자유의지 남용에 의해 버림받을 것을 하나님께서 미리 아시고 말씀하시지는 않았을까?

22 하나님께서 사람에게 생육하고 번성하라 하셨으며, 충만하고 다스리라 하셨으며, 하나님의 명령을 지키라고 하셨다. 하지만 사람은 자신의 자유의지로 불순종하여 죄를 범했다. 이는 자유의지의 남용이었다.

23 우리가 보기에 당연히 구원받을 사람이 하루아침에 멸망의 나락으로 떨어지기도 하고, 마땅히 저주받을 사람이 복을 받기도 하고, 죽을 사람이 살기도 하고, 살 사람이 죽기도 한다.

24 이스라엘 왕으로 세워진 사울도 하나님에 의해 무조건적으로 선택되었으나, 자신의 자유의지를 남용하여 버림을 받았다. 십자가상의 강도는 당연히 저주받아 지옥으로 들어가야 했으나, 마지막 순간에 부르짖은 한마디의 신앙고백으로 구원을 받았다.

25 우리의 눈으로 불공평한 것처럼 보인다고 해서, 하나님의 사랑과 공의에 흠이 있는 것일까? 아니다. 전혀 그렇지 않다. 오히려 하나님의 공의를 더욱 굳게 세운다. 지극히 사소한 일까지도, 하나님의 인도하심과 인간의 자유의지가 협력하여 선을 이루기 때문이다. 사실 하나님은 아주 다양한 방법으로, 사람의 자유의지와 협력하여 선택하기도 하시고 유기하기도 하신다.

26 그래서 칼뱅의 예정론은 16세기 종교개혁 당시 유익한 이론이었고, 웨슬리의 만인 구원론 역시 18세기 시대적 상황에 부응하여 필요

한 이론이었다. 그러나 이제는 이것을 취하고 저것을 버릴 게 아니라, 이 모든 것을 합쳐서 하나로 완성해야 한다. 이게 성경적이다.

"부름을 받은 사람은 많으나, 선택을 받은 사람은 적다." (마태복음 22. 14)

105 하나님 작정

1 하나님의 작정(作定)은 하나님께서 미리 아시고 정하신 계획이다. 하나님의 예정이 사람에 대한 계획이라면, 하나님의 작정은 우주 만물에 대한 계획이다.

2 하나님의 작정은 하나님의 선하신 뜻에 따라 미리 정하신 것으로, 반드시 이루어진다는 특징이 있다. 최초의 인류가 사탄의 유혹에 넘어가 죄를 범한 것이나, 오늘날 세상이 죄악으로 만연한 것도, 넓은 의미로 보면 모두 하나님의 작정 안에 있다.

3 하나님께서 일정한 프로그램에 의해 작동하는 로봇처럼 사람을 만들지 않으시고, 어느 정도의 자유의지를 허락하셨다. 그런데 사람이 그것을 잘못 사용하여 죄를 범하고 말았다. 그래서 하나님과 관계가 단절되어 더욱 죄의 나락으로 떨어지게 되었다.

4 사람의 자유의지 남용으로 죄가 들어왔으며, 죄를 씻기 위해 구원이 필요했으며, 구원을 위해 하나님이 예수님을 보내셨으며, 예수님을 믿음으로 구원에 이르게 된바, 이 모든 과정이 하나님의 작정 안에 있다는 것이다.

5 구원이 하나님의 작정 안에 있음에도, 여전히 죄악 가운데 살아가는 사람은 무엇인가? 그들은 예수님에 의한 구원의 은총을 거부함

으로써, 스스로 구원의 대열에서 벗어난 것이다. 하나님께서 미리 정하신 작정과 관계없다. 하나님의 속성상 인간을 죄악 가운데 살아가도록 작정하실 수는 없다.

6 자신의 의지로 범한 죄는 자기가 책임져야 한다. 하나님께서 사람답게 살아가도록 사람에게만 특별히 허락하신 의지를 오남용하여 하나님의 작정에서 벗어났기 때문이다. 사람이 일반 동물과 다른 점은, 자신의 의지로 하나님을 섬길 수도 있고, 섬기지 않을 수도 있다는 점이다. 사람은 누구나 자신의 의지에 따른 책임을 질 의무가 있다.

7 죄는 인간이 사탄의 유혹에 빠져 자신의 의지를 남용한 결과로 빚어졌다. 하나님의 작정이 아니다. 하지만 하나님은 사람을 사람답게 하시려고 자유의지를 허락하셨고, 인간의 타락과 범죄를 미리 아시고, 예수 그리스도를 통한 구원을 예정하셨다.

8 오늘날 하나님의 작정과 배치되는 사상이 있다. 이신론(理神論)이다. 하나님이 만물을 창조하시고 자연 법칙을 주셨으며, 그 법칙에 따라 만물이 운행되고 있지만, 더 이상 피조 세계에 관여하거나 개입하지 않는다는 것이다. 이는 인간의 이성을 지나치게 강조하여 하나님의 작정을 무력화시킨다.

9 또 자연을 신과 동일시하여 인간 사회에 대한 신의 섭리를 부정하는 만유신론(萬有神論), 곧 범신론(汎神論)이 있고, 하나님께서 세상만사를 다 작정하여, 인간의 자유의지나 죄에 대한 책임의 여지가 없다는 숙명론(宿命論)도 있다. 이는 주마간산의 논리로서 하나님의 작정과 거리가 멀다.

> "하나님께서 자신이 세우신 한 사람을 통하여, 세상을 공의로 심판하실 날을 정하셨습니다. 하나님께서 그를 죽은 사람 가운데서 살리심으로, 모든 사람에게 그 증거를 보이셨습니다." (사도행전 17. 31)

🔵106 하나님 예정

1 하나님의 예정(豫定)은 하나님께서 미리 아시고 정하신 구원의 계획이다. 모든 사람이 예수 그리스도 안에서 구원을 얻고, 하나님의 자녀가 되기를 원하시는 하나님의 사랑에서 비롯되었다.

2 사람이 자신의 의지에 따라 하나님을 믿을 수도 있고 믿지 않을 수도 있지만, 하나님은 그 마음을 미리 아시고, 선택할 사람은 선택하시고 유기할 사람은 유기하신다.

3 하나님의 선택과 유기로 사람의 의지와 상관없이 구원과 멸망이 미리 정해진 것처럼 보이나, 실상은 그렇지 않다. 하나님은 아무리 악한 사람도 회개하고 돌아오면 받아주실 수밖에 없다. 이게 사람의 의지와 협력하시는 하나님의 예정이다.

4 사람이 자신의 의지로 구원자를 믿을지의 여부를 하나님이 미리 아신다는 것은, 사람이 믿음으로 선택되고, 믿지 않음으로 유기된다는 말과 같다. 하나님의 선택과 유기에 의한 작정이나 예정은 인간의 의지와 협력할 수밖에 없고, 그 과정을 하나님이 미리 아신다는 뜻이다.

5 하나님은 모든 방면에서 전지전능하시다. 사람의 기준에 의한 처음과 나중이나 가능과 불가능 따위는 아무 의미가 없다. 먼저 된 사람이 나중 될 수도 있고, 나중 된 사람이 먼저 될 수도 있다.

6 사실 하나님의 방법은 사람의 이성으로 이해되지 않고 논리로 설명되지 않는다. 우리는 이를 인정하고 받아들여야 한다. 그래야 기상천외한 하나님의 사랑과 은혜를 맛볼 수 있다.

7 하나님의 예정에 의한 인류의 구원은, 하나님의 선하시고 기뻐하시는 뜻에 따라 누구에게나 공평하게 주어진 은혜로서, 아무도 자랑치 못하게 하셨다.

8 구원은 예수님을 믿음으로 가능하지만, 믿음은 사람의 의지와 하

나님의 예정이 합력할 수밖에 없으며, 하나님의 예정에 의해 하나님의 자녀로 이미 선택된 사람이 있는가 하면, 그렇지 않은 사람도 있다.

9 사람은 누구나 자신의 의지로 믿을 수도 있고 믿지 않을 수도 있다. 자신의 의지를 오남용하여 하나님의 예정과 관계없이 구원에서 제외될 수도 있다. 그렇다고 인간의 의지가 하나님의 예정을 무력화시키는 건 아니다.

10 하나님의 예정과 인간의 의지는 무슨 공식에 따라 선후를 따질 사안이 아니다. 하나님의 주권으로 선택할 자는 선택하시고 유기할 자는 유기하시나, 천편일률적으로 모든 사람을 그렇게 하시지 않는다는 것이다. 이는 하나님의 뜻에 따라 필요한 경우 그렇게 하실 수도 있고, 그렇게 하시지 않을 수도 있다는 뜻이다.

11 하나님은 자신의 선하신 뜻에 따라 이스라엘 12지파를 선택하셨으며, 노아와 아브라함, 이삭, 야곱, 요셉, 모세, 여호수아, 다윗, 솔로몬 등도 모두 선택하셨다. 예수님도 자신의 뜻에 따라 12제자를 뽑아 세우셨고, 핍박자인 사울을 불러 이방인의 사도로 세우셨다.

12 이렇듯 하나님은 필요에 따라 언제든지 국가나 민족, 개인을 선택하여 그에 합당한 일을 맡기신다. 하지만 첫 사람 아담이나, 이스라엘 초대 왕 사울이나, 예수님의 제자 가룟 유다와 같이, 자신의 의지를 남용하여 하나님의 뜻을 거역하는 경우도 얼마든지 있을 수 있다.

13 하나님의 선택과 인간의 의지가 서로 협력한다는 것이다. 따라서 자신의 의지로 예수님을 믿고 구세주로 영접한 사람은 누구나 구원을 받지만, 끝까지 예수님을 거절하는 사람은 부득불 구원에서 제외될 수밖에 없다.

14 예수님도 하나님께서 선택하신 이스라엘 민족을 회개시키려고 부단히 애를 썼으나, 그들은 끝내 예수님의 뜻을 거절했다. 그래서 성도의 본이 되기는커녕, 오히려 걸림돌이 되었다. 유대인은 자기네 책

임을 다하지 못했으며, 오히려 구세주로 오신 메시아를 죽였다.

15 그럼에도 하나님은 이스라엘 백성을 아주 버리시지 않았다. 그들 가운데 전도자를 세워서 예수님의 복음을 전하게 하셨다. 그래서 예수님의 복음은 인종이나 민족, 남성이나 여성, 가난한 자나 부한 자, 귀한 자나 천한 자를 불문하고 만민에게 전파되었다.

16 구원의 초대권은 모든 사람에게 송달되었으나, 초대받은 손님은 자신의 의지로 응할 수도 있고 응하지 않을 수도 있다. 그들은 먹고살기 바빠서 시간이 없다든지, 가족을 위해 돈을 벌어야 한다든지 하면서, 눈에 보이는 세상에 집착하고 있다. 눈에 보이지 않는 세계가 있다는 사실을 모른다.

17 그들은 한낱 먼지 같은 것을 잡으려고 버둥거리며 살다가, 천하보다 귀한 생명을 놓친다. 예수님을 믿고 구원받는 것이 시간이나 돈과 관계없다는 사실을 모른다. 그들의 욕심은 세상의 쾌락과 풍요인바, 재물을 미끼로 다가오는 사탄의 달콤한 유혹을 뿌리치지 못한다.

18 그들은 구원의 초대를 거부함에 그치지 않는다. 사탄의 하수인으로 전락하여 선을 악으로 갚고, 전도자를 핍박하며, 진리에 대한 반역도 서슴지 않는다. 물질의 풍요와 육신의 쾌락을 추구하려고 이웃을 속이거나 거짓말도 마다하지 않는다.

19 불의한 자가 호의호식하며 성공한 것처럼 보이지만, 진리에 대한 반역으로 하나님의 심판을 피할 길이 없다. 그들을 가리켜 쫓겨난 자, 유기된 자로 예정되었다고 한다.

20 그럼에도 구원의 문은 항상 열려 있다. 누구나 예수님을 믿고 새 사람이 될 수 있다. 사람의 기준에 의해 그들을 정죄하거나 포기해서는 안 된다. 그들을 더욱 불쌍히 여기고 최선을 다해 구원으로 인도해야 한다.

21 구원은 온 세상을 포함했으나, 구원의 은총은 선택받은 사람의

몫이다. 구원의 은혜는 만인에게 선포되었으나, 믿지 않는 사람은 부득불 구원의 대열에서 제외된다.

22 하나님의 예정에 의해 누가 선택되고 유기되었는지 우리가 어떻게 알겠는가? 예정하신 하나님만 아실 일이다. 우리는 우리의 의지를 하나님의 뜻에 맞춰 사용해야 한다.

> **모든 것을 뜻하신 대로 이루시는 하나님께서 오래전에 우리를 예정하시고 선택하셔서, 그리스도 안에서 우리를 상속자로 삼으셨습니다.**
>
> (에베소서 1. 11)

⑩⑦ 하나님 주권

1 하나님의 주권(主權)은 하나님의 선하신 뜻에 따라 스스로 행하시는 권리, 곧 하나님의 절대 권한이다.

2 하나님은 자주적이고 독립적이며 무소불위하시다. 우주 만물을 주관하시고 삼라만상을 다스리시며, 어떤 것에도 제한받지 않으시며, 스스로 기뻐하시고 선히 여기시는 뜻대로 주장하시며, 스스로 통제하시는 자제력까지 가지고 계신다.

3 하나님은 자신의 선하시고 영원하신 뜻에 따라서, 사랑과 공의라는 만고불변의 기준으로 만유를 지배하고 다스리신다. 그 어떤 불의나 모순도 있을 수 없다.

4 우리는 하나님의 절대적 주권 하에, 언제 어디서나 마음 놓고 편히 살아갈 수 있다. 우리의 인생을 송두리째 맡기고 의지할 수 있다.

> 정해진 기간이 지나자, 나 느부갓네살은 하늘을 우러러보고 정신을

되찾았다. 나는 지극히 높으신 분께 감사하고, 영원하신 분께 찬양과
영광을 돌렸다. 그분의 다스리심은 영원하며, 그분의 나라는 대대로
이어질 것이다. (다니엘 4, 34)

108 하나님 사역

1 하나님의 사역(使役)은 하나님이 계획하시고 주관하시며 성취하시
는 일이다. 하나님의 뜻에 따라 자신의 생명을 자녀에게 나눠주시는
일, 죄인을 구원하여 자녀로 삼으시는 일이다.

2 하나님의 생명이 어떻게 사람에게 분배될까? 영원하신 하나님의
생명을 일시적인 사람에게 주시는 일이 그리 쉽지는 않을 듯싶다. 사
실 하나님의 생명은 하나님의 방법에 따라 신비롭게 분배된다.

3 하나님은 예수님을 구주로 영접한 그리스도인에게 성령님을 통해
자신의 생명을 분배하신다. 하나님의 뜻에 따라 성부와 성자, 성령으
로 사역을 분담하신다.

4 성부께서 계획하시고 섭리하시며, 성자가 주관하시고 수행하시
며, 성령님이 적응시켜 완성하신다. 하지만 그에 따른 구체적 방법이
나 절차 등은 아무도 모른다.

5 하나님의 사역에 대한 역할 분담은 신비로움 자체다. 우리가 배우
고 익힐 부분이 아니라, 신앙으로 체험하고 믿을 부분이다. 사실 하나
님의 일은 인식의 대상이 아니라, 믿음의 대상이다.

6 깊이 감춰진 하나님의 일은 모르는 게 정답이다. 억지로 꿰맞추려
고 해서는 안 된다. 모르는 건 모르는 게 참으로 아는 것이며, 이를
아는 게 진리를 깨닫는 첫걸음이다.

7 하나님의 생명을 그리스도인에게 주시기 위한 하나님의 사역은,

예수님의 몸을 바로 세우기 위한 전초 작업이다. 우리는 지상에 세워진 교회를 통해 예수님의 몸을 본다. 교회는 장차 새 예루살렘으로 승화할 예수 나라의 모형이다.

8 새 예루살렘은 하나님의 계획과 예수님의 구속, 성령님의 적용에 따라 모든 세대의 그리스도인이 함께 세워가는, 그리스도의 완전한 몸이 될 것이다.

9 교회는 예수님의 신부로서, 하나님의 처소로서, 거룩한 성으로 드러날 것이다. 단장된 새 예루살렘은 그리스도에 의해 세워져 예수님의 배필이 될 것이다. 이는 일찍이 하와가 아담에 의해 세워져 배필이 된 것과 같다.

> 자기 육체의 욕망을 따라 심는 사람은 육체로부터 썩을 것을 거두고,
> 성령의 뜻을 따라 심는 사람은 성령으로부터 영생을 거둘 것입니다.
>
> (갈라디아서 6. 8)

⑩⑨ 하나님 섭리

1 하나님의 섭리(攝理)는 하나님의 방법으로 우주 만물을 보살피시고, 다스리시며, 지키시는 것이다.

2 하나님께서 피조 세계를 보호할 것은 보호하시고, 보존할 것은 보존하시며, 다스릴 것은 다스리시고, 협력할 것은 협력하시며, 총체적으로 관리하시고 운영하신다.

3 하나님의 섭리로 우주가 운행되고 있으며, 택하신 백성을 눈동자같이 지켜주신다. 때로는 실패나 질병, 고난까지 사용하여 다듬어주시고 보호하시며 인도하신다.

4 하나님은 자신의 선하신 뜻에 따라 우주를 다스리신다. 제한된 사람의 지식으로 설명할 사안이 아니다. 하나님께서 사람의 생각이나 감정에 의해 지배되거나 영향을 받지 않으심은 당연하다.

5 하나님의 지식과 지혜, 안목은 너무나 크고 광대하시다. 불공평하고 불합리하게 보이는 부분까지 공평하고 합리적일 수밖에 없다. 하나님은 언제 어디서나 자신의 독창적 방법으로 우주 만물을 돌보시고 다스리신다.

6 하나님은 우리의 핸디캡(handicap)까지 사용하여 선을 이루신다. 알코올이나 아편, 마약 등이 악한 것이지만, 하나님의 선하신 뜻에 따라 사용하면 더없이 좋은 약이 되는 것과 같다.

7 하나님이 우주를 질서 있고 조화롭게 창조하셨다. 일정한 법칙과 원칙에 따라 보존하시고 보호하시며 통치하신다. 필요한 경우 초자연적 방법을 동원하여 섭리하신다. 우주 안에 있는 만물이 하나님의 신비로운 손길에 의해 질서와 조화를 이루며 운행한다.

8 악인이 의인보다 형통하고 잘되는 경우가 있다. 하지만 하나님은 악인의 형통보다 의인의 고난을 더 소중히 여기신다. 하나님은 의인의 적은 소득을 악인의 많은 소득보다 더 귀하게 보신다.

9 의인은 어렵게 보이는 하나님의 섭리 하에서도, 하나님만 바라보고 감사하며 살아간다. 하지만 악인은 형통해 보이는 하나님의 섭리 하에서도, 늘 불평불만을 늘어놓으며 살아간다.

10 하나님의 섭리는, 특별한 경우를 제외하고, 자연 법칙을 흩트리지 않으신다. 모든 사람의 자유의지까지 존중하며, 예수 그리스도 안에서 보다 자유롭고 풍성하게 살도록 배려하신다.

11 하나님이 사람을 기계나 로봇처럼 만들지 않으시고, 보다 자유롭게 살아가도록 자유의지를 주셨다. 우리에게 자유의지를 허락하신 하나님께 감사하자. 하나님의 섭리 안에 있는 자유는 선하고 좋은 것

이나, 하나님의 섭리를 벗어난 자유는 방임의 기회가 되어 죄악으로 달려간다.

12 사람의 자유의지는 하나님의 섭리라는 통제의 틀 속에 있어야 한다. 하나님의 섭리를 떠난 자유의지는 무질서와 방종을 낳는다. 우리의 자유의지는 무질서나 방종까지 다스리시는 하나님의 섭리 안에 있어야 한다.

13 하나님이 우주 만물을 지배하고 다스리시는 이유는, 하나님의 영광만을 위해서가 아니다. 하나님의 형상대로 지음 받은 사람까지 영화롭게 하기 위함이다. 하나님의 섭리는 근본적으로 사람을 역사의 주인공으로 세우기 원하신다.

14 하나님은 초자연적 비상 섭리로 자신의 임재를 보여주기도 하신다. 하나님께서 귀히 여기시는 사람을 예수 그리스도 안으로 인도하시기 위함이다.

15 하나님의 섭리로 살아가는 사람은 하나님의 은혜에 감사한다. 오늘도 우리와 함께하시는 우리 주 예수 그리스도의 은혜와 사랑에 감사하자.

16 그럼에도 우리에게 질병이나 고난, 고통 등이 다가오기도 한다. 하지만 그럴수록 불평하거나 원망하지 말고, 그것을 통해 일하시는 하나님의 섭리를 보아야 한다. 회개하라고 하실 때는 지체하지 말고, 감사하라고 하실 때는 즉시 해야 한다.

17 하나님의 섭리에 우연이란 있을 수 없다. 모든 것이 하나님의 다스림 안에 있다. 아주 평범하게 보이는 사소한 일까지 하나님의 손길이 깃들어 있다. 우리의 인생을 통째로 맡기고 의지하는 믿음을 가져야 한다.

18 우리가 하나님을 믿는다는 것은, 우리의 인생을 하나님께 맡기고, 하나님의 섭리에 의지하며 살아가는 것이다. 그래야 하나님께서

우리를 어여삐 여기신다.

19 하나님의 섭리를 귀하게 여기는 사람은 보이는 것에 집착하지 않는다. 세상을 지배하는 돈이나 권세, 명예, 인기 등에 초연하게 된다. 보이는 것보다 보이지 않는 것이 더욱 소중하다는 사실을 알기 때문이다.

20 하나님의 섭리를 아는 사람은 어떤 핍박이나 환란에도 낙담하지 않는다. 인내할 때는 인내하고, 싸울 때는 기꺼이 싸운다. 돌보시고 다스리시는 하나님의 섭리를 알기 때문이다.

21 우리는 우리와 함께하시며, 모든 것을 선으로 합력시켜주시는 하나님을 의지하며 살아간다. 하나님의 섭리를 믿고 의지하는 사람만이, 하나님의 영광을 위해, 성령님의 인도를 받으며, 예수 그리스도를 따라갈 수 있다.

> 예수 그리스도의 종이요 야고보의 동생인 유다가 하나님의 부르심을 받은 여러분에게 이 편지를 씁니다. 이제껏 예수 그리스도 안에서 여러분을 안전하게 지켜주신 하나님께서 지금 이 순간도 여러분을 사랑하고 계십니다. (유다서 1. 1)

⑩ 하나님 법

1 하나님의 법(法)은 하나님의 사랑과 공의에 입각한 절대적 원칙이요, 공평무사한 규범이다. 이는 성도의 양심을 통해 드러난다.

2 하나님께서는 죄를 미워하시나, 죄인은 미워하시지 않는다. 오히려 불쌍히 여기시고 회개하고 돌아오기를 원하신다. 아무리 중대한 죄를 지은 사람도 회개하면 용서하시고, 아무리 가벼운 죄를 지은 사

람도 회개하지 않으면 벌을 내리신다.

3 하나님의 법은 매사에 공평무사하여 털끝만큼도 잘못될 여지가 없다. 사람의 관점으로 불의한 듯이 보여도, 하나님의 관점으로 의로 우신바, 누구나 지킬 의무가 있다. 하나님의 법이 사리에 맞지 않는 게 아니라, 우리의 이성이 궁극적 선과 의를 판단하지 못하는 것이다. 하나님의 속성상 악하거나 불의한 법은 있을 수 없다.

4 시대나 문화, 상황에 따라 한시적으로 주어진 법도 있고, 부득이 한 사정에 의해 임기응변적으로 주어진 법도 있다. 아무 때나 덮어놓고 무조건 지키라는 게 아니다. 문자적 조문에 얽매여 곧이곧대로 해석해서도 안 된다. 법의 목적이나 제정 취지 등을 잘 살펴보고 지켜도 늦지 않다.

5 하나님의 법이 오늘날 문화와 동떨어지거나 현실적으로 맞지 않는다고 해서, 무조건 폐기되었다는 주장도 옳지 않다. 법에 내포된 의미나 정신을 되짚어보아야 한다.

6 하지만 누구나 하나님의 법을 지킬 의무가 있다. 특별한 사정이나 예외가 없는 한, 하나님의 법은 존중되어야 한다. 부지중에 지은 가벼운 죄라도 지체 없이 회개해야 한다. 미적거리다가 징계를 받으면 자기만 손해다.

7 하나님은 죄 지은 사람을 나무라기보다, 죄를 짓고 회개하지 않는 마음을 더 미워하신다. 문제는 범죄나 과실이 아니라, 회개하지 않는 불신과 교만이다. 죄가 사람과 하나님 사이를 가로막는 것이지, 죄인이 하나님께 나아가지 못하는 게 아니다. 죄인도 회개하고 돌아오면, 언제든지 하나님의 자녀가 될 수 있다. 하지만 죄를 씻지 않은 사람은 하나님의 자녀가 될 수 없다.

8 예수님의 피로 이루신 속죄의 법에 따라 믿음으로 순종하는 사람에게 구원의 티켓이 주어진다. 구원의 티켓을 받은 사람만이 하나님

의 나라에 들어간다. 우리는 하나님의 법에 따라 하나님의 자녀가 되어야 한다.

9 사람이 만든 법은 불완전하다. 아무리 최선을 다해 만들어도 사정과 형편에 따라 바뀌거나 사문화하기 일쑤다. 가변적이고 불완전하여 도덕적 기준이나 일반 상식, 세상의 원칙마저 무너지는 경우가 허다하다.

10 하나님의 법은 세상의 법은 물론 도덕이나 상식, 원칙보다 우선한다. 그 어떤 선보다 더 선하다. 사람이 만든 법은 사정과 형편에 따라 바뀌기 일쑤이나, 하나님의 법은 영원히 변치 않는다. 사람이 만든 법은 시대에 따라 현실성이 있는지, 사정에 따라 효율성이 있는지, 그보다 높은 상위의 법에 저촉되지 않는지 등을 따져보고 지켜야 한다.

11 하나님의 법에 어긋나는 법이 곧 불의요 악이다. 하나님의 법이 만고불변의 진리요 최상위 법이다. 하나님의 법에 위배되는 법은 모두 고쳐야 한다.

12 우리는 하나님의 법을 우선으로 지켜야 한다. 사람이 만든 세상의 법도 지켜야 하지만, 하나님의 법이 우선이다. 악법은 법이 아니라, 악이다. 지킬 의무가 없다. 지키는 사람만 어리석을 뿐이다. 불의한 준법보다 의로운 불법이 하나님의 영광을 드러낸다.

> 이는 그리스도 예수 안에서 생명을 주시는 성령의 법이, 죄와 사망의 법에서 여러분을 해방시켜주었기 때문입니다. (로마서 8. 2)

⑪ 하나님 심판

1 하나님의 심판(審判)은 각자의 행위에 따라 옳고 그름을 가리는 하

나님의 판정이다. 여기에 아무도 예외가 없다. 누구나 심판대 앞에 서야 한다.

2 신자는 징벌의 심판을 받지 않는다. 하지만 믿음의 구원이 하나님의 심판을 아예 면제하는 건 아니다. 심판의 질이 다를 뿐이다. 신자든 불신자든 누구나 심판은 받되, 그 결과가 다른 것이다.

3 하나님의 심판으로 신자는 기뻐하고 감사할 것이나, 불신자는 슬퍼하며 가슴을 칠 것이다. 최후의 심판, 마지막 심판, 흰 보좌 심판은 신자와 불신자가 갈라짐으로 시작될 것이며, 신자도 양과 염소, 알곡과 가라지로 나뉠 것이다. 중간 지대는 없으며, 더 이상 회개의 기회도 주어지지 않을 것이다.

4 누구나 하나님의 징계는 받는다. 이는 사랑하는 아들딸을 가르치는 아버지의 매와 같다. 징계가 없으면 사생아라 했다. 아브라함의 자손 가운데 12족장이 가장 많은 징계를 받았다. 모세와 여호수아, 다윗과 솔로몬도 징계를 받았다. 이스라엘 백성은 타락과 범죄, 징계와 채찍, 회개와 간구, 구원과 회복으로 이어지는 사이클을 수없이 이어갔다.

5 그리고 각자의 행위에 따라 상급이 주어질 것이다. 살아생전의 공로로 충분한 보상을 받을 것이다. 생명의 면류관도 받을 것이다. 하지만 공로가 없는 사람은 책망을 받을 것이다.

> 하나님의 아들을 믿는 사람은 심판을 받지 않는다. 하지만 믿지 않는 사람은 이미 심판을 받았다. 하나님의 외아들을 믿지 않았기 때문이다. (요한복음 3. 18)

112 하나님 상급

1 하나님의 상급(賞給)은 성도의 살아생전 공로에 따라 공평하게 베푸시는 하나님의 보상이다.

2 최후의 심판대 앞에 선 사람은 상급이나 징벌을 받을 것이다. 상급과 징벌은 하나님의 심판에 의해 공정할 것이며, 아무도 이의를 제기하지 못할 것이다.

3 징벌의 심판을 받지 않으려면 죄가 없는 의인이어야 한다. 하지만 의인은 행위가 아니라 믿음으로 가능하다. 예수님을 믿고 속죄의 은총을 받아야 한다. 자신의 노력으로 의인이 된 사람은 동서고금을 떠나서 하나도 없다.

4 예수님을 구주로 영접한 사람은 믿음으로 의롭다는 인정을 받지만, 믿지 않은 사람은 죄인의 모습을 그대로 노출시켜 징벌의 심판을 피할 수 없을 것이다.

5 상급은 살아생전의 충성에 따라 각자 다를 것이며, 상급에 대한 기준도 세상의 기준과 많이 다를 것이다. 세상이 주는 상급의 기준은 산출된 성과에 따라 양이나 가치가 다르지만, 하나님이 주시는 상급의 기준은 각자의 믿음에 따라 모두 만족하는 상태로 주어질 것이다.

6 결과가 좋으면 다 좋다는 식의 기준은, 과정이야 어떻든 성과만 있으면 된다는 논리로, 하나님의 기준과 거리가 멀다. 하나님의 기준은 결과가 다소 미흡하더라도, 그 과정이 하나님의 뜻에 합당하면 그것을 더욱 선히 여기신다.

7 이렇듯 세상적인 상급의 기준은 과정의 불의나 죄악을 무시하고, 실제로 부자가 되거나 높은 직위에 오른 사람이 성공한 것으로 여겨진다. 그러다 보니 세상에서는 힘없고 돈 없는 사람이 낙오자처럼 취급되어 소외당할 수밖에 없다.

8 하나님은 결코 돈이나 권세, 명예, 인기와 같은 결과를 보고 상급을 정하시지 않는다. 세상의 기준과 전혀 다르거나, 오히려 반대일 수 있다. 세상이 주는 상급에 대한 기준은 금전으로 환가한 가치로 결정되지만, 하나님이 주시는 상급의 기준은 금전의 가치나, 대소의 양이나, 귀천의 질을 초월하신다.

9 하나님은 각자의 필요에 따라 가장 값지고 소중한 것을 상급으로 주신다. 상급을 받는 모든 사람이 만족하고 기뻐할 것이다. 하나님의 상급은 누구에게나 가장 유효적절할 것이며, 상급을 정하는 기준도 많은 은사를 받은 사람과 적은 은사를 받은 사람의 기준이 아니라, 각자의 헌신에 따라 결정될 것이다.

10 아무리 큰 은사를 받고 많은 일을 해도, 그 헌신이 순수하지 않으면 상급을 받지 못할 것이다. 아무리 작은 은사를 받고 적은 일을 해도, 그 책임과 의무를 성실히 수행하면 큰 상급을 받을 것이다.

11 직분을 받은 사람은 큰일을 해서 큰 상급을 받고, 직분을 받지 못한 사람은 작은 일을 해서 작은 상급을 받는 게 아니다. 오히려 위선과 오만으로 가득 찬 큰 자보다는, 이름도 없고 빛도 없이, 묵묵히 주어진 책임과 의무를 다한 작은 자가 더 큰 상급을 받을 것이다.

12 우리에게 주어진 일이 크든 작든, 기뻐하고 감사함으로 수행해야 한다. 인기도 없고 명예도 없고 돈도 없으나 묵묵히 주님의 길을 따라가는 사람은 세상이 추구하는 복에 결코 연연하지 않는다.

> "보라, 내가 곧 가겠다! 너희에게 줄 상급이 내게 있으니, 각자가 행한 대로 갚아주겠다." (요한계시록 22. 12)

⑬ 하나님 이적

1 하나님의 이적(異蹟)은 하나님의 필요에 따라 드러내시는 초자연적 계시다. 자연 법칙을 뛰어넘는 불가사의 현상이다.

2 하나님께서 이적을 베푸시는 목적은 택하신 백성을 구원으로 이끄시는 것이다. 하지만 하나님의 이적을 보고도 믿지 않는 사람이 많다.

3 하나님은 이스라엘 백성이 보는 앞에서 10가지 재앙을 이집트에 내리셨다. 낮에는 구름기둥, 밤에는 불기둥으로 그들을 인도하시고, 홍해를 육지처럼 건너게 하셨다. 하지만 그들은 하나님의 이적을 보고도 믿기는커녕, 오히려 불평하고 원망했다.

4 이렇듯 하나님의 이적을 보고도 불신으로 일관한 이스라엘 백성에게 하나님의 진노가 내렸다. 하나님의 이적을 보고 믿지 않은 탓으로 어려움을 자초한 것이다. 이러한 불신은 지금도 마찬가지다.

5 날마다 호사를 누리다가 불신 가운데 죽어 지옥으로 들어간 부자가 말했다. "아버지 아브라함이여, 죽은 사람이 살아 나가면 그들이 믿을 것입니다. 나사로를 제 아버지 집으로 보내주십시오. 저에게 5형제가 있습니다. 그들만이라도 이 불구덩이 속으로 들어오지 않도록 해주십시오." 그러자 아브라함이 말했다. "그들이 모세와 예언자의 말을 듣지 않으면, 죽은 사람이 살아난다 해도 그 말을 듣지 않을 것이다." (누가복음 16. 27-31)

6 사람은 영적으로 무지할수록 고집불통이 된다. 죽었다가 살아난 사람의 말을 듣고 믿는다면, 그동안 죽었다가 살아난 사람이 전한 복음을 사람들이 왜 믿지 않았을까? 오히려 그들은 죽었다가 살아난 사람까지 죽이려고 했다.

7 하나님의 이적은 주로 하나님의 존재를 드러내 보이시는 표징으로 주어졌다. 하나님을 믿고 구원을 받으라는 메시지였다. 사실 모든

이적은 구원에 초점이 맞춰져 있으며, 불신자에게 구원을 일깨우는 자명종 역할을 한다.

> 예수님이 도마에게 말씀하셨다. "너는 나를 보아야 믿느냐? 보지 않고 믿는 사람이 더 복이 있다." (요한복음 20. 29)

⑪⑭ 하나님 통치

1 하나님의 통치(統治)는 하나님께서 피조 세계를 다스리시는 주권적 행위다. 이는 초월적이고 절대적이다.

2 하나님은 우주 만물의 통치자로서 의와 공평으로 다스리신다. 사람은 하나님의 통치권을 일정 부분 위임받았다. 당연히 선악을 구분하여 의로 다스려야 한다. 아울러 사람도 다스림을 받는 위치에 있는바, 하나님께 복종해야 한다.

3 하나님의 통치권을 위임받은 사람이 하나님의 뜻을 거역하거나 하나님의 백성을 학대할 경우에는, 하나님의 법에 따라 징계해야 한다. 사람은 악한 근성을 가지고 있는바, 하나님의 뜻을 망각하거나 배반하기 쉽다.

4 하나님은 통치의 수단으로 사탄과 그 하수인을 이용하기도 하신다. 이것도 알고 보면 택하신 백성을 올바로 인도하시기 위한 방편이다. 하나님의 통치는 너무나 다양하여 일정한 방법이나 공식이 없다.

5 사람은 누구나 불완전하다. 의와 공평으로 다스리시는 분은 예수님이시다. 그래서 우리는 의와 공평으로 다스려지는 하나님의 나라를 소망하고 있다.

6 예수님은 메시아로 세상에 와서 구원 사역을 완수하시고 승천했

다. 하지만 때가 되면 심판주로 다시 오실 것이다. 그때 하나님의 완전한 통치가 드러날 것이다.

> 예수님이 제자들을 가까이 불러 말씀하셨다. "너희도 알다시피, 이방인의 통치자로 자처하는 자들은 백성을 강제로 지배하고, 고관들은 백성을 권력으로 짓누른다." (마가복음 10. 42)

⑪⑤ 하나님 현현

1 하나님의 현현(顯現)은 하나님께서 선하신 뜻에 따라 다양한 방법으로 자신의 모습이나 뜻을 드러내 보이시는 것이다.

2 하나님은 에덴동산을 거닐기도 하셨고, 아브라함과 롯을 비롯해 여러 족장에게 나타나기도 하셨으며, 모세와 여호수아 등 여러 사람과 대화도 나누셨다.

3 이처럼 하나님은 자신의 선하신 뜻에 따라 여러 방법으로 현현하여 구원의 은총을 베푸신다. 하나님의 현현은 오늘날도 예외가 아니다. 온 세상 사람이 다양한 방법으로 하나님을 만나고 있다.

4 하나님은 때에 따라 환상이나 꿈으로, 소리나 문자로, 천사나 광채로 현현하신다. 하지만 마지막 때는 육신을 입고 다시 오실 것이다.

5 하나님은 사람이 인지할 수 있는 방법으로 자신의 존재를 나타내신다. 이를 신인 동형 동성(神人同形同性)이라 한다. 원칙적으로 인간은 하나님을 감지하거나 접촉할 수 없다. 하지만 필요한 경우 언제든지 자신을 드러내신다.

6 그동안 하나님을 본 사람이 숱하게 있었으나 각자 다른 모습으로 하나님을 묘사했고, 각기 다른 사고와 언어를 동원하여 하나님을 표

현했다. 사람의 손이나 팔, 얼굴, 나아가 감정까지 동원하여 설명했다.

7 하나님의 현현에 따른 인간적 묘사는 실체의 하나님과 거리가 있다. 그때마다 독특한 모습으로 나타나신 하나님을 인간적 방법으로 표현했으니 그럴 수밖에 없다.

8 야훼 하나님이나 삼위일체 하나님, 사랑의 하나님, 위로의 하나님 등도 사실상 인간적 표현이다. 그 어떤 이름도 하나님을 제대로 드러내지 못한다. 인간적 방법으로 설명하면 할수록 실체의 하나님은 점점 더 멀어진다.

9 하나님이 인간의 이성으로 표현된다면, 그는 이미 하나님이 아니다. 하나님은 신앙의 대상은 되지만, 그 이상 어떤 대상도 되실 수 없다. 하나님을 표현하는 인간의 수단과 방법은 각자의 신앙고백일 뿐이다.

10 하나님에 대한 신학적 교리가 그렇듯이, 인간이 하나님을 표현한다는 것 자체가 모순이다. 어쩌면 구골(googol, 10의 100승)분의 일이나 맞을지, 아니면 그마저 맞지 않을지 모른다. 이렇듯 인간적 방법으로 도저히 설명되지 않는 하나님을 믿음과 신앙을 통해 만날 수 있으니 얼마나 다행인가?

11 형제는 예수님을 믿고 얼마 안 되어 의미심장한 환상을 보았다. 신작로를 따라 쭉 이어진 강에서 목욕하고 있었다. 강물이 수정같이 맑았다. 강바닥에 드러누워 있는 자신의 알몸을 자세히 볼 수 있었고, 물속에서 평안히 숨도 쉴 수 있었다. 이름 모를 온갖 물고기가 주변을 헤엄치고 다녔다. 지상에서 맛볼 수 없는 무한한 평화, 그 자체였다. 한없이 그대로 있고 싶었다.

12 얼마 후 너럭바위에 올라와보니, 깨끗한 속옷과 겉옷이 포개져 있었다. 목욕하는 사이에 형제의 어머니가 갖다놓은 것으로 보였다. 형제를 돌볼 사람이 어머니밖에 없었기 때문이다. 옷을 챙겨 입고 신

작로를 따라 쭉 올라갔다가, 다시 집을 향해 내려오고 있었다. 그때 형제의 눈앞에 천국의 장관이 펼쳐져 있었다.

13 강 건너 펼쳐진 황금빛 들판의 곡식들, 흥겹게 콧노래를 부르며 일하는 흰옷 입은 농부들, 메뚜기를 잡으며 천진난만하게 뛰노는 아이들, 수양버들 그늘에서 한가로이 쉬는 암소와 송아지, 그리고 다양한 가축과 짐승들, 강가에 앉아 오순도순 이야기꽃을 피우며 빨래하는 아낙네들, 물속에서 이리저리 헤엄치며 노는 가지가지 물고기들, 어느 것 하나만 없어도 이상할 정도로 조화롭게 놓여 있는 조약돌과 바위들, 마치 춤추듯 한들거리는 다양한 들풀들, 몸과 마음까지 시원하고 상쾌하게 하는 산들바람. 하나님의 세계가 얼마나 아름답고 조화로운지? 게다가 그 모든 것이 한 목소리로 하나님을 찬양하고 있었다. 그 노랫소리가 얼마나 흥겹고 감미로운지? 정말 난생처음 들어보는 환상적 하모니였다.

14 이상야릇한 기분에서 얼마의 시간이 지났을까? 환상에서 벗어나 현실로 돌아와 누워 있는 내 모습을 보았다. 대자연 속의 동물과 식물들, 생물과 무생물이 함께 하모니를 이루며 부른 그 천상의 노래를 우리말로 남기고 싶었다. 하지만 도저히 표현할 수 없었다. 적어도 1주일 이상 머리를 움켜잡고 애썼으나 도저히 방법이 없었다. 자연 만물이 부른 천상의 노래를 인간의 언어로 표현한다는 게 불가능하다는 사실을 깨닫고 결국 포기했다.

15 예수님이 성육신하여 사람과 함께 먹고 마시며 동행하셨다. 지금도 예수님은 우리와 함께하신다. 우리는 이걸 말로 표현할 수 없다. 하지만 우리는 우리의 모습에서 예수님의 형상이 드러나고, 우리의 삶에서 예수님의 빛과 향기를 발한다. 이로써 우리는 예수님이 함께함을 알 수 있다.

16 누구나 예수님을 믿고 구세주로 영접해야 한다. 그리스도 안에

있는 풍요를 누리기 위한 필수 불가결 요건이요, 예수님과 동행하기 위한 전제 조건이다. 우리는 우리를 통해 하나님의 모습을 드러내야 한다.

> 세상이 창조된 이래, 하나님의 보이지 않는 속성, 곧 그분의 영원하신 능력과 신성은, 그 지으신 만물을 보고 분명히 알게 되었습니다. 그러므로 사람은 핑계를 댈 수 없습니다. (로마서 1. 20)

⑯ 하나님 시험

1 성경에 나타나는 시험(試驗)은 하나님의 테스트(test)와 연단(trial), 사탄의 유혹(temptation) 등이 있다.

2 시험의 주체도 사람의 구원을 위한 하나님과, 하나님의 의중을 떠보려는 사람과, 사람을 멸망의 구렁텅이로 끌어가려는 사탄이 있다.

3 하나님의 시험은 선한 목적에서 주시는 것이니 받아들여야 하지만, 사람의 불신적 시험이나 사탄의 유혹적 시험은 악한 것이니 용납해서는 안 된다.

4 하나님은 필요에 따라 개인은 물론 교회나 단체, 민족, 국가까지 시험하신다. 일찍이 이스라엘 백성을 회개시키려고 대적에게 붙여 시험받게 하신 예가 있다.

5 하나님은 개인이나 국가, 사탄이나 귀신까지 도구로 사용하신다. 하나님의 목적은 개인이나 민족, 국가를 회개시켜 구원하기 위한 것이다. 결코 애를 먹이거나 해코지하려는 게 아니다. 속성상 그렇게 하실 수도 없다.

6 하나님께서 아브라함의 믿음을 보시려고 100세에 낳은 아들을 바

치라고 하신 경우도 있으며, 특별히 잘못한 일도 없는 욥을 비참하리만큼 사탄에게 내어주기도 하셨다. 하지만 아브라함은 시험을 통해 믿음의 조상이 되었으며, 욥은 시험을 거쳐 갑절의 축복을 받았다. 결국은 그들을 통해 하나님의 영광을 보이신 것이다.

7 하나님의 시험은 특별히 사랑하는 사람에게 하신다. 고통의 바다를 항해하는 성도에게 주어진 은혜가 하나님의 시험이다. 시험을 받는 사람은 하나님의 뜻이 어디에 있으며, 무슨 목적으로 시험하시는지 잘 분별하여 믿음으로 승화시켜야 한다.

8 또 하나님은 성도를 훈련시켜 특별한 사명을 주시려고 시험하신다. 그때는 하나님의 뜻을 깨닫고 즉시 순종해야 한다. 하나님께서 회개를 요구하시면 즉시 회개해야 하며, 믿음의 성숙을 원하시면 믿음으로 극복해야 하며, 특별한 은사나 사명을 위한 것이면 감사함으로 순종해야 한다. 그리고 하나님의 때를 기다려야 한다.

9 그러나 하나님을 떠보기 위한 시험은 어떤 경우에도 삼가야 한다. 물론 기드온처럼 하나님의 뜻을 물어보는 경우가 있겠지만, 그 정도가 지나쳐 시험하는 결과를 낳으면 안 된다.

10 또 사탄이 인간에게 하는 시험은 사람을 실족시키기 위한 유혹이나 미혹으로 다가온다. 하나님을 믿지 못하게 부추기거나, 불신자를 미혹하여 하수인으로 삼으려는 것이다. 하나님의 말씀으로 단호하게 물리쳐야 한다.

11 우리는 어떤 경우에도 하나님을 시험해서는 안 된다. 사탄이 시험할 때는 예수님의 이름으로 물리쳐야 하고, 하나님이 시험하실 때는 감사함으로 받아들여야 한다.

누구나 겪는 시험 외에 여러분에게 닥칠 시험은 없습니다. 하나님은 신실하셔서 여러분이 감당치 못할 시험은 허락하지 않으시며, 시험을

당할 때도 피할 길을 마련하여 능히 감당할 수 있게 하십니다. (고린
도전서 10. 13)

⑪⑦ 하나님 천사

1 하나님의 천사(天使)는 하나님의 심부름꾼이다. 영적 피조물로서,
사람보다 일찍 지어진 것으로 짐작된다.

2 하나님께서 영적 세계와 물질세계를 창조하셨다. 물질세계보다
영적 세계, 보이는 세계보다 보이지 않는 세계를 먼저 지으셨다. 천사
는 사람보다 먼저 지어진 영계의 피조물이다.

3 사람은 몸과 영을 동시에 가진 반면, 천사는 영만 가진 존재라는
점에서 차이가 있다. 천사는 하나님이 땅의 기초를 놓으실 때 이미 존
재하고 있었다. 사람보다 우월하며 죽지 않는다.

4 사람은 피조물 가운데 영과 몸을 동시에 가진 존재로 창조되었
다. 영으로는 영계에, 몸으로는 물질세계에 거한다. 신령한 사람은 하
나님과 교통할 수 있고, 천사와 접촉할 수 있다.

5 그러나 영계는 신비에 싸여 있다. 인간의 이성으로 접촉할 수 없
는 불가사의 영역이다. 그동안 사람은 영계의 실체를 알아보려고 부
단히 애썼으나, 여전히 불가침 영역으로 남아 있다.

6 사람은 신학으로 신을, 철학으로 인간을, 과학으로 물질을 탐구
했으나, 어느 것도 시원한 해답을 찾지 못하고 있다. 영은 불가시적
세계로, 물질은 가시적 세계로 구분하여 학문의 틀을 잡아보려고 했
으나, 그마저 인간의 한계만 노출시키고 한 걸음도 나아가지 못했다.

7 사람은 육신과 영혼을 가지고 있다. 가시적 사람과 불가시적 사
람, 외면적 사람과 내면적 사람, 겉사람과 속사람, 육적 사람과 영적

사람이 나타날 수 있다. 사람은 너무 신비스럽게 창조되어 끝없는 연구의 대상이 된다. 사실 사람은 하나님이 만드신 최고의 걸작이다.

8 하나님의 천사도 신비하다. 육체가 없어 더욱 신비하다. 천사에 대한 언급은 성경 34권에 나온다. 예수님과 제자들도 천사에 대해 말했다. 천사의 존재에 대해서는 의심의 여지가 없으나, 정체에 대해서는 아는 것이 거의 없다.

9 천사는 지·정·의를 가지고 있으나 육신이 없어 종족 번식을 하지 않는다. 하지만 죽지 않으며, 사람보다 월등한 지식과 능력을 가지고 있다. 그들만의 언어로 대화하고, 하나님은 물론 사람과 의사소통이 가능하다. 수효가 많아 무리 지어 다니며, 군대처럼 일사불란한 조직과 계급을 가지고 있다. 자기 직분과 직책, 이름도 가지고 있다.

10 가브리엘 천사는 세례 요한과 예수님의 수태 고지를 했으며, 예수님이 광야에서 시험을 받으실 때 수종했다. 예수님이 사역하실 때 보조자로 도왔으며, 예수님이 돌아가신 뒤 부활을 알렸고, 승천하실 때 동행했다.

11 성도나 교회, 단체를 보호하는 수호천사도 있다. 하나님의 뜻에 따라 성도를 섬기고 지키며, 보호하고 인도하며, 위기에서 건져주며, 하나님의 메시지를 전달한다. 하나님을 섬기고 수종하며, 하나님의 이름을 높이고 찬양한다. 또 예수님의 이름으로 모인 교회나 단체를 보호하고, 위험에서 건져주며, 힘들 때 용기를 북돋아주며, 죄를 지을 때 회개하도록 이끌어준다.

12 이런 수호천사가 우리와 함께하고 있다. 생명 주는 영으로 강림하신 예수 그리스도 안에서, 보혜사 성령님의 보조자로서, 언제 어디서나 우리와 동행하고 있다.

13 반면에 더럽고 악한 영, 마귀라는 사탄과 그 하수들은 끊임없이 우리를 훼방하고 있다. 그들의 공작은 마지막 날까지 이어질 것이나, 결

국 무저갱, 끝없는 구렁텅이, 펄펄 끓는 유황불 속으로 던져질 것이다.

흰옷 입은 두 천사가 앉아 있었다. 한 천사는 예수님의 시신을 모셨던 머리맡에, 다른 천사는 발치에 있었다. (요한복음 20. 12)

⑱ 하나님 구원

1 하나님의 구원(救援)은 독생자를 희생시켜 죄에 빠진 인류를 죽음의 늪에서 건지신 하나님의 은총이다.

2 구원은 속전을 지급하고 죄의 노예로 전락한 사람을 해방시켜주신 것이요, 위험한 곳에서 건져 안전한 곳으로 옮기신 것이요, 죄와 사망의 구렁텅이에서 구출하신 것이다.

3 하나님의 구원은 예수님을 구세주로 인정하고 받아들임으로써 주어진다. 믿음은 예수님을 자신의 주님으로 모시고 살아가는 것이다.

4 어떤 사람은 만세전부터 구원받을 사람이 예정되어 있다고 생각한다. 틀린 말이 아니다. 그렇게 선택되고 예정된 사람이 분명히 있다. 하지만 지구촌 71억 사람이 모두 그런 것은 아니다.

5 예정된 사람도 있고, 그렇지 않은 사람도 있다. 보편적 믿음으로 구원받는 사람도 있다. 예정과 작정, 선택과 유기에 대한 사항은 하나님의 통치 행위로서, 사람이 왈가왈부할 사안이 아니다.

6 예수님이 인류의 대표자로 죽으셨고, 모든 사람의 죄를 청산하셨다. 이제 그 대속의 은총으로 누구나 구원을 받게 되었다. 하나님의 구원을 믿지 않아서 누리지 못할 뿐이다.

7 하나님이 베푸신 구원의 은총을 믿지 않는 게 문제이지, 구원의 은총이 미치지 않는 게 아니다. 스스로 대속의 은총을 거부함으로써

구원의 울타리 밖에 머물러 있을 뿐이다.

8 하나님은 모든 사람이 불신의 늪에서, 사탄의 속임수에서, 환란의 구렁텅이에서 빠져나와 구원에 이르기를 원하신다. 누구나 속죄의 은총을 받아들이고 풍성히 누리기를 원하신다.

9 하나님의 구원은 아무 대가 없이 무조건적으로, 누구에게나 주어진 은총이다. 모든 사람이 하나님과 화목하고 화평하기를 원하신다. 이는 하나님의 지극하신 사랑에서 비롯되었다.

10 하나님의 구원은 3가지로 나눌 수 있다. 예수님을 믿고 받는 영혼 구원과, 매일매일 받아 누리는 생활 구원과, 예수님의 재림으로 받을 최종 구원이다. 따라서 하나님의 구원은 순간적이고 현세적이며, 지속적이고 내세적이다.

11 어떤 사람은 한번 받은 구원은 영원하므로 더 이상의 구원이 필요치 않다고 주장한다. 물론 틀린 말이 아니다. 관점에 따라 그럴 수 있다. 하지만 그게 전부가 아니다. 영혼 구원에 의해 생활 구원이 따르고, 생활 구원에 의해 최종 구원이 따른다.

12 생활 구원과 최종 구원은 영혼 구원에서 출발한다. 하지만 경우에 따라 부끄러운 구원이 있을 수도 있다. 심지어 그마저도 박탈되는 경우가 있다. 사울 왕이나 아히도벨, 가룟 유다 등이 대표적 인물이다.

13 예수님을 믿음으로 받는 영혼 구원도 중요하나, 육신을 가지고 살아가며 생활 구원도 받아야 하고, 마지막 날 부활에 참여하는 최종 구원도 받아야 한다.

14 예수님을 영접한 사람은 하나님의 생명책에 이름이 등재된다. 그는 하나님께서 허락하신 지상 생활도 누리게 된다. 그렇다고 무병장수나 부귀영화, 만사형통이 자동으로 주어진다는 게 아니다. 이미 받은 은혜에 감사하며 하나님의 영광을 드러낸다는 뜻이다.

15 믿는 사람이 구원의 확신이 없거나, 구원받은 사람이 하는 일마

다 뒤틀려 있거나, 주님을 누리는 사람이 하나님의 나라를 상속받지 못한다면, 참으로 비극이 아닌가? 구원의 은총을 받은 사람은 구원의 확신이 있어야 하고, 사정과 형편이 어떠하든지 자족하는 생활을 해야 하며, 내세에 대한 확실한 소망으로 참 자유와 평화와 기쁨을 누려야 한다.

16 구원의 확신은 있으나 누리지 못하는 사람이 있는가 하면, 구원의 확신도 없으면서 봉사는 도맡아 하는 사람도 있다. 무엇이 잘못되어도 크게 잘못되었다. 종교성에 의지한 믿음은 종교 활동이지, 신앙생활이 아니다.

> 사랑하는 여러분, 우리가 이렇게 말하지만, 여러분에게는 구원에 이르게 하는 더 좋은 것이 있음을 확신합니다. (히브리서 6. 9)

⑲ 하나님 은혜

1 하나님의 은혜(恩惠)는 아무 대가 없이 거저 주시는 하나님의 선물이다. 하나님께서 독생자를 희생시켜 사탄의 지배하에 있는 인류를 구원하신 일에서 비롯된다.

2 우스갯소리 같은 예화가 있다. 시골 처녀와 총각이 결혼식을 마치고, 제주도행 비행기에 올랐다. 신실한 신자답게 주홍빛 미래를 설계하며 신혼여행을 떠났다. 그들은 시작이 반이라면서 여행비용부터 줄이기로 했다. 여행에서 절약한 돈으로 감사헌금을 드리고, 나머지는 정기예금에 들기로 했다. 또 당장 먹고 마시는 것부터 절약하기로 했다. 다른 부부들이 고급 레스토랑을 찾을 때, 그들은 실비 식당을 찾아 된장찌개를 먹었다. 선물도 최소한으로 줄였다. 누가 보아도 알

뜰살뜰한 부부였다. 이들은 믿음의 자녀답게 근검절약을 몸으로 실천했다. 밝은 미래에 대한 청사진으로 가슴이 벅찼다. 어느덧 일정이 끝나 돌아오는 비행기를 탔다. 비행기 안에서 서로 소감을 나누었다. "음식은 어땠어요?" "참 좋았어요." "비싸지 않던가요?" "여행사에서 지급했어요."

3 아무리 믿음이 좋은들, 알뜰살뜰한들, 이미 주어진 은혜를 받아 누리지 못한다면, 그게 무슨 소용이 있겠는가? 이와 같이 우리도 이미 주어진 구원의 은혜를 받아 누리지 못하는 건 아닌지? 알고 믿어 누리는 복음이 얼마나 중요한지 일깨워주는 이야기다.

4 우리가 예수님을 믿음으로써 얻는 구원은 즉각적이고 순간적이다. 예수님을 구주로 시인하고 받아들일 때 이루어진다. 기다리거나 애쓸 필요가 없다. 무슨 의식이나 절차를 거칠 필요도 없다. 마음으로 믿고 입으로 시인하여 몸으로 누리면 된다.

5 구원은 죽은 뒤에 가는 천당만이 아니다. 사후에 가는 게 전부가 아니라, 지금 여기서 받아 누리는 것이다. 사후의 천국은 살아생전의 구원으로 간다. 우리는 구원받은 후에도 끊임없이 성장하고 성숙해야 한다. 무엇보다 먼저 예수님을 주님으로 맞아들여야 한다.

6 구원은 믿음으로 즉시 주어짐과 동시에, 계속 주어지는 것이다. 믿지 않는 자의 심판은 믿지 않음으로 이미 내려진 것이요, 계속 내려지는 것이다. 우리는 구원을 받았는지, 지금도 받고 있는지, 장차 받을 수 있을지 날마다 점검해야 한다. 과거와 현재, 미래의 구원을 함께 받아야 한다. 어떤 사람은 죽어봐야 안다고 하지만, 그건 너무 안이한 생각이다.

7 사람은 누구나 구원을 받았는지 의심이 일어날 때가 있다. 하지만 성경은 자신이 구원을 받았는지 알 수 있다고 한다. 믿지 않는 사람이 어찌 예수님을 주라 시인하고, 하나님을 아버지라 부를 수 있겠

는가? 구원의 확신이 없어도, 하나님이 구원을 받았다고 하셨으니 받은 것이며, 내 아들이라 하셨으니 하나님의 자녀가 된 것이다.

8 하나님의 말씀에 의해 우리는 구원을 받았으며, 의롭다 함을 받았으며, 하나님과 화목하게 되었으며, 영생을 누리는 것이다. 다만 예수님을 진심으로 구주로 영접했는지, 스스로 물어보고 자신의 입으로 시인해야 한다. 이게 구원의 증거다.

9 자기 입으로 예수님을 주라 시인하지 못하는 사람은, 누가 뭐래도 구원받지 못한 것이다. 그러나 스스로 예수님을 주라 시인하는 사람은 누가 뭐래도 구원받은 것이다. 그는 이미 그리스도 안에서 영생을 누리고 있다. 그래서 성경은 주님을 믿는 사람은 이미 영생을 얻었다고 한다.

10 우리는 하나님의 은혜로 구원을 받았으니, 자랑하거나 교만하지 말고 더욱 겸손해야 한다. 성령님이 우리 안에서 인도하시는 대로 살아야 한다. 그러면 자연히 죄를 멀리하게 되고, 신실한 그리스도인이 된다.

11 사람은 누구나 자유의지를 가지고 있다. 주님을 거역할 수도 있고 불순종할 수도 있다. 성경에 나타난 위대한 지도자가 하루아침에 몰락하는 예를 우리는 보았다. 지금도 허다하게 보고 있다.

12 하나님의 구원은 하나님과 사람 간의 일대일 관계로 이루어진다. 구원에 관한 문제만은 어느 누구도 대신할 수 없다. 가족을 비롯하여 주변 사람부터 구원으로 인도해야 한다. 그리고 그들 스스로 예수 그리스도를 믿음으로 영접하는 결단을 내리도록 도와야 한다.

13 이제 망설일 까닭이 어디 있겠는가? 큰 두려움과 공포의 날이 이르기 전에, 예수 그리스도를 주님으로 영접하자. 돈으로도 못 가고, 힘으로도 못 가며, 마음이 착해도 못 가고, 오직 믿음으로 갈 수 있다. 언제 어디서 주님이 오시더라도, 우리는 당황하지 않고 기쁨으로

맞이할 것이다.

14 우리의 구원은 예수님을 믿음으로 시작하여, 예수님과 함께하며 누리다가, 예수님의 재림으로 완성될 것이다.

> "내가 분명히 말한다. 내 말을 듣고 나를 보내신 분을 믿는 사람은, 영생을 얻고 심판을 받지 않는다. 그는 이미 죽음에서 벗어나 생명의 세계로 옮겨졌다." (요한복음 5. 24)

⑫⓪ 하나님 언약

1 하나님의 언약(言約)은 하나님의 뜻에 따라 일방적으로 제시하고, 무조건적으로 맺은 은혜 계약이다. 상호 책임과 의무를 부담하는 쌍무 계약이 아니라, 하나님의 주권으로 맺은 편무 계약이다. 하나님의 백성은 언제나 수혜자의 위치에 있다.

2 하나님의 백성은 하나님의 언약대로 살아가면 된다. 하나님의 신령한 복을 일방적으로 받아 누리는 관계에 있다. 하지만 언약에 대한 의무를 파기하거나 지키지 않을 경우, 어김없이 하나님의 심판이 내려진다. 이스라엘 백성은 하나님의 언약으로 선택을 받았으나, 그 언약을 제대로 이행하지 못했다.

3 그럼에도 하나님은 믿음의 사람을 그루터기로 남겨두어 언약의 맥을 완전히 끊지는 않으셨다. 그리고 예수님을 통해 완전한 언약을 성취하셨다. 일찍이 약속하신바, 하나님은 그들의 하나님이 되시고, 그들은 하나님의 백성이 되었다.

4 하나님의 언약은 무지개 언약, 소금 언약, 선민 언약, 메시아 언약 등이 있다. 특별히 무지개 언약은 홍수 심판 뒤에 주신 것으로, 다시

는 물로 세상을 심판하지 않겠다는 하나님의 약속이다.

5 무지개는 작은 물방울이 햇빛에 반사되어 보이는 7가지 빛깔의 가시광선으로서 자연 현상이다. 하지만 무지개 뒤에 숨은 하나님의 언약은 그 의미가 사뭇 깊다. 무서운 폭우가 쏟아진 뒤 찬란하게 비치는 햇빛에 의해 아름다운 무지개가 나타나듯이, 죄악으로 얼룩진 인류가 하나님의 심판을 받은 뒤 구원의 빛이 비친다는 구속사적 의미가 있다.

6 하나님의 언약은 어둠 속을 비치는 찬란한 빛과 같이, 심판 뒤에 다가오는 영원한 구원을 의미한다. 따라서 하나님의 언약은 예수님에 의한 구원의 복음을 주시겠다는 약속이다.

7 무지개 언약도 십자가의 고난 뒤에 성취될 예수님의 구원을 보여 주는 증표다. 구름에 가려진 어두움을 보지 말고, 구름 속에 감춰진 빛을 보아야 한다.

8 우리는 예수님에 의한 마지막 구원이 드러날 때까지, 죄악으로 가득 찬 세상에서 여러 가지 어려움을 겪을 수 있다. 하지만 예수 그리스도에 의한 영원한 구원으로 영생복락을 누리게 될 것이다.

> **내가 구름 속에 내 무지개를 두었으니, 이것이 나와 땅 사이에 세우는 언약의 증표다.** (창세기 9. 13)

㉑ 하나님 계명

1 하나님의 계명(誡命)은 하나님께서 택하신 백성에게 허락하신 신앙적, 사회적, 윤리적 규범이다.

2 아담은 인류의 조상이다. 그가 지은 죄가 후손에게 미치게 되었

던바, 모든 사람이 죄인으로 태어나, 죄인으로 살다가, 죄인으로 죽을 수밖에 없었다.

3 예수님이 마지막 아담으로 오셨다. 예수님이 죄인을 대신하여 죽으심으로 사람에게 달라붙은 죄의 뿌리가 완전히 뽑혔다. 이제 누구든지 예수님만 믿으면, 죄인의 신분에서 벗어나 의인의 신분이 된다.

4 예수님을 믿는 사람은 죄에서 해방되고, 죄인의 올무에서 벗어나 의인의 반열에 들어가며, 사망의 구렁텅이에서 빠져나와 영생을 얻으며, 하나님의 자녀로서 무한한 권세를 누리게 된다. 누가 시키지 않아도 하나님을 사랑하고, 이웃을 사랑하며, 서로 사랑하게 된다. 이게 하나님의 계명이다.

5 그런데 여전히 풀리지 않는 의문이 있다. 우리가 하나님의 자녀로서 특권을 누리고 있어도, 하나님의 계명을 지키지 못하는 이유가 무엇인가? 혹시 하나님의 선택이나 예정에 의해 구원받지 못한 것은 아닐까? 하나님의 유기로 버림받은 것은 아닐까?

6 이 문제에 대해 우리는 걱정하지 않아도 된다. 우리가 하나님의 계명을 지킬 수 없음은 너무나 당연하다. 예수님을 구주로 영접한 사람도 하루아침에 성자가 될 수 없다. 갓난아기가 어머니의 말을 알아듣지 못하고 순종할 수 없듯이, 예수님을 영접한 그리스도인도 하나님의 계명을 지킬 수 없다.

7 아기는 걸어 다니지도 못하고 아무 말도 하지 못한다. 대소변도 가리지 못한다. 어머니의 뜻을 알아채지 못함은 두말할 나위도 없다. 사사건건 어머니를 귀찮게만 한다. 그럼에도 어머니는 아기가 무엇 때문에, 왜 그리 보채는지 알고 보듬어준다. 배가 고파서 그러는지, 어디가 아파서 그러는지, 무엇이 잘못되었는지, 이심전심으로 어머니는 아기의 마음을 알고 돌봐준다.

8 어머니는 본능적으로 아기를 돌보며 양육한다. 대소변 가림부터

걸음마하는 것, 말하는 것까지 그야말로 전인적으로 가르치고 키운다. 이러한 과정을 거치면서 아기는 성장한다. 아기가 성장하여 어른이 되면, 그제야 자신을 낳아 기르시고, 지극 정성으로 돌보고 가르치신 어머니의 마음과 사랑을 알게 된다.

9 예수님을 영접한 사람도 마찬가지다. 하나님의 계명을 지키기는커녕, 하나님의 존재도 모르고, 하나님의 마음도 모른다. 매사에 빗나가기 일쑤다. 자신을 향한 하나님의 사랑을 깨닫지 못한 채, 오히려 하나님을 원망하고 불평한다.

10 아기가 자신을 낳아 키운 어머니를 모르듯, 그리스도인도 매한가지다. 하지만 아기가 어머니의 아들딸이 아닐 수 없듯이, 어머니가 아기를 미워하지 않듯이, 아무것도 모르고 애만 태워도 하나님은 자녀를 끝까지 돌보시고 지켜주신다.

11 아기가 처음부터 어른일 수 없듯이, 갓 태어난 그리스도인도 알지 못하고 믿지 못하고 누리지 못함이 당연하다. 오히려 새 신자가 성자처럼 행동한다면, 그게 오히려 이상할 것이다.

12 새 신자가 하나님을 안다고 거들먹거린다면, 그게 더 큰 문제 아니겠는가? 모르는 것을 모른다고, 지키지 못하는 것을 지키지 못한다고 솔직히 고백하는 게 참으로 진솔한 신앙이다.

13 모르는 것을 모른다고 하지 않고 아는 것처럼 거들먹거리는 것이 위선이요 교만이다. 누가 하나님에 대해 이러니저러니 떠들어댄다면, 그는 정말 하나님을 모르는 사람이다. 하나님은 사람의 언어나 구변으로 설명되지 않는다.

누구든지 계명을 다 지키다가 어느 하나를 어기면, 모든 계명을 범하는 것이 됩니다. (야고보서 2. 10)

⑫ 하나님 본심

1 하나님의 본심(本心)은 하나님이 본디부터 가지고 계시는 마음이다. 하나님은 사람이 지키기 힘든 법을 만들어 어려움에 봉착시킬 뜻이 없다. 하나님의 법을 통해 구원의 은혜를 깨닫게 하시려는 것이다. 이게 하나님의 본심이다.

2 러시아의 문호 톨스토이(Tolstoi, 1828-1910)는 자신의 신앙심으로 예수님의 산상수훈을 지키려고 방방곡곡을 떠돌아다니며 살았다. 하지만 결과는 참담한 가정 파탄과 비참한 객사였다.

3 지금도 자신의 의지로 하나님의 법을 지키려고 애쓰는 사람이 있다. 이른바 율법주의다. 정말 어리석기 그지없다. 어느 정도의 개과천선은 가능할지 모르나, 근본적으로 불가능한 일이다.

4 그러자 어떤 사람이 말했다. "우리가 하나님의 법을 지키지 못해 예수님이 대신 돌아가시지 않았는가? 이제 하나님의 법은 우리와 관계가 없다." 이는 하나님의 본심을 오해한 것이다.

5 그렇다면 예수님을 믿고 구원받은 사람이 어떻게 살아야 하는가? 신앙적, 윤리적 기준을 어디에 두어야 하는가? 세상의 법과 도덕을 지키면 되는가? 이 또한 아니다. 세상에도 법과 도덕이 있지만, 시대나 상황에 따라 자주 변하므로 온전하지 않다.

6 세상의 법은 언제든지 변할 수 있다. 사실은 자꾸 변해야 한다. 변하지 않으면 죽은 법이 된다. 세상의 법은 임기응변적이고 한시적이며 불완전하다. 하지만 하나님의 법은 영원히 변치 않는다. 그래서 안심하고 지킬 수 있다.

7 세상의 법은 문화의 변천에 따라 도덕적 기준에 미달되기도 하고, 시대적 상황에 따라 사문화되기도 한다. 상식과 원칙에 벗어나 천덕꾸러기 신세도 된다. 하지만 하나님의 법은 시대나 문화를 초월한다.

도덕이나 상식, 원칙을 뛰어넘어 만고불변의 진리로 자리매김했다.

8 예수님의 복음으로 하나님의 율법이 폐기되었다고 주장하는 사람도 있다. 물론 폐기된 법도 있다. 예수님의 복음으로 제사 의식이나 성전 의례, 절기 행사 등은 모두 사라졌다. 그에 따른 역사적 교훈만 남아 있다. 하지만 그 또한 예수님의 사랑 안에 모두 녹아 있다.

9 어찌 보면 그렇게 없어진 제사나 의식도 예배와 예식 등으로 승화되었다고 볼 수 있다. 폐기라는 말보다는, 예수님의 사랑으로 승화되었다는 표현이 더 적절하다.

10 구약 시대의 제사가 예수님에 의한 대속의 예표였다가, 예수님의 피로 제사가 완성되자 사라지게 되었던바, 여전히 우리의 구원을 위해 교훈을 주고 있다는 것이다.

11 성경에 나타난 윤리와 도덕은 제사나 의식이 아니다. 그렇다면 지금도 유효한가? 물론이다. 일점일획도 변하지 않고 하나님의 마음으로 남아 있다. 하나님의 본심은 사랑과 공의라는 틀 속에 있는바, 영원히 변치 않는다. 하지만 시대에 따라 문화의 옷은 갈아입을 수밖에 없다.

12 하나님의 법이 바뀌었다고 해서 하나님의 마음이 변한 건 아니다. 동해 보복법이 오늘날 문화의 옷으로 갈아입기는 했으나, 하나님의 절대적 공의를 세우고 있다. 금전으로 상해를 보상하는 기준이 없을 당시, 보복의 악순환을 방지할 최선의 법이었다. 하지만 세상의 법은 개인이나 집단의 이기적 목적에 따라 만들기 때문에 악하기 일쑤다.

13 십계명 가운데 제1계명부터 제4계명까지가 하나님에 대한 사람의 도리를 규정한 법이고, 제5계명부터 제10계명까지가 이웃에 대한 사람의 도리를 규정한 법이다. 예수님이 말씀하시기를, 하나님에 대한 사람의 도리는 하나님을 사랑하는 것이고, 이웃에 대한 사람의 도리는 이웃을 사랑하는 것이라 하셨다. 따라서 십계명은 '하나님을 사랑

하고 이웃을 사랑하라'는 큰 계명으로 요약되고, '서로 사랑하라'는 새 계명으로 나타난다. 그러므로 십계명에 담긴 하나님의 본심은 사랑이며, 그 표현이 시대에 따라 달리 드러났을 뿐이다.

14 세상 사람은 죄 가운데 살아도 별 죄책감을 느끼지 못한다. 하지만 성숙한 그리스도인은 약간의 거리낌만 있어도 즉시 양심의 가책을 느끼고 회개하게 된다. 회개하지 않으면 마음이 편치 않다. 불신자가 부끄러워하는 것은 사람을 의식하여 일어나는 감정이지만, 믿는 자의 양심에서 우러나오는 가책은 하나님을 사랑함으로써 일어나는 감정인바, 구원의 초석이 된다.

15 성도는 자신의 일거수일투족까지 하나님의 영광을 위해 생각하고, 혹시라도 하나님의 영광을 가리지 않을까 노심초사한다. 이를 경건 훈련이라 한다. 하나님의 자녀로서 당연히 거쳐야 하는 성화의 과정이다. 성화는 하나님의 마음을 얼마나 알고 실천하느냐에 달려 있다.

16 우리는 우리를 구원하신 하나님의 사랑과 예수 그리스도의 은혜로 하나님의 본심을 알 수 있다. 사랑은 오래 참고, 친절하고, 시기하지 않고, 자랑하지 않고, 교만하지 않고, 무례히 행치 않고, 사욕을 품지 않고, 앙심을 버리고, 불의를 보고 기뻐하지 않고, 모든 것을 덮어주고, 모든 것을 믿고, 모든 것을 바라며, 모든 것을 견딘다.

> 하나님의 계명은 하나님의 아들 예수 그리스도의 이름을 믿고, 그리스도가 우리에게 명하신 대로, 서로 사랑하라는 것입니다. (요한1서 3. 23)

123 하나님 비하

1 하나님의 비하(卑下)는 지극히 높으신 하나님의 아들이 비천한 인간의 육신을 입고, 세상에서 당하신 온갖 수난을 말한다.

2 하나님은 이스라엘 백성과 함께 천막에 거하기도 하셨고, 몸소 전쟁에 참가하여 싸우기도 하셨다. 아들의 성육신을 통해 온갖 고난을 당하시고, 십자가에 못 박혀 돌아가셨다가, 인간의 무덤에 장사되었다.

3 이는 죄로 물든 사람을 구원하여 하나님의 자녀로 삼으시고, 하나님의 나라를 세우시려는 마음에서 비롯되었다.

4 사람은 종교적 수행이나 선한 행위로 구원받을 수 없다. 하나님의 아들을 구세주로 받아들여야 한다.

5 우리는 하나님의 비하로 이루어놓으신 구원의 은혜를 누리며, 하나님의 아들과 함께 살아가고 있다.

> 우리가 예수님을 바라봅니다. 예수님은 잠시 동안 천사보다 낮아지셨지만, 고난당하시고 죽으심으로 영광과 존귀의 관을 쓰셨습니다. 예수님은 하나님의 은혜로 모든 사람을 대신하여 죽으신 것입니다. (히브리서 2. 9)

124 하나님 경외

1 하나님 경외(敬畏)는 하나님을 공경하고 두려워하는 것이다. 사람은 천성적으로 하나님을 공경하고 두려워하는 마음을 가지고 있다.

2 사람이 알든지 모르든지 불문곡직하고, 사람의 본성은 하나님을

경외하도록 지어졌다. 사람이 하나님에 의해 지어지고, 하나님의 생명을 받아 산 존재가 되었기 때문이다. 우리는 이 사실을 기억해야 한다.

3 사람은 물질적 구조 외에 영적 구조를 가지고 있다. 항상 하나님을 찾기 마련이다. 이는 인류가 창조된 이래 조금도 변함이 없다. 천부적으로 가지고 태어난 하나님의 경외심을 드러내는 것이다.

4 동서고금을 떠나서 누구나 죽음이 임박하면 하나님을 찾는다. 이른바 임사호천(臨死呼天)이다. 사람이 하나님을 찾고 두려워하는 것은 귀소본능(歸巢本能)이다. 하나님에 의해 사람이 나왔다는 증거다.

5 하나님의 생명이 사람 속에 존재한다. 하나님이 사람을 지으시고 불어넣어주신 생기다. 사람은 하나님만 바라보며 살도록 지어진 존재다.

6 1960년대 우리의 할머니는 사람이 죄를 많이 지으면 벼락을 맞는다고 했다. 천둥과 번개가 치고 비바람이 몰아치는 날은 누구나 집밖으로 나가기를 두려워했다. 특히 캄캄한 밤중에는 더욱 그랬다.

7 우리는 알게 모르게 지은 죄로 하나님이 벼락을 쳐서 죽이지나 않을까 하는 두려움이 있다. 이런 생각은 믿는 자나 믿지 않는 자 모두가 가지고 있다. 하지만 천둥과 번개는 음전기와 양전기의 충돌로 일어나는 자연 현상으로, 죄지은 사람을 골라서 죽이는 게 아니다.

8 그러나 지금도 심한 비바람이 몰아치거나 뇌성이 칠 때면, 왠지 가슴이 두근거리고 어딘가 모르게 불안하다. 모든 사람이 죄를 지으며 살고 있다는 증거다. 아울러 하나님을 공경하고 두려워하는 경외심이 있기 때문이다.

9 이와 같이 하나님에 대한 경외심은, 동서고금 남녀노소를 무론하고, 누구나 가지고 있는 현상이다. 우리가 모르는 사이에 하나님의 진노와 심판이 이어지고 있다는 것이다.

10 그동안 하나님의 공의에 따른 심판과 징계가 있었기에 사람들은 하나님을 경외하게 되었다. 하나님에 대한 경외심이 강하게 일어날수

록 감사하라. 하나님이 더욱 강하게 붙잡아주신다는 증거다. 이는 구원받은 사람에게 나타나는 증표다.

11 하나님에 대한 경외심은 믿는 사람에게 일어나는 자연스러운 감정이다. 우리를 죄악에 물들지 않도록 일깨워주는 자명종과 같다.

12 하나님에 대한 경외가 순종을 낳고, 순종이 믿음을 낳고, 믿음이 구원을 낳는다. 하나님에 대한 거룩한 두려움이 사탄이 부추기는 두려움을 쫓아내는 첨병이다. 구원을 알리는 제야의 종소리요, 축복의 장으로 이끄는 등불이다.

13 우리의 경험에 의하면, 사탄이 주는 세상의 두려움은 하나님의 품에서 벗어날 때 어김없이 찾아온다. 세상이 주는 두려움은 하나님을 온전히 믿지 못한 상태에서 비롯된다. 죽음과 절망에 따르는 공포심이다.

14 죄인은 쫓아오는 자가 없어도 도망치고, 의인은 사자처럼 담대하다. 죄인의 두려움은 하나님을 믿지 못한 불신에서 비롯된다. 예수님의 은혜로 죄 씻음 받지 못한 불신자의 꼬리표요, 스스로 떼지 못한 전과자의 기록이다. 그래서 죄인은 어쩔 수 없이 사탄이 주는 두려움 속에서 살아갈 수밖에 없다.

15 구원의 문은 누구에게나 항상 열려 있다. 예수님을 구주로 영접하면, 구원의 은혜를 누리게 된다. 사탄의 부질없는 두려움이 쫓겨나고, 하나님의 거룩한 경외심이 지배하게 된다.

> "내가 레위와 맺은 계약은 생명과 평화의 언약이다. 그가 나를 경외하도록 그와 언약을 맺었고, 그는 나를 경외하며 내 이름을 두려워했다." (말라기 2. 5)

125 하나님 교육

1 하나님의 교육(教育)은 하나님께서 자녀를 훈육하시는 과정이다. 성도는 하나님의 커리큘럼(curriculum)에 따라 최상의 교육을 받는다.

2 하나님이 성도를 훈육하시는 방법은 아버지가 자녀를 가르치는 것과 같다. 다만 공의와 사랑으로 가르치시되, 다양한 징계를 사용하신다는 특징이 있다.

3 하나님은 필요에 따라 시련과 고난을 주시고, 환란과 재앙을 주시고, 침묵으로 일관하시고, 스스로 깨닫도록 하시고, 사람 막대기와 인생 채찍으로 치시고, 자연 환경을 통해 일깨워주시고, 영안을 열어보게 하신다.

4 일찍이 하나님께서 나단을 통해 다윗이 스스로 죄를 자복하고 회개하도록 유도하신 것이 하나님의 교육 가운데 좋은 예다.

5 사실 하나님은 사람이 죄를 지을 때마다 즉각 벌을 주시지 않는다. 스스로 회개하고 돌아오도록 오래 참고 기다리신다.

> 하나님의 가르침을 받고 실천하지 않는 사람은, 제 얼굴의 생김새를 거울로 들여다보기만 하는 사람과 같습니다. (야고보서 1. 23)

126 하나님 소명

1 하나님의 소명(召命)은 하나님께서 뜻하신 바를 이루시려고 특정한 사람을 불러 사명을 주시는 것이다.

2 사람이 하나님의 부르심을 받게 되면, 무조건 따라나서야 한다. 도저히 감당하기 어려운 일을 무리하게 맡기시는 것처럼 보여도, 하나

님만 믿고 의지하며 나아가야 한다. 의심은 사탄이 주는 불신이다.

3 하나님의 소명을 회피하려는 생각은 참으로 어리석다. 지음 받은 자가 지으신 분의 뜻을 어찌 거절하겠는가? 일시적으로 피한다고 한들, 그걸로 끝날 일이겠는가?

4 위대한 지도자나 예언자도 하나님의 소명을 받은 뒤, 이런저런 생각에 사로잡혀 하나님의 뜻을 회피한 경우가 있었다. 모세와 요나가 그랬다.

5 모세는 불타는 떨기나무 앞에서 이스라엘 백성을 가나안 땅으로 인도하라는 하나님의 소명을 받고, 자기 말주변 없음을 핑계로 피하려고 했다.

6 요나도 역사상 최초로 이방인 선교사로 소명을 받았으나, 유대인과 적대 관계에 있는 민족이라는 이유로 하나님의 뜻을 거부하다가, 결국은 바다에 던져져 물고기 뱃속에서 밤낮 3일을 지내야 했다.

7 하나님의 소명을 받은 사람은 자신의 부족함을 들어 겸손한 자세는 취할 수 있으나, 가족을 먼저 생각한다거나 이기심에 사로잡혀 하나님의 소명을 거절해서는 안 된다. 이는 하나님께서 예비하신 축복을 스스로 내치는 것이며, 자신이 세상에 태어난 목적을 회피하는 것이다.

8 어찌 모세나 요나뿐이겠는가? 현실적으로 안정된 생활에서 벗어나 장래가 불투명한 고행의 길을 누가 쉽게 따르겠는가? 특히 사랑하는 가족과 헤어져야 하는 일이라면 더욱 그럴 것이다.

9 하나님의 소명을 받아 선뜻 길을 나선 사람도 이런저런 의심이 일어나기는 마찬가지일 것이다. 내가 과연 그 일을 감당할 수 있을까? 하나님께서 정말 나를 끝까지 도와주실까? 하는 등의 불신과 불안으로 주춤거리거나 우유부단하게 된다.

10 이런 의문에 사로잡힌 사람은 부르신 이도 하나님이요, 일을 이루시는 분도 하나님이라는 사실을 알아야 한다. 모든 것을 하나님께

맡기고 마음을 편히 가져야 한다. 하나님의 일꾼은 하나님의 손에 들린 하나의 도구일 뿐이다. 스스로 아무것도 할 수 없다.

11 사실 하나님께서 맡기신 일은 처음부터 끝까지 하나님이 주관하신다. 일을 맡은 사람은 충성과 헌신만 요구된다. 하나님께서 일을 맡기신 것은 축복을 위한 방편이다. 그 일을 감당할 사람이 없어 자신을 부르신 게 아니라는 사실을 명심해야 한다.

12 우리와 함께하시는 임마누엘 하나님께서 우리의 사명을 감당하도록 끝까지 도우신다는 사실을 믿어야 한다. 우리가 아무리 애쓰고 돌아다녀도 소용이 없다. 하나님의 일은 하나님이 하셔야 하고, 우리는 하나님이 쓰시는 도구로 제한되어야 한다.

13 하나님이 우리를 부르시고 소명을 주시는 것은 우리의 믿음을 보시고 크게 쓰시기 위함이다. 우리의 능력을 테스트하여 미달되면 벌을 주신다거나, 힘겨운 일을 억지로 맡겨 애를 먹이는 하나님이 결코 아니다.

14 그럼에도 하나님의 소명을 회피하는 사람이 있다. 그런 사람은 하나님께서 그의 자아를 깨뜨리신 후 다시 불러 소명을 주신다. 우리는 하나님의 다루심을 받기 전에 자발적으로 따라나서야 한다.

15 하나님이 부르시기 전에 하나님의 뜻을 미리 알고 따른다면, 그보다 좋은 방법은 없을 것이다. 하나님은 소명 의식이 확고하고 사명 의식이 뚜렷한 사람에게 더욱 큰 은사를 허락하신다.

하나님께서 주신 은사나 부르심은 철회되지 않습니다. (로마서 11. 29)

종교

⑫ 종교

1 종교(宗敎)는 초월자의 힘을 빌려 인간의 근본적 문제를 해결하려는 신앙 체계를 말한다. 현세의 안녕과 내세의 복락을 동시에 추구하고, 삶의 의미를 깨달아 인생의 고뇌를 해결함으로써, 궁극적 행복을 얻으려는 갈망에서 비롯되었다.

2 인간은 종교가 없을 때부터 절대자를 찾아 의지하고 숭배했다. 인간의 신앙이 제도적 종교보다 먼저 있었다는 것이다. 신앙이 신의 부르심에 대한 인간의 자연스러운 응답이라면, 종교는 신앙생활을 효율적으로 수행하기 위해 인간이 만든 정신문화의 체계다. 영국의 사회학자 스펜서(Herbert Spencer, 1820-1903)는 이렇게 말했다. "인간은 삶이 두려워서 사회를 만들었고, 죽음이 두려워서 종교를 만들었다."

3 인간은 불확실한 현세와 불투명한 내세의 두려움을 해소하기 위해, 아주 오래전부터 절대자를 찾았다. 살아가면서 합리적으로 해결하기 어려운 문제에 부닥칠 위험을 해소하고, 사후의 세계에 대한 공포심에서 벗어나보려고 신앙생활을 했다. 그러다가 문명의 발달과 아울러 제도적이고 체계적인 종교를 만들었다.

4 인간이 있기 전부터 신은 존재했고, 종교가 생기기 전부터 인간은 신을 의지하며 위안을 받았다. 종교는 인류와 함께 출발했고, 인류와 함께할 수밖에 없는 문화적 유산으로 자리매김했다.

5 종교는 인류가 창조된 이래 가장 오래된 문명이다. 국가와 민족을 초월하여 어디서나 찾아볼 수 있다. 고대 사회는 정치, 경제, 사회, 문화, 군사, 스포츠 등 사회 전반에 걸쳐 종교의 역할이 지대했다.

6 종교는 절대자에 의한 '최고의 교훈'에서 시작되었다가, 나중에 '의례의 행위'로 바뀌었다. 처음에는 절대자의 교훈에 따라 인생 문제를 해결하려고 노력했으나, 그게 여의치 않자 나중에 절대자를 숭배하는

행위로 바뀌었다. 복잡다단한 인간 문제를 인간이 스스로 해결하려는 생각이 사실상 무리였다. 그래서 특정한 장소에 함께 모여, 일정한 의례에 따라, 절대자를 숭배하는 신앙의 틀을 갖추게 되었다.

7 한자 '宗教(종교)'에서 신앙을 엿볼 수 있다. 하늘 위에 존재하는 유일신을 상징하는 '宀'(갓머리) 아래, 상(床) 위의 제물을 상징하는 보일 示(시)를 써서 으뜸 宗(종)자를 만들고, 가르칠 敎(교)자를 붙인 게 宗教다. 따라서 종교는 하늘 위에 계시는 유일신을 숭배하고, 세상의 으뜸 이치를 가르친다는 의미를 가지고 있다.

8 종교는 믿음의 대상인 절대자(絶對者)와, 절대자의 교훈인 경전(經典)과, 절대자를 신봉하는 신자(信者)와, 신자가 모여 의식을 수행하는 신전(神殿)이 있어야 한다. 신이 인간에게 허락하신 아주 특별하고 독보적인 은총이다. 인간 외에 어떤 존재가 종교를 가지고 있는가?

9 오늘날 선진국일수록 유일신을 숭배하는 제도적 종교가 있고, 후진국이나 미개한 부족일수록 우상이나 미신을 섬기는 원시 종교가 있다. 원시 종교는 자연 만물에 신령이 깃들어 있다고 여기는 애니미즘(animism, 정령 신앙), 특정한 동식물이나 기괴한 바위 등을 수호신으로 여기는 토테미즘(totemism, 물신 신앙), 점쟁이나 무당 등의 영매가 주술로 인간의 길흉화복을 점친다는 샤머니즘(shamanism, 주술 신앙) 등이다. 절대자를 숭배하는 신앙이 아니라, 인간이 만든 미개한 신앙이다. 미신은 세계적으로 드러난 것만 400개가 넘는다. 소수 민족의 미개한 신앙 행위까지 합치면, 그 숫자는 더욱 늘어날 것이다.

10 그러면 어느 것이 참 종교인가? 우선 누구나 인정하는 제도적 틀 안에 있어야 한다. 종교의 자유를 빙자한 미신이 독버섯처럼 자라나, 사회적으로 숱한 문제를 야기하고 미풍양속까지 해치고 있다. 생활이 어렵고 미개한 부족일수록 미신 행위가 난립하고, 사회적으로 나쁜 영향을 끼친다는 사실은 널리 알려진 바와 같다.

11 그럼에도 미신을 버리지 못하는 이유는, 제도적 종교의 가르침을 접할 기회가 없었거나, 오랫동안 지키던 조상의 관습을 일시에 바꾸기가 어렵기 때문이다. 혹시 무슨 벌이라도 받지 않을까 하는 막연한 두려움이 앞선다는 것이다. 제도적 종교의 선교가 필요한 이유가 여기에 있다.

12 1970년대 초반의 일이다. 형제의 어린 여동생이 생글생글 웃으며 춤을 추듯 양손을 흔들고 부엌으로 들어가는 모습이 보였다. 그런데 갑자기 "엄마!" 하고 비명을 지르며 사색이 되어 나왔다. 당연히 있을 것으로 생각한 엄마가 없어 믿음이 깨졌던 것이다. 아무도 없는 텅 빈 공간, 어둡고 칙칙한 반 지하, 시커먼 그을음만 덕지덕지 달라붙은 부엌이 너무 무서웠던 것이다.

13 아닌 게 아니라, 물독이 부엌 맨 안쪽 구석에 깊숙이 묻혀 있었던바, 다 큰 형제도 거기까지 들어가기가 무서웠다. 햇볕이 들지 않아 물독 속은 시커멓고, 주변은 칙칙했다. 퉁퉁 부르튼 고지박 바가지로 어쩌다 잘못 휘젓기라도 하면, 구정물 같은 땟물이 새까맣게 솟구쳐 올랐다. 요즘 사람이 보면 깜짝 놀랄 일이지만, 당시는 어느 집이나 마찬가지였다.

14 동네 아낙네는 새벽같이 일어나 우물로 갔다. 우물은 동네 한가운데 있었고, 대부분의 집이 상당한 거리에 있었다. 안개가 자욱한 오솔길을 따라 이리저리 물동이를 이고 오가는 아낙네의 모습이 보이면, 하루의 일과가 시작되었음을 알렸다.

15 1970년대 초반에는 일손이 10개라도 모자랐다. 피임이 없던 시절이라 집집마다 애들도 많았다. 들에서 일하다가 아이를 낳는 일도 부지기수였다. 먹고살기에 바빠 청결 유지는 신경 쓸 틈이 없었다. 부엌뿐만 아니라 집안 구석구석이 쓰레기장을 방불할 정도로 지저분했다.

16 어린 여동생은 엄마가 보이지 않자, 갑자기 무서운 생각이 들었

던 것이다. 당연히 있으려니 생각한 엄마가 없어 믿음을 잃었고, 그 순간 두려움이 엄습하여 다급하게 부르짖었다. 하지만 엄마는 어린 딸의 마음까지 다 알고 있었다. 뒤뜰에서 김을 매다가 대수롭지 않은 듯 "왜~." 하고 길게 대답했다. 엄마가 옆에 있으니 걱정하지 말라고 확신을 심어준 것이다.

17 그러자 비록 엄마의 모습은 보이지 않았으나, 엄마가 주변에 있다는 사실을 확인한 어린 여동생은 즉시 안도했다. 사색이 되었던 얼굴이 순간적으로 활짝 펴지며, 더없이 해맑은 모습을 되찾았다. 그리고 발길을 돌려 냉큼 부엌으로 뛰어 들어가 한껏 물을 퍼마시고 나왔다.

18 우리는 어떤가? 형제의 어린 여동생에서 우리의 모습을 엿볼 수 있지 않은가? 비록 눈에 보이지 않았으나, 엄마가 옆에 있다는 믿음만으로 모든 두려움과 공포에서 벗어날 수 있었다. 우리도 하나님이 우리와 함께하신다는 사실만 믿으면, 언제 어디서나 안심하고 살아갈 수 있다.

이방 민족의 신은 다 헛것이나, 야훼께서는 하늘을 만드셨다. (시편 96. 5)

⑫⑧ 유대교

1 유대교(Judea敎)는 토라(Torah, 모세 오경)를 중심으로 유일신 하나님을 숭배하는 유대인의 민족 종교다.

2 유대교는 하나님의 임재를 인간의 행위와 인류의 역사에서 경험한다는 이행 득의(以行得義) 종교로서, 넓게는 아브라함에서 4000년, 좁게는 제2성전 재건에서 2500년간 이어진 유대인의 신앙 체계다.

3 유대인은 '야훼(Yahweh)'라는 하나님의 이름을 부르기가 두려워서

'아도나이(Adonai, 主)'라 불렀다. 그 외에도 하나님을 우회적으로 가리키는 표현을 많이 사용했다.

4 또 하나님의 선민이라는 의식이 지나쳐 이방인 아내와 그 자녀를 모조리 쫓아낸 경우도 있었고, 이방인을 죄인이나 짐승처럼 취급하기도 했다.

5 그리고 유대인은 율법을 가지고 있었다. 에스라가 만든 율법 중심의 신앙 공동체로서, 2000년 동안 나라가 없어도 존속할 수 있었다. 유대인의 성전은 생활 터전이자 희망이었으나, 나라가 망하면서 파괴되었다.

6 유대교의 경전인 토라(Torah)는 모세 오경을 포함하여 구약 성경의 모든 규범을 말한다. 바빌로니아에서 귀환한 뒤 새롭게 적용할 필요성을 느끼고, 레위 지파 학자들이 모여 『미드라시(Midrash)』를 편찬했다. 나중에 『탈무드(Talmud)』로 발전되었다.

7 『미드라시』는 법률 분야 할라카(Halakha)와 비 법률 분야 하가다(Haggadah)를 포함하여, 의식에 관한 모든 자료를 모아놓은 책이다. 『탈무드』는 인간 생활에서 발생하는 여러 문제를 집대성한 법전이다.

> 집회가 끝난 뒤, 많은 유대인과 유대교로 개종한 이방인이 바울과 바나바를 따랐다. 바울과 바나바는 그들과 이야기를 나누며, 항상 하나님의 은혜 가운데 머물러 있으라고 권했다. (사도행전 13. 43)

129 기독교

1 기독교(基督敎)는 삼위일체 하나님을 신봉하고, 예수님을 구세주로 받아들이는 종교다. 그리스도교 또는 예수교라고 한다. 그리스도를

한문으로 기독(基督)이라 표기한 데서 비롯되었다.

2 기독교는 오랜 진통 끝에 태어난 종교다. 30년경 유대교의 개혁파로 시작하여, 90년 이단으로 정죄되었다가, 313년 정식 종교로 승인되었다. 유대교의 구약 성경을 그대로 받아들이며, 구약 성경의 예언에 의해 예수님이 오셨으며, 사도들이 기록한 신약 성경을 경전으로 삼는다.

3 기독교는 유대교에서 나왔다. 예수님도 유대인이고 예수님의 제자들도 유대인으로, 기독교의 기초를 놓았다. 유대인의 시조 아브라함을 믿음의 조상으로 받아들이며, 유대인의 하나님을 그대로 숭배한다.

4 유대교는 기독교의 삼위일체 하나님을 인정하지 않고, 예수님을 구세주로 받아들이지 않는다. 유일신 하나님은 누구에 의해 태어나실 수도 없고, 누구를 낳으실 수도 없다고 주장한다. 오직 야훼 하나님만이 참 하나님이시며, 다른 하나님은 없다고 한다.

5 하지만 기독교는 유일신 하나님이 삼위일체 하나님이시며, 예수님을 구세주로 받아들여야 구원을 얻는다고 가르친다.

6 이렇듯 유대교와 기독교는 같은 하나님을 숭배하지만, 구세주에 대한 입장이 달라 하나의 종교로 보기 어렵다. 그럼에도 기독교는 유대교에서 나온 신흥 종교로서, 유대교의 뿌리를 가지고 있다는 사실만은 부인할 수 없다.

7 우리는 냉정한 자세로 복음서를 살펴볼 필요가 있다. 예수님은 유대인을 회개시켜 인류를 구원하려고 하셨다. 유대교를 떠나 새로운 종교를 만들 생각은 추호도 없었다. 그러나 유대인은 자기네 기득권을 유지하려고 예수님을 무고하여 죽였고, 끝까지 회개하지 않았다.

8 유대인은 예수님을 십자가에 못 박아 죽인 뒤, 제자들까지 무자비하게 핍박했다. 하지만 제자들은 오순절에 강림한 성령님을 받아 세계만방에 복음을 전했다. 복음이 전해지는 곳마다 교회가 세워졌

고, 신자의 수도 급속도로 늘어났다.

9 유대교의 핍박과 로마의 박해를 받으며 교회는 더욱 늘어나, 그 수가 폭발적으로 증가했다. 아무도 무시하지 못할 정도로 규모가 커지자, 로마의 콘스탄티누스(Constantinus, 280-337) 황제가 313년 정식 종교로 승인했고, 이어서 380년 로마의 국교로 승격되었으며, 600년대에 이르러 지중해 세계의 땅 끝까지 복음이 전파되었다.

10 이렇듯 기독교는 예수님의 의지와 상관없이 태어났으나, 성령님의 강림으로 크게 부흥했으며, 이런저런 사유로 수없이 분파되었다. 하지만 놀라운 사실은, 이러한 모든 과정까지 하나님께서 개입하여 선으로 합력시키셨다는 것이다.

11 이후 기독교는 로마 황제를 좌지우지할 정도로 막강한 권세를 가지게 되었다. 하지만 그게 오히려 종교적 부패와 지도자의 타락을 초래했던바, 결국은 16세기 종교개혁의 빌미를 제공했다.

12 기독교의 타락과 아울러 여기저기서 개혁의 목소리가 터져 나왔다. 개혁자 역시 지도자를 각성시켜 교회를 개혁하려고 했으나, 뜻을 이루지 못하고 죽거나 파문되었다. 그래서 뜻하지 않게 개신교라는 새로운 종파가 태어나게 되었다.

13 히브리인의 조상 아브라함에서 시작된 셈족 종교는, 발생 순서에 따라 유대교에서 기독교가 나왔고, 기독교에서 이슬람교가 파생되었다.

14 그리고 1054년 서방 교회(가톨릭, 천주교)와 동방 교회(비잔틴, 정교)가 갈라졌으며, 1517년 서방 교회에서 종교개혁이 일어나 개신교(루터교, 장로교, 성공회 등)가 나왔으며, 이후 장로교에서 침례교가 분파되었고, 성공회에서 감리교, 성결교, 구세군, 오순절 등이 분파되었다.

15 기독교의 모든 종파가 각자의 교리를 가지고 있으며, 나름대로 사회에 이바지하며 영향을 끼치고 있다. 기독교만큼 세상을 크게 변화시킨 종교는 없었다. 지금 이 순간도 예수 그리스도를 믿고 거듭난

사람들이 세계만방에서 세상을 변혁시키고 있다.

16 기독교는 예수님을 바로 알고 제대로 믿어 풍성히 누리는 종교다. 눈에 보이지 않고 손에 잡히지 않아도, 생명 주는 영으로 강림하신 예수님에 의해 모든 그리스도인이 풍성한 삶을 누리고 있다.

17 2015년 현재 세계 종교인의 분포를 보면, 전체 인구 71억 가운데 기독교 28억(39%), 이슬람교 18억(25%), 힌두교 10억(14%), 불교 7억(10%), 중국 민속종교 4억(6%), 기타 무종교 4억(6%) 순이다. 기독교인 28억 가운데 가톨릭 14억, 독립교회 4억, 개신교 4억, 정교회 3억, 성공회 1억, 기타 2억이다. 개신교인 4억 가운데 침례교 1억, 감리교 0.8억, 장로교 0.2억, 기타 2억이다.

18 기독교는 신구약 성경 66권을 하나님의 말씀으로 받아들이고, 성부와 성자와 성령 하나님을 신봉하고, 예수님을 구세주로 받아들이는 교회로서, 영원한 예수 그리스도의 나라에 소망을 두고 있다.

> 우리 종교는 영생에 소망을 두고 있습니다. 영생은 거짓이 없으신 하나님께서 영원 전부터 약속하신 것입니다. (디도서 1. 2)

⑬⓪ 종교개혁

1 종교개혁(宗敎改革)은 독일의 마르틴 루터(Martin Luther, 1483-1546), 스위스의 츠빙글리(Zwingli, 1484-1531), 프랑스의 장 칼뱅(Jean Calvin, 1509-1564), 스코틀랜드의 존 녹스(John Knox, 1514-1572) 등에 의해 일어난 16세기 혁신 운동이다. 로마 가톨릭(천주교)에서 프로테스탄트(개신교)가 분파되는 결과를 낳았다.

2 당시 로마 가톨릭은 정치권력과 결탁하여 정치 공작을 일삼았다.

게다가 면죄부 판매와 성직자의 타락으로 경건한 성도들이 착취당하고, 교회의 권위는 한없이 추락했다.

3 종교개혁은 16세기 이전부터 숱한 사람에 의해 제기되었으나, 결정적 계기는 1517년 10월 31일, 비텐베르크대학교 사제이자 교수인 마르틴 루터가 비텐베르크(Wittenberg)에 소재한 교회의 정문에 95개 반박문을 붙임으로써 요원의 불길처럼 치솟았다.

4 루터는 95개 반박문에서 교황은 연옥에 대한 권한이 없으며, 성인의 공덕에 관한 교리도 근거가 없다고 주장했다. 그리고 면죄부 판매를 신랄하게 공격하여 교회의 윤리적, 신학적 개혁의 중심이 되었다. 교황이 아니라 성경만 권위가 있으며, 사람이 의롭게 되는 것도 행위가 아니라 믿음에 의한다는 이신득의(以信得義)를 강조했다.

5 그러나 루터는 자신의 개혁 운동으로 교회가 분열되는 것을 원치 않았다. 지도자를 회개시켜 교회를 정화시킬 목적이었다. 그런데 그것이 교황청과 정면으로 충돌하게 되던바, 교회를 개혁하려고 출발한 혁신 운동이 새로운 종파를 태동시켜, 교회를 분열시키는 결과를 낳았다.

6 독일의 루터와 상관없이 다른 개혁 운동도 세계 곳곳에서 동시다발적으로 일어났다. 스위스의 츠빙글리는 성찬식에 대해 기념설(記念說) 또는 상징설(象徵說)을 주장하여, 공체설(公體說) 또는 공재설(共在說)을 주장한 루터와 달리, 종교개혁에 한 걸음 더 빨리 나아갔다.

7 하지만 종교개혁의 좌파로 불린 급진 개혁자들은, 성경의 원리는 타협이 불가하다고 주장하면서, 유아세례 문제를 놓고 츠빙글리와 결별했다. 그들은 유아세례를 받은 성인도 다시 세례를 받아야 한다고 주장하여 재세례파라는 별명을 얻었다. 재세례파는 복음서에 나타난 그리스도의 본을 따르고자 칼로 맹세하거나 무기를 소지하는 행위 등을 거부했으며, 교회와 국가의 엄격한 분리를 주장했다.

8 프랑스의 장 칼뱅은 개신교로 개종한 뒤, 프랑스를 탈출하여 스

위스 바젤에 거주하면서 『기독교 강요』라는 책을 출판했다. 종교개혁을 포괄적, 조직적, 신학적으로 다룬 최초의 책이었고, 그를 추종하는 사람들에 의해 칼뱅주의가 생겨났다.

9 16세기가 진행되는 동안 종교개혁은 다른 유럽 대륙으로 확산되어 루터주의는 북유럽을 지배하게 되었고, 동유럽은 보다 급진적이고 다양한 개신교의 온상이 되어 한동안 종교 다원주의가 지속되었다.

10 잉글랜드 종교개혁은 사소한 정치 문제로 일어났다. 클레멘스 7세(Clemens Ⅶ, 1478-1534) 교황이 자신의 이혼을 승인하지 않자 분개하여, 헨리 8세(Henry Ⅷ, 1491-1547) 국왕은 교황의 권위를 부정하고 왕을 수장으로 하는 영국 성공회를 만들었다. 그리고 단행한 교회 정비는 종교적 사유가 아니었으나, 잉글랜드 종교개혁을 촉발시키는 계기가 되었다.

11 스코틀랜드의 존 녹스도 스코틀랜드와 잉글랜드의 연합을 도모한 장로교 설립을 이끌었다. "주여! 스코틀랜드를 주옵소서. 아니면 제 목숨을 거두어주십시오!" 그래서 메리(Mary Stuart, 1542-1587) 여왕이 말했다. "수백 명의 군대보다 존 녹스 한 사람의 설교가 더 무섭다."

> 이런 것은 다만 먹고 마시고 씻는 여러 의식과 관련된 규례로, 개혁의 때까지 육체를 위하여 부과된 규칙에 지나지 않습니다. (히브리서 9. 10)

⑬① 개신교

1 개신교(改新敎)는 16세기 종교개혁으로 가톨릭에서 분파되었다. '오직 성경으로, 오직 믿음으로, 오직 은혜로' 구원에 이른다는 기치를 내걸었다.

2 16세기 종교개혁의 발단은 교의나 제의에도 문제가 있었지만, 가장 심각한 것은 교회의 부정부패 때문이었다. 정치권력과 결탁한 교회의 부패와 도덕성을 상실한 성직자의 타락이 가장 큰 원인이었다.

3 독일의 루터와 스위스의 츠빙글리, 프랑스의 칼뱅 등이 오직 성경, 오직 믿음, 오직 은혜라는 슬로건을 내걸고 개혁을 시도했던바, 본의 아니게 개신교라는 새로운 종파가 발생했다. 오늘날 개신교는 보다 자유로운 모습으로 세계만방에 확산되어 기독교의 3대 종파가 되었다.

4 개신교를 프로테스탄티즘(Protestantism), 개신교 신자를 프로테스탄트(Protestant)라 부르게 된 것은 정치적 이유에서 비롯되었다. 루터의 제자뿐만 아니라, 츠빙글리의 제자와 칼뱅의 제자까지 그렇게 불렀다. 프로테스탄트는 루터파와 개혁파에 붙여진 이름이었으나, 17세기 발생한 침례교도와 퀘이커교도에 대비되는 개념으로 사용하다가 완전히 고착되었다.

5 침례교(浸禮敎)는 물을 뿌리는 세례 의식에 반발하여 생긴 교파이고, 퀘이커교(Quakers, 그리스도교)는 잉글랜드 선교사 조지 폭스(George Fox, 1624-1691)에 의해 영국과 미국에서 일어난 청교도 운동의 극좌파로서, 평화를 추구하는 교파로 알려져 있다. 한편 가톨릭은 종교개혁에 동참한 침례교, 퀘이커교, 성공회 신자까지 포함하여 프로테스탄트라 불렀다.

6 가톨릭은 가톨릭대로, 개신교는 개신교대로 각자 독립적 교리와 위치를 가지게 되었다. 하지만 삼위일체 하나님을 신봉하고, 예수님을 구세주로 믿는 하나의 종교다. 예배나 기도 등의 방식이 조금 다르다고 하여 다른 종교라 볼 수 없다.

7 오늘날 교파를 초월하여 하나의 기독교로 통합하려는 움직임이 일어나고 있다. 서로 이해관계가 얽히고설켜서 큰 진전은 없지만, 고

무적인 일임에 틀림없다. 그리스도인은 누구나 요한복음 17장에 기록된 예수님의 기도를 기억해야 한다.

> "그들은 오래전부터 저를 알고 있으며, 제가 우리 종교의 가장 엄격한 종파를 좇아, 바리새인으로서 어떻게 살았는지 증언할 수 있을 것입니다." (사도행전 26. 5)

⑬⑫ 교파

1 기독교의 교파(敎派)는 교리나 의식 등의 차이로 갈라진 교회나 단체를 말한다. 어느 누구도 원치 않았으나, 사탄이 교권과 이기심을 부추겨 고착화시켰다.

2 교파가 생긴 원인은 천태만상이다. 저마다 나름대로 사유를 제시하고 논리를 펴지만, 교회의 분열은 어느 모로 보나 주님의 뜻이 아니다. 그럼에도 복음이 널리 전파되는 기회가 되었다.

3 교회는 16세기 이후 숱한 교파로 갈라져 지구촌 곳곳을 파고들었다. 하지만 예수님은 지금도 하나의 교회를 원하신다. 뚜렷한 명분 없이 사분오열된 개신교부터 타파하고, 성공회와 정교, 천주교까지 모든 기득권을 내려놓아야 한다.

4 한 걸음 더 나아가 이슬람교와 유대교까지 연합하여, 유일신 야훼 하나님을 신봉하는 셈족 종교가 하나임을 천명해야 한다. 예수님이 그토록 개혁하려고 애썼던 유대인의 회당으로 돌아가야 한다. 유대인의 회당은 지역별로 유대인 10가정이 모이면 자연스럽게 세워졌고, 그들에 의해 독립적, 자율적으로 운영되었다.

5 그러나 셈족 종교의 통합은 새 하늘과 새 땅이 임할 때까지 힘들

것이다. 종교의 특성상 형식적 연대는 가능할지 모르나, 저마다 가지고 있는 경전과 교의, 전례 등이 달라 실제로 연합은 어려울 것이다. 특히 유대교는 유대인의 민족 종교로, 그 자부심이 대단하다. 모든 종교가 유대교로 흡수 통합되어야 한다고 주장할 것이다.

6 이슬람교는 7세기경, 무함마드(마호메트)에 의해 기독교에서 파생한 종교다. 구약 성경과 신약 성경을 가지고 있지만, 『쿠란(Quran)』이라는 그들만의 경전을 따로 가지고 있다. 11세기부터 200년 동안 이어진 십자군 전쟁의 뿌리 깊은 상흔도 가지고 있다.

7 동방 교회와 서방 교회는 정치적 문제로 11세기 분열되어 오늘에 이르고 있다. 지난 1000년 동안의 괴리가 크지만, 무슨 명분이 주어지면 통합할 여지가 있다. 2016년 2월, 가톨릭교회 프란치스코 교황과 러시아 정교회 키릴 총대 주교가 쿠바에서 만나 서로 형제임을 확인하며 포옹하는 모습을 보았다.

8 개신교도 가톨릭에 대해 이런저런 반감을 가지고 있지만, 마음 문을 활짝 열고 서로가 이해하고 받아준다면, 연합하지 못할 이유가 없다고 본다. 1977년 가톨릭과 개신교가 공동으로 발간한 공동번역 성경을 개신교가 받아들였다면, 모르긴 해도 지금쯤 절반은 통합되었을 것이다. 종파의 구분이 경전에 따라 나눠지기 때문이다.

9 그런데 무엇보다도 가장 큰 문제는, 가장 쉬울 듯이 보이는 개신교 자체의 통합에 있다. 개신교는 16세기 이후 지나칠 정도로 자유분방하게 성장한바, 이제는 자기네끼리 차별성과 선명성을 주장하며 이전투구하고 있다. 문제는 교권이다. 사분오열된 군소 교파가 저마다 교권에 사로잡혀 아집을 부리며 한껏 거들먹거리고 있다. 그야말로 군소 교파 춘추전국시대가 되었다. 그럼에도 개신교의 대표적 교파가 솔선하여 통합에 나설 경우, 군소 교단은 자의 반 타의 반으로 따를 것이라 본다. 개신교의 종파는 성공회, 침례교, 감리교, 장로교, 루터

교, 퀘이커, 성결교, 오순절, 회중교, 재세례파 등이다.

10 개신교는 본의 아니게 분파되어 급성장했으나, 비교적 역사도 짧고 교세도 열악하다. 무슨 명분을 내세워 강하게 주장을 펼 수밖에 없다. 명분 없는 분열을 감추려고, 반대를 위한 반대의 논리를 펴거나 생떼거리를 부릴 수밖에 없다.

11 한국 교회의 70%를 차지한다는 장로교의 실상을 보라. 기장이니 예장이니, 통합이니 합동이니, 무슨 동이니 무슨 측이니 하면서, 갈래갈래 쪼개져서 자기네끼리 반목질시하고 상처를 준다. 전 세계 개신교 종파 수와 맞먹는다는 교권자들을 보라. 연못가 개구리마냥 끼리끼리 모여서 자기네만 잘났다고 개굴개굴 울어대고 있다.

12 이런 현상이 아브라함에서 비롯된 유대교를 비롯하여, 가톨릭이나 정교회, 이슬람교는 차치하고, 개신교 자체의 통합마저 쉽지 않음을 드러내고 있다. 이제는 서로 정죄하고 공박하거나 적개심을 쌓지 말아야 한다. 서로 다른 점을 인정하고, 마음 문을 활짝 열어야 한다. 그리고 화해와 일치의 장으로 나와야 한다.

13 모든 교파가 서로 이해하고 존중하며 주님의 뜻을 따를 때, 비로소 하나의 종교로 나아갈 길이 열릴 것이다. 주일이니 안식일이니 하면서 나뉜 교파나, 세례니 침례니 하면서 쪼개진 교파나, 칼뱅이니 웨슬리니 하면서 갈라진 교파는, 어느 모로 보나 명분이 없다. 일자나 의례, 사람 등에 의해 나뉜 교파는 누가 뭐래도 정통성을 찾을 수 없다.

14 우선 삼위일체 하나님과 예수님을 중보자로 받아들이는 교파는, 서로 다른 공동체에 속한 가족임을 인정해야 한다. 그리고 예수님의 고별기도에 따라 일치 운동에 나서야 한다. 진정한 교회의 일치는 하나로 합치는 게 아니라, 모든 교파를 해체하고 지역마다 다시 모이는 것이다.

15 예수님이 원하시는 하나의 교회는, 유대인의 회당과 같은 지역교회라고 본다. 지역교회의 형태와 운영 방식 등은, 초교파 탈교단의 독립교회, 공동체 생활양식의 회중 교회, 철저한 성도 중심의 메노나이트(Mennonites) 교회 등을 모델로 삼으면 될 것이다.

16 지역교회는 가정에서 출발하여 마을마다 모이고, 읍면동마다, 시군구마다, 시도마다, 나라마다 모이며, 나아가 세계 교회가 모이면 된다. 모든 간판 내려놓고, 계급장 다 떼고, 아무 조건 없이, 형제와 자매가 자연스럽게 모이는 것이다. 이게 교회 통합의 유일한 대안이다.

17 미루어 살펴보지만, 교파와 교파를 통합하는 교회 일치는 예수님이 다시 오셔도 힘들 것이다. 예수님을 십자가에 다시 못 박지 않으면 그나마 다행일 것이다.

> 어떤 사람이 "나는 바울 파다"라고 말하자, 다른 사람은 "나는 아볼로 파다"라고 말하니, 세상에 속한 사람이 아니고 무엇이겠습니까? (고린도전서 3. 4)

⓵⓷⓷ 사랑 종교

1 기독교는 하나님의 은혜와 예수님의 사랑으로 세워진 종교다. 예수님의 십자가는 하나님과 사람 간의 수직적 사랑과, 사람과 사람 간의 수평적 사랑을 의미한다. 기독교는 예수님의 십자가 사랑으로 세워진 종교다.

2 하나님이 세상을 지극히 사랑하여 독생자를 보내주셨다. 예수님이 십자가에 달려 돌아가심으로써 우리가 용서함을 받았다.

3 예수님이 복음서를 통해 400여 개의 계명을 주셨다. 그 가운데

가장 큰 계명이 '하나님을 사랑하라'는 것이고, 다음으로 '이웃을 사랑하라'는 것이다. 그리고 '서로 사랑하라'는 새 계명도 주셨다.

4 하나님도 모세를 통해 10계명을 주셨다. 제1계명부터 제4계명까지가 '하나님을 사랑하라'는 것이고, 제5계명부터 제10계명까지가 '이웃을 사랑하라'는 것이다.

5 기독교는 예수님의 십자가로 시작되었다. '사랑의 종교'라 불리기에 조금도 손색이 없다. 하나님을 사랑하지 않고 이웃을 사랑하지 않는 사람은 그리스도인이 아니다.

6 하나님을 사랑하는 사람은 하나님의 말씀을 듣고 지키며, 예수님을 사랑하는 사람은 예수님을 알고 믿어 누린다. 하나님을 사랑하는 사람이 이웃을 사랑하기 마련이다.

7 그리스도인은 이웃을 위한 희생을 미덕으로 여긴다. 매사에 자기 잇속만 챙기면 그리스도인이 아니다. 그리스도 안에서 희생은 잃는 게 아니라 얻는 것이다.

8 그리스도인은 일시적 패배로 영원한 승리를 얻는다. 그리스도 안에서 패배는 슬픈 게 아니라 아름다운 것이다.

9 세상을 바꾸는 것은 권력이 아니라 사랑이다. 그리스도 안에서 사랑은 모든 것을 내주고 희생하는 것이다.

> **사랑은 다름이 아니라, 하나님의 계명을 따라 사는 것입니다. 계명은 다름이 아니라, 여러분이 처음부터 들은 대로, 사랑 안에서 행하는 것입니다.** (요한2서 1. 6)

⏢ 한국 종교

1 한국의 종교는 신자 수에 따라 기독교(예수), 불교(석가모니), 유교(공자), 원불교(박중빈), 대순진리교(일명 증산교, 강일순), 천도교(최제우, 손병희), 대종교(일명 단군교) 등이다.

2 2015년 세계 종교인의 수는 기독교 28억(천주교 14억, 독립교회 4억, 개신교 4억, 정교회 3억, 성공회 1억, 기타 2억), 이슬람교 18억, 힌두교 10억, 불교 7억, 중국 민속종교 4억 등이다.

3 한국의 종교인은 기독교인 1,400만(28%), 불교인 1,100만(22%)이다. 한국인이 귀의하고 있는 종교는 기독교와 불교이며, 기독교인과 불교인의 수가 50%를 차지한다.

4 한국의 종교인에 대한 통계는 실체에 접근하기 어려운 점이 있다. 개신교의 주장과 통계청의 자료에 많은 차이가 있고, 불가의 철학은 가지고 있으나 신앙생활을 하지 않는 사람이 200만 명쯤 되며, 유교를 종교로 보지 않고 학문이나 철학으로 여기며, 상례나 제례의 의식쯤으로 생각하는 사람도 700만 명쯤 된다.

5 그러나 종교의 전통과 신자의 수로만 종교의 우월성을 가늠해서는 안 된다. 종교의 가치나 영향력은 전통이나 신자의 수에 비례하지 않는다. 한국 종교사에서 기독교는 다른 종교에 비해 극히 짧은 역사를 가지고 있다. 천주교는 1785년, 개신교는 1885년에 전래되었다. 천주교는 230년, 개신교는 130년밖에 되지 않았다. 1000년 이상의 불교나 유교에 비해 아주 미미하다. 하지만 지난 200년 동안 한국의 정치, 경제, 사회, 문화, 스포츠 등 모든 방면에서 문명을 바꿔놓은 종교는 유교나 불교가 아니라 기독교였다.

6 한국의 근대화 과정에서 기독교의 영향은 매우 컸다. 타종교에 비해 극히 짧은 역사지만 엄연한 사실이다. 천주교와 개신교의 뿌리

가 하나라는 점을 감안할 때, 기독교가 최대의 종교로 성장한 이유가 나름대로 있었다.

7 그럼에도 한국의 기독교가 타종교를 선도하지 못하고, 오히려 손가락질 받고 있음은 참으로 안타까운 일이다. 오늘날 안티 기독교가 우후죽순처럼 일어나고 있지만, 어느 누구도 떳떳하게 대응하는 사람이 없다. 모두가 강 건너 불구경하듯이 한다. 왜 그럴까? 무슨 말 못할 사정이라도 있는 것일까?

8 한국의 개신교인 800만 명 가운데 100만에서 200만 정도가 가나안 교인(교회에 안 나가는 교인)이며, 개신교를 개(犬)독교라 비하하며 반대하는 안티도 600만에서 700만쯤 된다고 한다. 오늘날 목회자의 모습에서 인자 시대의 바리새인과 제사장들을 본다. 예수님의 가르침을 끝까지 외면하고, 자기네 기득권을 지키려고 그토록 애썼던 종교인들이 아닌가?

9 물론 그들 가운데 니고데모와 요셉같이 훌륭한 사람도 있었다. 이름도 없이 빛도 없이, 묵묵히 복음을 전하며 충성하는 목회자도 많다. 하지만 당시의 72명 지도자 가운데 겨우 2명이 신앙의 지조를 지켰듯이, 오늘날도 비슷한 양상은 아닌지 모르겠다.

10 한국 최대의 종교로 자리매김한 개신교가 다른 종교를 선도하기 위해서는, 지도자의 자정 운동부터 시작해야 한다. 대부분의 문제가 지도자의 부질없는 욕심에서 비롯된 만큼, 2600년 전에 일어난 요시야의 회개 운동이, 500년 전에 일어난 종교개혁자의 혁신 운동이, 300년 전에 일어난 서구의 대각성 운동이 지금 한국에서 일어나야 한다.

> **겉으로는 하나님을 섬기는 체하나, 실제로는 하나님을 경외하지 않을 것이다. 그대는 이런 자들을 멀리하라.** (디모데후서 3. 5)

135 창조주

1 창조주(創造主)는 우주 만물을 창조하신 야훼 하나님이시다. 유일신이요, 절대자시요, 초월자시다.

2 외경 요베르서에 이런 기록이 있다. "150억 년 전에 대폭발이 일어나 우주가 생성되었다. 모든 에너지의 끊임없는 팽창이 계속되었고, 먼지와 가스가 뭉치고 충돌하면서 은하와 행성이 생겨났다. 그리고 천사가 가꾸고 보살피는 지구를 인간에게 위탁했다. 그런데 인간이 자연을 파괴하기 시작했다. 그래서 창조주가 인간을 추방했다."

3 태초에 하나님이 우주를 창조하셨다. 그때가 언제쯤인지 아무도 모른다. 과학자의 말대로 137억 년인지, 아니면 그보다 더 오래되었는지, 덜 되었는지 모른다. 하지만 분명한 사실은, 하나님이 우주를 창조하심으로써 시간과 공간의 역사가 시작되었다는 것이다.

4 맨 처음 하나님께서 "빛이 있어라!"고 하시자 빛이 생겼다. 이어서 하늘과 땅과 바다, 해와 달과 별, 새와 동물과 물고기, 식물과 곤충과 인간까지, 6일간 모든 것을 지으시고 7일째 쉬셨다.

5 이후 1주간을 7일로 정하여 6일간 일하고 1일을 쉬었다. 요즘은 주 5일 근무제가 도입되어 5일간 일하고 2일을 쉰다. 생활수준에 맞춰 삶의 질을 높인다는 명분이다. 하지만 하나님의 방법은 아니라고 본다. 무엇이든 하나님의 방법에서 벗어나면 반대급부가 따르게 된다. 주 5일 근무제가 좋은 것처럼 보이지만, 그에 따른 부작용도 있다는 것이다.

6 창조주의 뜻에 따라 인체 구조나 생체 리듬이 6일간 일하고 1일을 쉬도록 지어졌다면, 그에 따른 비정상적 반응이 일어날 수 있다는 말이다. 시간의 낭비는 그렇다 치고, 물질만능주의와 향락 풍조 등으로 사회 문제가 야기될 수 있다는 것이다. 하지만 이런 문제는 계량화

되지 않아서, 아무도 모르게 지나갈 수 있다.

7 우리는 우리의 몸만이 아니라, 모든 물질 구조가 창조주의 질서에 따라 순응할 때, 가장 이상적으로 작동한다는 사실을 알고 있다. 세세한 디테일(detail) 안에서 일하시는 하나님을 보아야 한다. 이를 영적 통찰력이라 한다.

8 창조주께서 대부분을 무에서 유로 지으셨으나, 사람과 동물은 흙이라는 재료를 사용하셨다. 그리고 사람에게 생기를 불어넣어 생령이 되게 하셨다. 그래서 우리는 하나님의 형상대로 지어진 유일한 존재가 되었으며, 피조물 중에서 가장 존귀하게 되었다.

9 우리는 피조물로서 창조주의 섭리에 따라야 한다. 어머니의 품을 떠난 아기가 어딘가 모르게 불안해하듯이, 우리도 하나님의 품을 떠나면 까닭 없이 초조하고 불안해진다. 그래서 어떤 사람이 말했다. "하나님께 돌아가기 전에는 결코 안식을 얻을 수 없다."

10 창조주와 함께하는 사람은 그저 그렇게 살다가 죽어 끝나는 존재가 아니다. 죽어도 살고, 살아도 영원히 산다. 영원히 사시는 창조주의 생명을 가졌기 때문이다. 하지만 하나님이 맡기신 지구를 돌보지 않고 자연을 파괴할 경우, 요베르서의 말씀대로 지구에서 퇴출될 날이 올 것이다. 사실 숱한 사람이 그렇게 경고하고 있다.

11 우리는 예수님을 믿음으로 영원히 살게 되었다. 먼지나 티끌이라는 하찮은 재료로 지음을 받았으나, 죽음을 이기신 예수님을 영접했기 때문이다. 흙으로 지음 받은 육신이 흙으로 돌아가는 것을 보고 실망할 수 있지만, 우리의 생명은 하나님의 나라에서 영생을 누리게 된다. 우리의 본향은 하나님의 나라요, 우리의 본가는 창조주의 품이다.

> "그러니 너는 젊은 시절에, '사는 것이 재미가 없구나!'라는 탄식 소리가 나오기 전에, 너를 지으신 창조주를 기억하라." (전도서 12. 1)

136 우주 창조

1 우주(宇宙)는 시간의 역사와 공간의 물질로 구성되었다. 우주는 하나님의 말씀으로 창조되어 하나님의 섭리로 움직인다. 인간은 시간과 공간의 주체다. 하나님께서 위임하신 범위 안에서 우주를 다스린다.

2 인간은 피조물로서 창조주에 대한 책임과 의무가 있다. 창조주 하나님을 인정하고, 피조물로서 하나님의 통치를 받아야 한다. 하나님을 모시고, 하나님의 뜻대로 살아야 한다.

3 『브리태니커 세계대백과사전』의 기록이다. "우주는 100억 년에서 200억 년쯤 되었다. 대폭발(Big Bang)로 생겼으며, 폭발 뒤 밀도와 압력이 매우 높은 상태에서 시간이 지날수록 물질이 팽창했으며, 그로 인해 온도가 떨어지자 주변의 물질이 서로 뭉쳐져 별과 행성이 생겨났다. 이 과정을 거쳐 여러 은하가 생겼으며, 은하 가운데 하나인 우리은하에서 태양계가 나왔으며, 태양계에 속한 지구는 45억 년에서 46억 년쯤 되었으며, 그와 비슷한 시기에 지구의 일부분이 떨어져 달이 되었다. 우리은하는 타원형 은하와, 나선형 또는 불규칙 은하가 절반씩 구성되어 있으며, 대우주를 이루고 있는 1,000억 개 이상의 은하 가운데 하나이며, 우리은하 또한 1,000억 개 이상의 태양과 같은 항성을 가지고 있으며, 항성 또한 지구와 같은 여러 행성을 가지고 있으며, 행성 또한 달과 같은 여러 위성을 가지고 있다. 이 우주는 지금도 계속 팽창하고 있으며, 그 이상의 대우주는 아무도 알 수 없다."

4 지구와 태양계, 우리은하, 대우주 등도 하나님께서 창조하신 무한대 우주 속에서, 어쩌면 인간의 몸을 구성하고 있는 60조 개의 세포 가운데 하나와 같이 미미한 존재는 아닐까? 하나님께서 창조하신 우주는 사람이 알 수 없는 신비임에 틀림없다.

5 이처럼 하나님께서 창조하신 우주를 알 수 없듯이, 하나님께서

창조하신 세상도 언제 어떻게 지어졌는지 알 수 없다. 다만 하나님께서 우주를 창조하실 때, 무에서 유로 지으시되 재창조의 방법을 병행하셨으며, 지금도 계속 창조하고 계신다는 사실이다.

6 다만 우리가 유념할 점은, 과학을 너무 과신하지 말아야 한다는 것이다. 우주 과학은 실험이나 검증이 불가한 만큼, 인간의 추측이나 짐작에 불과하다. 과학은 꼭 필요하고 좋은 것이나, 오류가 없다고 주장할 사람은 아무도 없다.

7 그럼에도 과학의 발달로 창조의 비밀이 조금씩 벗겨지고 있다. 성경의 예언이 성취되거나, 그동안 신학으로 풀지 못한 의문이 과학으로 밝혀지고 있다는 사실이 고무적이다.

8 성경의 창조와 과학의 증거가 모두 일치할 수는 없으나, 성경의 비밀이 과학에 의해 점차 드러나고 있다는 데 의미가 있다. 하나님의 우주 창조가 과학의 발달로 더욱 분명해진다는 것이다.

9 창조론과 대비되는 개념으로 알고 있는 진화론도, 하나님의 창조에서 그 진가를 찾을 수 있다. 사실 모든 생물의 미소(微小) 진화는 끊임없이 계속되고 있다. 하지만 아메바에서 인간이 나왔다는 연결 고리는 찾을 수 없다. 하나님께서 인간을 창조하셨다는 말씀을 부인할 증거가 없다는 것이다. 과학은 하나님의 존재나 사람의 영혼을 결코 설명할 수 없다.

태초에 하나님께서 우주를 창조하셨다. (창세기 1. 1)

❶❸❼ 지구 창조

1 하나님께서 우주를 창조하시고 지구를 짜임새 있게 꾸미시기까

지, 이 땅은 혼돈과 공허와 흑암으로 가득 차 있었다. 이른바 원시 상태였다. 아무것도 드러난 게 없었으며, 그저 텅 빈 공간만 지구를 감싸고 있었다.

2 그러다가 하나님의 말씀이 임하여 혼돈이 질서로, 공허가 충만으로, 흑암이 광명으로 바뀌기 시작했다. "빛이 있어라!" 하시자 빛이 생겼고, "뭍이 드러나라!" 하시자 육지와 바다가 갈라졌고, "식물이 있어라!" 하시자 온갖 식물이 생겨났고, "별들이 있어라!" 하시자 별들이 생겼고, "생물이 있어라!" 하시자 바다의 고기와 땅의 짐승과 공중의 새가 생겼다. 그리고 사람을 남자와 여자로 지으시고, 모든 것을 다스리게 하셨다.

3 창세기의 하루는 지구의 자전에서 비롯된 게 아니다. 태양과 지구가 넷째 날 지어졌으므로, 첫째 날의 빛은 당연히 태양 광선이 아니다. 창조 일자를 문자적으로 해석하면 곤란하다.

4 지구에 생명이 출현한 지는 35억 년에서 36억 년쯤 되었으며, 직립 보행하는 인간의 출현은 20만 년쯤 되었으며, 인간이 수렵 채취를 마감하고 농경 생활을 시작한 지는 1만 년쯤 되었으며, 인간의 문명이 발생한 지는 5천 년쯤 되었으며, 특히 기계 문명의 발달은 스코틀랜드 제임스 와트(James Watt, 1736-1819)가 증기 기관을 발명한 1762년부터 시작되었다. 따라서 농경 사회에서 공업 사회로 바뀐 시기는 250년이 조금 넘었다.

5 그런데 참으로 안타까운 사실은, 지난 45억 년 동안 푸르고 깨끗하게 보존된 지구가 300년도 안 된 기계 문명에 의해 본래의 모습을 급속도로 잃어가고 있다는 것이다.

6 우주의 신비는 끝이 없고, 지구의 생명체는 날로 새로워지고 있다. 하나님의 창조는 오래전에 일단락되었으나, 지금도 끊임없이 이루어지고 있다. 우주는 나날이 팽창하며 새로운 별들을 만들고 있으며,

지구의 생명체는 멸종하는 종들이 있는가 하면, 새로운 종들이 계속 생겨나고 있다.

7 지구를 창조하시고 인류를 지으신 분은 하나님이시다. 하나님의 아들을 우리의 주님으로 맞아들여야 한다. 예수님을 믿는 사람은 소망의 바다를 항해하여 천국 항구로 들어가지만, 예수님을 믿지 않은 사람은 고통의 바다를 떠돌다가 지옥 항구로 들어가게 된다. 우리는 소망의 돛을 높이 올리고, 성화의 노를 힘차게 저으며, 영화의 항구를 향해 계속 나아가야 한다.

> 하늘을 창조하시고 땅을 조성하여 지으신 하나님께서, 땅을 황무지로 창조하신 게 아니라, 사람이 살 수 있도록 만드셨다. 주께서 말씀하신다. "나는 야훼다. 나 외에 다른 이가 없다." (이사야 45. 18)

❶❸❽ 인간 창조

1 하나님께서 5일간 우주 만물을 창조하시고, 6일째 아주 특별한 방법으로 인간을 재창조하셨다. 다른 생물은 암컷과 수컷이 동시에 지어진 반면, 사람은 남성과 여성을 따로 만드셨다. 먼저 흙으로 남성을 만드시고, 남성의 갈빗대 하나를 뽑아 여성을 만드셨다. 이는 사람이 다른 피조물과 달리 특별한 목적을 가지고 있다는 증거다.

2 남성과 여성이 독립적으로 창조된 이유는, 서로 존중하며 살아가야 한다는 뜻이다. 여성이 남성의 머리뼈나 발가락뼈가 아닌 갈비뼈로 지어진 것도, 서로 평등한 관계라는 의미를 가지고 있다. 따라서 남성은 여성을 사랑하고 돌봐야 하며, 여성은 남성을 아끼고 도와야 한다.

3 어떤 사람은 남성이 여성보다 먼저 창조된 만큼, 하나님의 창조 질서에 따라 여성은 남성에게 복종해야 하며, 그리스도가 남성의 머리이듯, 남성이 여성의 머리됨은 당연하다고 주장한다. 언뜻 보면 성경적이고 맞는 말 같지만, 매우 위험한 발상이다.

4 하나님께서 남성과 여성을 각자의 특성에 따라 창조하셨다는 사실을 잊어서는 안 된다. 남성은 여성을 돌보도록 강인하게 만드셨고, 여성은 남성을 돕도록 섬세하게 만드셨다. 특히 여성에게는 임신과 출산, 육아의 역할을 맡기시며, 더욱 강한 생명력을 부여하셨다.

5 피조 세계의 종족보존 법칙은 모든 생물에 부여된 고유의 기능이다. 남성보다 여성에게 더욱 강한 생명력을 허락하신 것은 너무나 당연하다. 하나님의 뜻에 따라 인류는 끊임없이 생육하고 번성해야 한다. 남성보다 여성의 수명이 긴 이유도 여기에 있다.

6 그럼에도 한국인은 유교의 남존여비 사상을 그대로 받아들여 남성 우월이라는 특권을 누려왔다. 하나님의 창조 질서와 통치 방법을 도외시한 관습으로, 타파가 당연한 귀결이다.

7 그리스도 안에 있는 사람은 남성 우월이나 남존여비 사상은 더 이상 존재하지 않는다. 성차별이니 역차별이니 하는 따위도 의미가 없다. 유일하신 하나님과 그리스도 안에서, 남녀노소가 다 평등하다.

8 남성과 여성의 특성에 따른 질서와 복종은 성차별이나 불평등이 아니라, 사랑과 배려에서 비롯된다. 하나님의 창조 질서와 섭리 안에서 나타나는 남녀 차이는 분명히 있으나, 남녀 차별은 결코 없다.

9 하나님의 말씀을 통째로 보지 않고 부분적으로 해석하여 남성 우월을 주장하는 사람은, 남녀평등이라는 창조 정신을 훼손시켜 하나님의 공의를 무색하게 만든다. 남성과 여성은 하나님의 창조 정신과 신체적 특성을 고려하여, 서로 협력할 것은 협력하고 보완할 것은 보완하여, 앙상블(ensemble)을 이루며 행복하게 살아가도록 지어졌다.

10 하나님은 남성이나 여성을 똑같이 존귀하게 지으셨으며, 서로 사랑하고 복종하며, 동등하고 대등한 위치에서 협력하며 살도록 하셨다. 예수님은 남녀노소나 빈부귀천을 불문하고, 하나님의 형상대로 지음 받은 사람이 모두 귀하다고 하셨다.

11 사람이 하나님의 형상대로 지어졌다는 말은, 사람마다 독자적 인격을 가진 존재로서, 하나님의 모습을 가진 영적 존재로서, 인간의 윤리와 하나님을 사모하는 신앙을 가진 존재로서, 우주 만물을 지배하고 다스릴 권세를 부여받았다는 것이다.

12 또 예수님을 믿음으로 하나님의 자녀가 된다는 말은, 그리스도 안에서 날마다 성화함으로써 하나님의 형상을 회복한다는 것이다. 양자로서 하나님의 아들이 되는 것이다. 하나님의 아들로서 최고의 모델은 예수님이시고, 우리는 예수님을 본받을 뿐이다.

13 우리는 그리스도인으로서 날마다 예수님을 따라야 한다. 우리의 모습에서 예수 그리스도의 향기와 빛을 발해야 한다. 비록 지금은 완전하지 못해도, 우리 주 예수 그리스도와 같이 드러날 때가 있을 것이다.

14 이렇듯 사람은 생물학적으로 보아도 신비로운 존재임에 틀림없다. 사람의 몸에 자그마치 60조 개의 세포가 있고, 세포마다 세포핵을 가지고 있으며, 세포핵 안에 아주 미세하고 가느다란 유전인자가 이중 나선형으로 2미터 가량 연결되어 있다.

15 유전자(DNA)는 미국의 제임스 왓슨(James D. Watson, 1928년생)과 프랜시스 크릭(Francis H. C. Crick, 1919-2004)이 1953년 발견한 것으로, 일렬로 늘어놓을 경우 1,200억km나 된다. 이는 지구에서 1억 5,000만km 떨어진 태양을 400번이나 왕복할 수 있는 길이다.

16 어쩌면 우리의 인체 속에도 아주 미세한 우주가 존재할지 모른다. 나선형의 우리은하 태양계 등도 어쩌면 상상을 초월한 생물체

의 한 세포일지 모른다. 그렇다면 지구나 달은 하나의 인자(因子)에 불과하다.

17 아무튼 우주와 인체는 너무 비슷하고 놀라운 피조물이다. 후대의 과학자가 하나님의 신비를 어디까지 밝혀낼지 모르지만, 인간의 머리로 상상을 초월하는 하나님의 신비가 하나씩 밝혀지고 있다니, 얼마나 다행한 일인가?

18 하나님의 우주 창조는 현대 과학으로 증명할 수 없다. 인체의 신비 또한 하나님의 걸작으로, 다 알지 못한다. 과학이나 생물학 등의 학문으로 창조의 비밀이 조금씩 드러나기는 하겠으나, 하나님께서 창조하신 틀만은 결코 벗어나지 못할 것이다.

19 언젠가 ET(외계 생명체)가 UFO(미확인 비행 물체)를 타고 지구에 나타날 수도 있을 것이다. 그러나 그것도 놀랄 일이 아니다. 그도 하나님이 창조하신 피조물로서, 어느 우주 공간에서 하나님의 통치하에 성장한 생물체일 것이기 때문이다.

20 하나님에 의해 더할 나위 없이 귀하게 창조된 인간은, 예수님이 재림하여 모든 것을 회복하실 때까지, 영과 혼과 육이 온전히 보전되어야 한다. 우리는 하나님의 걸작임을 명심하고, 다른 사람을 대할 때도 하나님을 대하듯 해야 한다.

> **"사람이 온 세상을 얻고도 자기 목숨을 잃으면 무슨 유익이 있겠느냐? 자기 목숨을 무엇과 바꿀 수 있겠느냐?"** (마태복음 16. 26)

🔴139 역사 주재

1 하나님은 역사(歷史)의 주재(主宰)시다. 우주 만물을 보호할 것은

보호하시고, 보존할 것은 보존하시며, 주권적으로 다스리신다.

2 우주의 역사는 하나님의 통치하에 분명한 목적을 가지고 나아간다. 그저 그렇게 돌고 돌다가 닳아 없어지거나, 아무렇게나 흘러가다가 사라지는 게 아니다.

3 역사는 시발점 태초(레쉬트)에서 출발하여, 종착점 태초(아르케)로 들어가는 일직선상의 과정에 있다. 언젠가 때가 되면, 시작도 없고 끝도 없는 영원한 태초에 다시 이를 것이다. 숫자 '영(0)'이나 도형 '원(◯)'은, 그 자체가 시작도 없고 끝도 없다. 문자 그대로 '영원(永遠)'이다.

4 하나님께서 시간을 창조하시기 전, 곧 시작도 없고 끝도 없는 요한복음 1장 1절의 태초(아르케)를 원주 'A'로 하고, 하나님께서 시간을 창조하신 시점, 곧 시간이 흐르기 시작한 창세기 1장 1절의 태초(레쉬트)를 원주의 한 점 'B'로 하며, 'B'의 맞은편 원주의 한 점, 곧 시간이 끝나는 종점을 'C'로 했을 때, 역사는 시간의 시점인 태초 'B'에서 출발하여 시간의 종점인 태초 'C'로 들어가게 된다. 따라서 시간의 역사는 태초 'B'에서 태초 'C'로 들어가는 일직선상에 있으며, 태초 'A'에 이르러 끝나게 된다.

5 그러므로 시간의 역사는 창세기 태초에서 시작하여, 요한복음 태초로 들어가는 일직선상의 과정에 있다. 언젠가 때가 되면 창세기의 에덴동산이 복원되고, 요한계시록의 신천지가 우리 앞에 드러날 것이다. 예수님의 재림과 아울러 그 모든 일이 이루어질 것이다.

> 우주와 그 안에 있는 모든 것을 만드신 하나님께서는, 하늘과 땅의 주인으로서 사람이 지은 신전에 거하지 않으십니다. (사도행전 17. 24)

⑭⓪ 시대별 역사

1 시대별 역사(歷史)는 하나님의 통치 방법에 따라 자율(自律), 신정(神政), 인자(人子), 은혜(恩惠), 자치(自治) 시대로 구분하여 역사의 주체, 곧 하나님, 예수님, 사람, 사탄의 역할을 살펴보는 것이다.

2 하나님께서 우주 만물을 창조하시고, 최초의 인류를 통해 자율 시대를 허락하셨다. 예수님은 하나님의 아들로서 창조 사역에 동참하셨다. 사람은 하나님의 생기를 받아 생령이 되었으며, 사탄은 하나님을 배신하고 추방되어 세상에 있었다.

3 사탄이 사람을 유혹하여 범죄의 나락으로 떨어뜨렸다. 하나님께서 율법을 주시고, 왕과 제사장, 예언자 등을 통해 신정 시대를 이끄셨다. 사람은 더욱 타락하여 더 이상 돌이킬 수 없게 되었다. 그래서 예수님이 동정녀의 몸을 빌려 탄생하시게 되었다.

4 인자 시대에 하나님께서 독생자를 보내 사람을 구원하셨다. 예수님의 대속으로 죄인의 죗값이 모두 청산되었으며, 사람은 무조건 용서되었다. 이를 사탄이 시기하여 예수님을 시험했다.

5 예수님이 죽음에서 부활하여 승천하셨다. 하나님께서 보혜사 성령님을 보내주셨다. 은혜 시대가 열리며 교회가 세워졌다. 제자들은 부활의 증인으로 복음을 전했다. 사탄은 교회를 핍박하고 성도를 훼방하며 더욱 기승을 부렸다.

6 자치 시대에 하나님의 왕국이 세워지고, 예수님의 재림으로 사람은 영생을 누릴 것이다. 사탄은 마지막 심판을 받고 불속에 던져질 것이며, 회개나 교화의 기회가 없을 것이다.

7 하나님의 역사는 창세기 1장 1절의 태초에서 시작하여, 요한복음 1장 1절의 태초로 들어가 영원할 것이다. 하나님은 역사의 주재시요, 예수님은 주역이시요, 사람은 주인공이다. 사탄은 조연을 맡았을 뿐

이다.

8 그런데 조연을 맡은 사탄의 역할이 하나님의 역사를 훼방하는 것처럼 보이나, 만유의 주재이신 하나님의 통치를 더욱 공고히 하고, 역사의 주인공인 사람을 더욱 빛나게 한다.

9 그럼에도 믿지 않은 사람은 사탄의 간계를 피할 수 없다. 하나님의 역사 안에서가 아니라, 사탄의 잔꾀에 놀아나기 때문이다. 사람은 예수님을 믿음으로 사탄의 손아귀에서 벗어날 수 있다.

10 우리는 예수님을 자신의 구세주로 받아들여야 한다. 우리가 역사의 주인공이 되느냐의 여부가, 예수님을 영접하느냐의 여부에 달렸다는 사실을 알아야 한다.

11 시대별 역사는 이러하다.

주체＼시대	자율시대	신정시대	인자시대	은혜시대	자치시대
하나님	창조	율법	구원	교회	왕국
예수님	아들	탄생	대속	승천	재림
사람	생령	범죄	용서	증인	영생
사탄	추방	유혹	시기	훼방	심판

또한 여러분에게는, 우리의 주님이시며 구세주이신 예수 그리스도의 영원한 나라로 들어가는 문이 활짝 열릴 것입니다. (베드로후서 1. 11)

⓵④⓵ 주체별 역사

1 주체별 역사(歷史)는 하나님, 예수님, 사람, 사탄의 주체가 역사적

으로 어떤 역할을 하는지 살펴보는 것이다.

2 하나님께서 친히 조성하신 에덴동산에 사람을 두시고 자율권을 허락하셨다. 사람의 양심에 따라 만물을 지배하고 다스리게 하셨다. 창세기의 태초부터 사람이 에덴동산에서 추방될 때까지 이어졌다.

3 자율 시대는 모든 것이 넉넉하고 풍부하여 부족한 게 없었다. 그야말로 이상향의 유토피아에서, 사람은 아무 걱정 없이 행복하게 살았다. 항상 하나님만 바라보며, 위임받은 범위 안에서 만물을 지배하고 다스렸다.

4 그런데 사람이 사탄의 유혹에 넘어갔다. 하나님께서 금하신 열매를 따먹고 죄를 지은 것이다. 하나님께서 자율권을 박탈하고, 칼날 같은 불길로 생명나무의 접근을 막았다. 죄인으로 영생하지 못하게 하신 것이다. 그리고 사람을 에덴동산에서 추방하여 자율 시대를 마감하셨다.

5 신정 시대는 누구나 하나님의 율법을 지켜야 했다. 사람은 땀을 흘리는 노동의 수고와 잉태와 출산의 고통을 겪어야 했다.

6 하나님께서 사람의 믿음을 보시고 동행하기도 하시며, 믿음이 없는 사람을 내버려두기도 하셨다. 믿음으로 하나님과 동행한 에녹은 죽음을 맛보지 않고 하늘로 들림 받았다.

7 하지만 사람은 급속도로 타락했다. 하나님께서 사람을 만드신 것을 후회하시고 홍수로 세상을 심판하셨다. 노아의 여덟 식구만 방주를 타고 구원을 받았다. 하나님의 말씀에 순종한 믿음의 결과였다.

8 노아의 세 아들, 셈과 함과 야벳으로 인류가 번성했으나, 사람들은 다시 타락하여 바벨탑을 쌓았다. 하나님처럼 높아지려는 오만에서 비롯되었다. 하나님께서 진노하시고 사람의 언어를 혼잡케 하여 뿔뿔이 흩어지게 하셨다.

9 그리고 하나님께서 아브라함을 불러 복의 근원이 되게 하셨다. 이

삭과 야곱, 요셉 등의 족장을 통해 히브리 민족을 번성하게 하셨다. 이어서 모세를 세워 이집트를 탈출하게 하시고, 여호수아를 통해 가나안 땅에 들어가게 하셨다. 12사사와 사무엘, 다윗과 솔로몬 등의 여러 왕과 예언자를 세워 신정 시대를 이끄셨다. 하나님께서 그들에게 일정한 권한과 책임을 주시고, 이스라엘 백성을 다스리게 하셨다.

10 하나님께서 모세를 통해 가시적이고 문자적인 율법을 주신 것은, 그들을 죄로부터 보호하시기 위함이었다. 하지만 사람들은 하나님의 뜻을 따르지 않았다.

11 하나님의 사람이나 율법의 교훈으로 사람을 의롭게 할 수 없었다. 사람이 전적으로 타락하여 지킬 수 없었던 것이다. 그래서 하나님은 완전한 구원의 계획을 세우셨다. 구제불능의 사람에게 한 줄기 소망의 빛이 주어졌다. 죄인을 대신하여 하나님의 아들이 죽는 것이었다.

12 하나님께서 이스라엘 백성을 부르신 이유는, 하나님의 율법을 통해 그들을 구원하신 뒤, 하나님의 나라를 세우시기 위함이었다.

13 하나님은 율법을 통해 모든 사람이 구원받기를 원하셨다. 성전을 중심으로 하나님과 교제하며 행복하게 살기를 원하셨다. 부지불식간에 죄를 짓더라도, 속죄의 제사로 율법의 요구를 충족시켜 용서하기를 원하셨다. 양의 우리에서 양이 보호를 받듯, 하나님의 율법과 성전의 제사로 사람이 구원받기를 원하셨다.

14 그러나 사람들은 하나님의 율법과 성전의 제사까지 이용하여, 자기네 욕심을 채우는 데 급급했다. 그들의 믿음이 부족해서가 아니라, 전적으로 타락하여 하나님의 뜻을 깨닫지 못했던 것이다. 그들을 불쌍히 여기시고, 하나님께서 독생자 예수님을 메시아로 보내셨다. 예수님이 속죄의 제물이 되어 단번에 제사를 드림으로써, 완전한 의와 완벽한 구원을 동시에 이루셨다.

15 이제 사람들은 율법으로 죄를 깨닫고, 믿음으로 구원을 받게 되었

다. 어쩌면 하나님께서 그렇게 하실 수밖에 없었는지 모른다. 사람들을 너무너무 사랑하셨기 때문이다. 이 복음을 전하기 위해 예수님의 제자들은 순교도 불사했다. 하나님의 말씀을 듣거나 율법을 지켜서가 아니라, 예수님을 믿음으로 구원을 받는다는 반가운 소식이었다.

16 인자 시대의 사람들은 세상을 구원하실 메시아를 간절히 기다리고 있었다. 이스라엘 백성은 물론 온 인류의 소망이었다. 하나님께서 율법의 목적이 이루어지고 충분히 활용되었다고 판단하셨을 때, 하나님의 아들을 세상에 보내셨다. 그동안 아무도 지키지 못한 율법의 요구를 아들을 통해 이루시고, 구원자로 삼기 위함이었다.

17 하나님께서 예수님을 세상에 보내심으로 인자 시대가 열렸다. 그동안 아무도 지키지 못한 율법의 요구를 단번에 이루시고, 죄인을 대신하여 죽게 하심으로써, 모든 사람에게 구원의 문이 활짝 열리게 하셨다.

18 예수님의 인자 시대는, 하나님께서 미리 계획하신 구속 사역에 초점이 맞춰져 있었다. 예수님의 수태와 탄생, 사역, 죽음, 부활, 승천에 따른 일련의 과정이 하나님에 의해 이루어졌다.

19 그리고 마가의 다락방에 강림하신 성령님에 의해 은혜 시대가 열렸다. 이스라엘 백성에서 세계 모든 민족으로 하나님의 나라가 확장되었다. 예수님을 구세주로 받아들인 사람은 그리스도 안에서 하나님의 은혜와 성령님의 인도로 살아가게 되었다. 은혜 시대는 예수님의 재림까지 이어질 것이다.

20 은혜 시대의 감동을 모든 사람에게 나눠주시기 위해, 인자 시대의 예수님은 33년간의 짧은 삶으로 마감되었다. 육신 가운데 갇혀 계신 예수님의 영이 부활과 승천, 강림으로 모든 사람에게 분배되실 필요가 있었던 것이다. 이제 예수님의 영이 우리와 함께하심으로써 우리가 보다 풍성한 삶을 누리게 되었다. 아들이 있는 사람은 생명이

있고, 아들이 없는 사람은 생명이 없다.

21 예수님과 동행하고 성령님과 동역하는 은혜 시대의 그리스도인은 예수님의 모습과 형상을 가지게 되었으며, 생각과 감정과 의지까지 하나가 되었으며, 말과 행동과 마음까지 예수님을 닮게 되었다. 성령님으로 충만한 그리스도인은 예수님의 빛과 향기를 발하게 되었으며, 그리스도의 흔적을 간직하게 되었다.

22 예수님의 재림으로 은혜 시대가 마감되고 자치 시대가 열릴 것이다. 그때 살아 있는 성도는 부득불 썩지 않을 몸으로 갈아입고, 이미 죽은 성도는 신령한 몸으로 다시 살아나 주님을 맞을 것이다.

23 그리고 모든 사람이 예수님의 심판대 앞에 설 것이다. 충성한 사람은 풍성한 상급과 면류관을 받고, 그렇지 못한 사람은 책망을 받을 것이다. 예수님을 믿고 충성한 사람은 영생을 받고, 끝까지 믿지 않고 외면한 사람은 형벌을 받을 것이다.

24 우리는 세월을 아껴야 한다. 충성하고 헌신하는 삶이 필요하다. 천국은 예수님을 믿음으로 가지만, 상급은 살아생전의 공로로 받는다. 양과 염소를, 알곡과 쭉정이를, 보리와 가짜보리를 구분하듯, 하나님께서 그들을 따로 세우실 것이다.

25 그리고 이어지는 새로운 세상은 시작도 없고 끝도 없이 영원할 것이다. 시간의 역사와 물질의 공간은 사라지고 보이지 않을 것이며, 새 하늘과 새 땅이 나타날 것이다.

26 요한계시록 20장에 기록된 천년왕국의 시대는, 은혜 시대와 자치 시대의 중간쯤에 있을 수도 있고, 자치 시대의 서막이 될 수도 있으며, 새 예루살렘의 성이 될 수도 있다.

27 시대별 기간은 이러하다.

순서	시 대	기 간	주 체
1	자율(창조) 시대	창세기의 태초부터 에덴동산 추방까지	사람
2	신정(구약) 시대	에덴동산 추방부터 예수님의 초림까지	하나님
3	인자(신약) 시대	예수님의 초림부터 성령님의 강림까지	예수님
4	은혜(교회)시대	성령님의 강림부터 예수님의 재림까지	성령님
5	자치(영원) 시대	예수님의 재림부터 요한복음 태초까지	성도

"내가 새 법을 공포한다. 내 나라에서 내 통치를 받는 백성은, 반드시 다니엘의 하나님을 두렵고 떨림으로 섬겨야 한다. 다니엘의 하나님은 살아 계시고, 영원히 다스리시는 분이시다. 그 나라는 멸망하지 않고, 그의 권세는 끝없이 이어질 것이다." (다니엘 6. 26)

142 종말

1 종말(終末)은 세상이 끝나는 마지막 때를 말한다. 예수님의 초림부터 재림까지, 은혜 시대의 전 기간을 종말로 보기도 한다.

2 종말은 개인적 종말과 역사적 종말이 있다. 개인적 종말은 사람의 죽음이요, 역사적 종말은 세상의 끝이다. 종말에 대한 성경의 기록은 암시적이고 간략하여 자세히 알 수 없다. 종말의 계시를 억지로 풀 것이 아니라, 모르면 모르는 대로 그냥 덮어두는 게 좋다.

3 역사적 종말에 시간과 공간의 문이 닫힐 것이다. 지상의 생물이 숙명적으로 여기는 생로병사의 법칙이 사라지고, 새로운 세상이 일순간 열릴 것이다. 그때 예수님이 재림하실 것이며, 죽은 성도는 부활할 것이고, 살아 있는 성도는 변화하여 영생의 문으로 들어갈 것이다.

4 하나님은 창조주로서 신정 시대를 이끄셨고, 예수님은 세상의 구주로서 인자 시대를 사셨으며, 보혜사 성령님은 교회를 통해 은혜 시대를 여셨다. 하지만 종말에는 이 모든 시대가 마감되고, 영원한 나라가 임할 것이다.

5 하지만 그 날은 아무도 모른다. 하나님의 때는 하루가 천년 같고 천년이 하루 같다. 사람이 알지 못함은 너무나 당연하다. 가히 짐작하기도 어렵다.

6 마지막 날 과연 무슨 일이 있을까? 창조 시대의 에덴동산과 같은 이상향이 도래할까? 성경에 이른 바와 같이, 새 하늘과 새 땅이 우리의 눈앞에 현실적으로 임할까? 이 또한 자세히 알 수 없다. 성경에 따라 믿을 것은 믿고, 짐작할 것은 짐작할 따름이다.

7 하지만 분명한 사실은, 때가 되면 그 날이 임할 것이며, 믿는 사람과 믿지 않는 사람에게 엄청난 차별이 있을 것이다.

8 예수님을 믿고 구원받은 사람과 그렇지 않은 사람의 차이는, 영생과 영벌이라는 극과 극의 차별이 있을 것이다. 예수님을 믿음으로 거듭난 그리스도인의 여부가 관건일 것이다.

9 살아생전의 믿음으로 몸과 마음을 깨끗이 단장한 사람은, 신부가 신랑을 맞이하듯 재림하실 예수님을 맞을 것이다. 하지만 믿음을 떠나 죄악 가운데 산 사람은, 예수님 앞으로 나아갈 엄두를 내지 못하고 스스로 피할 것이다.

> 그러나 주님의 날은 도둑같이 올 것입니다. 하늘이 요란한 소리를 내면서 사라지고, 천체는 불에 타서 녹아버리고, 땅과 그 안에 있는 모든 것이 사라질 것입니다. (베드로후서 3. 10)

143 종말 징조

1 종말의 징조(徵兆)는 마지막 날이 이르기 전에 나타나는 여러 가지 재앙이나 이변을 말한다. 이 징조가 있은 뒤, 예수님이 재림하여 흰 보좌 심판을 거행하실 것이다. 가장 먼저 사탄과 그 하수인이 옥에 갇힐 것이다.

2 성경은 전쟁과 난리, 지진과 기근, 핍박과 이간질, 거짓 예언자의 미혹, 적그리스도의 출현, 적그리스도를 섬기는 배교가 많이 일어날 것이라고 했다.

3 우리는 육신 가운데 살지만 그리스도 안에서 영원한 생명을 누리고 있다. 우리 안에 내주하시는 성령님이 보증이다. 우리는 하늘나라의 생명책에 이름이 등재된 천국 시민이다.

4 우리는 종말의 때를 살고 있다. 예수님의 초림부터 재림까지 이어지는 기간이다. 지금 이 시간은 시간의 종말이요, 오늘은 하루의 종말이다. 항상 깨어서 기도하며 살아야 한다.

5 우리는 마지막 시간을 준비하지 않은 상태로 맞아서는 안 된다. 그 때가 도둑같이 임할 것이다. 끝까지 강하고 담대한 믿음으로 나아가야 한다.

6 우리가 살고 있는 이 세상은 어느 날 갑자기 두루마리처럼 말려 사라질 것이다. 예수님의 재림이 가까이 오고 있다는 사실을 잠시도 잊어서는 안 된다.

> "큰 지진이 일어나고, 곳곳에 기근과 역병이 생기며, 하늘에서 무서운
> 일과 큰 징조가 나타날 것이다." (누가복음 21. 11)

144 종말 역사

1 종말의 역사(歷史)는 마지막 날 일어날 여러 가지 사건과 흥망성쇠에 따른 일련의 과정을 말한다.

2 오늘날 역사는 우주가 창조된 태초에서 시작하여 영원한 태초로 들어가는 일직선상의 과정에 있다. 우리는 영원한 태초를 향해 달려가는 종말의 역사 안에 살고 있다.

3 종말의 역사는 불교의 윤회 사상처럼 원(圓)을 하염없이 돌아가는 것도 아니고, 영국의 역사학자 아놀드 토인비(Arnold Joseph Toynbee, 1889-1975)의 이론처럼 나선형으로 빙글빙글 돌며 끝없이 발전하는 것도 아니다. 이런 역사관은 인간적 관점에서 바라본 논리일 뿐이다. 전체적 맥락에서 보면, 영원한 세계에서 시작하여 영원한 세계로 들어가는 과정에 있다.

4 그런데 우리는 언제 어떤 모습으로 마지막 날의 문이 열릴지, 그때 무슨 일이 일어날지에 대해서 알 수가 없다. 예수님이 살아생전에 하신 말씀과 성경에 나타난 말씀을 조합하여 어렴풋이 짐작할 따름이다.

5 동서고금을 떠나서, 마지막 날의 비밀에 대해 한마디씩 잘못 말했다가, 숱한 사람이 이단으로 몰리거나 정죄되었다. 이렇듯 마지막 날에 대한 교훈은 아무도 쉽게 말할 수 없다.

6 영국의 물리학자 스티븐 호킹(Stephen William Hawking, 1948년생)에 의하면, 지금 우리가 살고 있는 이 시간의 역사에 엄청난 에너지가 가해질 경우, 시간의 역사에서 이탈하여 시간이 흐르지 않는 영원한 세계로 들어갈 수 있다고 했다. 하지만 그 에너지의 양이 너무 커서, 우주 속에서 찾기가 어렵다고 했다.

7 그렇다면 이 시간의 역사라는 물질세계에서, 시간이 없는 영원한

세계로 들어갈 수 있는 그 엄청난 에너지는 과연 어디에 있을까? 그런 힘을 가지고 계신 분이 있다면 과연 누구실까?

8 하나님께서 우주를 창조하시고 시간과 물질을 만드셨다. 시간의 역사를 작동시키기 위해 시간의 역사를 이탈시킬 힘보다 더 큰 에너지가 필요했을 것이다. 시간의 역사를 종료시킬 분은, 시간의 역사를 만드신 하나님밖에 없다.

9 하나님의 나라는 보이는 물질세계와 보이지 않는 영적 세계가 있다. 영적 세계는 시간과 공간이 존재하지 않는다. 마지막 날 임할 영원한 세계도, 시간의 흐름으로 바뀌는 사시사철과 생로병사가 없을 것이다. 모든 것이 만족한 상태로 끝없이 이어질 것이다.

10 언젠가 지금의 물질세계가 종료되고, 전혀 다른 차원의 신천지 세상이 도래할 것이다. 그 때를 우리는 마지막 날이라 부른다. 시간의 역사가 종료되어 운명처럼 여겨진 죽음과 이별의 슬픔도 사라질 것이며, 결혼과 출산이라는 종족 번식의 절차도 더 이상 없을 것이다.

11 예수님의 재림과, 죽은 사람의 부활과, 산 사람의 휴거와, 최후의 심판과, 천년왕국의 통치가 마지막 날 있을 것이다. 하지만 이 모든 과정이 언제 어떤 모습으로 나타날지 아무도 모른다.

12 우리가 알든 모르든 간에 종말의 역사는 계속되고 있으며, 그때 시간의 역사와 물질의 공간은 사라질 것이며, 전혀 새로운 세상이 임하여 영원히 이어질 것이다. 하나님께서 천지를 창조하심으로 시간과 공간의 역사가 시작되었듯이, 새로운 세상의 역사가 다시 시작될 것이다.

13 그러므로 종말의 역사는 예수님의 초림으로 시작하여 예수님의 재림으로 완성될 것이다. 그때 그리스도인의 영원한 구원이 이루어질 것이다. 영원한 생명과 아울러 풍성한 상급도 받을 것이다.

14 그리스도인의 구원은 시간의 역사가 끝나는 날 완성되어, 예수

님과 함께 영원히 왕 노릇할 것이다. 하지만 사탄과 그 하수인은 최후의 심판을 받고, 영원히 꺼지지 않는 불구덩이 속으로 던져질 것이다.

세상의 종말이 가까이 왔습니다. 정신을 차리고 마음을 가다듬어 기도하십시오. (베드로전서 4. 7)

145 종말 비밀

1 종말의 비밀(秘密)은 마지막 때 일어날 일들이 대부분 신비에 싸여 있다는 것이다. 역사적 종말은 물론, 개인적 종말을 뜻하는 죽음과 사후의 세계도 마찬가지다.

2 종말에 일어날 일련의 일들은 깊숙이 감춰진 하나님의 비밀임에 틀림없다. 종말에 대한 체계적 교리는 물론 학문적 자료도 거의 없다. 여기저기 흩어진 말씀의 조각들을 모아 어렴풋하게 짐작할 뿐이다.

3 어떤 사람은 퍼즐을 맞추듯 이리저리 말씀을 꿰맞춰보기도 하고, 어떤 사람은 지나치게 비약하거나 상징화시켜 해석하기도 한다. 하지만 그 방법이 다 위험하다는 것이다.

4 하나님만 아시는 신비의 세계를 사람이 모름은 지극히 당연하다. 모르면 모르는 대로 그냥 덮어두는 게 가장 좋다. 자기만 무슨 신령한 계시라도 받은 듯이 떠들어대며 뻥튀기하여 가르치면, 가르치는 자나 배우는 자가 모두 허탕으로 빠지게 된다.

5 다른 것은 몰라도, 종말에 대한 교리만은 어느 누구를 막론하고 쉽게 해석하거나 받아들일 사안이 아니다. 다른 교리 같으면 미흡하면 미흡한 대로, 인간의 제한성으로 이해하고 넘어갈 수 있지만, 내세와 종말의 교리만은 얼렁뚱땅 대충 둘러대고 넘어갈 사안이 아니다.

심각한 문제를 파생시킬 여지가 크다. 대부분의 이단이 종말과 내세, 귀신 등의 교리에서 나온다는 사실을 명심해야 한다.

6 사람은 모르는 것을 모른다고 말하기를 싫어하는 습성을 가지고 있다. 조금 배웠다고 하는 사람일수록 더욱 그렇다. 지독한 옹고집이나 배타성을 가진 사람이 이기주의나 교권주의에 빠질 경우, 그 오만은 하늘을 찌르게 된다.

7 자기주장만 옳고 다른 사람의 생각은 틀렸다고 떠들어대는 독선을 무턱대고 추종하는 사람들의 습성도 문제다. 아무리 종교성이 풍부하고 신앙심이 좋다는 사람도, 종말에 대해 함부로 주장해서는 안된다. 구체적이면 구체적일수록, 점점 더 구체적으로 진실에서 멀어질 뿐이다.

8 종말에 대해서 아는 것이 거의 없다고 솔직하게 말하기를 배워야 한다. 아무도 자세히 알 수 없다고 가르치기를 주저하지 말아야 한다. 종말의 일들은 신비로 묻어두어야 소망스럽고, 신비는 아무도 모르게 감춰두어야 아름다운 것이다.

9 하나님께서 숨겨둔 비밀을 학문이니 교리니 하는 색깔로 덧칠하지 말아야 한다. 하나님의 비밀은 모르는 것이 참으로 아는 것이요, 참으로 아는 것이 모르는 것이다.

10 역사적 종말이나 개인적 종말, 죽음이나 사후의 세계에 대한 일들은, 너무 신비스러워 거의 다 감춰져 있다. 만유를 창조하시고 종말의 계획을 세우신 하나님만이 아실 일이다. 종말에 대한 가장 현명한 가르침은, 너무나 신비하다는 것이다.

> **나는 새 하늘과 새 땅을 보았습니다. 이전의 하늘과 땅은 사라지고, 바다도 없어졌습니다.** (요한계시록 21. 1)

146 부활

1 부활(復活)은 생물학적 소생과 다르다. 죽은 사람이 살아나 다시 죽지 않아야 한다. 사람이 한번 태어나 죽는 것은 정한 이치요, 죽은 후에는 부활이 있다. 의인은 생명의 부활로, 악인은 심판의 부활로 나온다.

2 죽은 사람이 살아나 다시 죽는다면, 그는 일시적으로 소생한 것이지 부활한 게 아니다. 죽었다가 살아나 다시 죽느냐, 죽지 않느냐의 여부가 소생과 부활의 차이다. 부활은 죽음을 이기고 살아난 사람이 다시 죽지 않고 영원히 사는 것이다.

3 예수님은 죽은 사람을 3명 살렸다. 베드로와 바울도 죽은 사람을 살렸다. 그러나 살아난 사람은 생물학적 법칙에 따라 다시 죽었다. 그들은 모두 소생한 것이다. 역사상 죽음을 극복하고 부활하신 분은 예수님밖에 없다.

4 예수님의 부활로 하나님의 생명이 어떠하신지 보여주었다. 하나님의 생명은 영원히 죽지 않는다. 사망은 사탄의 허세일 뿐이다. 예수님은 사망의 쏘는 것에 머물러 계실 수 없었다. 예수님의 부활이 그 사실을 증명하고 있다.

5 예수님은 부활하심으로써 죽은 자의 첫 열매가 되셨다. 예수님을 영접하면 부활하신 예수님의 생명을 받아들이게 된다. 그는 죽어도 살고, 살아도 영원히 산다.

6 예수님의 부활은 새로운 역사의 시발점이 되었다. 아울러 마지막 시대를 고하는 제야의 종소리였다. 부활은 그동안 많은 사람의 조사와 연구를 거쳐 역사적 사실로 드러났다. 더 이상 의심의 여지가 없다.

7 예수님이 부활하시지 않고 무덤에 머물러 계셨다면, 기독교는 별 의미가 없다. 아니, 생각할 수도 없다. 그리스도 없는 그리스도교가

어찌 있을 수 있겠는가? 유대교나 이슬람교의 주장처럼, 예수님도 한 사람의 예언자였을 것이다.

8 그러나 예수님은 다시 살아나셨다. 수차례 예고하신 바와 같이, 하나님의 뜻에 따라 십자가에 달려 돌아가셨다가 3일 만에 부활하셨다. 스스로 죽기도 하시고 살기도 하시는 하나님의 권세가 어떤지 보여주신 획기적 사건이었다.

9 혹여 예수님이 부활하시지 않았다면, 하나님의 이름을 빙자한 거짓 그리스도로서, 예수님과 하나님의 관계는 처음부터 아무것도 아니었을 것이다.

10 하지만 예수님은 시종일관 하나님과 자신의 관계에 대해 추호의 여지도 없이 확실하게 밝히셨다. 자신의 죽음과 부활도 하나님의 뜻에 따른 것임을 분명히 말씀하셨다. 그리고 모든 것이 그대로 이루어졌다. 하나님과 예수님의 관계를 확실히 증거하고 있다. 예수님은 죄가 없으신 하나님의 아들이셨다.

11 그리스도인은 부활하신 예수님의 생명을 가진 사람으로서 마지막 날 다시 살아날 것이다. 부활하신 예수님처럼 신령하게 변화되어 영원히 살 것이다.

12 그리스도 안에 있는 부활은, 부득불 썩을 것에 비해 썩지 않을 것으로, 육적인 것에 비해 신령한 것으로, 낮고 비천한 것에 비해 높고 영광스럽게 나타날 것이다.

그러나 이제 그리스도가 죽은 자들 가운데서 다시 살아나 부활의 첫 열매가 되셨습니다. (고린도전서 15. 20)

⓴147 휴거

1 휴거(携擧)는 예수님의 재림 시 구원받은 사람이 공중으로 들림 받아 예수님을 영접한다는 것이다. 이미 죽은 성도는 부활하여 휴거하고, 살아 있는 성도는 신령한 몸으로 변화를 받아 휴거한다.

2 일찍 에녹이 하나님과 동행하다가 하늘로 들림 받은 것이나, 엘리야가 불 병거를 타고 승천하신 것에서 휴거의 유래를 찾을 수 있다. 예수님이 부활하신 뒤 승천하신 것이 휴거의 실제가 되었다.

3 휴거를 맞이할 성도는 예수님이 승천하신 것처럼 공중으로 들림 받을 것이다. 하지만 종말에 대한 대부분의 일들이 그렇듯, 성도의 휴거에 대한 교훈도 성경은 자세한 정보를 제공하지 않는다.

4 그러다 보니 성도의 휴거에 대한 추측이 난무하고 여러 설이 있다. 휴거는 상징으로서 실제 일어나지 않는다는 상징(象徵) 휴거설과, 완전한 성도만 휴거하고 나머지 성도는 7년간의 환란을 겪는다는 부분(部分) 휴거설과, 모든 성도가 일시에 올라간다는 전인(全人) 휴거설이 있다. 또 휴거가 있을 것이라는 견해 안에서도, 휴거가 일어날 시기에 따라 여러 견해가 있다.

5 휴거는 관점에 따라 다양한 해석이 가능하다. 어느 종파를 막론하고 체계적인 교리를 제시하지 않는다. 너무 신비하기 때문이다. 사람의 추측이나 지레짐작으로 유추할 사안이 아니다.

6 휴거에 대한 우리의 입장도 다를 바 없다. 어느 견해를 일방적으로 지지할 수는 없지만, 성경의 기록대로 성도의 휴거는 있을 것이며, 그 시기와 방법 등은 하나님만 아실 일이다.

7 우리는 재림하실 예수님을 신랑으로 맞아야 한다. 깨끗한 몸과 마음으로 단장한 신부와 같아야 한다. 부지불식간에 임할 어린 양의 혼인잔치에 참여하도록 늘 준비하고 깨어 있어야 한다.

주님이 호령과 천사장의 소리와 하나님의 나팔 소리와 함께, 친히 하늘에서 내려오실 것입니다. 그때 그리스도 안에서 죽은 사람이 먼저 일어나고, 다음으로 살아남아 있는 우리가 그들과 함께 구름 속으로 이끌려 올라가, 공중에서 주님을 영접할 것입니다. 그리하여 우리가 항상 주님과 함께 있을 것입니다. (데살로니가전서 4. 16-17)

148 천년왕국

1 천년왕국(千年王國)은 성령님의 은혜 시대와 성도의 자치 시대를 잇는 천년 기간을 말하며, 메시아의 이상향(理想鄕)이 세워질 것이라는 유대인의 사상에서 비롯되었다.

2 유대인은 구약 성경을 근거로 메시아의 천년왕국이 단번에 이뤄질 것으로 생각했다. 그러나 그게 여의치 않자 나중에 천년이라는 제한된 기간만 메시아가 통치한 뒤, 영원한 나라가 임할 것이라고 여겼다.

3 당시 유대인은 '하루가 1000년 같고, 1000년이 하루 같다'는 시편 90편 4절 말씀을 근거로, 인류의 역사를 6000년으로 보았다. 하나님의 창조 일자 6일을 6000년의 역사로, 안식일 1일을 1000년 동안 메시아가 통치한다는 천년왕국으로, 천년왕국이 끝나는 8000년째 새 하늘과 새 땅이 도래한다고 생각했다.

4 그러나 역사적으로 천년왕국이 실제로 임할지, 상징적으로 임할지, 이미 임했는지, 이에 대해 똑 부러지게 설명할 사람은 아무도 없다. 성경이 침묵하고 있기 때문이다.

5 여기에 대한 우리의 입장도 불가지 실재론(不可知實在論)이다. 어떤 형태로든 있을 것으로 보이나, 그 시기나 절차, 방법 등은 알 수 없다는 뜻이다. 하지만 천년왕국 전에 예수님의 재림이 있을 것이라는 전

천년설(前千年說), 천년왕국 후에 예수님의 재림이 있을 것이라는 후 천년설(後天年說), 천년왕국이 특별히 임하지 않을 것이라는 무 천년설(無千年설) 등을 학문적으로 살펴볼 필요가 있다.

6 짐작컨대 천년왕국과 예수님의 재림은 밀접한 관계가 있으며, 그즈음 천국 복음이 온 세상에 전파되어 교회 시대가 활짝 열릴 것이며, 대 환란과 더불어 적그리스도가 나타날 것이며, 신실한 성도는 믿음과 인내로 어려움을 극복할 것이며, 모든 사람이 보는 앞에서 예수님이 재림하실 것이며, 아울러 죽은 사람의 부활과 살아 있는 사람의 변화, 휴거가 있을 것이며, 그들이 지상으로 내려와 천년 동안 다스릴 것이다.

7 그때 음부의 권세는 흔적도 없이 사라질 것이며, 사탄의 손에 들린 무기는 모두 불못으로 던져질 것이다. 사탄과 함께 무수한 악령이 함께 심판받을 것이며, 사탄은 공개적으로 수치를 당하고 무저갱에 던져져, 천년 동안 암흑 생활을 할 것이다.

8 그렇게 사탄의 권세는 끝나고, 어린 양의 흰 보좌 심판이 있을 것이다. 흰 보좌 심판은 그야말로 마지막 심판으로, 너무나 엄격하여 아무도 피하지 못할 것이다. 믿는 자는 영생으로 천국에, 믿지 않는 자는 영벌로 지옥에 들어갈 것이며, 어느 누구도 예외가 없을 것이다.

9 천년왕국 기간에 성도는 모든 원한을 풀 것이며, 사탄의 영적 전쟁은 완전히 종료되어 영원한 안식과 평화가 임할 것이다. 그때 비로소 죄악의 세상은 흔적도 없이 사라지고, 새 하늘과 새 땅이 임할 것이다.

10 천년왕국의 통치나 최후의 심판이 불신자에게는 마지막이 되겠지만, 신자에게는 새로운 세상의 시발점이 될 것이다. 이른바 신천지의 세상에서 영생 복락을 누릴 것이다.

11 하지만 어떤 사람은 천년왕국의 기간이 따로 있는 게 아니라, 예

수님의 초림부터 재림까지 이어지는 복음 시대의 전 기간을 말하며, 세상이 끝나는 날 예수님이 재림하여 최후의 심판을 하실 것이며, 그 때 용, 옛 뱀, 마귀라는 사탄과 그 하수들이 무저갱에 감금될 것이며, 그동안 세상에 만연한 죄악은 사라지고, 더 이상 보이지 않을 것이라고 한다.

12 메시아의 천년왕국이 유대인의 사상에서 비롯되기는 했으나, 하나님께서 구약 성경을 통해 그들의 사상까지 계시의 방편으로 삼았다는 사실을 감안할 때, 천년왕국이 허무맹랑한 얘기는 아니라고 본다. 하나님의 비밀을 인간의 논리로 설명하지 못할 뿐이다.

> **이 첫째 부활에 참여하는 사람은 복되고 거룩합니다. 그들에게 둘째 사망이 있을 수 없습니다. 그들은 하나님과 그리스도의 제사장이 되어, 그리스도와 함께 천년 동안 왕 노릇할 것입니다.** (요한계시록 20. 6)

149 최후 심판

1 최후의 심판(審判)은 예수님이 재림하여 산 자와 죽은 자를 선악 간에 판결하는 것이다. 다른 말로 흰 보좌 심판이라 한다.

2 때가 되면 예수님이 재림하여 모든 사람을 심판하실 것이다. 그 때 산 자와 죽은 자를 불문하고, 동서고금의 모든 사람이 크고 흰 보좌 앞에 설 것이다.

3 심판의 대상은 믿는 자와 믿지 않는 자를 구분하지 않을 것이나, 신자와 불신자에 대한 차이는 영생과 영벌이라는 극과 극이 될 것이다. 이는 공갈이나 협박이 아니다. 신실한 그리스도인과 세속적인 사람을 유심히 살펴보라. 그들의 생각과 삶의 방식이 하늘과 땅 차이임

을 알 것이다. 물론 허울 좋은 껍데기 신자도 없잖아 있다.

4 사람은 누구나 자신의 행위에 따라 엄격한 심판을 받는다. 오직 예수 그리스도 안에서 진정한 선을 이룰 수 있다. 이 교훈을 철 지난 구닥다리로 여기지 마라. 그 오만을 뼈저리게 느낄 때가 있을 것이다.

> 그리고 높은 자나 낮은 자를 막론하고, 죽은 사람이 다 보좌 앞에 서 있는 것을 보았습니다. 많은 책이 펼쳐져 있고, 또 다른 책도 있었는데, 생명의 책이었습니다. 죽은 자들은 그 책에 기록된 대로, 자기 행위에 따라 심판을 받았습니다. (요한계시록 20. 12)

150 영생

1 영생(永生)은 부활하신 예수님을 영접한 그리스도인이 주님과 함께 영원히 사는 것이다. 죽음을 이기신 예수님의 생명이요, 성령님의 보증이요, 하나님의 선물이다.

2 하나님의 선물로 예수님의 생명을 받은 사람은 성령님의 보증으로 영생을 누리게 된다. 그리스도에 의해, 그리스도를 위해, 그리스도의 인생을 영원히 사는 것이다.

3 사람은 성령님의 감동에 응답하여 그리스도인이 되고, 그리스도인은 예수님의 생명과 연합하여 영생을 누리게 된다. 예수님의 생명은 하나님의 영원한 사랑이요, 영원한 사랑은 하나님의 본성이다.

4 예수님과 함께하지 않으면 사랑도 없다. 사랑은 예수님을 믿음으로 받아 누리는 하나님의 선물이다. 예수님과 영원히 함께하며, 그리스도를 통해 맺는 열매로서 기뻐하고 즐거워하는 것이다.

5 영생을 체험한 사람은 육신의 안위에 연연하지 않는다. 그리스도

에 의해, 그리스도를 위해, 그리스도의 길을 묵묵히 걸어간다. 모든 것을 초개와 같이 여기고, 순교도 불사하는 믿음을 갖게 된다.

6 두 마음을 품은 사람은 흔들리는 갈대와 같다. 영생은커녕 하나님의 진노가 그 위에 머문다. 그리스도 안에서 살아가는 사람은 영원한 생명이 보장되어 있다.

7 이웃의 아픔을 보고도 모른 체하거나 그냥 지나치는 사람은, 그 안에 주님의 사랑이 없다는 증거다. 그는 정녕코 주님을 모르는 사람이다.

8 마음속에서 주님의 사랑이 우러나오지 않음은 주님을 영접하지 않았다는 증거다. 그럼에도 주님을 믿는다고 하는 사람이 있다면, 그는 무엇이 잘못되어도 크게 잘못되었다. 주님의 생명이 없으면 사랑도 없고, 사랑이 없으면 영생도 없다.

9 우리는 항상 자신을 살펴보아야 한다. 우리를 지배하는 그 무엇이 있다면 단호하게 물리쳐야 한다. 하나님의 사랑보다 더 귀한 것이 있을 수 없다.

10 마음을 다하고, 목숨을 다하고, 뜻을 다하고, 힘을 다하여 하나님을 사랑하고, 이웃을 자신의 몸처럼 사랑하라고 했다. 인생은 잠깐 보이다가 사라지는 안개다. 어느 봄날 잠시 눈을 붙였다가 꾼 백일몽(白日夢)이요, 80년간 부귀영화를 누리고 보니 한낱 꿈이었다는 한단지몽(邯鄲之夢)이다.

11 형제의 아버지는 얼마 전 형제의 할아버지 모습과 같다. 물론 형제도 형제의 아버지와 같다. 지금도 형제는 할아버지의 모습이 눈에 선하다. 하지만 할아버지는 더 이상 세상에 계시지 않는다. 55년 전에 이미 돌아가셨다. 대신 할아버지와 같은 아버지가 있다. 얼마 안 가서, 형제의 아버지도 형제의 할아버지처럼 보이지 않을 것이다.

12 실로 형제의 할아버지는 잠깐 보이다가 사라진 안개였다. 얼마

뒤 형제의 아버지도 그럴 것이고, 형제도 그 뒤를 따를 것이다.

13 형제는 지난 60년간 어디서 무엇을 하며, 어떻게 살아왔는지 기억조차 없다. 아직도 30세 초반쯤 되는 것으로 생각될 뿐이다. 하지만 형제는 환갑이 지난 늙은이가 되었다. 정말 세월은 무상하다. 빨라도 너무 빠르다.

14 그럼에도 분명한 사실은, 지금도 시간은 무심하게 흘러가고 있으며, 세월은 쏜살같이 사라지고 돌아오지 않는다는 것이다. 어찌 보면 우리의 인생이 너무나 허무하고 하찮게 보인다.

15 형제는 어느 누구 못지않게 많은 고난과 어려움을 겪었다. 그야말로 산전수전 다 겪으며 파란만장하게 살았다. 불과 얼마 전까지, 자신을 향해 이런 질문을 던지곤 했다. "이 한심한 쓰레기야! 네가 한 일이 뭐가 있느냐? 남들처럼 자식 농사라도 제대로 지었나? 먹고살 정도의 돈이라도 벌었나? 내놓을 게 뭐가 있느냐? 그렇다고 하나님께서 인정할 만한 신앙생활이라도 했나? 못난 선비, 청지기, 안빈낙도? 그 따위는 개나 줘버려라! 이제까지 부모형제를 비롯하여 이웃에게 누만 끼치고 살았지 않느냐? 그렇게 100년을 살고 죽는다 한들, 눈이라도 제대로 감겠느냐? 이 한심한 망종아! 왜 진작 죽지 않고 이제까지 살았느냐?"

16 여러분은 어떤가? 자세히 모르긴 해도, 정말 후회 없는 삶을 살았다고 말할 사람은 아무도 없을 것이다. 그러고 보니 오래전 이렇게 말한 사람이 있었다. "나는 정말 후회 없는 인생을 살았어! 하고 싶은 것은 다 해봤어!"

17 후회 없는 인생을 살았다는 그의 말은 무슨 뜻일까? 어떻게 이해해야 할까? 그 말이 문자대로 사실일 가능성은 제로 포인트다. 그는 자기 인생을 후회하며 말했다. "나는 정말 개망나니처럼 살았어! 죄라는 죄는 다 지었어!"

18 어떤 사람이 죽었을 때, 사람들이 모여 수군거렸다. "그동안 온 갖 고생 다하다가, 이제 겨우 먹고살 만하니 갔어!"

19 그저 인사치레로 하는 말이 아니라는 것을 우리는 잘 안다. 어쩌면 모든 사람이 그렇게 살다가 죽는지 모른다. 나는 예외라고 말할 사람은 거의 없을 것이다.

20 우리가 분명히 알고 믿을 것이 있다. 영생을 누리는 사람이 있는가 하면, 영벌을 받을 사람이 있다는 것을! 예수 그리스도 안에 있는 생명은 육신의 죽음으로 끝나지 않는다는 것을! 비록 눈에 보이지 않아도 영원한 세계가 있다는 것을!

21 우리는 지상에서 영원히 살 것처럼 생각해서도 안 되며, 세상의 짧은 행복에 안주해서도 안 된다. 우리의 소망은 오직 예수 그리스도 안에 있다는 사실을 꼭 명심해야 한다. 지금 이 순간, 우리는 우리 주 예수 그리스도 안에 있는 참 자유와 평화와 기쁨을 누릴 수 있다.

> **"영생은 오직 한 분이신 참 하나님과, 아버지께서 보내신 예수 그리스도를 아는 것입니다."** (요한복음 17. 3)

151 징벌

1 징벌(懲罰)은 부당하고 악한 행위에 대하여, 공의의 하나님께서 응징으로 주는 벌이다.

2 우리는 악인이 흥왕하고 의인이 실패할 확률이 높은 세상에서 살고 있다. 이 모순이 신자를 실족시키고, 불신자를 더욱 악한 상태로 고착시킨다. 하지만 하나님의 징벌은 항상 공평할 수밖에 없다.

3 사람의 관점에서 보면, 세상의 일들이 불공평하게 보일 수 있다.

하지만 결과는 그렇지 않다. 의인에게는 영광스러운 면류관과 상급이 주어질 것이고, 악인에게는 하나님의 징벌이 내려질 것이다.

4 죄악으로 얼룩진 소돔과 고모라가 심판을 받았고, 향락주의가 만연한 폼페이가 징벌을 받았다. 어느 나라 어느 민족이든, 그들의 죄로 징벌을 받은 예는 성경에 많이 나타나 있다. 악인에 대한 징벌은 필연적이며, 아무도 피할 수 없다.

5 우리는 악인의 형통으로 낙심치 말고, 영생과 복락의 약속이 주어졌다는 사실로 감사해야 한다.

> "나는 그의 아버지가 되고, 그는 나의 아들이 될 것이다. 그가 죄를 지으면, 사람 막대기와 인생 채찍으로 그를 징계할 것이다." (사무엘하 7. 14)

152 신천지

1 신천지(新天地)는 마지막 날 임할 새 하늘과 새 땅이다. 지금의 세상은 흔적도 없이 사라지고, 새 예루살렘 성이 나타날 것이다.

2 신천지는 처음 하늘과 땅을 리모델링하여 복원하거나, 다른 형태로 변형시켜 재창조하는 게 아니라, 전혀 새로운 질서를 가진 새 창조가 될 것이다. 성도는 더할 나위 없는 곳에서 영생 복락을 누릴 것이다.

3 신천지에는 어떤 죄나 악도 없을 것이며, 한 치의 오차나 흠도 없이 모든 게 균형과 조화를 이루어 완벽할 것이며, 하나님의 통치와 성도의 섬김은 항상 최상의 상태로 유지되어 평화로울 것이며, 이제까지 아무도 보지 못한 절경일 것이며, 어린 양의 피로 깨끗이 씻긴 의인들만 들어가 사는 영원하고 완전한 하나님의 나라일 것이다.

4 이전의 법과 도덕은 아무 의미가 없을 것이며, 하나님의 공의와 성도의 사랑이 시간과 공간을 초월하여 흘러넘칠 것이다. 죄악이 만연하여 고통과 슬픔이 가득한 세상은 더 이상 보이지 않을 것이며, 기억되거나 생각나는 일조차 없을 것이다.

5 신천지의 세계는 죄악으로 물든 세상에서 끝까지 싸워 이기는 성도에게 주어지는 예수 그리스도의 영원한 나라일 것이다. 우리는 새 창조로 임할 새 예루살렘 성을 바라보며, 항상 주님의 날을 소망하고 있다.

> "보라! 내가 새 하늘과 새 땅을 창조하리니, 이전 일은 기억에서 사라져 더 이상 생각나지 않을 것이다." (이사야 65. 17)

❿⓯⓷ 이단

1 이단(異端)은 기존의 학설이나 가르침에서 벗어난 사상이나 주장 또는 그것을 추종하는 사람이나 집단을 말한다. 이단은 '자유로운 선택'이라는 말에서 비롯되었으나, 그런 독자적 견해가 하나의 빗나간 학설이나 사상을 낳았고, 그걸 추종하는 자들에 의해 이단이 생겼다.

2 바울은 유대교의 개혁파로 시작한 복음 전도자였으나, 유대교의 토라(Torah)에 어긋나는 교리를 가르친다는 이유로, 나사렛 이단의 괴수라는 죄목으로 정죄되었다.

3 예수님이 유대교의 이단으로 몰려 돌아가셨고, 예수님의 제자들도 이단을 추종하는 자로 정죄되어 순교했다. 이렇듯 유대교의 이단으로 정죄된 기독교는 300년 가까이 모진 핍박을 받다가, 313년 정식 종교로 승인되어 이단 논쟁이 종식되었다.

4 이단 논쟁은 시대나 상황에 따라 다를 수 있다. 오늘의 이단이 내일의 정통이 될 수도 있고, 오늘의 정통이 내일의 이단이 될 수도 있다. 유대교의 입장에서 보면 오늘도 여전히 기독교가 이단이나, 기독교의 입장에서 보면 오히려 유대교가 이단이다.

5 개신교의 일부 교단은 천주교를 이단이라 주장한다. 개신교끼리도 서로 이해가 맞지 않으면 이단이라 정죄하기를 서슴지 않는다. 이리저리 갈라지고 쪼개진 교파의 교리가 원인이다. 서로 자기네 울타리를 쳐놓고, 안은 진짜이고 밖은 가짜라고 떠들어대는 꼴이다.

6 초대교회도 숱한 이단 논쟁에 시달렸다. 사소한 말 한마디에 무고한 사람이 이단으로 정죄되어 추방되었고, 사람에 따라 정통과 이단이 엎치락덮치락하기도 했다.

7 "유일신 하나님 외에 다른 하나님이 어디 계신가?" "예수님이 하나님의 아들인가, 사람의 아들인가?" "성령님이 하나님의 영인가, 예수님의 영인가?" "예수님을 낳은 마리아가 하나님의 어머니인가, 사람의 어머니인가?" 등의 논쟁이 치열했다.

8 예수님은 가장 위대한 피조물로서 하나님이 아니라든지, 구약의 하나님과 신약의 예수님이 다르다든지, 처음에는 예수님이 사람이었으나 나중에 하나님의 아들로 인정되었다든지, 예수님과 함께하신 하나님에 의해 예수님이 인류를 구원할 능력을 갖게 되었다든지, 예수님의 반은 하나님이고 반은 사람이라든지, 예수님은 하나님이지 사람이 아니라든지, 예수님 안에 하나님의 신성과 사람의 인성이 별도로 존재했다는 등의 어설픈 주장도 제기되었다.

9 우리가 그 자리에 있었다면 어땠을까? 우리 역시 그런 논쟁을 피하기 어려웠을 것이다. 혼란스럽기는 누구나 마찬가지였을 것이다. 사실 유일신 하나님을 삼위일체 하나님으로 정의하기가 얼마나 어려웠겠는가? 이 말을 들어보면 이런 것 같고, 저 말을 들어보면 저런 것

같아서 정말 혼란스러웠을 것이다.

10 그때 가장 심각한 사상은, 믿음보다 지식을 우위에 둔 영지주의였다. 영지주의 가현설은, 영은 선하나 육은 악하다고 하여, 하나님의 아들 예수님이 사람의 육신을 입었을 리 만무하다고 했다. 예수님이 허기져서 음식을 드신 것이나, 피곤하여 쉬신 것이나, 졸려서 주무신 것이나, 피를 흘리고 돌아가신 것 등이 모두 환영이었으며, 사람들이 허깨비를 보았다고 주장했다.

11 이런 주장이 사실이라면, 예수님의 성육신과 죽음, 부활, 승천 등의 과정이 모두 허상이 된다. 참으로 어처구니없는 일이었다. 그래서 사도 요한이 뒤늦게 복음서를 기록하면서, 시종일관 영지주의에 대한 경계를 늦추지 않았다.

12 초대교회의 이단 논쟁은 사탄의 속임수였다. 지금도 마찬가지다. 어떤 종파는 오순절파의 영향을 받아 고속 성장한 세계 최대의 교회를 이단으로 정죄했고, 나름대로 선교 사역을 열심히 수행하는 단체까지 정죄했다.

13 삼위일체 하나님과 예수님을 구세주로 받아들이는 그리스도인 공동체를, 한낱 부족한 인간의 잣대로 사탄의 집단이니, 이단의 두목이니 하면서 떠들어대는 것은 어느 모로 보나 문제가 있다. 어쩌면 정말 하찮고 보잘것없는 차별화 전략이거나, 상대적 열등의식에서 비롯된 위장 전술인지 모른다.

14 오늘날 무분별한 이단 논쟁은 절제되어야 한다. 자기네 교리와 조금 다르다고 하여 이단으로 정죄한다면, 350개에 이르는 개신교의 교파 가운데 어느 집단이 과연 정통이란 말인가? 막둥이의 어리광이라 할까? 살아남기 위한 발버둥이라 할까? 이유 없는 반항이라 할까? 유대교의 어른스러움과 천주교의 신사다움을 개신교는 배워야 한다.

15 유대교는 "하나님은 누구를 낳지도 않았고, 누구에 의해 태어나지

도 않았다!"는 슬로건을 내걸고 기독교의 절제를 요구하며, 천주교는 "형제여, 어서 돌아오라!"고 하며 화해와 일치의 손길을 내밀고 있다.

16 그런데 개신교는 어떤가? 서로 자기만 잘났다고 주장하며 빗장을 걸어 잠그고 이단 논쟁을 일삼고 있다. 사분오열된 콩가루 집안은 거들떠보지도 않고, 누구는 사탄이고 누구는 이단이니 하면서 남을 헐뜯고 있다. 게다가 부질없는 교권에 사로잡혀 아집과 독선의 스펙만 쌓고 있다.

17 특정 사람이나 단체에 의해 제기된 이단 주장은 주관적이고 상대적이라서, 액면 그대로 받아들이면 안 된다. 하지만 모든 교회가 객관적으로 인정하는 이단은 누가 뭐래도 이단이다. 이단은 하나님의 말씀과 예수님의 가르침에서 크게 벗어나 있다.

18 오늘날 대부분의 교회가 인정하는 이단은 문선명의 '통일교', 엘렌 지 화이트의 '안식교', 찰스 테이즈 러셀의 '여호와의 증인', 박태선의 '천부교(신앙촌)', 정명석의 '기독교복음선교회(JMS)', 최태민(조희성)의 '영세교(영생교)', 이만희의 '신천지예수교증거장막성전(신천지)', 조셉 스미스의 '몰몬교', 안톤 라베이의 '사탄교', 메리 베이커 에디의 '크리스천 사이언스', 슐라이어마허의 '자유주의신학', 이장림의 '다미선교회', 카마라의 '남미해방신학', 18세기 계몽주의 시대에 등장한 '이신론(理神論)' 등이다. 또 '신전통주의', '신비주의', '명상', '점성술', '심령술', '강신술', '마술', '요술' 등도 기독교와 무관하다. 그리고 흔히 말하는 '남녀호랑교(SGI)'는 '남무묘법연화경(南無妙法蓮華經)'이라는 일본의 신흥 종교다. 일본어로 '남묘호렌케교'로 발음되는 데서 비롯되었다. 이 역시 기독교가 아니다.

19 이단의 특징은 문자 그대로 처음의 가르침과 나중의 결과가 다르다. 예수 그리스도에 의한 구원의 논리와, 하나님에 대한 중요한 교리를 가감시키거나 부인하기 일쑤며, 임박한 종말론과 급진적 세대주

의를 부추겨 위기의식을 조장한다. 모든 게 신자의 헌신을 요구하며, 재산을 빼앗기 위한 수단이다. 심지어 어떤 이단은 교주를 치켜세워 신격화하고, 성적 쾌락을 부추겨 도덕성을 말살하기도 한다.

20 이렇듯 이단은 자기네 필요에 따라 예수님의 가르침을 부정하고, 성경의 말씀을 가감하거나 부인한다. 신자의 재물을 갈취하여 부를 축적하는 게 목적인바, 진리를 왜곡시키는 일도 서슴지 않는다.

21 우리는 이단을 분별하고 물리칠 권세를 받아야 한다. 늘 깨어서 기도해야 하는 이유가 여기에 있다. 사탄은 약간의 허점만 보여도 광명한 천사로 가장하여 그 틈을 비집고 들어온다.

> **이단에 속한 사람은 한두 번 타이른 뒤, 말을 듣지 않거든 멀리하십시오.** (디도서 3. 10)

⑮ 입신

1 입신(入神)은 사람에게 신이 내려 잠시나마 신적 세계에 들어간 상태를 말한다. 사람의 영안이 열려 신의 세계를 경험하는 것이다.

2 하나님께서 모세에게 임한 신을 70인의 장로에게 나눠주시자, 그들이 입신하여 예언했다. 또 다윗을 쫓던 사울의 병사에게 신이 내리자, 그들이 춤추고 소리치며 예언했다. 입신은 묵상이나 기도를 통해 영적으로 교통하는 것과 다르다. 명상을 통해 경험하는 무아경이나 황홀경에 빠지는 건 더욱 아니다.

3 그런데 오늘날 입신한다는 사람들을 보면, 주변의 사물에 전혀 무관심한 상태가 되기도 하고, 어떤 때는 주체할 수 없는 기쁨이나 환희를 느끼기도 하며, 때로는 실신하거나 까무러치기도 하고, 자신

의 의지와 상관없이 몸을 파르르 떨거나 괴팍한 소리를 지르기도 하며, 드물게는 난폭한 행동을 하기도 한다. 이런 상태나 모습은 성경에 나타난 입신과 거리가 멀다.

4 하나님의 메신저로서 예언자는 하나님의 영이 충만한 상태에서 선명하고 또렷한 정신으로 메시지를 전한다. 비이성적이고 비상식적인 돌발 행동을 하지 않는다. 오히려 하나님의 신이 임하면, 더욱 초롱초롱한 의식으로 하나님의 계시를 분명하게 전한다. 그렇다면 성경에 나타나지 않는 이상한 모습의 입신은 하나님의 영이 임하여 신의 세계에 들어간 게 아니라, 일종의 명상이나 신비주의, 황홀경 따위에 빠져 정신이 혼미한 상태라고 보아야 한다.

5 깊은 묵상이나 기도로 하나님과 교통하는 사람은 자아가 분명한 상태에서 영안이 열려 하나님의 세계를 본다. 주술사가 눈을 감고 습관적으로 외우는 주문이나, 마술사가 술법을 부리기 위해 허황되게 떠들어대는 것처럼 요란하지 않다.

6 하나님의 영으로 입신한 사람은 사도 요한처럼 순식간에 영안이 열려 잠시나마 하나님의 세계를 보게 된다. 결코 이상한 소리를 지르거나 괴팍한 행동을 하지 않는다. 오히려 영적 분별력이 또렷하여, 확실하게 하나님의 말씀을 기록하거나 전한다. 이게 입신한 사람의 특징이다.

7 더러운 귀신의 영에 사로잡힌 사람은 자기도 모르게 사탄의 하수가 되어 거짓말을 밥 먹듯 하고, 추한 짓만 골라서 한다. 비상식적이고 비도덕적인 행동을 서슴지 않는다.

8 우리는 기도와 묵상 등으로 늘 하나님과 교통하며 신령한 생활을 하되, 미신적 신비주의나 이교적 황홀경, 무아지경에 빠지는 일이 없도록 조심해야 한다. 무아경이나 황홀경은 생각의 혼란에서 빚어지며, 그때 사탄이 들어와 장난칠 여지가 있다.

9 항상 깨어 기도하는 사람은 더러운 영에 농락당하지 않을 뿐더러, 분명하고 또렷한 자의식으로 하나님의 음성을 듣고 지키며, 풍성한 교제를 누리게 된다.

10 이방 종교의 부산물인 황홀경이나 무아지경은 신비주의적 이단의 모습으로 나타나는 반면, 하나님의 신령한 입신은 각자에게 주어진 은사와 능력에 따라 분명한 모습으로 또렷하게 나타난다.

> **야훼의 영이 그에게 내릴 것이다. 지혜와 총명의 영, 모략과 용기의**
> **영, 지식과 주를 경외하는 영이 내릴 것이다.** (이사야 11. 2)

🌑155 신비주의

1 신비주의(神秘主義)는 영지주의를 비롯하여 이단 종파에 널리 퍼진 사상이다. 신의 존재나 가치, 계시를 사람의 일반적 지식이나 경험으로 깨닫지 못하는바, 신비적 직관이나 환상적 체험에 의존할 수밖에 없다는 생각이다.

2 종교는 초월자를 인식하고 숭배하는 정신문화의 체계로, 어느 정도 신비주의가 들어 있기 마련이다. 초자연적이고 절대적인 신이 존재한다는 것 자체가 신비할 뿐만 아니라, 신비하지 않으면 종교가 아니다. 따라서 세상 모든 종교가 나름대로 신비주의 형태를 지니고 있으며, 미개한 문화권의 주술 행위나 최면술 같은 세속적 경험에도 어느 정도의 신비주의를 포함하고 있다.

3 어떤 사람은 신비주의가 신학과 비교하여 더 진정성이 있으며, 더욱 열정적이라고 주장한다. 하지만 신비주의적 체험을 신학적으로 접근하려는 시도는 결코 쉬운 일이 아니다. 신학은 객관적이고 역사적

인 사실을 중시하나, 신비주의는 주관적이고 체험적인 사실을 중시하기 때문이다.

4 이제까지 신비주의와 신학은 병존할 수밖에 없었다. 하지만 신비주의를 옹호하는 신학자에 의하면, 신학적 접근으로 개인의 정화나 계시, 신인합일(神人合一)이라는 독특한 체험을 파악하기는커녕, 설명하기조차 어렵다고 고백한다. 이런 신비주의는 기독교가 아닌 다른 종교에서 흔히 찾아볼 수 있다. 힌두교의 요가(yoga)나 불교의 명상(冥想), 이슬람교의 수피(sufi), 유대교의 카발라(kabbalah) 등이다.

5 기독교의 신비주의는 매우 조심스럽다. 하나님과 성도 간의 신비로운 체험은 개별적으로 일어날 뿐만 아니라, 신학이 있기 전부터 인간과 신의 다양한 접촉이 있었다는 사실을 감안할 때, 신학으로 설명되지 않는다고 해서 무시할 수도 없기 때문이다.

6 성도의 신비로운 체험이 성경의 가르침에 벗어나지 않고, 이웃이나 공동체에 나쁜 영향을 미치지 않는다면, 어느 정도 인정할 것은 인정하고 받아들일 것은 받아들여야 한다. 다만 신비한 체험의 대부분이 개인적으로 일어난다는 사실을 감안하여, 이웃이나 공동체에 부담을 주면서까지 강요되어서는 안 된다. 개인의 신비스러운 체험은 각자의 믿음에 따라 천차만별로 나타나는바, 각자의 구원을 위해 개별적으로 주어진다는 사실을 명심해야 한다.

7 따라서 성도의 신비한 신앙적 체험과 이단으로 간주하는 신비주의에 대한 기준을 어디에 두느냐가 중요하다. 개인의 신비한 체험에 집착하여 미신적 신비주의에 빠져들 가능성도 있는바, 신비한 체험이 성경의 가르침을 벗어나 입신주의나 신비주의에 흐르지 않도록 조심해야 한다.

지나간 다른 세대에는 하나님께서 그 비밀을 사람에게 알려주시지

않았으나, 지금은 성령 안에서 사도와 예언자에게 계시해주셨습니
다. (에베소서 3. 5)

⑮⑥ 이방신

1 이방신(異邦神)은 유대인의 유일신 하나님과 대비되는 개념으로, 이
방인이 섬기는 잡동사니 신을 말한다. 이방신은 나라와 민족에 따라
다양하게 나타나는바, 이름조차 기억하지 못할 정도로 무수히 많다.
이방인이 잡신을 숭배하는 방법도 각양각색이다.

2 이스라엘 백성이 이집트를 탈출하여 들어간 가나안 땅도 예외가
아니었다. 원주민이 섬기는 온갖 잡신이 우글거리고 있었다. 게다가
비도덕적인 제사까지 난무하여, 추잡한 신이 판치고 있었다.

3 가나안 땅의 이방신은, 신들의 아버지로 불린 최고의 신 엘(El), 풍
요의 신 바알(Baal), 엘의 아내이자 신들의 어머니 아세라(Asherah), 다
산의 여신 아스다롯(Ashtaroth), 바알의 원수로서 죽음의 신 모트(Mot),
블레셋의 해양 신 다곤(Dagon), 암몬이 인신 제사를 드린 몰렉
(Molech), 모압의 전쟁 신 그모스(Chemosh) 등이다.

4 특히 몰렉을 섬긴 암몬족은, 불타는 제단에 살아 있는 아이를 던
지거나 불살라 바치는 인신 제사를 드려 죄악의 극치를 보였다. 이처
럼 이방신은 도덕성이 결여되거나 잔인성을 가지고 있는바, 참 신이
아님을 스스로 드러내고 있다.

5 심지어 어둠의 신에게 피를 바치는 제사도 있었다. 그 의식을 이
어받은 종교가 오늘날 서방의 사탄교다. 어쩌다 사탄교의 유혹에 넘
어간 자매가 교주와 불륜으로 낳은 자기 아들을 잡아 피를 마시고 제
사를 지냈다. 그 일로 자매는 예수님을 영접하기까지, 적어도 30년 이

상 정신질환을 앓았다. 예수님의 보배로운 피는 거룩한 생명을 낳지만, 보혈을 모방한 더러운 피는 씻지 못할 죄악을 낳는다.

6 세상에서 유일한 참 신은, 예수 그리스도를 통해 우리를 구원하신 야훼 하나님이시다. 하나님께서 우리를 창조하시고, 영원한 생명을 주신다는 사실을 잠시도 잊어서는 안 된다.

> 여호수아가 말했습니다. "그러면 이제 여러분 가운데 있는 이방신을 버리고, 여러분의 마음을 이스라엘의 하나님 여호와께 바치십시오."
> (여호수아 24. 23)

157 자연신

1 자연신(自然神)은 해, 달, 별처럼 신비스럽거나 공포의 대상이 되는 자연물을 숭배하는 정령 신앙(精靈信仰), 곧 애니미즘(animism) 사상으로, 만물에 신이 깃들어 있다고 믿는 원시 신앙이다.

2 특정한 동물이나 오래된 고목나무, 기괴한 암석 등을 숭배하는 토테미즘(totemism)이나, 무당이나 점쟁이 등의 영매가 신령이나 죽은 사람의 영혼을 불러내 길흉화복을 점친다는 샤머니즘(shamanism)도 원시 신앙이다.

3 태양은 주로 추운 지방에서 숭배하기 시작하여 더운 지방으로 확산되었다. 태양을 하늘에 있는 최고의 신이나 신화적 존재로 생각했다. 이집트의 바로나 페루의 잉카를 태양신으로 섬긴 것이 대표적이다.

4 달은 여성을 상징하는 신으로 여겼다. 주로 온화한 지역에서 숭배했다. 달이 차는 것을 임신으로 보고, 달이 기우는 것을 해산으로 보았다. 태양을 남편으로, 달을 아내로 보기도 했다.

5 별은 점성술의 발달과 함께 일찌감치 숭배의 대상이 되었다. 별자리를 보고 인간의 길흉화복을 점쳤으며, 별자리가 동물의 이름으로 지어진 것도, 동물이 하늘로 올라가 자리를 잡은 것으로 여긴 자연신 사상에서 비롯되었다. 그래서 별자리 이름이 사자자리, 황소자리, 전갈자리 등으로 붙여졌다.

6 또 고대인은 빛을 하나님의 옷으로, 바람을 하나님의 사자로, 천둥을 하나님의 소리로 여겼다. 자연물은 하나님이 창조하신 피조물로서 하나님의 영광을 드러낼 뿐이다. 결코 숭배의 대상이 아니다. 성경 어디에도 자연물에 신이 깃들어 있다는 말은 없다. 자연물이 하나님의 섭리나 역사를 제약하거나 방해한다는 말도 없다.

7 자연물은 우리가 이용하고 사용할 대상이지, 숭배의 대상이 아니다. 자연신 사상은 미신적 신화로, 단호히 배격해야 한다.

> **므낫세는 부왕 히스기야가 무너뜨린 산당을 다시 세우고, 바알의 제단을 쌓고, 아세라 목상을 만들고, 하늘의 별을 숭배하며 섬겼다.** (역대하 33. 3)

158 초혼

1 초혼(招魂)은 무당이나 점쟁이 등의 영매가 신령이나 죽은 사람의 영혼을 불러내 길흉화복을 점친다는 미신이다.

2 사람의 영혼은 죽음과 동시에 육신과 분리되어 천국이나 지옥으로 들어간다. 죽은 사람의 영혼이 구천을 떠돌다가 제삿밥을 얻어먹으러 내려온다거나, 영매의 초혼으로 불려나오는 일은 없다.

3 천국과 지옥에 낙원과 음부라는 중간 처소가 있다. 죽은 사람의

영혼은 그곳에 들어가 휴식을 취하다가, 마지막 날 부활하여 흰 보좌 심판을 받는다. 하지만 사후의 세계는 확연히 계시되지 않아 여전히 신비에 싸여 있다.

4 죽은 사람의 영혼은 이승으로 돌아오지 않는다. 죽은 사람의 영혼이 영매의 주술에 의해 나타나 장래 일을 알려준다거나, 제사 음식을 얻어먹고 해코지를 하지 않는다거나, 기분이 좋으면 복을 주고 기분이 나쁘면 화를 준다는 생각은 순전히 인간이 만든 종교적 산물이다. 사탄과 영매의 동무 장사꾼이 짜고 치는 고스톱에 말려들지 말아야 한다. 길흉화복이나 생사고락을 주관하시는 분은 오직 하나님밖에 없다는 사실을 명심해야 한다.

5 공중을 떠돌며 사람을 속이는 존재는 죽은 사람의 영혼이 아니라 사악한 귀신이며, 영매의 주술에 의해 나타나는 것도 귀신이다. 귀신은 영매를 속이고, 영매는 귀신과 짝짜꿍질하여 우매한 사람의 재산을 갈취한다. 세상에서 가장 이상적인 영적 사기꾼 매치커플(match couple)이다.

6 죽은 사람의 영혼을 불러내 길흉화복을 점친다는 영매의 초혼 행위는 죽은 사람의 영혼을 가장한 귀신의 속임수다. 사악한 귀신이 하나님의 형상대로 지음 받은 사람을 교묘히 속여 하나님을 배신하게 만드는 것이다. 귀신은 무지몽매한 사람을 현혹하여 하나님을 떠나게 하는 일을 낙으로 삼는다.

7 어리석은 사람은 고목나무나 큰 바위 따위가 마을에서 가장 큰 귀신이고, 죽은 조상의 영혼은 그 하수가 되어 구천을 떠돈다고 생각한다. 배고픈 조상귀신이 후손이 바치는 제사 음식을 얻어먹어야 해코지하지 않는다고 여긴다.

8 지금도 시골에서는 음력으로 섣달 그믐날이나 정월 대보름, 이월 초하루나 팔월 한가위 등의 날을 정해놓고, 마을 어귀에 있는 서낭당

귀신에게 제사를 지낸다. 제사를 맡은 제주는 냇가에 가서 목욕재계한 뒤, 정제된 한복을 차려입고 한밤중에 제사를 지낸다. 그리고 날이 밝으면 그보다 계급이 낮은 토지귀신, 집귀신, 조상귀신 등에게 또 제사를 지낸다. 그렇게 해야 한 해를 무사히 넘길 수 있다고 생각한다.

9 자세히 모르긴 해도 한국인의 절반쯤이, 그리스도인을 제외한 대부분의 사람이 그와 같은 미신을 가지고 있다. 한국은 여전히 종교 후진국이다. 한국 교회는 해외 선교보다 영적으로 무지한 농어촌으로 발길을 돌려야 한다. 국내 복음화 비율이 25%밖에 안 된다는 사실을 직시하고, 해외 선교보다 국내 전도에 더욱 힘을 기울여야 한다.

10 영매에 의한 초혼 신앙은 13세기 중국에서 발달한 유학의 제사 제도가 한국에 들어오면서 시작되었다. 중국의 유학이 한국의 토착 신앙과 맞물려 특유의 미신을 만든 것이다. 세상에 어떤 사람이 자기 아들딸을 해코지하겠는가? 그럴 능력이 있다면 오히려 도와주지 않겠는가? 동서고금을 떠나서, 자기 자손을 까닭 없이 해코지할 조상은 하나도 없다.

11 다시 말하지만, 영매의 초혼 행위는 거짓과 속임수를 일삼는 귀신의 농락이다. 귀신은 자기 목적을 달성하기 위해 수단과 방법을 가리지 않는다. 영적으로 나약한 사람을 미혹하여 악의 축에 세우고, 하나님을 배신하게 만드는 음흉하고 간사한 영물이다.

12 사울의 요청으로 영매가 죽은 사무엘의 영혼을 불러낸 이야기가 성경에 나온다. 하지만 그 이면을 자세히 살펴보면, 초혼으로 나타난 유령이 사무엘의 영혼이 아니라, 사무엘을 가장한 귀신일 수 있다는 것이다. 사무엘 같은 예언자가 하나님께서 가증하게 여기시는 영매에 의해 나타날 리가 만무하기 때문이다.

13 하지만 하나님께서 귀신을 이용하셨을 수는 있다고 본다. 하나님께서 귀신을 도구로 사용하여 하나님의 계시를 드러냈을 수 있다

는 것이다. 하나님의 오묘한 섭리를 누가 다 알겠는가?

14 살아생전의 예수님도 오래전에 죽은 모세와, 죽음을 맛보지 않고 들림 받은 엘리야를 변화 산상에서 만나셨다. 예수님의 죽음을 목전에 두고, 하나님께서 선하신 뜻에 따라 특별히 계시하실 필요가 있었다고 본다.

15 그러나 예수님이 재림하실 마지막 날엔, 그 어떤 조건도 없이 죽은 사람과 살아 있는 사람이 모두 한자리에 모여 서로 밝히 보게 될 것이다.

> 주문을 외우는 사람과, 귀신을 불러 물어보는 사람과, 박수와 혼백에게 물어보는 사람이 있어서는 안 된다. (신명기 18. 11)

⑯ 마술

1 마술(魔術)은 사람의 눈과 귀를 속여 정신을 혼미하게 만드는 것이다. 요술, 술수, 복술, 점성술 등이다. 마술을 부리는 사람을 마술사, 요술사, 술사, 점쟁이, 무당, 박수, 신접한 자, 거짓 선지자, 초혼자 등으로 부른다.

2 마술사는 마법이나 마력을 이용하여 요사스러운 술법을 행한다. 이집트와 바빌로니아 등에서 발달했다. 마술은 교묘한 방법으로 사람의 눈과 귀를 속일 뿐만 아니라, 정신까지 어지럽히고 혼미하게 만든다.

3 고대인은 마술을 종교와 접목시켜 신의 뜻인 양 받아들였다. 마술사가 영매의 역할을 하면서 미래를 예언하거나 주술을 행했다. 주술은 신비한 힘을 빌려 길흉화복을 점치거나 염원하는 원시적 종교 행위다.

4 초대교회에도 숱한 마술사가 사람을 현혹했다. 하나님의 이름을

빙자하여 기적을 행하기도 했다. 그들은 성도의 신앙에 치명적인 해악을 미치는바, 하나님께서 마술을 부리는 자를 가차 없이 죽이라고 하셨다.

5 우리는 마술뿐만 아니라, 우리의 눈과 귀를 어지럽히는 동영상이나 오락, 게임, 도박은 물론 정신을 혼미케 하는 마약성 약물 등도 단호히 배척해야 한다.

> 이는 네가 수없이 음탕한 창녀 짓을 하고, 마술을 써서 사람을 홀린 탓이다. 음행으로 뭇 나라를 홀리고, 마술로 뭇 민족을 꾀었기 때문이다. (나훔 3. 4)

ⓖⓞ 우상

1 우상(偶像)은 나무나 돌, 흙, 쇠붙이, 플라스틱 따위로 만든 신상을 말한다. 넓은 의미로 하나님보다 우선하는 것이 우상이다. 하나님보다 귀히 여기는 돈이나 사업, 권력, 명예, 인기, 나아가 사랑하는 자녀나 연인까지도 지나치면 우상이 될 수 있다.

2 이스라엘 백성은 40년간의 광야 생활을 마치고, 가나안 땅에 들어가 정착하면서 농경 생활을 시작했다. 얼마 후 물질적으로 풍요를 누리게 되었다. 그러자 풍요의 신으로 알려진 바알을 하나님처럼 섬겼다. 바알이 풍년을 가져다준다고 믿었기 때문이다.

3 조상 대대로 하나님만 섬긴 이스라엘 백성이 하나님과 재물을 겸하여 섬기기 시작하면서, 그들의 신앙은 변질되고 말았다. 그들은 무심코 바알을 섬겼으나, 하나님은 그들에게 어려운 국면을 주셨다.

4 우상은 하나님이 가장 가중하게 여기시는 것이다. 하지만 사람은

우상의 고리를 끊지 못하고 있다. 특히 물질의 우상은 어느 누구도 단절하기 힘든 우상이다. 특히 한민족은 물질의 복과 건강의 복을 최고의 선으로 여기며, 부귀영화와 무병장수, 만사형통을 신앙의 목적으로 삼았다.

5 이러한 신앙적 토양 가운데 자기희생과 이웃 사랑을 실천하는 기독교가 전래되어, 기복신앙이 생겼다. 한국의 기독교는 본질에서 크게 벗어났으며, 기독교가 아니라는 사람도 있다.

6 오늘날 기복신앙은 도시 교회나 시골 교회, 기도원이나 선교 단체까지, 십자가가 세워진 곳이면 어디나 파고들어 보편화되었다. 특히 대형교회나 유명한 단체일수록 더욱 심하여, 조직의 부흥을 절대 절명의 과제로 삼는다. 게다가 그렇게 성공한 사람을 우상처럼 여긴다. 기독교의 이름으로 성공한 무당이 사라져야 하나님의 교회가 바로 세워진다.

> 그러므로 여러분은 세속적 욕심을 떨쳐버리십시오. 음행과 더러움과
> 정욕과 악한 욕망과 탐심입니다. 탐심은 우상 숭배입니다. (골로새서
> 3. 5)

ⓛⓖⓛ 적그리스도

1 적그리스도(敵Christ)는 그리스도를 반대하거나 대적하는 안티(anti) 세력을 말한다. 특정한 단체나 개인뿐만 아니라, 복음을 왜곡하고 변질시켜 믿음을 떠나게 하거나, 공동체를 파괴시키는 그릇된 사상, 그러한 운동까지 포함하는 포괄적 개념이다.

2 적그리스도는 말세에 나타나 하나님의 자리를 차지하려는 행위를

서슴지 않을 것이며, 사람을 미혹하여 넘어뜨리는 온갖 올무를 놓을 뿐만 아니라, 신실한 성도까지 실족시키려고 갖은 시험을 다할 것이다. 심지어 세속 권력까지 규합하여 세상을 통치하려고 시도할 것이다.

3 아담과 하와를 미혹하여 죄악의 나락으로 떨어뜨린 사탄이 역사상 가장 먼저 나타난 적그리스도다. 아침의 아들 계명성, 큰 용, 옛 뱀, 리워야단(Leviathan), 멸망의 가증한 우상 등으로 성경에 나타나는 사탄이 오늘도 하나님과 성도를 이간시키려고 혈안이 되어 있다.

4 마지막 때가 가까울수록 거짓 그리스도와 가짜 예언자가 무수히 일어나 표적과 기사를 행할 것이며, 할 수만 있으면 성도들까지 미혹하여 넘어지게 만들 것이다.

5 우리는 그리스도를 대적하는 어떤 세력에도 굴복하지 말고 끝까지 싸워 이겨야 한다. 예수님의 재림으로 그 실체가 확연히 드러날 때까지, 유황불 속으로 던져져 영원한 심판을 받을 때까지, 우리는 강하고 담대하게 나아가야 한다.

> **자녀들이여, 지금은 마지막 때입니다. 적그리스도가 오리라는 말을 여러분이 들었으며, 이미 많이 나타났습니다. 그러니 마지막 때가 가까이 되었음이 분명합니다.** (요한1서 2. 18)

제
6
편

교회

162 교회

1 교회(教會)는 그리스도인 공동체로서 예배, 기도, 찬양, 성경공부, 전도, 봉사, 구제, 교제 등을 위한 모임이다. 예수님의 사역과 죽음, 부활에 대한 증인의 사명을 띠고, 성령님의 이끄심에 따라 하나님을 영광을 드러낸다.

2 교회의 어원은 '하나님이 구별하여 불러낸 무리'라는 말에서 비롯되었다. 교회는 구원의 은혜에 초대받은 사람으로서, 그리스도의 몸을 이룬다. 그리스도인은 그리스도의 지체로서 자부심을 갖는다. 그리스도 안에 있는 '나'와 '너'의 개체가 모여 '우리'라는 공동체를 세운다.

3 교회의 기원은 성탄절도 아니고 부활절도 아니다. 마가의 다락방에 강림한 성령님으로 태동하여, 90년 얌니야 공회 후 그리스도인이 유대교를 떠나 따로 예배를 드림으로써 시작되었다.

4 유세비우스(Eusebius, 260-340) 교회사의 기록이 있다. "66년 일어난 제1차 유대인 독립 전쟁 때, 그리스도인은 요르단 강을 건너 펠라(Pella, 마케도니아 수도)로 피신했다. 이를 계기로 유대교와 그리스도인 사이가 더욱 나빠져, 85년경 야브네 율법학자들이 예배 때마다 드리는 18조항 기도문 가운데 12조에 그리스도인을 정죄하는 기도를 삽입했다. 이후 그리스도인은 더 이상 유대교 예배에 참석할 수 없었다."

5 교회는 죄 사함의 표시로 침례(세례)를, 섬김과 나눔의 표시로 성찬을 베푼다. 예배와 교육, 선교와 봉사를 통해 하나님을 섬기고, 이웃을 돌보는 사역을 수행한다. 하지만 교회가 교인의 구원을 보장하지는 못한다. 하나님께서 교회를 보시고 구원하시는 게 아니라, 각자의 믿음을 보고 구원하시기 때문이다.

6 구원은 각자의 믿음에 따라 주어지고, 상급은 각자의 공로에 따라 베풀어진다. 하나님의 은사는 이웃을 섬기라고 주신다. 교회 안에

서 은사에 따라 여러 모임이 만들어지고, 그에 따라 다양한 사람이 일한다. 교회의 일꾼은 은사에 따라 섬김과 돌봄으로 충성한다.

7 사역은 은사에 따라 차이가 있을 수 있으나, 직분에 따라 차별이 있어서는 안 된다. 신분이나 사역의 차별만이 아니라, 남녀노소, 빈부귀천, 피부 색깔 등에 따른 차별도 없어야 한다. 모든 사람이 한 목자 안에 있는 양이요, 하나님의 자녀이기 때문이다.

8 교회는 가시적 교회와 불가시적 교회, 곧 유형 교회와 무형 교회가 있다. 가시적 교회는 지상의 모든 성도를 말하고, 불가시적 교회는 천상의 모든 성도를 말한다.

9 가시적 교회에는 거듭나지 못한 사람은 물론, 사이비 목자나 거짓 그리스도인까지 있을 수 있다. 처음으로 교회에 나온 사람, 예배는 드리지만 구원의 확신이 없는 사람, 심지어 자기 필요에 따라 교회에 들어온 사람도 있다.

10 다른 사람의 체면을 봐서 다니는 부화뇌동 교인, 사리사욕을 채우기 위해 이기적으로 출석하는 표리부동 교인, 무엇인가 이득이 되면 나오고 그렇지 않으면 떠나는 감탄고토 교인도 있다. 교회에 다니면 복을 받고, 안 다니면 벌을 받을지 모른다는 막연한 생각에서 마지못해 나오는 꼭두각시 교인도 있다.

11 예배에 참석하는 사람은 많으나, 그리스도인은 적다. 예배마다 꼬박꼬박 출석하면서 그리스도의 모습을 드러내지 못하고, 한번 받은 은혜의 경험을 들어 마치 모든 것을 얻은 양 착각하며, 말로만 믿는 사람이 있다.

12 오직 그리스도만 바라보고 충성하는 일편단심 신자는 누가 뭐래도 개의치 않고 주님만 바라보며 따라간다. 교회 안에는 양과 염소가 있기 마련이고, 알곡과 쭉정이도 있다.

13 지상 교회는 불완전하여 수시로 사탄의 공격을 받는다. 특히 거

짓 목자의 침입은 공동체를 심각하게 뒤흔든다. 늘 깨어 기도하며 경계해야 한다.

14 사이비 목자나 거짓 교사는 겉으로 표시가 나지 않아 분간이 쉽지 않다. 자기 정체를 교묘히 숨기고 잠복해 있다가, 기회가 주어지면 본색을 드러낸다. 가라지같이 위장술에 능하고 해독성이 강해 그 피해가 심각할 수 있다. 처음으로 교회에 나온 사람이, 그들의 불신앙을 보고 크게 실망하여 아예 교회를 등지는 경우도 있다.

15 그리스도인은 자기 생활을 통해 예수님의 빛과 향기를 발해야 한다. 처음으로 교회에 나온 사람의 대부분이 갈급한 심령으로 나온다. 기존 교인에게 비쳐지는 모습을 보고, 예수님을 믿기도 하고 포기하기도 한다. 새 신자는 기존 교인을 성인군자처럼 생각한다.

16 교회는 건물이 아니라, 사람이다. 교회를 통해 재산을 축적해서는 안 된다. 재산 없는 교회가 아름답다. 재산이 많으면 이권이 생기고, 이권이 생기면 권세가 나타나고, 권세가 나타나면 다툼이 일어나게 된다.

17 교회당은 성전이나 성소가 아니다. 우리는 그리스도의 지체로서, 공동체의 미흡한 부분을 채우는 요소가 되어야 한다. 교회의 아름다움은 섬김과 나눔에 있다.

우리는 그리스도의 몸을 이루는 교회의 지체입니다. (에베소서 5. 30)

163 교회 조직

1 교회의 조직(組織)은 각자의 은사에 따른 역할의 분담이다. 교회의 기능을 효율적으로 수행하기 위해 구성하는 협력 기구다.

2 그리스도의 몸을 이루는 교회도 세상의 틀 속에 있는바, 사역의 효율성을 높이기 위한 조직이 필요하다. 하지만 교회의 조직은 세상의 조직과 다른 목적을 가지고 있다. 그 체계와 운영 방법이 모두 달라야 한다.

3 세상의 조직은 최소의 희생으로 최대의 수익을 추구하기 마련이나, 교회의 조직은 개인이나 단체의 이익을 추구하는 게 아니라, 공동의 선을 위해 손실을 감수하는 것이다.

4 교회의 조직은 하나님의 영광을 드러내기 위한 봉사와 헌신에 초점이 맞춰져야 한다. 어두운 곳을 밝히는 빛의 역할과, 부패를 방지하는 소금의 역할을 수행해야 한다. 한 걸음 더 나아가, 인류의 화합과 평화를 추구해야 한다.

5 일찍이 하나님께서 자율 시대를 허락하셨으나, 사람은 범죄의 나락으로 떨어졌다. 이어서 신정 시대가 주어졌으나, 역시 하나님의 법을 지키지 못했다. 그래서 예수님의 대속으로 인류의 구원이 이루어졌다. 이제 누구나 믿음으로 구원을 얻게 되었다. 이 복음을 전할 사명이 교회에 주어졌다. 교회의 체계적 조직이 필요한 이유가 여기에 있다.

6 교회의 조직은 사역의 활성화와 효율성을 동시에 추구하고, 사역자의 책임성과 의무감을 고취시키며, 사역자의 연대성을 강화하여 공동체의 능률성을 제고한다. 또 사역자의 자발적 참여를 유도하고, 그리스도의 지체라는 공동체 의식을 강화하여 지도자 한 사람의 독주를 방지하고, 그에 따른 단점을 보완하고 치유한다.

7 더러는 사역의 효율성이 아니라, 몸집 부풀리기와 과시의 대상으로 교회의 조직을 변질시켜 눈살을 찌푸리게 한다. 자기네 교회는 장로가 몇이고, 집사가 몇이라고 아예 대놓고 자랑한다. 심지어 은사에 따른 직분을 계급으로 전락시켜 장로는 얼마, 권사는 얼마 식으로 매

관매직도 서슴지 않는다. 기본급 외에 인센티브(incentive)라는 밑밥을 던져 전도 경쟁을 유발시키고, 남의 교회 교인 빼내기도 마다하지 않는다. 이는 교회의 조직이 아니라, 조폭의 조직이다.

8 그럼에도 어떤 사람은 여전히 큰소리친다. "돈이 있어야 전도도 하고, 선교사도 파송하고, 무슨 일을 하든지 말든지 하지, 쥐뿔도 없는 주제에 뭘 떠들어!" 소위 무슨 방법이나 요령으로 성공했다는 사람들이 기고만장하여 이렇다. 얼핏 보면 많이 가진 자와 적게 가진 자, 있는 자와 없는 자의 차별이 천차만별인 사회에서, 너무나 현실적인 말처럼 들린다. 하지만 그 이면에는 재테크의 편리함을 맛본 자의 체험담이 깔려 있고, 뭐니 뭐니 해도 돈이 있어야 큰소리치고 떵떵거릴 수 있다는 자본주의 본색이 들어 있다.

9 이런 사고방식은 물질이 지배하는 사탄의 세상에서 충분히 있을 법한 일이지만, 보이지 않는 선을 추구하는 하나님의 가르침과 거리가 멀다. 하지만 세상의 현실이 그러다 보니, 숱한 단체와 교회가 외관상의 부흥에 초점을 맞춘 조직을 갖게 되었다.

10 사실 체계적인 구역으로 교회를 성장시킨 경우도 있고, 소그룹 활성화로 단체를 부흥시킨 예도 있다. 유치원 운영, 어린이 학교, 청소년 대안학교, 노인대학, 사회복지 등, 이제는 교회도 경영 마인드로 접근하고 있다. 이처럼 기존의 패러다임을 바꿔 톡톡히 재미를 보았다는 소문이 돌자, 이를 벤치마킹(bench marking)하는 교회와 단체도 늘어났다.

11 교회나 단체도 세상 속에서 성장하고 쇠퇴하다 보니, 조직이 부흥과 비례한다고 해도 과언이 아니다. 실제로 그런 사례가 많다. 어쩌면 교회나 단체도 경영 논리로 운영하여 성장시키는 것이 아주 슬기롭고 지혜롭게 보인다. 하지만 분명한 사실은, 세속적 성공 속에 도사리는 사탄의 노림수를 간과해서는 안 된다. 특히 기복신앙에 근간을

두고 성장한 한국 교회는 더욱 그렇다.

12 인위적 방법에 의해 교회를 부흥시켰다는 교만이 들어가면, 하나님의 능력보다 사람의 잔꾀를 더 의지하게 된다. 교회를 관료나 군대의 조직처럼 계급이나 서열을 만들어, 하나님이 받으실 영광을 사람이 가로채는 사탄의 노림수가 그 속에 숨어 있다.

13 여러 사람이 소속한 조직 안에는, 알게 모르게 부정부패가 들어와 본질을 호도하기도 한다. 세상의 방식대로 교인 숫자만 늘려 돈방석에 올라앉은 부자 목사들의 비참한 말로를 눈여겨보아야 한다. 부족한 가운데서도 자족하는 마음을 가져야 한다.

14 교회는 무엇보다도 먼저 하나님의 통치와 인도를 우선순위에 두어야 한다. 교회를 조직하기에 앞서, 하나님의 뜻은 어떠하신지 먼저 여쭤보아야 한다. 하나님의 뜻이 아니면 아무것도 하지 않겠다는 생각, 하나님의 뜻이면 무조건 해야 한다는 자세를 가져야 한다.

15 교회나 단체의 조직은 하나님의 뜻을 이루기 위한 방편으로 활용되어야 한다. 먼저 내 생각대로 조직을 구성하고, 하나님의 뜻을 이루어보겠다는 발상은 극히 위험하다.

> 그러나 그 배를 조종하시는 분은 아버지 하나님이시다. 하나님께서 바다에 길을 트시고, 파도를 헤쳐 안전한 항로를 마련해주신다. (지혜서 14. 3)

⑯⑭ 교회 직분

1 교회의 직분(職分)은 자리나 권세가 아니라, 나눔과 섬김이다. 하나님이 주신 은사에 따라 교회 안에서 받은 직무상의 분담이다.

2 교회의 직분은 사람의 기준에 따라 주고받는 계급이나 직위가 아닙니다. 자신의 은사를 공동체 안에서 활용하라고 주신 것이다.

3 교회는 그리스도인 공동체로서 예배와 전도, 교육, 봉사, 교제 등 다양한 사역을 수행한다. 여러 은사를 가진 일꾼이 필요하다. 사실 교회의 특성상 한두 사람의 은사만으로는 운영하기 어렵다. 다양한 은사를 가진 사람이 함께해야 하며, 모든 사역자가 한 마음 한 뜻으로 그리스도의 몸을 세우는 유기체가 되어야 한다.

4 교회 안에서 협력하여 그리스도의 몸을 세운다는 것은, 서로의 믿음을 온전케 하며, 공동체를 섬기고 돌본다는 뜻이다. 한 지체가 다른 지체를 섬김으로써 온몸을 반듯이 세울 수 있다.

5 구약 시대는 왕과 제사장과 예언자가 하나님의 일을 수행했고, 신약 시대는 회당장과 랍비가 회당의 직무를 수행했다. 초대교회는 사도들에 의해 공동체가 세워졌으며, 사도 시대 이후에는 교부와 감독, 장로와 집사 등이 교회를 섬겼다.

6 지금은 사도와 교부 등의 직분은 없어지고, 장로와 집사만 이어지고 있다. 장로와 집사는 교회에서 가장 오래된 직분으로, 대부분의 교회가 받아들이고 있다.

7 구약 시대의 장로는 인품이 고상하고 덕망이 높은 연로한 어른이 선임되었으며, 지역과 공동체를 대표하는 사람이었다. 모세가 광야에서 70인의 장로를 임명한 데서 유래를 찾을 수 있다. 제사장 다음의 중요한 자리에서 공동체를 다스렸고, 충고와 조언을 아끼지 않았으며, 전시에는 지휘관이나 재판관이 되었다.

8 신약 시대의 장로는 지혜와 지식을 겸비하고 풍부한 경험을 가진 원로가 선임되었으며, 상당한 위엄과 권위를 가지고 있었다. 초대교회 당시 지역마다 장로로 구성된 공회가 있었는데, 가장 유명한 공회는 72인으로 구성된 예루살렘의 산헤드린이었다. 오늘날 국회와 대법원

의 기능을 동시에 수행했으며, 대외적으로 유대 민족을 대표하는 최고의 기구였다.

9 목사는 양 떼를 돌보는 목자라는 의미로 주어졌다가, 가르치는 교사의 기능이 추가되어, 18세기 이후 개신교의 지도자로 정착했다. 집사는 섬기는 사람으로 교회의 직분을 맡게 되었으며, 교사는 가르치는 사람을 통칭하는 직분이다.

10 이외에도 교회에 따라 감독, 주교, 신부, 사관, 권사, 권찰, 전도사, 강도사, 선교사 등 다양한 직분이 있다. 전문 사역을 위해 직분의 세분화가 필요할 수도 있으나, 무분별한 직분의 남발은 바람직하지 않다.

11 어떤 교회는 사역자의 대우를 위해 불가피하다는 핑계로 직급이나 호봉 등을 도입하고 있다. 기업화한 대형교회의 운영상 불가피한 점도 있겠으나, 하나님의 방식은 아니라고 본다. 교회의 직분은 무보수 봉사가 원칙이며, 전임 사역자의 경우도 생활비 정도만 교회가 책임지면 된다. 교회를 통해 먹고사는 직업인의 시대는 지났으며, 성경적이지도 않다.

12 교회가 일꾼을 세우면서 헌금을 요구하거나, 교회에 다닌 연조나 스펙을 보거나, 사회적 지위나 경력, 학력이나 재력 등을 살피는 것은 바람직하지 않다. 여러 사람 가운데 일꾼을 뽑아 세우려면 무슨 기준이 필요할 수는 있다. 하지만 그게 신앙의 척도가 될 수 없을 뿐만 아니라, 오히려 세속적이고 음성적인 부조리만 낳을 뿐이다. 예나 지금이나 이권이나 권세가 주어지면 생기는 고질병 때문에 숱한 사람이 실족했다.

13 교회도 돈이면 안 될 것 없다는 물질만능주의가 팽배하다. 물질의 유혹에 넘어갈 수밖에 없는 구조적 폐단과 타락한 목회자의 자질이 맞아떨어져 발생한 서글픈 현실이다. 하나님께서 주신 은사가 아

니라, 사람의 기준에 의해 세워진 직분에 의해 결국은 교회가 부패의 온상이 되고, 사회의 지탄이 되는 모습을 우리는 심심찮게 본다.

14 목회자가 하나님의 일꾼으로서 본연의 사명을 다하고 있는지, 그리스도를 이용한 장사꾼은 아닌지, 교회는 항상 눈여겨보아야 한다. 어느 대형교회 목사가 엄청난 치부를 했다는 소문도 있고, 공금 횡령으로 세상 법정에서 망신을 당한 목사가 있는가 하면, 시중 잡배보다 못한 파렴치한 목사도 종종 나타나고 있다.

15 하지만 이름도 없이 빛도 없이 묵묵히 하나님의 뜻에 따라 일하는 목회자도 많다. 세속에 빠진 거짓 목사는 여론이나 인기에 몰두하지만, 신실한 목사는 진리의 파수꾼으로 하나님이 맡기신 사명에 몰두한다. 참 예언자는 결코 물질의 유혹에 빠지지 않으며, 하나님의 명령에 따라 묵묵히 자신의 길을 걸어간다.

16 교회 안에서 직무를 분담하는 일은 아주 중요하다. 한 사람에게 모든 권한을 부여한 공동체는 사탄에게 교회를 내주는 미필적 고의를 범하게 된다. 교회가 성장할수록 교회의 직무는 세분화되고, 권리는 더욱 분산되어야 한다.

17 일찍이 모세가 이드로의 충고를 받아들여, 자신의 과도한 직무를 천부장과 백부장 등에게 분담시켜 덕을 세운 사례를 보아야 한다. 지금은 군대의 조직과 같은 천부장과 백부장 등의 수장은 필요하지 않으나, 다양한 기능을 가진 공동체의 특성을 살려서, 각자의 은사에 따라 업무를 분담하는 제도는 꼭 필요하다.

18 오늘날 목회자도 초대교회의 사도와 같이 기도하고 가르치는 일에 전념해야 한다. 장로는 공동체의 행정 업무를 수행하고, 집사는 교회의 재정 업무를 맡아야 한다. 자본주의 생리상 돈줄을 틀어쥐고 있는 사람이 힘을 가질 수밖에 없다. 목사나 장로가 주님의 몸 된 교회를 가장 어렵게 한다는 사실을 알아야 한다.

19 하나님이 주신 은사에 따라 공동체의 직분을 맡은 사람은, 하나님이 불러 세우신 특별한 목적이 있다는 소명 의식을 가져야 한다. 그래야 하나님의 영광을 위해 자신에게 맡겨진 사명을 충성스럽게 감당할 수 있다.

20 바울은 온갖 고난과 핍박을 감수하며 주어진 직분을 성공적으로 수행했다. 예수님도 인류의 구원이라는 역사적 사명을 감당하기 위해 스스로 십자가를 지고 돌아가셨다. 우리도 직분을 맡은 자로서 주어진 책임과 의무를 다해야 한다.

> **주님을 섬기는 직분은 여러 가지나, 우리는 같은 주님을 섬깁니다.** (고린도전서 12. 5)

165 교회 세속

1 교회의 세속(世俗)은 교회가 세상 풍조에 물들어 신성한 속성을 잃어가는 상태를 말한다.

2 초대교회는 지역을 중심으로 자연스럽게 세워졌으나, 종교개혁을 거치면서 특정한 인물이나 교리에 따라 교파가 생겨났다. 그러다가 공동체 교회가 유행하는가 싶더니, 이제는 사역의 특성에 따라 세분화된 전문인 교회가 형성되고 있다.

3 어떤 사람이 말했다. "그는 어느 모로 보나 장로가 될 만한 그릇이 아니야. 그러나 안 줄 수 없어. 안 주면 교회에 안 나오니 어쩌겠어!" 어쩌면 한국 교회의 현실을 대변하는 말인지 모른다.

4 오늘날 누가 이 사람에게 돌을 던지겠는가? 딱 잘라서 "나는 아니다!"라고 말할 사람이 어디 있겠는가? 고심하고 또 고심하다가, 좋은

게 좋다고 편승할 사람이 대부분일 것이다.

5 각개 전투를 방불케 하는 오늘날 교회의 현실 앞에서, 아닌 줄 알지만 타협하지 않을 사람은 거의 없다고 본다. 소위 성공하면 부와 명예를 얻고, 실패하면 가난과 불명예를 안는 것이 현실이다. 무한 경쟁의 치열한 세상 속에서 살아남기 위한 발버둥일지 모른다.

6 혹시 사람의 눈치를 절대로 보지 않겠다는 목회자가 있다면, 그는 교회를 개척해보지 않았을 것이다. 적어도 교회를 개척하면서 이런저런 어려움을 겪어본 사람이라면, 교인이 적든 많든 불문하고, 교인의 눈치를 보지 않을 사람은 없다. 오늘날 개신교가 안고 있는 구조적 문제다.

7 교회가 어려우면 당장 호구지책이 문제가 된다. 어렵사리 다소의 여유를 찾아도, 씀씀이가 그만큼 늘어나 늘 부족함을 느낀다. 여러 사람 가운데 몇이 떠나면 그만이라는 생각은 오산이다. 장로 후보라면 그만큼 영향력이 크다. 어렵사리 개척한 교회가 쪼개질 수도 있고, 어쩌면 붕괴될 여지도 있다. 그렇다면 달리 생각할 여지가 없다.

8 교회가 깨질 절박한 위험을 안고 있다면, 아닌 줄 알면서도 그렇게 할 수밖에 없는 것이 현실이다. 엄청난 위험을 감수할 목회자는 없다. 자녀 교육이나 노후 대책 등, 목회자의 목덜미를 잡는 것이 어디 한두 가진가? 정말 쉽게 결정할 일이 아니다. 오늘날 같은 물질만능주의 사회에서 누가 그를 나무라겠는가? 세상 속에 교회 있고, 교회 안에 세상 있으니 어쩔 것인가?

9 이 문제에 대한 해결책은 성경적 교회밖에 없다고 본다. 처음에는 가정교회로 모이다가, 10가구쯤 모이면 지역교회를 세우고, 지역교회가 커지면 나누는 것이다. 이른바 셸(cell) 교회다. 하지만 난립한 교파교회가 그리 쉽게 해결될 문제인가?

나는 다른 사람이 닦아놓은 터 위에 집을 세우지 않으려고, 그리스도
의 이름을 들어보지 못한 지역으로 다니며 복음을 전하려고 애썼습
니다. (로마서 15. 20)

166 교회 타락

1 교회의 타락(墮落)은 하나님의 신성한 교회가 거룩한 속성을 잃고,
세속에 물들어 더러워진 상태를 말한다.

2 예수님의 제자들에 의해 세워진 초대교회는 유무상통하는 공동
체로서 자연스럽게 조직된 지역교회였다. 오늘날 교파교회는 지역에
상관없이 세워지고, 누구나 자유롭게 드나들며 활동하다가, 싫으면
박차고 떠나버리는 희한한 공동체가 되었다.

3 일면으로 편리한 점도 없잖아 있지만, 너무 자유분방하게 교회가
세워지고 누구나 들락날락거리다 보니, 그에 따른 부작용도 심각하
다. 특히 교파교회는 특정 교리나 사상에 의해 너무 쉽게 물드는 단점
을 안고 있으며, 교회 간의 지나친 경쟁을 유발시켜 사회적으로 적잖
은 문제를 야기한다.

4 교파교회는 개인주의와 실적주의에 입각한 각개 전투식 개척을
통해, 수만 내지 수십만 명이 모이는 대형교회를 만들었으며, 교회의
외형에 비례하여 부와 명예를 독차지한 목회자가 성공한 인물인 양
추앙받게 되었다. 언뜻 보면 하나님께서 복을 주신 것처럼 보이나, 어
쩌면 사탄의 올무에 걸려 세속적 노리갯감이 되었는지 모른다.

5 소위 큰 교회 목회자의 말로를 보면, 그가 참 목자로 계속 쓰임 받
고 있는지, 아니면 사탄의 하수인으로 전락했는지 알 수 있다. 사이비
목회자는 자기 목적을 관철하기 위해 수단과 방법을 가리지 않는다.

심지어 뒷골목 불량배까지 교회로 끌어들인 예도 있다.

6 사실 대형교회 목회자의 상당수가 예수님의 참 제자라고 보기에 어려운 점이 있다. 교회를 사유재산인 양 자식에게 물려주는가 하면, 온갖 호사를 누리다가 상당한 재산을 상속하기도 하고, 어디서나 귀족처럼 행세하며 대접받기를 좋아한다. 그들은 실로 그리스도를 이용한 장사꾼이다.

7 사사 시대의 한 레위인이 은 10개와 옷과 음식을 제공받기로 하고, 어떤 사람이 소유한 개인 신당의 제사장이 되었다. 그런데 그보다 더 좋은 조건을 제시한 사람이 나타나자, 일방적으로 계약을 파기하고 신당의 기물까지 훔쳐 달아난 일이 있었다.

8 인자 시대도 제사장과 결탁한 장사꾼이 성전에서 엄청난 폭리를 취했다. 예수님이 하나님의 집을 강도의 소굴로 만들었다고 책망하셨지 않은가? 이런 현상은 지금도 예외가 아니다. 겉으로는 거룩하게 보이나, 속은 썩은 냄새가 진동하는 교회가 많다. 경건의 모양은 있으나, 경건의 능력을 상실한 공동체다.

9 물질주의 풍조가 교회 안에 들어와 세속적이고 상업적인 공동체가 된 지 오래되었다. 형식적이고 위선적인 교회 운영으로 목회자의 부패가 하늘을 찌르고 있다. 교회 직분을 계급화하여 교회 안에서 공공연하게 자행되는 매관매직은 어제오늘의 일이 아니다. 교회 파벌의 권력화로 탐관오리와 교권주의자가 활보하는 세상이다. 이 모든 현상이 물질주의와 인기주의, 편의주의에 따른 폐단을 교회가 극복하지 못한 데서 비롯되었다. 이제라도 세속화된 교권주의와 상업주의에서 벗어나야 한다.

10 선교를 빙자한 매스컴의 역기능도 심각하다. 상업주의와 결탁한 언론 매체가 인기주의에 물든 스타를 배출시켜 삼류 코미디를 연출하고 있다. 무슨 후원이니 선교니 하면서, 무분별한 광고에 의한 폐단도

무시하지 못할 정도다.

11 한국 교회는 성장제일주의라는 달콤한 유혹에 빠져들었다. 기복신앙의 뿌리인 샤머니즘과 결탁하여 교인을 끌어 모으는 데는 성공했으나, 복음의 정신을 너무 많이 훼손시켜 회복이 어려울 정도가 되었다.

12 특히 미신적 신비주의와 물질만능주의, 인기 영합 등은 교회의 근간을 뒤흔들어놓을 정도로 위험한 수준에 이르렀다. 그래서 어떤 사람은 한국적 기독교는 기독교가 아니라고 했다. 사실 1970년대와 1980년대에 일어난 성령의 역사에 의한 한국 교회의 부흥은 사라진 지 오래되었다. 교회 성장도 1990년대로 접어들면서 점점 뒷걸음질치고 있다.

13 어떤 자매는 1980년까지 교회에 다니며 열심히 봉사했다. 그런데 목회자의 탐욕스러운 모습에 염증을 느끼고 천주교로 개종했다. 그리고 다시 불교로 개종하여, 지금은 목에 염주를 걸고 다닌다. 그러면서 아무나 만나면 자기를 위해 기도해달라고 부탁한다. 예수님이 싫어서가 아니라, 목사가 너무 싫어졌다는 것이다.

14 그 자매는 하나님을 바로 알지 못해 예수님을 제대로 믿지 못했다. 그래서 성령님을 온전히 누리지 못했다. 그저 교회만 열심히 들락거리며 봉사라는 봉사는 다 하고, 스스로 물러난 것이다. 종교성이 풍부한 한국인의 실상을 그대로 보여주고 있다.

15 그렇다고 기존 교회나 단체를 파괴하거나 분열시켜서는 안 된다. 하나님께서 어떤 형태로든 다루실 것이다. 회개하고 돌이키든지, 끝까지 회개하지 않고 망하든지, 그것은 그들 각자의 몫이다.

16 아무리 문제투성이 교회나 단체도 그 안에 신실한 신자가 있기 마련이며, 하나님께서 세우시고 다스리시는 공동체도 있다. 시련과 연단의 과정에 있는 공동체는 인내로 성숙함을 이루리라 본다.

17 교회의 문제는 스스로 해결할 수 있도록 옆에서 도와주는 것이

바람직하다. 긴급하거나 특별한 사정이 없는 한, 모든 문제를 하나님께 맡기고 기도하며 기다려야 한다. 한국 교회가 다 빗나가는 한이 있어도, 우리 교회만은 하나님 앞에 바로 선다는 자세가 중요하다.

18 이단이라는 용어를 함부로 사용해서도 안 된다. 자기주장만 내세워 다른 교회나 단체를 정죄한다면, 스스로 올무에 빠질 것이다. 제 눈에 안경이라는 말이 있다. 이단 논쟁은 가급적 삼가야 한다. 대체로 이단의 정의도 모르는 사람이 이단을 입에 달고 산다.

19 신학을 제대로 공부한 사람은, 유대교의 유일신 하나님이 기독교의 삼위일체 하나님이시고, 웨슬리의 만인 구원론 안에 칼뱅의 예정론이 깃들어 있다는 사실을 안다. 하나님을 제대로 알고 예수님을 바로 믿는 사람은, 다른 사람이나 교회를 쉽사리 이단으로 정죄하지 않는다.

> 주 여호와의 말씀이다. "내가 이 땅에 기근을 내릴 날이 그리 멀지 않았다. 양식이 없어 배고픈 게 아니요, 식수가 없어 목마른 게 아니라, 여호와의 말씀을 듣지 못해 굶주리고 목마를 것이다." (아모스 8. 11)

167 교회 분열

1 교회의 분열(分裂)은 창조주 하나님과 중보자 예수님에 의해 세워진 하나의 교회가, 하찮은 교리나 애매한 사상으로 이리저리 갈라진 상태를 말한다. 교회의 분열은 어느 모로 보나 하나님의 뜻이 아니다.

2 일찍이 예수님은 교회의 분열을 미리 내다보시고 화해와 일치를 강조하셨다. 하지만 오늘날 교회는 사분오열되어 춘추전국시대를 방불케 한다. 1970년대 어간에만 신학교가 300개 이상 생겼고, 목회자

10명만 모이면 새로운 교단을 만들었다. 1980년대까지는 어디서나 십자가만 세우면 사람들이 몰려들었다. 그야말로 예수쟁이가 톡톡히 재미를 보았다.

3 한국 사람은 돈만 되면 못 하는 게 없다. 한때는 산업화 역군으로 역할을 했으나, 지금은 서로 이전투구하고 반목질시한다. 그만큼 먹고살기 어렵다는 반증이다. 교회도 예외가 아니다. 먹잇감을 찾아 헤매는 하이에나(hyena)가 되었다.

4 오늘의 빗나간 교회는 교세 확장을 위해 교인 빼돌리기를 비롯하여 교회 빼앗기 같은 참으로 어처구니없는 일까지 서슴지 않는다. 도덕적 기준은 고사하고, 신앙인의 양심까지 무참히 무너지고 있다.

5 아울러 전도하는 것도 점점 어려워진다. 1990년 이후 교회는 쇠퇴하고, 교인은 줄어들어 이중고를 겪는다. 예수님의 교회가 오히려 예수님을 믿으려는 사람까지 내쫓고 있다.

6 삯꾼은 돈만 주면 못 할 것이 없다. 복음을 훼방하는 사탄의 하수인 노릇도 마다하지 않는다. 소위 교회 정치라는 사탄의 달콤한 유혹에 걸려들어 엄청난 돈을 주고 교권을 쟁취한다. 그리고 온갖 허세를 부리며 이권에 개입하고 본전을 뽑으려 한다.

7 교권자의 명예욕과 물질욕은 전도를 더욱 방해하고, 믿는 사람까지 크게 실망시키고 있다. 섬김과 나눔의 정치가 이권 쟁취와 헤게모니 싸움으로 변질되었다. 손가락질 받을 수밖에 없다. 탐욕과 권세에 눈이 멀어 허접한 장사치기가 들끓는 교회가 되었다.

8 교권자의 탐욕은 교회의 분열을 더욱 가속시키고 사회 문제까지 야기한다. 교권이라는 미명 하에 다가오는 사탄의 유혹을 단호히 뿌리쳐야 한다. 그리고 교회의 화합과 일치 운동에 나서야 한다. 교회의 분열을 부추기는 자는 엄중한 심판을 면치 못할 것이다.

"아버지, 아버지께서 제 안에 계시고 제가 아버지 안에 있는 것같이, 믿는 사람이 다 하나가 되게 하여주시고, 그들도 우리 안에 있게 하시어, 아버지께서 저를 보내셨다는 것을 세상이 믿게 하여주십시오."

(요한복음 17. 21)

⑯⑧ 에큐메니컬 운동

1 에큐메니컬 운동(ecumenical movement)은 교파를 초월하여 각자의 다양성을 인정하고, 교류와 협력을 통해 화해와 일치를 도모하려는 정풍 운동이다.

2 삼위일체 하나님을 숭배하고, 예수 그리스도를 유일한 중보자로 받아들이는 하나의 교회가, 지엽적인 문제로 분열하지 말자는 취지에서 출발했다.

3 그리스도인이 하나인 것처럼, 그리스도의 이름으로 모이는 교회나 단체도 하나다. 하지만 개신교의 현실은 참으로 안타깝다. 교권과 물질에 눈먼 자들의 탐욕이 가장 큰 걸림돌이다.

4 바리새파나 사두개파를 뺨칠 정도로 탐욕에 물든 자들이 들끓는 세상이다. 툭 하면 갈라지고, 끼리끼리 모여 상대방을 헐뜯고 비방한다. 서로 잘난 체하고 도토리 키 재기 하며, 자기만 옳고 다른 사람은 틀렸다며 아우성치고 있다.

5 다행히 일부에서 교회의 일치와 화해를 위한 운동을 펼치고 있지만, 그나마 여의치 않다. 교회의 일치를 부르짖은 그들마저 일치하지 못하고 분열을 거듭하고 있다.

6 교회의 일치와 화합을 위해, 교파 간의 대립과 반목을 해소하기 위해, 함께 기도하고 노력하자는 취지로 설립된 세계 교회 협의회

(World Council of Churches)가 있다. 이 단체마저 이런저런 꼬투리를 잡아 이단이라 매도하고, 가만히 있는 천주교까지 사탄이라 부추기는 교파도 있다. 예나 지금이나 모자란 자의 과시적 생떼거리가 가장 큰 문제다.

> 때가 되면 하나님의 계획이 분명히 이루어질 것입니다. 하늘과 땅에 있는 모든 것이 그리스도를 머리로 하나가 될 것입니다. (에베소서 1. 10)

⑯⑨ 교회 사명

1 교회의 사명(使命)은 하나님의 일을 예수님의 이름으로 교회가 수행하는 것이다. 하나님에 대한 교회의 책임이 있고, 교회에 대한 성도의 의무가 있다.

2 교회는 하나님을 찬양하고 예배하는 성도들의 모임이다. 하나님이 빠진 예배가 있을 수 없듯이, 예배가 없는 교회도 있을 수 없다.

3 교회는 성도 간의 신성한 교제가 있어야 한다. 그리스도 안에서 성도가 서로 교제함으로써 한 가족임을 드러내게 된다.

4 교회는 하나님의 말씀을 가르치고 배워야 한다. 하나님을 알아야 예수님을 믿을 수 있고, 예수님을 믿어야 성령님을 누릴 수 있다.

5 교회는 복음을 전하고 이웃을 돌봐야 한다. 특히 불우한 이웃을 외면하면 안 된다. 선한 사마리아인의 법을 솔선수범해야 한다.

6 교회는 모든 일을 예수님의 이름으로 행하되, 반드시 하나님의 영광을 드러내야 한다. 율법을 알면 죽음이 보이고, 복음을 알면 생명이 보인다.

나는 하나님의 말씀을 남김없이 전하기 위해, 하나님께서 맡기신 사
명을 따라 교회의 일꾼이 되었습니다. (골로새서 1. 25)

⑰ 교회 권능

1 교회의 권능(權能)은 그리스도 안에 있는 교회의 권세와 능력이다.
하나님께서 교회에 신성한 권능을 주시고, 성도에게 신령한 은사를
허락하신다.

2 교회는 공동체 밖에 있는 국가나 단체로부터 독립성을 갖는다.
하지만 교회도 세상의 권세와 유기적 관계를 가질 수밖에 없다.

3 교회나 국가는 서로 독립성을 인정하고, 쌍방의 제도를 존중하
며, 상호 지배하거나 예속되지 말아야 한다. 교회는 국가의 권력이나
제도에 따라야 하고, 국가는 교회의 주권이나 제도를 존중해야 한다.
서로 인정할 것은 인정하고, 견제할 것은 견제하며, 비판할 것은 비판
하고, 협력할 것은 협력해야 한다. 교회는 세상에서 성별된 기구로서,
빛과 소금의 역할을 감당해야 한다.

4 교회는 국가에 대해 독립성을 유지하되 관계성을 유지하고, 하나
님의 공의를 드러내되 사랑의 열매를 맺어야 한다. 나라와 민족을 위
해 가장 먼저 희생을 감수해야 한다. 교회의 권능이 하나님의 영광을
위해 주어졌다는 사실을 명심하고, 교회 밖의 국가나 단체의 제도에
간섭하지 말고, 하나님이 맡기신 일에 전념해야 한다.

이는 하나님께서 교회를 통하여, 하늘의 통치자와 권력자에게 하나
님의 무한하신 지혜를 알리시려는 것입니다. (에베소서 3. 10)

⑰ 교회 권징

1 교회의 권징(勸懲)은 교회가 그리스도의 이름으로 행하는 상벌이다. 선행은 장려하고 악행은 징계한다는 권선징악(勸善懲惡)이다.

2 교회의 권징은 그리스도인 개인의 선행 보호와, 공동체의 질서 유지를 위해 반드시 필요하다. 교회도 세상 가운데 있는바, 권선징악의 적용은 불가피하다. 교회 안에는 그리스도인만이 아니라, 그리스도인이 아닌 사람도 얼마든지 있을 수 있다. 그리스도인으로 구성된 공동체도 마찬가지다.

3 사람의 모임에는 어디서나 토론이나 회의, 규정이 있다. 규정은 모임의 질서 유지만이 아니라, 설립 목적을 달성하기 위해 꼭 필요한 방편이다. 그리스도인 공동체도 예외가 아니다. 규정을 지킨 사람에게 상급을 주고, 규정을 어긴 사람에게 징계를 주어야 한다.

4 공동체 안에서 상급을 주는 일만 있고 징계를 주는 일이 없으면 얼마나 좋겠는가? 하지만 현실은 그렇지 않다. 부득이 징계할 경우가 있다. 징계는 공동체의 순결 유지와 당사자의 회개에 초점을 맞추되, 반드시 예수님의 교훈에 따라야 한다.

5 먼저 잘못을 저지른 사람을 개인적으로 만나 잘 타일러야 한다. 여의치 않을 경우 두세 사람이 함께 훈계해야 한다. 그래도 회개하지 않을 경우 공동체에서 공식적으로 권고하고, 마지막으로 징계해야 한다. 징계 절차를 밟는 중에도 진심으로 회개하면, 주저하지 말고 용서해야 한다. 징계의 목적은 형벌이 아니라 회개다.

6 어떤 사람은 징계를 받음으로 회개하고 새사람이 되지만, 그렇지 않는 경우도 있다. 그에게도 특별한 사정이 없는 한, 예수 그리스도의 무한한 사랑으로 아량을 베푸는 자세를 취해야 한다.

7 교회의 권징은 반드시 그리스도의 이름으로 행하되, 예수님이 징

계를 베푸시는 주체라는 점을 밝혀야 한다. 징계의 권한을 위임받은 사람은 자신의 은사에 따라 부름 받은 하나님의 종이라는 사실을 명심해야 한다.

8 교회의 권징은 사사로운 감정이나 인정에 치우치면 안 된다. 하나님의 관점에서 보면, 징계하는 사람이 오히려 징계 받을 대상인지도 모른다. 교회의 징계는 반드시 그리스도의 이름으로 행하되, 사랑으로 시작하여 용서로 마쳐야 한다.

> "어떤 형제가 네게 죄를 짓거든, 가서 단 둘이 만나 잘못을 잘 타일러라. 그가 네 말을 들으면 너는 네 형제를 얻은 것이다. 그러나 네 말을 듣지 않으면, 두세 사람의 증언을 들어 확증하라는 말씀대로, 한두 사람을 더 데리고 가서 모든 사실을 밝혀라. 그래도 그가 말을 듣지 않거든 교회에 알리고, 교회의 말조차 듣지 않거든 이방인이나 세리처럼 여겨라." (마태복음 18. 15-17)

⑰ 교회 징계

1 교회의 징계(懲戒)는 죄인을 구원으로 이끄는 사랑의 회초리다. 자녀의 잘못이나 허물을 바로잡는 아버지의 눈물어린 매다.

2 하나님은 사랑하는 자녀에게 매를 들기도 하시고, 벌을 주기도 하신다. 이는 사랑의 표시다. 자녀를 양육하는 아버지의 모습이다. 유대인은 자식의 훈도와 죄에 대한 교정 수단으로 사랑의 채찍을 든다.

3 하나님의 징계는 인과응보의 법칙에 따른 징벌이 아니다. 죄를 지었으니 당연히 벌을 받아야 한다는 논리가 아니라, 죄인을 구렁텅이에서 구하여 의롭게 살도록 하는 것이다.

4 성도에게 주어지는 하나님의 징계에는 자녀에 대한 애틋한 사랑이 깔려 있다. 이 사실을 모르면 하나님에 대한 원망과 불평을 하게 된다. 하나님의 징계는 자녀에 대한 교육 방식으로서, 잘못을 바로잡아 교정하기 위한 질책이요, 훈도요, 훈련이요, 연단이요, 가르침이다. 악인을 다스리는 징벌이 아니다.

5 하나님의 징계는 애틋한 사랑이다. 구원으로 인도하는 나침반이요, 생명의 샘이다. 하나님의 자녀만이 받는 특권이요, 은혜요, 은사다. 하나님께서 사랑하신다는 증표요, 선택받은 자녀라는 보증이다. 인내는 쓰나 열매는 달다. 징계는 힘드나, 결과는 구원이다.

6 교회의 징계는 죄인을 회개시켜 구원으로 인도하고, 공동체의 질서 유지와 순결성 보호라는 차원에서 필요하다. 하지만 사사로운 감정이 개입될 경우, 세상의 형벌보다 더 큰 심판을 낳을 수 있다.

7 죄인의 믿음이 징계의 수준에 미치지 못할 경우, 그를 구원으로 인도하기는커녕, 오히려 더 큰 죄악의 나락으로 떨어뜨릴 수 있다. 이를 감안해서 징계해야 한다. 믿음의 분량에 따라 징계의 수위를 정해야 한다. 이게 세상의 징계와 교회의 징계가 다른 점이다.

8 믿음이 적을수록 징계는 어렵고 힘들기 마련이다. 하나님의 방법에 따라 신중할 때는 신중하고, 단호할 때는 단호해야 한다. 그래야 징계를 받는 자나 징계를 하는 교회가 모두 편하다.

9 징계는 하나님의 특별한 선물이다. 받을 만한 사람이 받지, 아무나 받는 게 아니다. 징계의 은사를 아는 사람은 징계가 고통의 형벌이 아니라, 축복의 방편임을 안다. 더러운 찌꺼기를 징계로 흔들어 드러내고, 회개로 씻게 하여, 감사로 채워주시기 때문이다.

10 징계의 고난은 하나님의 자녀라는 보증이요, 용서와 축복의 선물이 가득 담긴 보따리요, 하나님과 관계를 더욱 돈독히 하는 방편이다. 징계를 받는 사람은 하나님이 주신 것이든, 공동체가 주는 것이

든, 자신을 돌아보는 기회로 삼아 진일보하는 발판으로 삼아야 한다.

11 하나님의 사랑이 깃든 징계는 반드시 화평의 열매를 맺는다. 하나님의 자녀로 성장하고 성숙하는 과정이다. 땅에 기어 다니는 애벌레가 하늘을 나는 나비가 되려면, 반드시 자신의 껍데기를 깨뜨리는 고통을 감수해야 한다. 하나님께서 사랑하는 자녀를 양육하는 프로그램에 의해 주어지는 징계는 예수 그리스도의 영원한 나라로 이끄시는 하나님의 훈련 과정이다.

12 하나님의 징계가 주어질 때, 받아들이는 사람의 자세에 따라 믿음의 분량을 측정할 수 있다. 제대로 믿는 자와 그렇지 않은 자가 확연히 드러난다. 사탄의 유혹에 넘어가 실족한 사람에 대한 징계는 원칙에 입각하여 단호하게 적용하는 것이 피차에 좋다. 징계가 징계답지 못하면 징계할 일이 더욱 양산되고, 징계로써 회개하고 구원받을 사람까지 잃을 수 있다.

13 성도는 징계를 받기 전에 먼저 깨달아 고치는 게 좋다. 징계를 받을 때는 즉시 회개하고 돌이켜 가벼운 징계를 받아야 한다. 성경에 이유 없는 징계는 없다고 했다.

14 징계를 받는 사람이 진심으로 회개하고 돌아서면 징계의 목적이 달성된 것인바, 즉시 그리스도의 사랑으로 감싸주어야 한다. 70번씩 7번이라도 용서하라는 예수님의 가르침에 따라야 한다.

15 사랑의 징계에도 아랑곳하지 않고 끝까지 회개하지 않는 사람은 공동체의 순결과 질서를 위해 엄격히 처리해야 한다. 하나님의 공의에 따라 부득이 공동체에서 내보낼 경우에는 지체하지 말아야 한다.

16 그럼에도 징계의 목적이 잘못한 사람을 회개시키는 것인바, 끝까지 그리스도의 사랑을 잊지 말아야 한다.

"나는 내가 사랑하는 사람일수록 책망도 하고 징계도 한다. 너는 옳

은 일을 하기에 힘쓰며, 마음으로 회개하고 바르게 행동하라." (요한계
시록 3. 19)

🔟🕇🕉 배교

1 배교(背敎)는 한번 믿고 구원의 은혜를 맛본 사람이 다른 종교로 개종하는 것을 말한다.

2 초대교회의 그리스도인이 유대교의 이단으로 정죄되어 무수한 박해를 받았다. 유대인은 그리스도인을 신성 모독죄나 불경죄로 정죄하여 잡아 가두고 죽였다. 그리스도인 가운데 목숨을 부지하기 위해 배교하는 사람이 속출했다.

3 그래서 공동체는 배교에 대해 강력히 권고할 필요성을 느끼게 되었다. 예수님을 구세주로 영접하고 성령님의 은혜를 체험한 사람이, 예수님을 배반하고 성령님의 역사를 배신할 경우, 영원히 구원받지 못할 죄를 짓는 것이라고 했다.

4 주님의 은혜를 맛보고 무슨 사정에 의해 배신하는 행위는 예수님을 2번 십자가에 못 박는 것이요, 성령님을 모독하는 것이요, 회개할 기회마저 박탈하는 결과를 초래한다.

5 배교자는 알고 믿어 누릴 기회를 스스로 걷어차, 사실상 다시 회개하지 못한다. 한때는 날마다 주님의 이름을 부르며 구원의 기쁨을 누렸으나, 스스로 죄와 사망의 늪으로 들어갔으니, 무슨 낯으로 돌아올 수 있겠는가? 아예 주님을 모르고 살았다면, 그나마 회개할 기회는 있을 것이다.

6 초대교회의 배교자는 예수 그리스도를 저주함과 동시에, 하나님의 영광을 고의로 가리는 행위를 했다. 구세주를 다시 십자가 못 박

아 현저히 욕보인 것이다.

7 배교자는 주님의 은혜를 내팽개치고 구원의 기회를 상실한바, 결국은 저주를 받아 망하고 말았다. 이는 지금도 다를 바가 없다. 우리 주변에도 한때 잘 믿는다고 하는 사람이 어느 날 갑자기 다른 종교로 가버린 모습을 종종 볼 수 있다.

8 배교의 위험은 예나 지금이나 상존하고 있다. 흔히 한번 구원은 영원하다고 하지만, 구원받은 사람도 언제든지 배교할 수 있다. 하나님이 허락하신 자유의지로 얼마든지 배신할 수 있다는 것이다.

9 교회 안에도 짝퉁 신자와 사이비 목회자가 있을 수 있다. 이들은 진짜와 흡사하여 분간이 안 된다. 가라지는 위장성이 뛰어나고 해독성이 강해, 공동체에 많은 피해를 준다. 하지만 가라지도 때가 되면 자기 모습을 드러내기 마련이다. 지옥의 불꽃이 그의 집이 될 것이다.

> 여러분은 아무에게도, 어떤 방법으로도, 절대 속지 마십시오. 그 날
> 이 오기 전에 먼저 배교하는 일이 생기고, 불법을 행하는 자 곧 멸망
> 의 자식이 나타날 것입니다. (데살로니가후서 2. 3)

🔘174 출교

1 출교(黜敎)는 잘못을 저지른 사람이 끝까지 회개하지 않을 경우, 부득이 공동체에서 내보내는 것이다.

2 초대교회는 생활 공동체였다. 출교를 당하면 삶의 터전을 잃게 된바, 정처 없이 떠돌다가 쓸쓸히 죽을 수밖에 없었다. 징계 가운데 가장 혹독했다.

3 오늘날 교회는 예배 공동체다. 지역 공동체도 아니고, 생활 공동

체도 아니다. 마음에 안 들면 언제든지 떠나면 된다. 게다가 자본주의 경영 논리가 접목되어 무한 경쟁의 시대가 되었다. 초대교회에서 크게 이탈한 모습이다.

4 출교는 4단계를 거쳐서 결정되었다. 먼저 당사자를 호되게 책망하고, 7일에서 30일까지 일정한 권리를 정지시켰다. 다음은 30일 이상의 권리 정지로, 회개하지 않을 경우 반복되었다. 그 다음은 무기한 출교로, 공동체와 교제가 금지되었으며, 죽어도 애곡 없이 매장했다. 마지막으로 공동체에서 제명시킨 뒤, 영구히 추방했다.

5 초대교회는 출교된 사람과 사귀지도 말고 먹지도 말라고 가르쳤다. 그야말로 철저하게 왕따를 시켰다. 신실한 가족을 보호하고, 공동체의 질서와 순결을 지키기 위한 극단의 조치였다.

6 심각한 죄를 지은 사람이나 잘못된 사상을 가진 사람과 함께 지내다 보면, 다른 가족도 물들 뿐 아니라 영적 순결도 깨지고 위계질서까지 문란하여, 돌이키기 힘든 사태가 초래될 수 있다. 따라서 도의적이나 영적으로 공동체가 오염되는 것을 방지하기 위해, 그런 사람을 재빨리 공동체에서 내보낼 필요가 있었다.

7 그럼에도 죄인을 회개시켜 구원시킬 방안을 먼저 강구해야 한다. 다시 말하지만, 교회의 징계는 죄인을 회개시킬 목적인바, 부득이한 경우에 한해야 한다. 징계는 최후의 수단이다.

8 예수님의 성육신도 죄인을 회개시켜 구원시킬 목적이었다. 징계도 죄인을 회개시키기 위한 최후의 보루가 되어야 한다. 그리고 반드시 예수님의 교훈에 따라야 한다.

9 먼저 잘못을 저지른 사람을 개인적으로 만나 잘 타이르고, 두세 사람이 다시 만나 권고하고, 공동체에서 공식적으로 경고하고, 그래도 회개하지 않을 경우 출교 절차를 밟아야 한다.

10 출교는 원칙적으로 공동체 안에서 있어서는 안 될 일이지만, 공

동체의 질서와 순결을 위해 부득이한 경우 행하되, 그야말로 최후의
보루가 되어야 하며, 우선 잘못을 저지른 사람에게 회개할 기회를 충
분히 주어야 한다.

> **바리새인이 그 사람을 회당에서 쫓아냈다는 소식을 듣고, 예수님이
> 그를 찾아 말씀하셨다. "그대는 인자를 믿습니까?"** (요한복음 9. 35)

⑰⑤ 하나님 나라

1 하나님의 나라(Heaven)는 정치적 제국(empire)도 아니고, 이상향의
유토피아(utopia)도 아니다. 하나님의 통치권이 미치는 공동체로 나타
난다.

2 하나님의 나라는 하늘나라, 천국, 왕국 등으로 불린다. 사탄이 지
배하는 세상에서 택하신 백성을 불러내 구원하는 게 목적이다.

3 국가가 세워지려면 백성, 영토, 주권이 있어야 한다. 하나님의 나
라도 마찬가지다. 하나님의 백성과 하나님의 통치권이 미치는 공동체
가 있어야 한다.

4 하나님의 나라는 예수님의 성육신으로 세상에 드러났으며, 그리
스도의 복음으로 세계만방에 세워지고 있다. 예수님의 초림으로 시작
하여, 재림으로 완성될 것이다.

5 하나님의 나라는 먹고 마시며 즐기는 게 아니라, 성령님 안에서
누리는 정의와 평화와 기쁨이다. 장차 임할 새 하늘과 새 땅으로 이
어질 것이다.

6 하나님의 나라는 예수님의 재림으로 확연히 드러날 것이다. 살아
있는 성도는 신령한 몸으로 갈아입고, 죽은 성도는 부활하여 주님을

맞이할 것이다.

7 하나님의 나라는 그리스도인 공동체로 세상에 드러나고 있다. 비록 그림자처럼 희미하고 불완전하지만, 하나님의 나라에 대한 최선의 모형이요 모델이다.

> **하나님의 나라는 먹고 마시는 일이 아니라, 성령을 통해 누리는 정의와 평화와 기쁨입니다.** (로마서 14. 17)

⑰ 예수나라

1 예수나라(Jesus Nation)는 예수님의 복음 위에 세워진 그리스도인 공동체를 말한다. 예수님의 재림과 아울러 신천지의 세계로 이어질 것이다.

2 예수나라는 하나님과 예수님, 사람, 사탄에 의해 전개되는 대하드라마요, 장편 서사시다. 자율, 신정, 인자, 은혜, 자치 시대를 통해 드러나고 있다.

3 자율 시대는 창세기 태초에서 시작하여 에덴동산 추방까지, 신정 시대는 에덴동산 추방에서 예수님 초림까지, 인자 시대는 예수님 초림에서 성령님 강림까지, 은혜 시대는 성령님 강림에서 예수님 재림까지, 자치 시대는 예수님 재림에서 요한복음 태초까지 이어진다.

4 하나님이 사람을 지으시며 자유의지를 주시고, 스스로 통제하고 절제하며 살아가게 하셨다. 하지만 사람은 타락하여 범죄의 나락으로. 떨어진바, 하나님이 모세와 여호수아, 사무엘과 사사, 다윗과 솔로몬, 엘리야와 엘리사 등, 여러 왕과 예언자를 보내 구원의 길을 제시하셨다.

5 그럼에도 사람은 점점 더 깊은 죄악의 수렁으로 빠져들었다. 풍요

와 쾌락의 유혹에 빠져 하나님이 가증하게 여기시는 물질과 우상을 숭배했다. 하나님의 메시지를 듣고 회개하기는커녕, 오히려 하나님의 사람까지 모욕하고 죽였다.

6 하나님이 마지막 수단으로 메시아를 보내주셨다. 바로 예수님이시다. 하나님이 죄인을 대신하여 아들을 죽게 하신바, 율법이 아니라 믿음으로 사람을 구원하실 계획이었다.

7 그래서 예수님이 십자가에 못 박혀 죽으시고, 3일 만에 부활하여 구세주임을 확증하셨다. 그리고 40일 동안 제자들에게 믿음의 확신을 주시고, 승천하여 보혜사 성령님을 보내주셨다.

8 이제 때가 되면, 예수 그리스도의 영원한 나라가 우리의 눈앞에 활짝 드러날 것이다.

> **그러나 죽음은 아담에서 모세에 이르기까지, 심지어 아담이 지은 죄와 같은 죄를 짓지 않은 사람까지 지배했습니다. 아담은 장차 오실 분의 모형이었습니다.** (로마서 5. 14)

177 예수 공동체

1 예수 공동체(Jesus Community)는 예수님이 제자들과 함께 세우신 공동체로서, 초대교회가 이어받아 오늘에 이르고 있다.

2 예수 공동체는 문제투성이 교회의 개혁에 앞장서고, 매사에 본을 보여야 한다. 공동체의 가족은 모두 형제요, 자매다. 예수님을 본받아 청빈하게 살면서, 섬기고 돌보는 사역을 기쁨으로 수행해야 한다. 자신의 삶을 송두리째 맡기고, 하나님이 주신 은사를 십분 발휘하여 섬기다가, 감사함으로 들림 받기를 소망해야 한다.

3 공동체의 가족은 부귀영화와 공명을 초개와 같이 버리고, 세속의 욕심에서 벗어나 자유와 평화와 기쁨을 누리며, 그리스도만 바라보고 살아야 한다. 사람의 외모를 보지 말고, 재산이나 가문, 살아온 과거도 묻지 말아야 한다. 제도의 틀에 얽매인 예배 의식이나 헌금을 지양하고, 직제나 정치를 사양해야 한다. 민속 신앙과 결부된 미신적 행위는 우상 숭배로 간주하고, 특정한 사람이나 교파에 의해 만들어진 교리는 과감히 버려야 한다.

4 예수 공동체는 장차 임할 예수나라의 모형이요, 축소판이다. 예수님의 성육신과 대속의 죽음, 부활과 승천, 영적 다스림 등을 통해 세상에 드러나고 있으며, 거룩한 계시와 의로움, 사랑의 실천, 악에 대한 승리, 구원과 치유, 용서와 회복, 내주와 동행 등으로 나타나고 있다.

5 예수 공동체는 재산 없는 교회, 권세 없는 조직, 성직 없는 목회, 헌금 없는 예배, 사례 없는 사역을 실현함으로써, 예수 그리스도의 영원한 나라를 세워가고 있다.

> **교회는 그리스도의 몸이요, 만물 안에서 만물을 충만케 하시는 분의 충만함입니다.** (에베소서 1. 23)

178 공동체 일꾼

1 공동체의 일꾼(worker)은 각자의 은사에 따라 주어진 임무를 수행하는 사람이다. 일꾼에게 요구되는 것은 충성과 헌신이다.

2 국가나 단체는 업무의 효율적 수행을 위해 직제를 만들고, 직제에 따라 직급이나 직위, 직책이 주어진다. 그리고 적재적소에 직원을 배치하여 업무의 능률성을 제고한다. 하지만 공동체의 일꾼은 다르

다. 능력보다 적성을 중시하고, 은사에 따라 직책을 부여한다. 직위나 직급, 계급이나 호봉, 인센티브(incentive)나 능률급제(merit system) 등은 교회에 어울리지 않는다.

3 공동체의 일꾼을 세우기에 앞서 초대교회의 직분을 살펴볼 필요가 있다. 당시 가장 중요한 직분은 사도(使徒)였다. 예수님의 12제자 외에 주님의 젖동생 야고보, 바나바, 바울, 실라, 아볼로 등도 넓은 의미의 사도였다. 또 예언자(預言者)와 전도자(前導者)가 있었다.

4 사도와 예언자, 전도자 등은 지역교회를 순회하며 복음을 전하거나 가르치는 역할을 수행했다. 이들 직분은 오늘날 찾아보기 힘들다. 하지만 사도들에 의해 세워진 장로(長老)는 지금도 남아 있다.

5 장로는 어떤 방법으로 세웠는지 자세히 알 수 없으나, 교회 안에서 경험과 지혜가 많고, 학문과 덕망이 높은 사람으로서, 공동체를 다스리고 가르치는 일을 수행했다. 그들 가운데 감독이라는 직책도 있었다.

6 집사(執事)는 그 기원이 분명치 않으나, 초대교회에서 재정이나 구제 등의 일을 수행했다. 아울러 자신의 은사에 따라 설교도 하고 복음도 전했다.

7 목사나 교사 등은 직분이 아니라, 공동체의 필요에 따라 세워진 직책이다. 장로나 집사의 직분을 가진 사람이 자신의 은사에 따라 가르치면 교사요, 목회하면 목사다. 그런 의미에서 초대교회의 직분은 장로와 집사가 전부였다. 하지만 지금은 직분과 직책을 섞어서 사용하고 있다.

8 직분이 인격이나 됨됨이로 주어지는 것이라면, 직책은 적성이나 은사에 따라 주어지는 특징이 있다. 이렇듯 직분이 단순하고 남성에게 주어지다 보니, 성차별 문제가 대두되기도 했다. 그래서 권사나 권찰 등의 여성 직분이 생겼다.

9 오늘날 교회는 외적 성장에 맞춰서 군대와 비슷한 계급과 직제를 만들었다. 공동체의 효율적 운영과 섬김을 위한다는 명분이지만, 교회의 고유 직제가 아니다. 사실 교회는 악착같이 긁어모으는 곳이 아니라, 아낌없이 퍼주는 곳이다. 일꾼도 마찬가지다. 똘똘 뭉치는 게 아니라, 자꾸 내보내야 한다.

10 그러나 교회는 연합회장, 총회장, 노회장, 시찰장, 당회장 등의 계급과, 담임목사, 부목사, 선교사, 강도사, 전도사, 교사 등의 계급과, 장로, 권사, 집사, 권찰, 성도 등의 계급과, 교구장, 지역장, 구역장, 속장 등의 계급을 만들었다.

11 장로나 집사의 자질에 대해 성경은 이렇게 말하고 있다. 책망할 것이 없어야 하며, 배우자에게 잘해야 하며, 절제해야 하며, 근신해야 하며, 아담해야 하며, 나그네를 대접해야 하며, 가르치기를 잘해야 하며, 술을 즐기지 말아야 하며, 구타하지 말아야 하며, 관용해야 하며, 다투지 말아야 하며, 돈을 사랑하지 않아야 하며, 자기 집을 잘 다스려야 하며, 새로 입교한 사람이 아니어야 하며, 외지인일 경우 선한 증거가 있어야 하며, 더러운 이익을 탐하지 말아야 하며, 깨끗한 양심을 가져야 하며, 믿음의 비밀을 가져야 하며, 일구이언하지 말아야 하며, 믿음으로 자녀를 잘 양육해야 하며, 고집을 부리지 말아야 하며, 분내지 말아야 하며, 선행을 좋아해야 하며, 의롭고 거룩해야 한다.

12 공동체의 직분이나 직책을 맡은 사람은 감사하는 마음으로 자신에게 주어진 임무를 충성스럽게 감당할 책임이 있다. 하나님의 상급은 직분이나 직책으로 주어지는 게 아니라, 헌신과 충성으로 주어진다.

맡은 사람에게 더없이 요구되는 것은 충성입니다. (고린도전서 4. 2)

179 공동체 사명

1 공동체의 사명(mission)은 하나님이 맡기신 공동체의 신성한 임무를 말한다. 공동체의 가족은 누구나 감당해야 할 일이 있다.

2 우리는 예수님의 십자가 공로로 값없이 죄 씻음 받고 구원을 얻었다. 영원히 죽을 수밖에 없는 죄인이 하나님의 자녀가 되고, 의롭다는 인정을 받아 영생을 누리게 되었다.

3 우리는 예수님의 복음을 전하지 않을 수 없다. 그 사명이 우리에게 주어졌을 뿐만 아니라, 이제는 구원의 기쁨을 모든 사람에게 나눠 주어야 한다. 이는 예수님이 승천하시며 분부하신 지상 명령(至上命令)이다.

4 우리가 구원을 누림은 전적으로 하나님의 은혜다. 우리 안에 내주하시는 성령님이 보증하신다. 비록 천연덕스러운 자아가 그대로 남아 있고, 실제의 생활이 크게 바뀌지 않았더라도, 주님의 복음은 전해야 한다.

5 첫째, 예수님의 복음을 전해야 한다. 그러자면 우리가 먼저 본이 되어야 한다. 우리의 인생이 복음의 본이 되어야 하고, 우리의 생활이 전도의 본이 되어야 한다.

6 둘째, 전도한 사람을 그리스도의 장성한 분량까지 양육해야 한다. 믿음으로 구원을 받으면 끝이라는 생각은 오버센스(over sense)다. 갓 태어난 아기가 스스로 자라기를 바라는 엄마가 어디 있겠는가?

7 믿음은 멸망의 선을 넘어 구원의 선에 이른 것이다. 실제의 생활은 그때부터 시작된다. 우리의 육신이 닳아 없어질 때까지 계속될 것이다. 믿음으로 구원을 받았으니 생활이 자동으로 변할 것이라고 생각지 마라. 그건 믿음이 아니라 불신이다. 제대로 믿어야 믿음이다. 우리는 믿음과 구원이 무엇이며, 신앙생활은 어떻게 하는지 가르쳐

지키게 해야 한다. 우리의 삶으로 본을 보여야 한다.

8 셋째, 주님의 제자로 양성한 사람을 다시 전도자로 보내야 한다. 다른 사람에게 복음을 전하고 양육하도록 뒤에서 도와주어야 한다. 복음을 전하고, 공동체를 세우고, 생활로 훈련시켜, 아낌없이 파송해야 한다. 주님의 제자는 뭉치는 게 아니라, 흩어지는 것이다.

9 넷째, 우리가 간과하기 쉬운 가장 중요한 사명이 있다. 어려운 이웃을 돌보는 것이다. 이는 우리의 문제만도 아니고, 우리만의 문제도 아니다. 나라와 민족과 백성을 넘어, 세상 모든 사람을 대상으로 삼아야 한다.

10 우리는 우리에게 주어진 건강과 영성이 우리의 사명을 위한 것임을 안다. 우리의 사역이 가장 큰 축복이요, 우리의 헌신이 가장 큰 보람이요, 우리의 충성이 가장 큰 기쁨이다.

> 내가 달려갈 길을 다 가고, 하나님의 은혜의 복음을 전하라고 주 예수님이 맡기신 사명을 다할 수만 있다면, 나는 내 목숨을 조금도 아끼지 않겠습니다. (사도행전 20. 24)

⑱⓪ 예수주의

1 예수주의(Jesusism)는 예수님을 믿음으로 영접한 사람이, 예수님에 의해, 예수님을 위해, 예수님의 인생을 사는 것이다. 무슨 주의(主義)든 주의는 다 주의(注意)해야 하지만, 예수주의는 아주 심오하고 깊은 뜻을 가지고 있다.

2 예수나라는 남다른 교리나 규칙을 만들어 억지로 지키지 않는다. 특수한 목적을 가지고 설립한 수도원이나 기도원도 아니다. 오직 예

수주의에 입각하여, 참 그리스도인으로 살아가는 것이다.

3 예수나라에 무슨 정신이 있다면, 예수님에 의해, 예수님을 위해, 예수님의 인생을 사는 것이다. 예수주의는 동서고금을 떠나서 유례를 찾아볼 수 없으나, 특별한 이채를 띠기 위해 만든 말이 아니다.

4 예수님은 하나님의 아들이 아니신가? 어찌 예수주의란 말을 사용하는가? 이런 의심을 품는 사람도 있겠지만, 예수님도 사람의 아들로서 우리에게 최고의 본을 보이셨다는 사실을 감안하면, 예수주의란 말이 그리 어색하지 않을 것이다.

5 예수님은 언젠가 사람의 모습으로 다시 오실 것이다. 예수주의 그리스도인은 그때 빛날 것이다. 예수 그리스도의 영원한 나라를 함께 건설할 것이다.

6 예수님은 사람의 아들로서 최고의 본을 보이셨다. 우리는 우리의 생활을 통해 예수님의 인생을 살아야 한다. 이게 세상에서 가장 아름답고 고귀한 삶이다.

7 영원한 생명을 주시는 영으로 우리 안에 내주하시는 예수님과 함께, 언제 어디서나 우리를 감동 감화하시는 성령님의 인도하심을 받으며, 영원히 변치 않는 하나님의 말씀을 붙잡고 살아갈 때, 우리의 삶은 최고로 고상하게 될 것이다. 예수주의에 입각한 인생은 참 자유와 평화와 기쁨을 누릴 수 있다.

8 예수주의는 부귀영화를 위해 분주하게 살지도 않으며, 삶의 결과에 대해 후회하지도 않는다. 순교할지언정 불평불만하지 않으며, 감사함으로 살다가 감사함으로 들림 받기를 소망한다. 하나님의 영광을 위해, 예수님과 동행하며, 성령님과 동역하는 것이 예수주의에 따른 삶이다.

> **하나님은 한 분이시요, 하나님과 사람 사이의 중보자도 한 분이시니,**
> **곧 사람이신 그리스도 예수님이십니다.** (디모데전서 2. 5)

🔴181 회당

1 회당(會堂)은 예배나 성경공부 등을 위한 유대인의 집회소다. 주전 6세기, 솔로몬의 성전이 파괴됨과 아울러 바빌로니아로 끌려간 유대인이 모임의 장소로 활용했다.

2 유대인의 회당은 인자 시대에도 있었다. 예수님이 회당에 들어가 가르치셨고, 초대교회의 사도들도 유대인의 회당을 선교의 전초 기지로 삼았다.

3 이스라엘 백성은 장기간의 포로 생활로 성전에서 제사를 드리지 못했다. 그래서 민족의 단합과 신앙의 구심점을 삼으려고 성전을 대신할 회당을 세웠다. 포로 생활 당시의 유대인은 장정 10명이 모이면 회당을 세웠다. 찬양과 기도, 말씀과 설교, 축도 순으로 예배를 드렸다.

4 유대인의 회당은 종교적 집회소 역할뿐 아니라, 생활의 구심점이었다. 오늘날 기독교의 예배당과 달리 항상 개방되어 있었고, 경건한 사람은 하루에 3번씩 회당에서 기도했다. 누구나 하나님의 말씀을 가르치고 전할 수 있는 기회가 있었다.

5 또한 민족의 동질성을 유지하기 위한 율법 공부와 각종 회의 장소, 법정으로도 사용되었다. 회당이 없는 곳은 강가나 바닷가에 모여 기도하고 예배를 드렸다.

6 이처럼 회당은 유대인이 사는 곳마다 세워져, 유대인 공동체의 중심이 되었다. 예수님도 안식일마다 회당에 들어가 가르치시고, 병자를 고치시며, 귀신을 쫓아내셨다. 바울도 회당을 이방 선교의 발판으로 삼았다.

7 형제가 교회당을 연중 열어놓겠다고 하자, 어떤 사람이 말했다. "교회당을 열어놓는다는 소문이 나는 순간, 음향 장비 등의 값나가는 성구는 하룻밤 사이에 다 없어질 것입니다. 주변 불량배가 수시로 들

락날락거리고, 걸인이 날마다 찾아올 것입니다. 주정뱅이가 와서 행패를 부리고, 아무 데서나 용변을 보는 등, 하루아침에 예배당의 기능이 상실될 것입니다.

8 아니나 다를까. 불과 얼마 안 가서, 교회당 문을 걸어 잠그게 되었다. 그가 말한 대로 대낮에 컴퓨터를 도둑맞았고, 주정뱅이가 찾아와 어려움을 겪었다. 도회지 교회당의 한계였다.

9 그러나 농촌 교회당은 달랐다. 2007년 이후 10년 가까이 문을 열어두었으나, 가끔씩 한 친구가 와서 볼펜을 들고 가는 일 외에는 아무 일이 없었다. 이웃집 할머니의 말이 생각나 속으로 웃었다. "걔요? 뭐든지 보면 후딱 해요!" 하지만 교회당의 볼펜은 오히려 늘어났다.

> **율법과 예언서의 낭독이 끝나자, 회당의 지도자들이 사람을 시켜 바울과 바나바에게 청했다. "형제들이여, 회중에게 권면하실 말씀이 있으면 하십시오."** (사도행전 13. 15)

❶❽❷ 예배당

1 예배당(禮拜堂)은 성전이나 성소가 아니라, 성도들이 예배하는 집이다. 성경을 공부하고, 기도하고 찬양하며, 서로 교제하는 곳이다.

2 "다음 주일날 교회에서 봐요!" 우리가 흔히 듣는 말이지만 어색하기 그지없다. 여기서 국어 공부를 하자는 게 아니다. 요즘 교회와 교회당을 딱히 구분하지는 않으나, 엄연히 다른 말이다. "다음 주일 예배당에서 봐요!" 이게 무난한 표현이다.

3 교회는 그리스도인의 모임이고, 예배당은 그리스도인의 집회소다. 그리스도인이 모여 예배를 드리는 집이 예배당이다. 교회는 사람이

고, 교회당은 집이다. 가정은 가족이고, 집은 건물이다.

4 흔히 뾰족탑 위에 십자가를 세워야 교회요, 거기 하나님이 계시니 성전이요, 성전에서 예배를 드려야 한다는 식으로 오해하고 있다. 하나님은 시공을 초월하신다. 흔히 생각하는 것처럼 무슨 건물에 계시지 않는다. 하나님은 언제 어디서나 항상 계신다.

5 여기는 무슨 성전, 저기는 무슨 성전이라고 이름 붙인 곳도 있다. 물론 건물을 구분하기 위해 그렇게 이름을 붙여 부를 수는 있지만, 구약 시대의 성전처럼 떠들어대는 것은 잘못이다. 게다가 자기네 예배당을 지으면서, 마치 하나님의 집을 짓기라도 하듯이, 온갖 선전을 해대며 헌금을 부추기는 사람도 있다. 두말할 나위 없이 사기꾼이다.

6 어떤 교회는 예배당을 지으면서, 헌금을 시키는 데 일가견이 있다는 부흥사를 초청하여 집회를 열기도 한다. 하나님의 집을 짓는다는 핑계로 헌금을 시키기 위한 것이다. 그런 추태는 이제 그만 청산되어야 한다.

7 성전은 무슨 성전인가? 예수님이 십자가에 못 박혀 종식시킨 제사를 다시 드리겠다는 말인가? 오늘날 성령님이 함께하시는 성도가 성전이라면 성전일 것이다.

8 사실 2000년 전의 예루살렘 성전도 하나님의 집은 아니었다. 하나님의 임재를 상징하는 장소였다. 그런데 하고많은 예배당을 하나님의 집이라고 하겠는가? 건축 헌금을 하라고 부추기는 사탄의 속삭임일 뿐이다. 더 이상 속지 말아야 한다.

9 예수님이 돌아가실 때, 성전의 휘장이 위에서 아래까지 두 폭으로 찢어졌지 않은가? 성전 시대가 막을 내렸다는 뜻이다. 게다가 예루살렘의 멸망과 아울러 성전은 돌 하나도 돌 위에 남지 않고 다 허물어졌다. 이 또한 예수님이 예언하신 일이다. 그렇게 성전은 역사의 뒤안길로 사라졌던 것이다.

10 성전 시대는 예수님의 십자가로 완전히 종식되었다. 아울러 제사도 영원히 마감되었다. 예수님이 제물이 되어 단번에 드리신 제사로 완전히 끝난 것이다.

11 그럼에도 예배당을 지으면서 하나님의 성전을 짓는다고 우길 셈인가? 이는 헌금을 시키기 위한 수단일 뿐이다. 교회당을 크게 지어야 교인이 몰려오는 시대의 서글픈 산물이다.

12 아무리 교인이 많고 교회당을 크게 지어도, 하나님의 방법이 아니면 아닌 것이다. 결과가 좋으면 다 좋다는 식은 사탄이 즐겨 쓰는 캐치프레이즈(catch phrase)다. 하나님은 결과보다 과정을 더 귀하게 여기신다.

13 교회가 외적 성장에 집착하여 예수님의 교훈을 외면하고 세속적 방법에 따라 부흥한다면, 수익의 극대화를 꾀하는 세상의 기업체와 무엇이 다른가?

14 우리가 믿지 않을 때는 결과가 좋으면 다 좋다고 생각했으나, 이제는 결과보다 과정을, 과정보다 하나님의 마음을 더 소중히 여겨야 한다.

> 그러나 지극히 높으신 하나님께서는 사람이 지은 집에 계시지 않습니다. 이는 예언자가 말한 바와 같습니다. '나 주가 말한다. 하늘은 내 보좌요, 땅은 내 발판이다. 너희가 나를 위해 무슨 집을 짓겠으며, 내가 쉴 만한 곳이 어디 있겠느냐? 이 모든 것을 다 내 손으로 만들지 않았느냐?' (사도행전 7. 48-50)

🔴183 집회소

1 집회소(集會所)는 그리스도인이 특정한 목적을 가지고 정기적으로 모이는 장소다. 예배, 기도, 성경공부, 전도, 봉사, 교제, 회의 등을 목적으로 모인다.

2 뾰족탑에 십자가를 세웠다고 해서 다 예배당은 아니다. 성도들이 모여 예수님의 이름을 부르며, 하나님을 찬양해야 한다. 뾰족탑이나 십자가는 그리스도인의 집회소라는 표시일 뿐이다.

3 "집에서 무슨 예배를 드려요? 십자가도 없잖아요?" 집회소에 대한 논쟁을 하다가 짜증스럽다는 투로 말하는 친구가 있었다. 그는 앞으로 훌륭한 목회자가 되는 게 꿈이라고 했다. 옆에 있는 목사가 다른 방향으로 대화를 바꾸려고 애쓰는 모습이 역력했다. 하지만 형제는 아랑곳하지 않고 주장했다. "예배는 장소가 문제되지 않습니다. 십자가는 예배와 관계가 없습니다."

4 아무리 사소한 일이라도 바로 알고 제대로 믿는 것이라면, 남의 눈치를 보아서는 안 된다. 사람의 눈치를 살피는 것은 처세술이 부추기는 아첨일 뿐이다.

5 주님의 제자는 진리의 수호자로서, 아무리 하찮은 일이라도 이런저런 사정과 형편을 살피거나, 남의 눈치를 보거나, 어물쩍 넘어가는 건 도리가 아니라고 본다.

> "하나님은 영이시다. 하나님께 예배하는 사람은 영과 진리로 예배드려야 한다." (요한복음 4. 24)

184 교회 절기

1 교회의 절기(節氣)는 교회가 정한 기념일이나 축일이다. 그리스도의 구속 사역에 초점이 맞춰져 있다.

2 교회력은 그리스도와 관련되어 정해진 신약의 절기가 대부분이나, 구약과 유대교에서 이어진 절기도 있다. 성모 마리아를 비롯하여 여러 성인과 관련된 천주교의 절기도 있다.

3 개신교의 교회력은 성탄절과 부활절로 제한되었다. 이는 종교개혁의 정신에 따라 장로교나 감리교의 전통과 관련이 깊다. 하지만 대부분의 개신교가 천주교에서 이어진 전통 교회력을 따르고 있다.

4 교회의 절기는 유대인의 월력과 관련하여, 초대교회가 교회력을 만듦으로써 시작되었다. 처음에는 주간 단위로 작성하여 주님의 부활일을 기준으로 삼았다.

5 그리고 유대인의 유월절을 대신하여 예수님의 부활절을 넣었다. 부활절을 주일과 연계시키자 부활절의 정확한 날짜를 고정시킬 수 없었다. 그래서 325년 니케아 공회에서, 춘분(春分)이 지나 만월(滿月) 후 첫 주일을 부활절로 정했다. 또 부활절을 준비하는 40일간의 고난절에 이어서, 부활절 뒤 50일간의 오순절(성령 강림절)도 뒤따르게 했다.

6 그리고 4세기에 주현절을 1월 6일로, 성탄절을 12월 25일로 고정시켰으며, 그리스도의 생애와 관련이 깊은 주간이나 날을 교회력에 추가로 편입시켰다. 부활 주일 전 1주간을 고난 주간으로, 부활절 후 40일째 날을 승천일로 정했다. 중세에 접어들면서 성탄절 뒤 8일째 되는 날, 곧 1월 1일을 그리스도의 할례일로 삼아 신년절로 삼았다.

7 16세기 종교개혁으로 개신교는 성인 축일을 비롯하여 절기의 수를 대폭 줄였다. 수난절의 금식 의무도 폐지했다. 그러나 루터교와 성공회는 교회력을 그대로 존속시켰다. 특히 루터교는 천주교와 차별성

을 부각시키기 위해, 성경의 사건을 결합시켜 더욱 많은 새로운 절기를 만들었다. 하지만 개혁 교회는 성탄절과 부활절만 축일로 지켰다. 개혁 교회의 전통을 계승한 한국 개신교도 교회력에 대한 인식을 별로 중요하게 여기지 않았다.

8 교회의 절기는 크게 두 부분으로 나눌 수 있다. 처음 6개월은 예수님의 탄생, 사역, 죽음, 부활, 성령 강림으로, 사실상 중요한 절기는 전반부에 모두 들어 있다. 그리고 성령 강림 후 주일은 '오순절 이후 몇 번째 주일' 또는 '삼위일체 주일 후 몇 번째 주일' 식으로 부른다. 이러한 후반부의 절기는 성령님의 역사에 의한 그리스도인의 신앙생활과 교회생활 등, 주로 성도의 삶과 관련되어 있다. 따라서 오늘날 교회력에 따른 대표 절기는 대강절, 성탄절, 현현절, 사순절, 부활절, 성령 강림절, 삼위일체 주일 등이다.

9 대강절(待降節)은 성탄절 4주 전부터 성탄절까지 지키며, 그리스도가 육신을 입고 강림하심을 기다리는 절기다.

10 성탄절(聖誕節)은 12월 25일부터 1월 6일까지 지키며, 그리스도가 평화의 왕으로 탄생하신 것을 기념하는 절기다.

11 현현절(顯現節)은 1월 6일부터 8주간을 지키며, 그리스도가 하나님의 아들로 오심을 기념하는 절기다.

12 사순절(四旬節)은 부활 주일 전까지 40일간 지키는 절기로, 특히 사순절을 시작하는 수요일을 고난과 부활을 준비하는 성일로 지킨다. 또 부활 주일 직전의 1주간을 고난 주간으로 지키며, 그리스도의 고난에 동참하고 죽음을 기리는 기간이다. 아울러 고난 주간을 시작하는 주일을 종려 주일로 지킨다. 강림절이 성탄절을 준비하는 절기라면, 사순절은 부활절을 준비하는 절기다.

13 부활절(復活節)은 부활 주일 아침부터 50일간 이어지며, 죽음을 이기시고 다시 사신 그리스도를 기념하는 절기다. 기원은 유대인의

유월절에서 찾을 수 있다. 부활절 도입은 325년 니케아 공회에서 유월절을 타파함으로써 비롯되었다.

14 성령 강림절(聖靈降臨節)은 부활일로부터 50일째 되는 날, 예수님이 승천하신 후 10일째부터 1주간을 지키는 절기다. 오순절 성령 강림으로 교회가 태동한 것으로 본다.

15 삼위일체 주일(三位一體主日)은 성령 강림 뒤에 오는 주일이다. 성부와 성자와 성령, 삼위일체로 역사하시는 하나님을 기념하는 절기로, 삼위일체 주일 이후부터 대강절까지를 삼위일체 절기라고 한다. 삼위일체 하나님 안에서 살아가는 성도의 경건한 삶을 강조하는 긴 절기로, 교회력의 절반을 마치고 시작하는 절기다.

16 교회 절기에 따른 색깔도 있다. 보라색은 위엄을, 흰색은 성결을, 붉은색은 보혈을, 녹색은 성장을 상징한다. 보라색은 대강절과 사순절에, 흰색은 성탄절과 현현절과 부활절에, 붉은색은 고난 주간과 성령 강림절, 종교개혁 주일, 교회 창립 기념일, 순교자 기념일, 추수 감사절에, 녹색은 삼위일체 절기에 사용한다.

> **그러므로 여러분은 먹고 마시는 것이나, 명절을 지키는 일이나, 초하루나 안식일 문제로, 아무도 여러분을 판단하지 못하게 하십시오.** (골로새서 2. 16)

185 십자가

1 십자가(十字架)는 고대 이집트나 페르시아 등에서 죄인을 고문하거나 사형시키는 형틀이었다. 예수님이 십자가에 못 박혀 돌아가신 뒤, 기독교의 심벌이 되었다.

2 인자 시대의 십자가형은 로마의 사형 집행 가운데 가장 가혹하고 치욕적인 극형이었다. 따라서 로마인은 제외되었고, 주로 죄질이 나쁜 반역자나 흉악범에 한해서 집행되었다. 처음에는 T자형과 가로보다 세로가 긴 로마형만 있었으나, 나중에 X자형과 가로 세로의 길이가 같은 그리스형이 추가되었다.

3 유대의 사형 집행은 칼로 목을 베는 참수형과 불로 태우는 화형이 있었으나, 주로 돌로 치는 석투(石投)형이 시행되었다. 하지만 예수님은 유대의 법이 아니라, 로마의 법에 따라 십자가형을 받았다.

4 예수님이 달리신 십자가 위에 '유대인의 왕'이라는 패가 붙은 점을 감안할 때, 예수님은 T자형에 가까운 로마형 십자가에 달리신 것으로 보인다. 그래서 가로가 짧고 세로가 긴 로마형 십자가를 기독교의 심벌로 삼았다.

5 십자가의 사형 집행은 적어도 10단계의 참혹한 과정을 거쳤다. 먼저 번화가에서 공식적으로 사형 선고를 하고, 거의 죽을 정도의 채찍질을 가한 다음, 자신이 달릴 십자가를 지고 형장으로 이동했다.

6 그때 죄목이 적힌 명패를 목에 걸거나 가슴에 달아 인격적으로 모독을 당하게 했고, 형장에 도착하면 옷을 벗겨 사형 집행자가 나눠 가졌으며, 독한 술로 마취를 시킨 뒤 팔목과 발목에 못을 박아 고정시키고, 십자가를 세워 서서히 죽게 했다.

7 그리고 십자가에 달려 어느 정도의 시간이 지나면, 죄인의 다리를 꺾어 강제로 숨을 끊었으며, 이미 죽은 경우는 창으로 옆구리를 찔러 소생이 불가능하게 만들었다.

8 그러면 기다렸다는 듯이, 매나 독수리 같은 맹금류가 몰려와 시신을 뜯어 먹었고, 땅에 떨어진 살점과 뼈는 야생 동물이 몰려와 남김없이 먹어 치웠다. 그래서 십자가형을 받고 죽은 사람의 시신은 찾을 수가 없으며, 흉악범의 시신은 지상에 남지 않았다.

9 당시 십자가형으로 처형당한 사람이 수천 명에 이르렀으나, 그들의 유골은 하나도 찾을 수 없었다. 그러므로 십자가에서 시신을 내려 장례를 치르는 행위는 죽음을 각오한 일이었다.

10 그럼에도 예수님은 뼈 하나도 상하지 않고 온전한 상태로 장례가 치러졌다. 성경의 예언을 이루기 위한 하나님의 섭리였다.

11 예수님이 우리의 죗값을 단번에 치르셨다. 우리가 받을 저주를 대신 짊어지시고, 가장 참혹하고 수치스러운 십자가에 달려 돌아가셨다.

12 예수님의 십자가는 죄인의 대속을 위해 꼭 필요한 일이었다. 수치의 상징이 아니라, 만세의 자랑거리가 되었다.

13 하지만 십자가는 여전히 고난의 상징이다. 예수님이 말씀하셨다. "자기 십자가를 지고 나를 따르라."

14 우리는 우리의 십자가를 져야 한다. 우리의 십자가는 억지로 지는 게 아니라, 주님의 영광을 위해 스스로 지는 것이다.

그리고 예수님이 말씀하셨다. "누구든지 나를 따르려면 자기를 부인하고, 날마다 자기 십자가를 지고 따라야 한다." (누가복음 9. 23)

186 붉은 십자가

1 어느 정치인이 말했다. "시가지에 삐죽삐죽 솟구친 붉은 십자가를 보면, 혐오감을 느낀다."

2 다른 사람이 말했다. "시가지를 수놓은 듯이 펼쳐진 붉은 십자가를 보면, 어딘가 모르게 안심이 된다."

3 붉은색 하면 먼저 예수님의 보혈을 생각한다. 예수님의 보혈은 우리를 구원한 대속의 피로서 두려움을 몰아낸다.

4 그런데 불교의 심벌마크나 이슬람교의 초승달이, 온 도시의 밤을 붉게 물들이고 있다면 어떨까? 그 정치인의 말이 기독교를 비하하기 위해서만은 아니었을 것이다.

5 산속에 있는 사찰처럼, 예배당도 산속에 세워져 신자가 찾아가면 어떨까? 물론 쉽지 않을 것이다. 예배는 매주 참석해야 하고, 대부분의 신자가 도시에 살고 있으니 어쩔 것인가? 우선 출석 교인이 줄어들 것이고, 아울러 교회 수입도 떨어질 것이다.

6 하지만 사람이 먹고사는 문제가 해결되고, 자녀 교육에 대한 사고의 전환이 일어나면, 물질보다 생명을 더 소중히 여기게 된다. 소위 웰빙(well being)이다. 생명에 관해 가장 중요한 것은 뭐니 뭐니 해도 환경이다. 환경은 깨끗한 물과 맑은 공기다. 사람은 산 좋고 물 좋은 곳을 찾기 마련이다. 머지않아 그럴 때가 올 것이다.

7 10년 전, 형제는 여기저기 돌아다니며 여러 곳을 둘러보았다. 그런데 도시에는 교회당이, 교외에는 굿당이, 시골에는 사찰이 많다는 사실을 발견했다. 어떤 사람이 말하기를, 교회당은 5만, 굿당은 80만이라 했다. 간판 없는 점집까지 합치면, 아마 그럴 수도 있을 것이다.

8 며칠간 기도하며 지내려고 조용한 곳을 찾다 보면, 기도처는 보이지 않고 온통 굿당만 즐비하다는 사실을 발견한다. 한국 교회는 해외 선교보다 국내 전도에 더 힘을 쏟아야 한다. 우선 우리 가족이, 친척이, 민족이 구원을 받아야 하지 않겠는가?

9 천주교와 개신교 신자를 합쳐도 전체 인구의 25%밖에 안 된다. 50%에 이를 때까지 국내 전도에 힘써야 한다. 대형교회가 국내 전도를 외면하고 해외 선교에 치중하는 동안, 농어촌 교회는 매년 1,000개씩 줄어들고 있다.

그러나 내게는 우리 주 예수 그리스도의 십자가 외에는, 아무것도 자

랑할 것이 없습니다. 그리스도가 십자가에 못 박히심으로써, 내 쪽에서 보면 세상이 죽었고, 세상 쪽에서 보면 내가 죽었습니다. (갈라디아서 6, 14)

⑱⑦ 기도원

1 기도원(祈禱院)은 그리스도인이 기도할 수 있도록 편의 시설을 갖춰놓은 곳이다. 천주교의 피정(避靜)의 집과 비슷하나, 현실은 참담할 정도다. 대형교회가 운영하는 몇몇 기도원이 있으나, 그나마 쇠퇴 일로에 있다.

2 얼마 전 조용히 기도하고 싶은 생각에, 인터넷으로 인근 기도원을 검색하여 서너 곳을 찾았다. 먼저 가장 가까운 곳을 찾아가 보았다. 대나무 숲이 우거진 폐허였다. 뒤쪽 비탈진 언덕에 세워진 예배당은 아예 길이 막혀 올라갈 수도 없었다. 기도원 옆에 사는 아저씨를 만나 1시간 남짓 이야기를 나누고 돌아왔다. 마음이 착잡했다. "이렇게 조용하고 아름다운 기도원이 폐허가 되다니?"

3 지난 23년간 기도원을 운영해온 할머니가 연로하여 서울에 있는 아들집으로 올라갔는데, 아들은 서울에 있는 모 대학 국문학 교수라고 했다. 원장 할머니는 2005년 서울로 올라가면서, 기도원을 4,500만 원에 팔아달라고 했다. 얼마 후 포항에 사는 어떤 사람에게 팔렸다는 연락을 받았다. 그리고 기도원을 매수한 사람이 찾아와 수리하여 별장으로 사용한다고 했다.

4 우리는 기도원을 돌아보고 나오며 말했다. "아무리 사유재산이라도 그렇지. 기도원을 별장으로 만들다니. 무슨 사정이 있겠지." 정말 돈이 있으면 1억이라도 주고 당장 인수하여 운영하고 싶었다. 하지만

참담한 현실 앞에 고개를 설레설레 흔들었다.

5 그리고 북쪽으로 50km쯤 떨어진 다른 기도원을 찾아갔다. 그런데 아무리 둘러봐도 기도원이 보이지 않았다. 물어물어 겨우 찾아갔다. 해안 언덕 위에 자리 잡은 기도원은 천하 절경이었다. 올라가며 보니, 오래전에 세운 것으로 보이는 십자가는 아예 철거되어 있었고, 철탑은 오랫동안 방치하여 시커멓게 녹슬어 있었다.

6 동해 바다와 항구가 한눈에 내려다보이는 기도원 마당에 차를 세우자, 50대 초반으로 보이는 부인이 밖으로 나왔다. "여기까지 오셨으니 차라도 한잔하고 가세요. 들어오세요."

7 기도원 안으로 들어갔다. 겉만 기도원이지, 가정집이었다. 차창 밖에 펼쳐진 푸른 바다가 정말 아름다웠다. 저 멀리 보이는 수평선이며, 수평선 위로 두둥실 떠 있는 한 조각의 구름이며, 산 아래에 펼쳐진 은빛 모래사장과 작은 항구, 그리고 기도원 옆에서 한가로이 풀을 뜯는 염소 가족까지, 그야말로 모든 것이 잘 어우러진 한 폭의 그림이었다. 정말 보기 드문 절경이었다.

8 방을 둘러보니, 넓은 거실 한편에 남편의 것으로 보이는 해병대 군복과 온갖 기념패가 가득 채워진 장식장이 있었다. 안쪽에는 각양각색의 운동 기구가 놓여 있었다. "여기는 기도원이 아닙니까? 기도원으로 사용하실 계획은 없으신가요?" "빚을 내서 건물을 수리하려고 생각해보았으나, 이 멀리 누가 기도하러 오겠어요? 여기 목사님들은 교인들이 기도원에 못 가게 막아요. 사정이 그러니, 투자만 하고 돈이 안 나온다고 남편이 못 하게 합니다." "그렇다면 기도원을 다른 사람에게 파시든가, 세(貰)로 주시면 안 될까요?" "아뇨, 절대 안 됩니다. 이걸 사려고 우리가 얼마나 많은 공을 들였는지 아세요? 아파트 두 채를 팔아 여기 다 투자했어요." "기도원을 하나님의 뜻에 따라 사용하시지 않으면 양심에 거리낌이 있을 텐데요?" "예, 사실 부담이 좀 있습니

다. 그래서 일주일에 한번쯤 아랫마을로 내려가 전도합니다. 하지만 워낙 미신이 센 곳이라 전도가 안 돼요." "전도는 누구나 하는 것이고, 기도원 운영은 별개라는 생각이 듭니다. 이는 어디까지나 우리 생각입니다만, 빚을 내서 투자하실 생각은 하지 마시고, 지금 있는 상태로 예배당 청소만 하고, 사람들이 자유롭게 와서 기도할 수 있도록 간판도 달고 개방하는 게 어떨까요? 하나님 앞에서도 그렇고, 사람들에게도 그렇고. 여러 방면으로 좋을 것 같은데요?" "지금 애들이 2명이나 대학을 다니고 있어요. 돈이 많이 들어갑니다. 애들이 졸업하고 나면 생각해보겠습니다." "전도사님이세요?" "예, 동기생 중에는 목사도 있어요."

9 그리고 거기서 나와 뒤쪽 별채의 예배당을 둘러보았다. 뒤쪽은 야산 분지요 앞쪽과 옆쪽은 통유리로, 동해 바다가 파노라마처럼 펼쳐졌다. 모노륨이 가지런히 깔린 바닥에 강대상을 비롯하여 의자와 드럼, 기타 등이 제멋대로 나뒹굴고 있었다.

10 우리는 다시 아래쪽으로 100리 길을 달려 실제로 운영한다는 기도원을 찾았다. 나중에 그 기도원도 팔려고 내놓은 사실을 알았다. 원장 목사님의 남편으로 보이는 할아버지가 인부들과 함께 건물 수리를 하고 있었다. 얼마 후에 있을 산상 부흥회를 준비한다고 했다.

11 건물 양쪽으로 이어진 계곡을 따라 쭉 올라가보니, 개인 기도실로 보이는 판잣집이 있었다. 개울물이 아주 맑고 시원했다. 덕분에 기도도 하고 피서도 하다가, 저녁때가 되어 집으로 돌아왔다.

12 이제까지 우리가 돌아본 기도원 대부분이, 아주 큰 교회가 운영하는 몇 곳을 제외하고는, 거의 폐허가 되었거나 근근이 관리만 하고 있었다. 얼마 전까지 엄청난 돈을 들여 시설을 했으나, 이제는 찾는 사람이 없어 애물단지 신세가 되었다.

13 한때 경쟁적으로 세워진 기도원이 주인을 잃고 방황하고 있었

다. 신실한 청지기를 만나지 못한 기도원이 너무 안타까웠다. "오, 주여! 이 기도원을 주소서. 일거리가 없어 빈둥거리는 종들이 줄을 섰습니다."

예수님이 그들을 가르치시며 말씀하셨다. "성경에 이렇게 쓰여 있다. '내 집은 만민이 기도하는 집이라 불릴 것이다.' 그런데 너희는 '강도의 소굴'로 만들어버렸다." (마가복음 11. 17)

188 신학교

1 신학교(神學校)는 신학을 통해 하나님의 일꾼을 양성하는 기관이다. 신학교를 통해 일꾼이 양성되고, 일꾼에 의해 복음이 전파된다.

2 신학교를 통해 바른 일꾼이 양성되어야 성도의 신앙을 바로 세울 수 있다. 하지만 교세 확장이라는 어두운 그늘 아래 운영되는 신학교가 많다.

3 유래 없이 급성장한 한국 교회는 무분별하게 세워진 신학교에서 배출되는 일꾼들로 몸살을 앓고 있다. 교파의 교리에 익숙한 교인이 양산되는 악순환의 고리를 끊지 못한 채, 정체성의 혼란만 가중시키고 있다.

4 우리는 얼마 전까지 그것을 교회 분열을 통해 통일 조국의 복음화 일꾼을 양성하시는 하나님의 뜻이라고 생각했다. 동독처럼 갑자기 북한이 무너진다고 보면, 5만 명 이상의 일꾼이 북한의 복음화를 위해 들어가야 한다고 여겼다. 물론 이 생각은 지금도 변함이 없으나, 교파 분열에 따른 부작용 또한 너무 심각하다.

5 2007년에 사립학교법이 제정되었다가 기득권층의 반대로 무산되었

다. 시행도 못 한 채 개정되어 사립학교의 개혁은 물 건너가고 말았다.

6 아울러 신학교의 개혁도 종을 쳤다. 그런데 어떤 인간은 그동안 모든 성도가 합심으로 기도한 결과라고 치부했다. 이렇듯 기득권층의 교권주의는 2000년 전이나 지금이나 조금도 다를 바 없다.

> 예언자 엘리사가 예언자 수련생 가운데 하나를 불러 말했다. "떠날
> 채비를 하고, 이 기름병을 들고 길르앗 라못으로 가라." (열왕기하 9. 1)

1. 『풀핏성경주석』(1980, 송종섭, 보문출판사) / 『성경주석』(1987, 박윤선, 영음사) / 『라이프 스타디』(1987, 윗트니스 리, 한국복음서원) / 『엑스포지터스성경연구주석』(1989, 강병도, 기독지혜사) / 『호크마종합주석』(1990, 강병도, 기독지혜사)을 비롯하여, 다양한 인터넷 자료와 웨스트민스터 신조를 참조했습니다.

2. 『주님과 동행하십니까』(1991, 후안 까를로스 오르띠즈, 도서출판 바울) / 『예수는 누구신가』(2000, 존 도미닉 크로산, 한국기독교연구소) / 『역사적 예수』(2000, 존 도미닉 크로산, 한국기독교연구소) / 『예수를 해방시켜라』(2004, 존 쉘비 스퐁, 한국기독교연구소) / 『역사적 예수의 생애』(2004, 김명수, 한국신학연구소) / 『패션 오브 크라이스트』(2004, 리 스트로벨/개리 풀, 두란노) / 『예수 하버드에 오다』(2005, 하비 콕스, 문예출판사) / 『내가 알지 못했던 예수』(2005, 필립 얀시, 요단) / 『예수는 역사다』(2005, 리 스트로벨, 두란노) / 『영성과 감성을 하나로 묶는 미래 교회』(2005, 레너드 스윗, 좋은 씨앗) 등 40여 권의 단행본과 여러 소책자를 살펴보았습니다.

3. NIV, KJV 등 영어 성경을 비롯하여 10여 개의 한국어 번역을 인용했습니다.

4. 『브리태니커 세계대백과사전』과 『한국어 위키백과』 등 인터넷 사전을 활용했습니다.

가

나

다

라

아